KB263978

자유 파시즘

History of the Liberal Fascism

자유 파시즘 | History of the Liberal Fascism

펴 낸 곳 키비타스
발 행 인 유지훈
지 은 이 신항식ⓒ
편   집 정우현
기   획 이연승 최지은
마 케 팅 전희정 배윤주 고은경
초판발행 2026년 01월 31일
초판인쇄 2026년 01월 20일
주 소 수원시 권선구 금곡로196번길 62, 제이에스타워 305호 조인비즈 6호
대표전화 010-4161-8077 | 팩스 031-624-9588
이 메 일 ouilove2@hanmail.net
홈페이지 www.tunamis.co.kr
I S B N 979-11-94005-47-6 (03330) (종이책)
I S B N 979-11-94005-48-3 (05330) (전자책)

키비타스(civitas)는 라틴어로 '시민사회'를 의미하며 투나미스 출판 그룹의 정치사회 임프린트
브랜드입니다.

HISTORY OF THE LIBERAL FASCISM

신항식 지음 · 정우현 편집

자유 파시즘

말을 일종의 제식 형태로 만들어 온 동양 사회는 침묵마저 소통의 도구로 만들 정도로 행동과 말의 분리에 익숙하다. 행동과 말을 서로 다르게 한다는 것이 아니라, 두 존재를 분리해서 보는 데 익숙하다는 뜻이다. '지켜봅시다.'는 문화가 그곳에 있다. 말과 행동이 얼마나 같은지 보겠다는 것이다. 지켜보는 시간이 아랍과 중국 사회에서는 비교적 길고, 슬라브 사회에서는 중간 정도이며 한국과 일본 사회는 비교적 짧다. 길든 짧든 어느 경우든, 돌아가는 문맥과 하는 행동을 보고 사람과 세상을 판단하고 싶어한다. 이를 에드워드 홀은 고-맥락 사회라 불렀다. 말을 명료하게 함으로써 말에 행동을 맞추도록 요구하는 서양의 저-맥락 사회와 다르다. 말이 행동을 만드는 기독 전통에 따라, 서양 사람들은 행동과 말을 분리하기 어려워했고 지금도 그런 편이다. 행동보다는 말을 만들기가 더 쉽고, 판단하는 시간도 길지 않으니, 말을 빚어 놓고 그에 따라 행동을 맞추려 했다. 서구문화의 핵심인 계약과 계약적 논리가 이렇게 탄생했다.

그러나, 레닌이 고민했듯이 현실은 말보다 훨씬 더 복잡하고 교묘하며 넓다. 즉 현실은 고 맥락적이다. 서구의 저-맥락적인 정신이 고-맥락적인 현실과 만나니 충돌은 필연이 된다. 즉, 말과 행동(혹은 현실)이 자주 충돌할 수밖에 없다. 갈등의 변증법이 발생하는 조건의 서구사회이다. 싸움에 익숙하고, 논쟁을 행동의 기반으로 삼는다. 사람들 사이의 관계나 사회조직들 사이의 관계가 항상 긴장 속에 놓여 있다. 서구사회의 오랜 호전성도 이런 역사를 통해 이해할 수 있다. 미국 방위청장, 새무얼 헌팅턴은 "서구가 세계를 정복한 이유는 머리도, 종교도, 도덕도 아니라 폭력을 조직적으로 사용했기 때문"이라 했는데, 이는 옳은 말이다. 서구 사람들의 생활문화에도 나타나는 것이 이 호전성이다.

한 번 싸웠다고 등을 돌리는 경우를 동양에서 자주 보는데, 이는 동양 사람들이 맥락을 둘러보면서 화합, 용서, 양보만 강조하다가 얻게 된 약점이다. 한때, 한국 사람들이 자신의 나라가 다른 나라를 침략한 적이 없다고 자랑했는데, 서양 사람들에는 거의 의미 없는 말이다. 일본인들은 스스로 평화 DNA가 있다면서 집단 최면에 빠진 적이 있었다. 이것도 그들에는 의미 없다. 이런 주장들은 오히려, 동양 사회가 갈등, 모순, 상처를 치유하는 능력이 서구보다 부족하다는 사실만 증명해 준다. '그럴 수도 있었겠지'라면서 말보다 먼저 맥락을 따지고, 마음속에 아픔을 묻어두거나, 잊지 말아야 할 일조차 잊어버리거나 갈등을 마지막까지 멀리하다가, 결국 현실의 갈등을 극복하지 못하고 파탄으로 관계를 끝냈던 동양 사람들과 사회였다. 서양 사람들과 사회는 그렇게 행동하지 않았다. 모순이 있거나 상처를 받았거나, 몇 번 싸웠다고 해서 등을 돌리고 헤어지는 경우를 서구에서는 찾기 어렵다.

싸움꾼 사회를 살다 보니 얻어진 강한, 혹은 뻔뻔한 기질이다.

실로, 동양 사람들과 사회는 비판을 잘 견디지 못한다. 자신에 대한 비판은 더욱 견디기 어려워한다. 그러하니, 풀지 못한 감정이 한으로 남아 한의 사회가 되어 버렸다. 한국 사람들은 자신들만이 한(恨)의 문화를 가졌다고 착각하지만, 바로 그 착각이야말로, 한국 사람들이 현실을 피하면서 살아왔다는 증거다. 한은 한자어다. 중국 사람들도, 일본 사람들도, 중앙아시아 사람들도, 하물며 슬라브 사람들도 한의 문화를 가지고 있다. 주변과 어울리지 않으면 큰일 나는 줄 알았으며, 좋은 것이 좋은 것이라면서 갈등을 피하다가 얻게 된 이른바, 화병이다. 갈등의 사회인 서구마저 화합의 범주 속에서 보려는 무수히 많은 동양 사람이 있다. 세계정부를 만들려고 각종 폭력을 행사하는 서구 엘리트 세력을 보고도, '아닐 거야, 무슨 다른 이유가 있겠지.'라면서 화합하고 싶어 한다. 동시에 동양 사람 특유의 한과 화병이 가슴속에 쌓인다. 이렇다가는 신체마저 감당하지 못할 화병에 걸릴 것이다.

서구사회는 한이 무엇인지, 한풀이가 무엇인지 모른다. 그저 생떼나 푸념으로만 알아먹는다. 말이 곧 행동인 문화를 오래 지녀왔기 때문에, 결과론에 익숙하다. '누가 가만있으래?' 하면서, 입을 닫다가 화병에 걸린 동양 사람을 그저 바보처럼 취급할 뿐이다. 세계화와 세계정부로 달려 나가는 서구 엘리트는 분명, 우리가 알고 있는 파시즘의 단점을 모두 취합하여 세계시민을 억압할 것이다. 억압의 도구는 바로 동양적 사유 중, 가장 장점이자 가장 단점이다. 즉 동양 사람들의 화합, 용서, 양보의 미덕을 통치의 도구로 써왔던 만큼, 앞으로도 그렇게 쓸 것이다. 엘리트의 세계정부를 위하여, 세계시민이 서로 화합하고, 자신을 용서하며, 화병에 걸린 사람들에 양보를 요구하는 것이다.

사회통제시스템의 각종 실험이 무슨 이유로 중국에서 벌어지는지, 전염병 통제 시스템을 어찌 한국에서 그리 돌렸는지 생각해 볼 필요가 있다. 아군과 적군을 구분하지 않고 화합, 용서, 양보를 떠들어 왔던 바보 사회이기 때문 아닌가. 화합하고, 용서하고 양보하는 일은 우리 편이 아니라 해도, 상대가 그렇게 할 가능성이 있을 때나 하는 법이다. 서구 엘리트는 그렇게 한 적도 없고 그럴 생각도 없다. 프랑수아 미테랑 프랑스 대통령조차 월가를 지목하면서, "미국인들은 꼴통이자 탐욕스러운 이들이다. 혼자 세상을 다 먹으려 한다 ⋯. 우리는 보이지 않는 전쟁 중이다. 시체 없는 죽음의 전쟁을 계속하고 있다."고 말했다. 스페인의 아나키스트 혁명가 두루티(Buenaventura Durruti)는 유명한 말을 남기고 전사했다. '파시스트와는 화해하는 것이 아니다.' 록펠러, 로스차일드, J. P. 모건, 빌 게이츠, 조지 소로스, 클라우스 슈왑, 자크 아탈리, 유발 하라리 등 파시스트들은 화해할 대상이 아니라, 뿌리부터 뽑아버려야 하는 인류의 적이다. 동양식으로 다룰 이들이 아니다. 그들이 해왔던 서구의 방식대로 뿌리를 뽑아야 한다. 말에 감정을 싣지 말고, 말을 행동처럼 만들어 그리 해야 한다.

𝔓art 1 강도들

Chapter 1 은행과 기업. 강도들

금융자본 그리고 전쟁 _015

강도들의 전쟁 나와바리 _037

Chapter 2 강도들의 문화적인 힘

부자가 망해도 3대를 간다 _052

자본가들의 지식 활동 _059

자본가의 꼭두각시 만드는 법 _080

강도들의 민주 공화정 _094

민주주의의 상징, 처칠의 민주주의 _113

Chapter 3 강도들의 제국주의

자본가들의 제국주의 _126

세실 로즈, 제국주의자 _134

현대 비선실세 _154

비선실세의 과거진행 업무, 달러의 세계화 _170

비선실세의 현재진행 업무, 세계정부 _183

Part 2 강도들의 나와바리

Chapter 4 강도들의 나와바리

영미 커넥션 _223

독일 커넥션 _254

미국 _284

유럽 _315

한국 _330

인도차이나 _346

글로벌 나와바리 _369

Chapter 5 자유 파시즘의 시대

국민이 몰랐던 세계화 _386

세계화의 정치이념, 자유 파시즘 _390

자유 파시즘의 한 역사, 민주공화국 _393

Chapter 6 결론

행동에로의 초대 _400

행동을 위한 첫 단계, 착한 척 바른 척하지 말라 _402

주석 _414

Part 1 강도들

Chapter 1 은행과 기업. 강도들

금융자본 그리고 전쟁

"자유 아니면 죽음뿐"인 공간은 전쟁터밖에 없다. 이와 같은 공간이 자유시장이다. 경쟁에서 이기지 못하면 파산이다. 자유기업론은 마케팅 전쟁론과 다를 바 없다. 전쟁터에서 선의의 경쟁은 없다. 자유시장에서도 마찬가지이다. 자유 아니면 죽음뿐이라는 자유주의의 극단적인 정신상태가 실제로 전쟁도 일으키지 않을 리 없다. 즉 마케팅은 전쟁과 같은 것이 아니라, 마케팅 중 하나가 전쟁이다. 공식적으로 자유주의를 들고 나서기 훨씬 이전부터 전쟁은 은행과 기업의 지지와 주도로 벌어졌다. 은행과 기업은 시장 없이는 존재 불가능하며, 왕이든 대통령이든 의회이든 돈도 없는 정치인들이 독자적으로 국가 간 전쟁을 수행할 수도 없기 때문이다.

과거 십자군 전쟁(1095-)이 여섯 차례나 계속되었던 이유도 돈이 있었기 때문이다. 초기에는 교황청의 재산과 십일조로 들어 온 여웃돈, 그리고 성지순례 지역과 팔레스타인 현지의 약탈을 통해 군비를 충당했지만 결국은 거대 자본가로부터 돈을 다시 꾸거나 자산을 저당 잡혔다. 당시 이런 일을 관리하면서 마치 은행이나 보험사 같은 역할을 했던 단체가 성전기사단이었다. 사자왕 리처드는 유대인 보호 아래 그들로부터 돈을 받아 전쟁에 나갔으며, 제4차 전쟁을 일으켰던 인노켄티우스 3세의 교황청 금융계는 아예 유대인들의 독무대였다. 1312년 가톨릭 금융의 성전기사단이 해체되자, 유대 은행의 역할은 건드릴 수 없을 만큼 강대해졌다. 경쟁 은행가가 사라진 것이다. 구체제 왕들의 전쟁(1492-)도 그랬다. 세금만으로 전쟁을 수행할 수가 없어서 금융 세도가들의 힘을 빌었다. 근대 민족 국가 간의 전쟁(1789-)은 말할 것도 없이 은행들의 전쟁이었고, 현대의 2차례 세계대전에는 은행의 비즈니스에 군산 복합 기업들이 앞다투어 끼어든 완전한 기업전쟁이었다. 냉전(1946-)만큼 국가가 초라해지고 기업이 만사를 결정했던 세상도 이전에는 없었다. 전쟁을 도발한 나라이든 침공을 받은 나라이든 이미 초국적 기업의 이익이 전반적으로 작용하는 데다가, 직접 사용될 무기와 병참에 관한 모든 지원을 이들이 제공한다. 전쟁에 있어서 정치인들은 진정 '아무것도 아닌 자'가 되었다. 전쟁을 시작하고 끝내는 은행과 초국적 기업은 그렇다면 어떻게 움직이는가.

물품이 제조 과정과 유통망 속에서 움직이듯이, 돈도 제조와 유통 속에서 움직인다. 돈의 제조를 화폐 발행 혹은 신용 창출이라

하고, 돈의 유통을 대출과 투자라 한다. 물품이 실물로서 제조-유통-소비되는 것과 달리 돈은 가상으로서 제조-유통-소비된다. 가상이라는 뜻은 돈을 제조하는 원가보다 터무니없이 가격과 부가가치가 부풀려져 있다는 의미이다. 5만 원짜리 지폐의 원가가 1,000원이라면 4만 9천 원은 가상이다. 10만 원에 채굴, 제조한 1온스 금에 100만 원을 적어 놓으면 90만 원이 가상이다. 1,000원을 5만 원이라 하고 10만 원을 100만 원이라 부풀리는 경제학에서는 '군주의 특권'(seigniorage, 시뇨리지 효과)이라고 부른다. 그렇지 않아도 부풀려진 국가와 은행의 특권이 증권의 형태로 유통되면서 세금이나 부가가치라는 특권도 추가로 붙는다. 직간접세, 수수료, 이자와 배당금. 지대, 이윤 등이 그런 것이다. 돈을 제조-유통하는 군주는 정부와 은행이다. 이를 통틀어 금융 행위라 부른다. 부가가치를 걷어 간다는 과세도 금융 행위이다. 단지, 정부가 금융이라 부르기를 꺼릴 뿐이다.

원자재를 들여와 상품을 만들고 판매하는 과정에서 인간과 자원의 부가가치가 발생하며 이로부터 금융거래가 발생한다. 금융거래를 통해 부가가치의 부가가치가 또 발생한다. 거래수수료뿐만 아니라 자재, 상품생산과 유통에 들어가는 자금의 이자, 환차익, 시장에서 매기는 상품 가치의 등락 폭에 따른 잉여가치 등이 그것이다. 원자재 구매와 유통, 물품생산과 유통의 과정은 실물로 벌어지지만, 금융거래는 문서로 하며 자재와 상품은 이 과정에 직접 참여하지 못한다. 그러하니 겉으로 보기에 금융과 산업이 독립적인 듯이 보이고 실제로 업종도 그렇게 나뉘어 있다. 모든 금융 행위는 손발이 아니라 머리로 한다. 하지만 머리와 다리가 따로 떨어질 수는 없다. 산업과 금융의 위치는 선후가 아니라 상하에 서로 붙어있다. 산업자본이 먼저 생기고 금융자본이 나중에 생겼다는 말들은 경제라는 몸의 윗자리를 차지해 왔던 금융자본의 실제를 모르거나 숨기려는 기만이다. 금융이 위에서 내려오면 밑에서 산업생산과 소비가 벌어지고 그 위에서 금융거래가 다시 벌어진다.

발로 머리를 볼 수 없고 눈이 머리에 달렸듯이, 금융가가 되려면 위에서 밑을 내려다보는 거시적인 지식을 가져야 한다. 불확실성이 상시 잠재한 사회에서 시간과 공간이 달라질 때마다 가치를 다시 검토해야 한다. 다른 문서들과 교환할 때는 차익을 비교해야 한다. 문서의 가치를 높이기 위해 증권시장의 조작도 서슴지 않아야 한다. 금융이 바라보는 부가가치에는 노동시간이나 제품가격이 아니라, 제품과 노동을 설계하는 사람들의 마음과 권력 행사가 들어가 있다. 즉 사장의 월급과 노동자의 월급은 노동시간이나 제품의 시장가격이 아니라 가치를 결정하는 권력에 의해 정해진다. 이런 환경에서 기업활동은 시간이 좌지우지하는 것이 아니라, 가치를 높이는 업무의 효율성에 근거하며 이 효율성에 따라 직무가 나누어지며 직무에 따라 임금이 결정되는 것이다. 따라서 자본주의를 보려면 잉여가치를 제멋대로 판단하여 무어라 할 것이 아니라 부가, 잉여가치를 발생시키는 가치의 조직구조를 먼저 점검하는 것이 순서이다.

산업과 금융의 융합 조직구조의 성격 제일 윗선에 금융이 있으며 또한 그곳에 권력이 있다. 환율에 무슨 법칙이 있는 양 중얼거리는 이들이 있는데, 환율은 위에서 그냥 그렇게 하겠다고 하면 그렇게 되는 것이다. 밑으로 내려오면서 계산이 복잡해지다 보니 그 계산에 무슨 법칙이라도 있어 보이는 것뿐이다. 밑에서 벌이는 계산을 마치 시장의 법칙인 양 고민했던 이들이 경제학자이듯이, 마르크스주의자들도 자못 전문가인 양 수리 경제학적 설레발을 치는데, 가소로운 태도이다. 존 M. 케인스는 흑자국은 환율을 평가절상하고 적자국은 평가절하하여 국가 간의 불평등을 줄일 수 있다고 했는데, 그는 솔직했다. 흑자와 적자에 어떤 법칙이 없듯이, 환율 또한 그렇다. 언제나 계획이 가능하다. 미국이 일본이나 한국 같은 나라의 돈을 갑자기 두 배로 떨어뜨리고 싶으면 결국 떨어진다. 실물이 아니라 가상과 문서로 하는 일이니 언제나 계획이 가능하고 당연히 조작할 수 있으니 미국을 움직이는 자들이 당연하게도 산업의 윗선에 자리하는 것이다. 정리한다면, 금융 행위가 존재하는 한 산업은 언제나 그 밑에서 움직이며, 산업이 융성한다 해도 자본주의의 메커니즘이 그렇기 때문에 결국 금융자본의 휘하에서 산업이 구성된다고 말할 수 있다.

반면 칼 마르크스는 자본주의를 생산에 연관된 기능 관계(생산양식, mode of production)로만 바라보면서 산업과 산업에 투자된 자본에만 강조점을 두었다. 즉 제품, 임금, 도구 사용, 판매에 들어가는 돈이 그런 것이다. 그는 생산품과 생산자의 교환양식으로서 "화폐나 금융경제는 경제 즉 생산양식이 아니다. 따로 떼어 보아야 한다."고 헛소리를 했다. 단순한 공장주로서 부르주아 자본가와, 그가 투기꾼이라 불렀던 금융 자본가를 구분했지만, 그는 거의 전자만 다루었다. 금융자본이 중요하다 해도 자본주의 생산양식으로는 원시적이라는, 화폐나 금융은 생산물의 표시에 불과하다는 원시적인 정신상태다. 그는 베니스, 네덜란드, 영국의 경우처럼 상인들이 국가에 대출해주거나 식민지를 통해 탈취를 통해 축적된 자본이 결국 노동자를 해방해 본격적인 산업 자본주의를 추동시켰다고 했다. 즉 자본주의는 산업자본이 주체이고 금융자본은 마중물처럼 촉발제였다는 것이다. 그의 후배들은 이 자본주의가 다시 자본을 더욱 축적하면 마지막으로 금융자본주의가 된다고도 했다. 화폐에 대하여 전혀 모르는 사람들이 들으면 그럴 듯하다.

그러나 오늘날이나 옛날이나 화폐와 금융을 단지 생산물의 표시라고 보는 바보는 없다. 환율을 포함해서 담보, 주식, 채권, 각종 증권을 다루는 금융 기획들이 20세기 초에 나타났다고 말하는 바보도 이제는 없다. 산업을 추동할만한 금융자본은 국채의 형태로 이미 17세기 말에 나타났다. 예수가 살던 시절, 성전 앞의 유대 환전상들처럼 환율을 포함해서 담보, 주식, 채권, 각종 증권을 다루는 금융 기획들은 무수하게 존재해 왔다. 이탈리아의 조반니 아리기가 관찰한 것처럼, 비중 있는 금융자본은 최소한 12세기 베니스 때부터 있었다. 그것은 자본주의의 마중물도 아니었고 촉발제도 아니었다. 물건을 팔든, 훔쳐 오든, 대출이자이든, 증권의 시세차익이든 금융자본은 얻어 올 대상이 있으니 얻어진 것이고 대상으로부터 더는 판매수익, 탈취수익, 불로소득 수익을 기대하지 못하면 그 대상을 버리고 다른 수익대상으로 넘어가는 흡혈귀 같은 존재였다. 돈놀이처럼 이 시장, 저 시장을 돌아다니면서 금융자본을 축적하는 것이다. 지난 200년 동안 그 흡혈귀가 실물의 대형산업 경제에 달라 붙었기 때문에 마치 산업이 발전해서 금융자본이 축적된 것처럼 보였지만 실은 자본 축적에 무슨 단계가 있는 것이 아니다. 산업은 정착지에서 생산을 지속하지만 금융은 정착지 없이 생산과정에 붙었다 떨어졌다 반복한다. 19-20세기의 금융자본은 산업자본의 몸속으로 깊숙하게 들어가 마치 한 몸처럼 작동 했지만 이내 언제라도 떨어져 나왔고 나올 수 있다.

13세기부터 베니스가 발행한 듀카트(Ducat), 피렌체가 발행한 플로린(Florin)이 지중해를 넘어 영국과 네덜란드 그리고 이탈리아를 잇는 유럽의 기축통화로 쓰이고 있었다. 이러한 금융의 힘과 그 기반 밑에서 산업사회가 나타나기 시작했다. 유대인과 대귀족의 금융사회와 중소귀족과 부르주아의 산업사회라는 이 두 사회는 기능적으로 독립적이었지만 13세기 이래 산업은 언제나 금융의 협력적 하부조직으로 자리했다. 앙리 세이는 "피렌체와 롬바르디아 그리고 네덜란드의 경우, 금융이 산업을 자본주의의 치하에 놓았던 첫 번째"였다고 했다. 하지만 13세기 이래 거상들이 금권을 장악한 무역지대에서 산업이 시작되었으며 산업이 금융을 자신의 치하에 넣은 적은 한 번도 없었기 때문에 특별히 첫 번째라고 정할 이유도 없다. 바닷길과 내륙길이 터져 교역망이 널리 퍼져 있던 반면, 유럽 각 지역의 생산기술의 수준이 낮았기 때문에 대량생산도 거의 없었다. 금융가로서 거상은 있었지만, 거대 산업가는 없었다. 부가 골고루 퍼지게 만든 길드 체제에서는 산업을 통해 자본을 축적하기가 매우 어려웠기 때문이다. 산업이 자본주의의 몸집을 여러 면에서 튼튼하게 해준 것은 사실이지만, 금융의 지배력은 더욱더 크게 만들어 주었다.

　15세기 베니스, 피렌체, 파도바 같은 대자본 구역의 상업장인들(Merchant Guilders)과 은행가들은 네덜란드 지역에 사무소를 두고 있었다. 사무소는 선적과 하적되는 물품의 대금을 처리하거나, 신용장을 써 주는 업무를 맡았다. 네덜란드는 이탈리아와 독립적으로 교역을 주관하던 한자동맹의 지정학적 중심지 중 하나였기 때문에 이탈리아의 지중해와 발트해, 대서양의 교역을 주관하는 일도 함께 맡았다. 이런 이유로, 이탈리아 북부 유대 자본가들은 네덜란드 지역을 정치적으로 해방하고자 오랜 공을 들였다. 한편, 피렌체와 베니스로부터 독일의 아우스부르크, 뉘른베르크 그리고 프랑스의 리용을 거쳐 네덜란드까지 오면, 유럽을 바닷길로 둘러쌀 수 있는 곳이 런던이었다. 대서양 바닷길이 새로운 돈줄이 되기 전, 이들이 활동한 곳이 바로 이탈리아의 롬바르디아(cf. 밀라노)와 네덜란드 플랑드르(cf. 안트워프) 그리고 그 사이를 잇는 바이에른(cf. 뮌헨) 지역이었다.

　16세기 남미에서 은이 쏟아져 들어오자 세비야, 리스본, 런던, 암스테르담이 교역 중심지로 떠올랐다. 지중해만큼이나 대서양 무역도 부상하고 있었다. 교역 물품의 대다수가 향신료와 같은 사치품이었다. 산업적 자원이 아니었다. 베니스와 피렌체의 금융가들이 여전히 핵심적으로 움직였다. 르네상스의 후원자이자 이탈리아의 세도가들이 네덜란드와 영국으로 건너가 일을 보는 일이 잦아졌다. 이렇듯이, 16세기까지 자본이라는 것은 대다수, 왕실과 귀족들의 세금,

융자, 부동산 기반 자본으로서 거대한 산업이 없이도 상업만으로도 융성했다. 가장 산업이 앞섰다는 영국마저도 1850년까지 국부의 50% 이상이 부동산에서 나왔다. 팔고 사고 대여하면서 자본을 만들어 냈던 부동산은 거의 대 귀족과 젠트리 소유였다.

산업과 상관없는 금융자본은 이탈리아를 거쳐 네덜란드에서도 흥했다. 안트워프, 브뤼헤, 릴, 덩케르크, 아르투아 등 플랑드르 지역에서는 휴머니즘의 일반적인 논의보다 사물을 정밀하게 그려내는 설계 방법, 측정법, 증권 만들기, 회계법 등에 초점을 맞추고 있었다. 이탈리아처럼 대귀족의 후원보다는, 부르주아 가문과 장인 조합에 의해 기술자와 학자들이 길러졌다. 플랑드르의 기술과학 전통은 1581년 네덜란드의 이름으로 국가형태를 잡기 시작하면서 더욱 깊어졌다. 17세기 전체에 걸쳐 공업 조합이 해체되어 크고 작은 부르주아 기업들의 나라가 되어갔으며 지방 도시 곳곳에 이르기까지 이른바 과학 정신이 퍼져나갔다. 암스테르담, 로테르담, 헤이그의 영향력이 컸다. 르네 데카르트의 계산적 이성(ratio) 또한 그가 20년을 역동적으로 살아 온 네덜란드의 전통에 따른 것이었다. 데카르트와 함께 지냈던 주, 네덜란드 영국대사 윌리엄 템플 또한 네덜란드에 혀를 내둘렀다. "장사의 본좌"라는 것이다. 독일이나 스위스처럼 제조업의 본좌가 아니었다.

자본주의 최초의 국가라는 네덜란드는 성실한 공업 국가가 아니었다. 유대 상업 국가였다. 유통 이익을 계산하지 않고는 삶을 살아갈 수가 없는 유럽의 유대공동체였다. 평민 출신 공무원, 평등한 종교, 대·중·소를 나눌 수 없는 자유로운 부르주아, 존중받는 외국인 노동자, 당당한 자영업자, 회계장부를 가득 가방에 넣고 다니던 납품업자들의 세계였다. 중세 조합적 세계가 지녔던 공동소유, 전통, 협동 논리가 네덜란드에는 없었다. 개인 소유권 숭배, 백지로부터 출발하는 인간, 맨손으로 일구는 사물의 가치, 개인처럼 대외적으로 이익만 추구하는 국가 등 존 로크의 유대 자유주의는 네덜란드의 그것이었다. 개인 소유권에 대한 집착은 당대 영국에서도 일반적이었지만, 개인이 한데 모여 계약을 통해 국가를 만들어 낸다고 하는 사회계약의 아이디어는 전적으로 네덜란드 체류 기간(1683-) 동안 유대인들을 통해 다듬어진 것이었다. 네덜란드를 세운 윌리엄 오렌지 공은 터키와 독일 유대인들의 금융지원을 받은 자였다. 네덜란드(벨기에)의 브뤼헤와 안트워프에서 공업 길드가 융성하여 산업이 번창하는 듯이 보였지만 이는 암스테르담과 로테르담의 상업 길드에서 물건을 납품했기 때문이었지 내수를 공략해서 그런 것이 아니었다.

네덜란드에서는 동인도회사의 등장과 더불어 주식시장도 생겼다. 주식시장이란 무역을 통해 얻는 이익배당금이 아니라, 주식을 장내에서 거래하면서 만들어 내는 주가 차액을 얻는 곳이다. 주식거래소에서 오가는 돈 또한 금융자본인데, 이것이 상업뿐만 아니라 산업마저 동요시켰다. 투자만을 위해 돈을 빌리는 투자금융도 생겨났다. 길드 체제는 17세기에도 작동하고 있었지만 상업 길드는 도매상이자 은행의 역할을 동시에 가져갔고, 공업 길드는 그들의 하청기업이자 샐러리맨처럼 변해갔다. 과거, 상업 길드와 함께 만사를 논의했던 공업 길드는 중개상(commissionor, trader)이라는 독립 상인들만 상대했다. 독립 상인들이 과거의 상업 길드를 법인화시켰다. 이처럼 금융자본이 산업자본을 직접 관리하는 맹아의 모습을 16세기 네덜란드에서 볼 수 있었다.

　영국의 길드가 처한 상황도 이런 것이었다. 상업 길드와 공업 길드가 오랜 협력관계를 끝내고 독자적인 행보를 보였다. 런던시티의 상업 길드는 영국의 산업이 금융에 종속하는데 크나큰 역할을 했다. 귀족들로 구성되어 정치와 법을 움직였고 산업을 장악할 수 있는 충분한 자금을 쥐고 있었기 때문이다. 공업 길드는 부르주아 공장으로서 독립했어도 여전히 소공업으로 남아있었다. 1688년 명예혁명과 더불어 런던시티에 유대 자금이 들어오고 대서양 패권 전쟁이 시작되면서부터 소공업 사업자들이 많아졌다. 이들의 자본은 극히 제한적이어서 사업을 크게 하려면 금융에 손을 벌려야 했다. 이런 일은 그러나 흔치 않았다. 반면 영란은행으로부터 거대한 대출을 받아 전쟁 비용을 쓴 영국 정부의 빚이 금융자본이 축적되는 데 큰 역할을 했다. 국채의 대다수를 귀족들과 상업은행들이 샀으며 귀족들은 소공업에 투자했다. 국가는 거대한 빚을 세금을 통해 갚아야 했고 중소 부르주아 산업가와 노동자들은 더욱더 일해야 했다. 금융자본은 국채와 영란은행, 상업은행을 통해 쌓여 갔다. 언제고 대형 사업이 나타나면 투자될 수 있었다. 전쟁이든 산업혁명이든 투자가 필요한 일들이 일어나지 않을 수가 없었던 환경이었다.

런던시티의 귀족 부르주아 도당은 상업 길드에 대항하거나 변화시켜 법인화했다. 대다수가 부동산을 기반으로 하여 주식, 국채 등 금융자본을 장악했고 공업 길드 즉 부르주아 산업가들도 지배했다. 항구가 발달하여 생산자와 중개상이 합쳐진 가내수공업 형태(manufacturer-trader)로 자본주의를 출발시킨 네덜란드와 영국에서는 중개상이 권력을 장악하기에 좋은 환경이었다. 상업과 공업의 안전한 공존이 무너지는 것은 항구 국가의 어쩔 수 없는 흐름이라 볼 수 있다. 즉 금융을 장악한 이들이 산업을 일으켰다. 금융의 본거지 안트워프와 프랑스 리용의 경우, 각종 투기가 난무하여 은행들이 파산에 이르자 17세기부터는 산업도시로 전환했다. 금융자본이 반 정도 산업자본으로 전환했다. 이들 도시는 온연히 물건을 팔아 돈을 축적한 산업자본 도시가 아니었다. 금융의 지배력을 넘어 독자적인 산업도시를 찾아보려면 19세기 중반에 와야 가능하다. 영국의 요크셔, 미국의 매사추세츠, 프랑스의 리용 등이 그런 예이다. 이곳에서는 20세기 초 미국의 록펠러 석유나 포드 자동차처럼 생산자가 유통도 장악하고 부분적으로 금융사업도 이끌었다. 그러나 이런 도시들은 비교적 예외였다.

런던, 프랑크푸르트, 암스테르담, 파리, 밀라노 같은 거대 도시에서는 금융자본이 산업을 통제하고 있었다. 18세기의 로스차일드처럼 전쟁하는 국가에 대한 무기, 병참, 후방 산업에 대한 대출이 있었다. 바티칸 금고처럼 산업의 기간을 마련해 주는 부동산과 설비 대여로 융성했던 금융자본도 있었다. 19세기 산업 시대에는 어디까지가 금융자본이고 산업자본인지 어느 정도 눈에 보이는 듯했어도 실은 그렇게 보려 하니 보인 것뿐이지 둘은 같이 움직이는 자본이었다. 산업자본이 금융자본에 녹아 버리는 20세기의 신자유주의도 이런 이유로 생겨난 것이다. 같은 몸이 아니라면 이런 자리바꿈도 불가능한 것이다. 은행이 기업을 소유하여서 한 몸이 되는 것이다. 이것이 자본주의의 거시적인 실상이다. 빵에 건포도를 넣었다고 해서 빵을 건포도라 부를 수는 없다. 그것은 그냥 빵이다. 건포도를 많이 넣었다 해도 빵이다. 모든 자본은 금융자본이며 산업은 금융 아이템 중 하나에 불과하며, 19세기 이래 산업을 통해 더욱 몸집을 크게 가져간 것뿐이다. 19세기의 산업혁명은 금융〉산업의 위계질서를 많이 흔들었지만 이내 제자리로 돌아갔다.

19세기 후반의 예외적인 환경만 콕 집어, 마치 산업 자본주의가 발전해서 금융자본주의로 건너갔다는 것은 거짓말이다. 베르너 좀바르트는 자본주의가 유대 금융 활동의 산물이라 했다. 1820년대 금융의 독점 네트워크로서 로스차일드 가문으로 지목함으로써 마르크스처럼 진실을 비껴가지 않았다. 20세기 초, 오즈월드 슈펭글러도 자본가들이 순진한 사회주의의 머리 꼭대기에 있다고 정곡을 찔렀다. 눈앞의 권력에 광분했던 마르크스주의자들은 자신들보다 권력의 미래를 정확하게 보았던 사람들을 두고 무지하다며 적반하장의 주장을 했다. 1918년 슈펭글러는 이런 근시안적인 마르크스주의자들에 다음처럼 깔끔하게 일갈했다.

신용과 빚, 화폐와 빚의 관계를 처음으로 밝힌 맥러드(Henry Dunning Macleod)의 서적들이 출간된 때가 이미 1850년대였다. 이 관계에 기반한 금융자본은 중국과 일본까지 국제화하고 있었다. 서구 은행의 돈으로 전쟁을 한 청일전쟁이 사례이다. 에디슨의 친구이자 500여 발명품을 가진 키츤(Arthur Kitson)은 금융 자본가들이 산업에 침투하는 수준이 이전과 달리 일종의 국제주의 여신 시스템 안에서 진행되었다고 했다. 즉 산업자본이 금융자본으로부터 독립하지 못하도록 각종 산업계의 융자, 이자, 보증, 보험, 증권 전환, 인수·합병 등의 형태로 은행이 산업에 깊게 침투되어 있었다. 장악의 정도도 거의 완성에 가까웠다. 키츤은 산업계의 지식재산권마저 은행이 가져가는 현상을 지목했다. 모건(John Pierpont Morgan)이 에디슨에 투자하여 얻어낸 특허권이 그 예이다.

자연과 에너지, 인간과 노동의 문제가 화폐보다 더 실체적이며 역사적인 경제 요소임을 강조했던 노벨화학상 수상자 소디(Frederick Soddy)는 맥러드의 주장을 인용하여 다음과 같이 말했다.

그것이 은행이다. 옥수수 시장, 수산시장, 다른 많은 시장에서도 외환 교환이 벌어지는 시장이 있는데 그것이 왕립 외환은행(Royal Exchange)*이다. 이들 은행은 대출 가게이고 왕립 외환은행은 유럽 최대의 대출 시장이다.”*

국가의 전쟁자금이 어디서 왔는가를 살피면 금융자본의 국제적 역할을 깔끔하게 이해할 수 있다. 전쟁이 대형화하고 있던 19세기 후반 이래, 과거처럼 세금 정도로 전쟁 비용을 충당할 수 없었다. 유럽 정부는 보유한 금, 세수, 양적 완화(인플레이션) 그리고 해외융자를 통해 전쟁 비용을 계산했다. 프랑스는 보불전쟁에서 보유한 금과 동시에 인플레이션을 통해 전쟁 비용을 댔다. 패전 후, 프로이센에 지급할 배상금이 10억 달러로 **GDP**의 23%였다. 프랑스는 2년 만에 배상금을 갚았지만, 결국 대공황을 맞았다. 19세기 영국처럼 기업이 많은 나라의 경우 세금으로 전쟁 비용의 절반 정도는 충당할 수 있었다. 하지만 이 경우에도 후폭풍이 오기 마련이었다. 이 경우에도 자연스럽게 통화가 과잉 발행된다.

제1차 세계대전 대다수 전쟁 당사국의 인플레이션은 전쟁 끝자락에 이미 100% 이상을 찍었다. 프랑스와 러시아는 250% 전후, 이탈리아는 117%–309%였다. 독일은 200%–400%이었다. 유럽 전체의 원자재 가격은 300% 올라 있었다. 세금, 보유금, 인플레이션을 통해 전쟁하는 정권의 입장에서는 전쟁보다 전쟁 후가 더 걱정이기 마련이었다. 전후 승전했다 하더라도 나라가 망가지니 권력을 잃을 가능성이 높기 때문이다. 세금을 덜 사용하고 인플레도

덜 일으키며, 금도 효율적으로 사용하여 전후 경제를 대비하려면, 해외 장기 융자로 전쟁을 하는 것이 권력가들에는 상식이었다. 더 나아가 기업과 은행이 국가에 자금을 대출해주면, 동시에 이들이 전쟁 산업에도 참여하여 산업적 이익마저 얻어갈 수 있었다. 이런 누이 좋고 매부 좋은 이유로 전쟁 이전에 권력가들이 은행과 거대기업을 찾아다니면서 융자 여부와 기간을 결정했다. 융자만 가능하다면 국적은 상관없었다. 금융은 국제금융이었기 때문이다. 영국의 총리 로이드조지는 1924년 제1차 세계대전을 정리하면서 다음과 같은 결론을 내렸다.

> "국제금융가들이 다우 보상금 계획을 좌지우지했다. 연합국과 협력국 그리고 독일 사이에서 이루어진 협정은 국제금융가들의 승리였다. 이 협정에 국제금융가들이 전격적으로 끼어들지 않았으면 도달할 수 없었다. 이들은 절대왕정의 고압적 자세를 가지고 공무원, 정치인, 기자들을 모두 한편으로 몰아붙여, 자신들의 뜻대로 일을 치렀다. 이들은 자신의 무자비함에 어떤 저항도 없으리라는 것을 알았다."

분야에 따라 다르고 내용도 비교적 뒤섞여 있지만, 융자의 기본은 '파괴하려면 단기융자, 건설하려면 중장기 융자'이다. 전쟁 융자는 단기가 선호된다. 한 국가의 자산을 때려 부수고 배상금을 받아 이자와 원금을 갚는데 그리 긴 기간이 들지 않기 때문이다. 급히 돈 들어갈 때가 많은 전쟁에 국가가 돈을 움직여 쓰기가 편한 단기융자는 거의 은행만이 가진 능력이다. 단기융자를 얻어낼 신뢰가 없는 국가는 전쟁을 수행하기 극히 어렵다. 패전국이 되는 것이 거의 당연하다. 물론, 은행이 패전국가에 단기적으로 돈을 꾸어 주었다가 원금과 이자 보장에 어려움을 겪을 수도 있다. 이런 경우 금액이 많지 않도록 조정한다. 패전국이라 해도 땅과 노동력을 빼앗으면(건네주면) 되며, 거기서 나오는 수익으로 단기성 융자조건을 중장기 조건으로 바꾸어 줄 수도 있다. 이때 은행이 외국 사업체들을 전후 복구 사업에 참여시켜 또 다른 중장기적 추가 이익을 얻게 된다. 이런 이유로, 전쟁을 앞둔 은행과 대형기업은 한 몸이 되어 돌아갈 수밖에 없다. 앞뒤 계산이 서로 맞으면, 비로소 전쟁이 가동되거나 중단되는 것이다. 전쟁은 결코 정치인들이 결정할 종류의 대사가 아니다. 전쟁을 쉽게 벌여 수익을 고착화하는 은행과 초국적 기업의 협력. 이것이 사설 은행들이 국가의 중앙은행을 장악하려 애써왔던 이유이기도 하다.

대형전쟁을 일으키거나 수행한 국가는 국제은행의 여·수신에 자신이 있거나, 그것의 큰 부분을 장악했다는 것을 뜻한다. 19세기 후반 영국의 경우 전쟁자금에서 세금이 차지하는 비중이 30% 전후였고, 독일과 이탈리아는 6-15%, 오스트리아, 러시아, 프랑스는 0%였다. 나머지는 보유한 금과 융자, 그리고 인플레이션에 기댔다. 영국처럼 중과세해도 산업이 견딜 자신이 있고, 세계인들이 모두 참여하는 주식시장을 가지고 있으며 국제여신이 좋은 나라는 조금 더 세금에 기대어 전쟁할 수는 있다. 그런데도, 모든 전쟁은 앞을 내다볼 수 없으므로 국제여신을 통한 융자에 기댈 수밖에 없다. 돈을 꾸어 준 은행의 정치적인 지지도 받을 수 있다.

경제가 튼튼했다는 영국의 제1차 세계대전 전쟁자금 70%가 여전히 해외융자였다. 게다가 개인투자자들도 같이 끌어들였기 때문에 유럽 곳곳에 이른바, '자기 편'을 만들 수 있었다. 자유시장은 이처럼 전쟁을 도발해도 전범 국가에 유리한 환경을 조성한다. 승전으로부터 이익을 얻어갈 사람들이 전쟁 범죄를 방어해주기 때문이다. 물론 전범국가가 자유시장의 금융을 통제하거나 움직일 수 있을 때만 그렇다. 제1차 세계대전의 경우, 영국은 자국에 투자된 외국 자본의 98.7%를 통제했고, 프랑스는 90% 전후, 그러나 독일은 50% 밖에는 통제하지 못했다. 독일이 금융에 있어서 해외 투자자들의 자유를 보장했다는 뜻이다. 영국이나 프랑스처럼 자산동결 같은 반자유주의적 불법은 저지르지 않았다. 게다가 국제여신에 크게 기대지 않는 것이 자급자족을 특징으로 하는 독일 경제의 전통이었다.

영국과 미국은 20세기 내내 전쟁금융기반 즉 금융의 자유시장에 익숙하지 않은 자급 자족적 혹은 내수경제 위주의 나라를 한둘 골라 '자유가 없는 나라' 혹은 '독재국가', '권위주의 국가' 라 낙인을 찍으며 쳐들어가곤 했다. 필리핀, 칠레, 이라크, 이란, 리비아 등 이른바 독재국가라고 찍힌 자주 경제 국가는 단기적으로 저항하지만, 장기적으로는 패하기 마련이었다. 제1차 대전 때 독일이 그랬다. 독일은 부유세나 관세, 그리고 연방 자치단체의 신용금고 (Darlehenskassen)로부터 올라오는 3-6개월짜리 단기융자에 기대어 전쟁하는 바람에, 전투에서는 자주 이기지만 전쟁에서 패했다. 반면 장기 융자에 익숙한 영국이 독일에 전투에서는 거의 연패하면서도 길게 전쟁을 유지하여 결국 승전에 이룬 이유이기도 했다. 물론 독일은 중립국인 척하는 스위스, 북유럽 혹은 덴마크와 네덜란드 같은 곳으로부터 융자를 끌어 올 수 있었다. 하지만 그 융자를 해주는 스위스, 북유럽 혹은 덴마크, 네덜란드 은행가들은 이미 국제금융을 통제하는 영국 런던시티 금융가들과 동일 인물이거나 협력자들이다. 조금만 빌려주면서 생색을 낼 뿐이었다. 독일은 전쟁 비용을 충당하는 자원이 한정되어 있기 때문에 아무리 당장 돈이 많이 있다 해도 결국 장기전에는 어울리지 않는 나라였다. 헬무트 폰 몰트케, 칼 폰 클라우제비츠 등의 프로이센의 군사전략이나 히틀러의 전격전(Blitzkrieg) 같은 아이디어는 공적자금을 다 쓰기 전에 전쟁을 끝내기 위한 불가피한 선택이었다.

이처럼 전쟁의 승전과 패전은 금융의 조건과 금융인들이 결정했다. 또한 이것이 자유시장 지상주의인 미국이 20세기를 통틀어 끝없이 전쟁을 도발해 온 이유이다. 이처럼, 최소한 20세기의 전쟁은 은행과 대형기업들의 전쟁이었으며 모든 국가 수익은 그들에 돌아갔다. 전후 철도, 운하, 공장, 건설 등 대형 국책사업이나 덩치가 큰 사업에는 언제나 은행이 참여했다. 강대국이 되면 될수록 융자가 국제적인 차원에서 벌어지며 국가는 이자와 원금을 갚기 위해 국가의 덩치를 불릴 수밖에 없다. 이것이 20세기 강대국이라 불리는 국가의 면모이다.

금융자본 우위, 금융자본의 전쟁론과 더불어 국가의 역할도 지적할 필요가 있다. 거의 산업자본만 다룬 마르크스뿐만이 아니라 금융자본의 지속성을 비교적 올바르게 관찰한 에마누엘 월러스타인이나 앙드레 군터 프랑크, 그리고 조반니 아리기마저 자본이 마치 국적을 가진 양 생각했다. 13세기 베니스와 제노아 국가가 축적한 자본을 산업에 투자한 후 더는 수익을 기대하기 힘들어지자, 16세기 네덜란드 국가에 원시적 축적의 시절을 넘기고, 더는 수익이 나지 않자 17세기 영국 국가에 시절을 넘기고 또 이윤이 한계에 달하자 20세기 미국 국가에 시절을 넘겼다는 것이다. 그리고는 21세기에 자본의 권력을 중국 국가에 넘긴다는 것이다. 자본은 원래부터 있었다는 루이 알튀세의 말처럼 "원시적인 축적이란, 자본의 기원을 말하는 것이 아니라 자본주의의 시작을 말할 뿐"이라면, 자본을 축적한 각국은 각자의 자본주의를 새로이 시작했다는 뜻이다. 또한, 축적된 자본이란 것이, 월러스타인의 말처럼 패권을 말한다면 자본주의는 패권 그 자체가 된다. 무슨 말을 하든 다 좋으나, 그렇다면 도대체 금융 자본가들은 모두 어디 갔다는 말은 없다. 자본주의를 새로이 시작할 때마다 자본가들이 새로이 생겨났으며, 패권국가가 바뀔 때마다 자본가들이 세대를 달리하며 국적을 바꾸었다는 것인가. 어불성설이다.

서로 알지 못하는 신흥자본가들이 국가별로 나타나 융성하고 자본가의 자손들이 다른 국적을 갈아타기는 했다. 그러나 세대, 지연, 인척으로 이어지는 자본가들의 금융 전통이 국가 선에서 멈추거나 양상을 크게 달리할 수는 없는 법이다. 특히 국제금융 네트워크가 이미 성립되어 있던 19세기에, 자본에는 국적이 없다는 것을 잘 알았을 마르크스주의자들이 이런 실수를 할 리가 없다. 금융의 세계적인 네트워크를 관찰했던 레닌은 특히 더 그렇다. 단지 모르는 척을 했거나 무시했을 뿐이다. 정직하게 말하자. 국가별로 자본의 패권이 돌아갔던 것이 아니라, 자본가들이 국가 제도를 가장 유용하게 활용할 수 있는 지역에서 금융 패권을 부렸을 뿐이다. 따라서 국가와 자본을 서로 분리하여 보는 시각이 자본주의를 이해하는 첫걸음이다. 더 정직한 경제학자라면, 패권국가는 없고 단지 패권 자본가들만이 있을 뿐이라 말할 것이다. 자본가와 국가 운영자가 서로 같은 계급, 같은 이익, 같은 실존인데다가, 자본이 국가보다 권력 서열상 우위에 있기 때문에 패권국가라는 단어는 자본가의 존재를 숨겨주는 도구일 뿐이다. 경제와 정치는 토대와 상부구조처럼 떨어져서 이끌거나 이끌어지는 관계가 아니다.

경제와 정치는 한 몸이다. 단지 역할과 기능이 다를 뿐이다. 지난 시절 금융자본과 산업자본만이 자본주의를 움직인 것이 아니다. 정치도 그들의 이익에 봉사하는 크나큰 역할을 해 왔다. 이미 중세부터 자본이 정치 전반을 움직였지만, 저 스스로 자본가였던 정치인들이 자본을 또한 거대하게 움직이고 있었다. 십자군 전쟁이 예이다. 교황령을 더욱 많이 차지하여 각종 세금을 거두는 경제적인 이익을 위해 교황청과 각국 정부가 움직였다. 이들은 십자군 전쟁이 필요했고, 정치적으로 전쟁을 해야만 경제가 흘러갔다. 그렇게 21세기까지 흘러왔다. 경제적 동기는 정치를 원했고 정치적 동기는 경제를 불렀다. 정치와 경제가 한 몸이라는 것은 세실 로즈가

대표적으로 보여주었다. 로즈의 부하인 스티드(William Stead)는 그의
활동을 다음처럼 설명했다.

> "많은 부자가 있었지만, 세계를 지배하면 부가 딸려온다는 것을
> 로드 이전에는 누구도 알지 못했다. 유럽의 거대투자가들은 전쟁과
> 평화를 통제하고 정치에 영향을 주는 데 종종 힘을 썼긴 했다.
> 하지만 이들은 항상 금융의 동기를 가지고 그리했다. 첫 번째가
> 주가 변동이었다. 이 목적에 따라 정치와 손을 잡아 자주 협상을 한
> 것이다. 그러나 로드는 일을 거꾸로 했다. 그에는 정치가 최고였다.
> 정치적 목적을 달성하는 수단을 안정시키기 위해 시장을 이용했다.
> 이로써 그는 백만장자 왕국의 마지막이 아니라, 근대세계의 첫 번째
> 왕으로 등극했다. 이는 과언이 아니다. 그는 인류 대중에 주권을
> 행사하는 (경제) 왕조로서는 최초의 조상이었다."

로즈는 19세기 후반의 세계정치를 움직였다. 남아공 케이프타운의
총독으로서 기업인이자 동시에 금융인이었다. 그는 주식가격이나
교역량, 수익 여부 정도에 전혀 마음을 흔들지 않았다. 돈이 되는
일을 만들어서 돈을 벌었지 돈이 있는 곳을 찾아다니지 않았다.
금융자본가이자 산업자본가인 그는 무엇보다 정치를 앞장세워
주가조작 같은 장난과는 상대가 되지 않은 정도의 부를 거머쥐었다.
그가 운영했던 광산 드비어스(De Beers)는 로스차일드를 대주주로
모신 기업이었는데, 아마도 그로부터 노하우를 배운 것으로 보인다.

기업인이 정치인과 밀약이나 로비를 하는 일반의 정경유착 양태가 그로부터 뒤바뀌었다. 그는 한 국가의 정치를 민간 기업인의 손과 발이 되도록 만들어 버린 것이다. 1900년대 전반 영국과 미국의 정치계에 우후죽순으로 나타난 각종 국정 에이전시, 공공 위원회, 공공 협회, 공공연구소 및 부서, 재단 등의 정치단체는 로즈의 교훈을 이어받은 기업인들의 정치수행 기관들이었다. 이들은 결국 국제연맹이나 국제연합까지도 만들게 된다. 국가의 활용도나 기능이 자본의 움직임에만 한정되었다면 이런 일은 존재하지 않는다. 금융자본은 보불전쟁이나 제1차 세계대전을 통해 진정한 의미에서의 산업혁명을 일으켰고 산업자본을 금융 네트워크에 융합시켰으며 연달아 산업자본은 또 다른 전쟁을 통해 몸집을 불렸다. 국가를 도구화하지 않았다면 있을 수 없는 일이다. 이리하여 경제, 정치, 외교 그리고 전쟁은 금융 권력이 세계를 장악해 가는데 한 몸처럼 움직이게 된 것이다.

강도들의 전쟁 나와바리

헤르만 괴링은 자기 같은 군인이 아니라, 나라의 지도자가 전쟁을 결정한다고 했는데, 이는 틀린 말이다. 전쟁은 지도자를 둘러싼 경제, 정치, 금융의 엘리트 네트워크로부터 발생한다. 자금과 무기를 대어주고 추후 이익을 나눌 하부세력과 동맹 세력이 없이는 결코 전쟁이 일어날 수 없기 때문이다. 그것이 전쟁의 진정한 이유이기도 하다. 지도자는 단지 전쟁을 이끌 뿐이다. 20세기에 한정한다 해도,

자금과 무기를 대어주고 전쟁으로부터 이익을 나누었던 동맹은 국가의 수장도 아니고, 군 장성도 아니었다. 국민은 더욱이 아니었다. 금융 및 군산 복합 기업들이었다. 미국 식민전쟁의 영웅, 스메들리 버틀러 장군은 50세에 조기 퇴임한 후 반전주의자로 돌아섰다. 그는 "내가 참전한 전쟁은 모두 기업 강도질(racket)이었다."라고 회고했다.

"나는 33년 4개월 군 생활을 했다. 이 기간에 나는 대기업, 월가의 은행가들을 위해 일하는 보스급 어깨로서 대다수 시간을 보냈다. 간단히 말해 나는 강도였고, 자본주의의 조폭이었다. 1914년 미국 석유회사를 위해 나는 멕시코, 주로 탐피코를 평정했다. 씨티은행 사람들이 돈을 벌도록 아이티와 쿠바에 들어가 자리를 만들어 주었다. 월가가 중미 6개 국가에서 강도질할 때 내가 도와주었다. 1902년에서 1912년까지 브라운 브라더스 국제은행을 위해 니카라과를 청소했다. 1916년 미국 설탕 회사를 위해 도미니카공화국을 뒤졌고, 1903년에는 미국 과일 회사를 위해 온두라스에 길을 터주었다. 1927년에는 중국에 간 스탠더드 오일에 걸림돌이 생기지 않도록 손을 보아주었다. 되돌아보니, 알 카포네가 강도질을 가장 잘한 세 개의 나와바리가 있는데 내가 무슨 힌트를 주지 않았나 싶기도 하다. 나도 세 개의 나와바리 대륙에서 일했다."

버틀러의 진솔한 고백은 미국의 오랜 불간섭정책을 접은 1885년 '문호개방정책'(Open Door Policy)부터 벌어진 전쟁에 관한 내용이다.

중국을 제외한 국가 중 GDP 1위였던 미국은 1879년 이미 제국을 지향하고 있었다. 중국마저 제치고 세계 1위의 생산력을 보여준 때가 1890년이었다. 국가가 가만히 있어도 금융과 기업들이 세계 유통망을 결국 장악할 것으로 보았기 때문에 미국 정부는 제국정책을 공식적으로 천명하지도 않았다. 문호개방이라는 정의에 자국을 포함하는지도 말하지 않았다. 결국, 개방할 문호는 자국이 아니라 타국의 문호였고, 개방은 외교가 아니라 공개적인 침략이었다. 자유시장의 본 모습에 충실한 것이었다.

미국(의 기업들)은 인디언과 1천 여 번의 크고 작은 땅따먹기 전쟁을 벌였다. 그리하여 자기의 영업 구역을 설정했다. 정당한 계약이나 주권 간의 협약을 통해 차지한 구역이 아니기 때문에 이들의 서신 속에서는 외교용어를 찾을 수가 없다. 자기 것이 아닌데 싸움을 통해서 자기구역으로 만드는 것, 이에 정확한 단어로는 조직폭력배나 강도들이 사용하는 '나와바리'가 적절하다. 미국은 1846년 이래 1900년이 들어설 때까지 남미를 29차례 침략했고, 아시아 태평양을 19차례 침략했다. 함선의 포격을 통해 문호개방을 알리고, 해당국에 군대를 먼저 배치하지 않으면 외교를 시작하지 않았던 영국의 폭력 습관을 그대로 답습했다. 1925년 『뉴욕타임스』는 "미 해군이 일을 거칠고 공격적으로 한다."고 했는데, 이는 앵글로색슨의 오랜 전통이었다. 미국의 문호개방 정책은 시작부터 강도질이었고 끝도 그렇게 맺었다.

스메들리 버틀러의 고백은 미국과 중미, 남미, 중국 나와바리에만 한정되지 않는다. 제1차 세계대전의 미국전시산업위원회(War Industries Board, WIB)가 공식적으로 대변해 왔던 미국 기업들의 세계적인 강도질을 총괄적으로 요약한 것이다. 이 위원회는 미국이 제1차 세계대전에 개입한 3개월 후 1917년 7월에 만들어졌다. 제1차 세계대전 이전 미국의 대기업은 버틀러의 진술대로 국지전을 통해 돈을 많이 벌었고 그에 만족하고 있었다. 군자금과 군납 또한 미국 군대에 한정되어 있었다. 다시 말하면 장사로는 중남미 플랜테이션 같은 정착형 상인이었고, 군납으로는 미국 군대라 하는 동네 건달들에 칼을 주는 식이었다. 이들은 세계대전 같은 대규모 전쟁에서 어떻게 돈을 더 효율적으로 벌어야 하는지를 몰랐다. 제1차 세계대전 초기에도 연합국에 물자를 조달하는 일에 만족하고 있었다. 이익을 상호조율할 일들이 자주 발생하여 공동의 위원회를 만들었으나, 성립 6개월 만에 위원장을 두 번이나 갈아야 했을 정도로 허둥댔다.

1918년 담배와 구리, 철도 등 실물산업과 금융계에서 동시에 일했던 만능 투자가 버나드 M. 바루크가 제3대 위원장은 맡으면서 위원회의 순진함이 걷혔다. 전쟁은 물품을 극도로 소비하는 체제이기 때문에 높은 이자나 낮은 수익이라도 무조건 물품생산을 가동해야 했다. 평화 시처럼 이것저것 따지면 기회만 놓치는 시기다. 무조건 대출하고 무조건 수출하면 되는 일이었다. 그로부터 대기업 총수들은 무기 제조와 수출에 앞서 은행이 먼저 움직여야 전쟁 산업이 꾸준하게 돌아간다는 사실을 배웠다. 이는 실은 1772년에 프랑스어로 번역된 손자병법의 내용이며 마이어 암셀 로스차일드가 18세기에 이미 설파한 장사법이었다. 1792년 프랑크푸르트 은행장이던 그는 나폴레옹에 대항하는 오스트리아 군대에 고기, 제복, 말, 병기를 제공해 주면서 동시에 군자금 장사를 병행했다. 워털루 전쟁 때는 런던 지점에서 똑같은 짓을 했다. 나폴레옹을 패배시켰던 웰링턴 장군은 자신의 영국군대를 "지구상에서 최고의 쓰레기들"이라고 불렀다. 그런데도 그는 쓰레기들을 끌고 전쟁터에 나가 승리했다. 전쟁에서의 승리는 물자와 병참 그리고 전략이 우선순위이지 인간은 아니라는 그의 군사전략에 걸맞은 런던의 지원이었다.

 더 나아가, 바루크는 로스차일드의 전례에 따라, 전쟁은 물자와 병참이며 물자와 병참은 장기간 기획되며 장기기획은 경쟁을 통해서는 불가능하다는 사실을 가르쳤다. 금융의 뒷받침을 받은 국가가 기업의 군수품 조달계획을 짜고, 표준화된 대량 생산 물품을 통해 대외 및 내수 시장을 장악하지 않으면 전시사업은 불가능한 것이었다. 즉 전시산업은 기업 파시즘 이외의 것이 아니란 사실이다. 즉 정부는 기업의 기획실 역할을 맡고 공무원은 영업사원, 국민은 노동자가 되는 것이다. 경영일선이 그렇듯이, 미국 대기업들은 이내 전쟁 산업의 파시즘적 본질을 알고 노하우를 배워갔다.

 전시산업위원회를 이끈 은행들은 군수 산업가들에 대거 융자했다. 기업들은 자기 자본에 만족하지 않고, 어마어마하게 들어오는 융자금에 맞추어 물자를 대량생산하여 국가에 납품했다. 가격은 시장이 아니라 금융계에서 정했다. 대량생산을 위한 기술이 미국 산업계에 퍼져 나갔다. 제품의 표준화가 그것이다. 이에 따라 기계의 표준화도 도입되었다. 전쟁에 앞서 이를 선도적으로 실시한 기업이 포드 자동차였다. 포드식 대량생산에 따라 어느 공정에 어떤 능력을 갖춘 노동자가 필요한지 노동 관리에 대한 노하우도 함께 자라났다. 노무관리가 일상이 되어 갔다. 과도한 노동량으로 인해 노동조합이 파업을 일으키자, 노동조합을 조종하는 방법을 배웠으며 종국에는 국가 전체의 산업을 계획하는 법도 깨닫게 된 것이다.

제1차 세계대전은 이처럼 기업이 국민과 국가 대사를 움직이는 법을 산업자본가들에 익혀 준 거대한 교훈이었다. 그 교훈 중 하나가, 은행과 기업은 서로서로 경제적 차원에서만 필요로 하는 것이 아니라 국제정치의 차원에서 더욱 필요로 한다는 것이었다. 즉 강대국 정치의 대외정책에 끌려갈 것이 아니라, 그것을 만들어 내어야 한다는 생각이 이들에 지상과제로 남았다. 이는 제2차 세계대전을 통해 구체화되었다. 강대국을 서로 충돌시키고 충돌한 국가 모두에서 이익을 얻는 것이었다. 조지 캐넌이 말했듯이, 강대국의 충돌에 승자와 패자는 없었다. 단지 은행과 기업만이 꾸준한 승자였을 뿐이다. "전쟁은 돈 문제"라고 입을 연 엘리트는 많다. 진정 그렇기 때문이다. 이 '좋은' 전쟁을 계속할 방법을 찾는 것은 엘리트가 돈을 벌 방법을 찾는 것과 같다. 실로, 세계 각국의 군수산업은 금융 및 경제활동에 큰 의미가 있었다. 각국이 은행 대출을 받아 비싼 무기를 만들고 사기 때문이다.

1970년대부터 미군은 국가 간 전쟁에 대비한 정규군, 국방, 국경보호 등의 냉전 개념으로부터 서서히 벗어났다. 미국을 침범할 국가는 없었으며 더 나아가 다른 국가를 침범하려 해도 "민주주의가 퍼져서” 상당한 눈치가 보였다. 더군다나 핵 문제가 걸려 있어서 큰돈이 되는 대형 전쟁이 어려워졌다. 말로만 다짐할 뿐, 세계 각국의 경제적 욕망이 첨예하게 높아져 군사동맹도 아무런 의미가 없어졌다. 반면 기업의 이익이 분할 적으로 관여하는 소규모 전쟁이나 내란진압 등은 언제나 가능했다. 주요 지역에 분쟁(Major regional contingencies, MRCs)을 일으키는 것이 핵심이었다. 자주 경제와 자주국방은 주권을 가진 나라라면 어느 나라나 추구하는 목표이다. 이 목표를 위해서 지도자는 강해질 수밖에 없다. 이런 지도자를 독재로 밀어붙이면 독재 이미지가 쉽게 만들어졌다. 침략의 명분도 쉽게 만들 수 있었고 무기를 대량으로 팔지는 못한다 해도 국가 및 지역재건 산업을 통해 큰돈을 만질 수 있었다. 이런 이유로 1990년대부터 미국 군산 복합업체는 과거와 같은 지역 전략(Regional strategy)을 유지하되, 미션별로 군대를 움직이는 특수작전 병력(Mission-Based Special Forces)을 키웠다. 미군은 제2차 세계대전까지 주력이었던 해군이나 공군보다는 돌발적인 침투와 육·해 공조가 가능한 해병대 위주의 군대가 되어갔다. 해병대는 군 수뇌부뿐만 아니라, CIA의 지령에 따라 움직이며 또한 지역 정부나 세력과 협력적인 위치를 강조했다. 한편, 경제 저격수라 불리는 히트맨은 CIA가 운영하는 미군의 선도부대로서 군사개입을 유발하고 정당화하는 역할을 맡았다. ‘돈을 내지 않으면 쳐들어간다’는 것이 미국 외교의 기반이기 때문이다.

미국의 국방전략의 싱크탱크인 랜드(Rand Co.)는 1994년, 21세기를 앞둔 미군의 전략변화에 대하여 다음처럼 요약했다. MRCs 군사 마케팅은 다자적이며 세계적인 시각을 자주 놓쳤는데 중동, 유럽,

동북아시아 주둔 미군들이 서로 협력관계를 이룰 것. "각지의 미군이 분쟁지역에 신속하게 모일 수 있도록 할 것." 인구의 40% 가 민주국가에 살고 있는데 이런 상태에서는 민주주의만 가지고 전쟁의 명분으로 삼을 것이 아니라 새로운 이데올로기를 갖출 필요. 냉전은 사라졌어도 군사기술은 여기저기서 개발되고 있으니 이를 아울러 고려할 것. "분쟁지역만 신경 쓰지 말고 분쟁이 없는 주변 지역에도 소규모 군대를 배치할 것." 군사기술이 점점 첨단화되고 지역의 돌발변수가 많으니 "주둔 미군을 자주 로테이션시켜 현장에 적응시킬 것"을 주문했다. 미군은 전방위로 뛰어다니는 영업사원이 되어야 하고, 민주국가에도 분쟁을 일으키려면 다른 이데올로기도 필요하다고 할 만큼 지극히 현실적인 전략이다.

원칙으로, 자본의 이익은 수익 창출과 위기관리 두 축에서 얻어진다. 이를 흔히 모델로 만들어 제시하는데, 돈을 벌기 위한 모델과 돈이 나가는 위험성 관리 모델이다. 돈을 벌기 위해서는 수익모델의 혁신과 더불어 시장을 빼앗기지 않도록 마케팅을 총동원한다. 위기관리를 위해서는 돈 벌기로 인해 비대해진 조직 내외의 갈등을 제거하는 수단을 동원한다. 이런 경영은 닭튀김을 홍보하고 판매하여 이름을 낸 뒤 프랜차이즈를 내고 제품과 서비스를 관리하는 순진하고 아름다운 중소기업 경영이 아니다. 잘만 하면 세계로 수출도 하여 로열티를 받고 브랜드 이름도 드높이는 기업 활동도 아니다. 단지 강도질일 뿐이다. 초국적 기업과 대기업의 수익 창출과 리스크관리는 폭력과 기만, 불법과 협박을 통해서 벌어진다. 수익 창출을 위해 기술을 훔치고 하청기업을 옥죄고 납품단가를 낮추며, 대금지불을 미루거나 말소시키고, 분식회계를 자행하고, 온갖 감언이설을 통해 제품을 홍보하고, 소비자를 속이며 주식과 증권의 가치를 조작하여 시장을 교란한다. 리스크관리를 위해서는 임금을 낮추고 노동조합을 탄압하고, 경쟁사의 정보를 비밀리에 빼 오고, 작은 일을 부풀려 고소·고발을 단행하고 언론사를 매수하며 기업의 약점을 드러낸 직원에 자살을 권유하거나 살인도 자행한다. 이제는 TV 앞의 보통 대중보다 더 질이 떨어져 버린 대학의 교수 대중은 마케팅을 4P, 5P(가격, 장소, 홍보, 촉진 활동, 소비자 개인)나 브랜드 경영 정도로 보며 위기관리를 유통상의 필요악 정도로 본다. 하지만 초국적으로 변해갈수록 기업의 마케팅은 그런 협소한 경영과 관리의 내용과 아무런 상관이 없어진다. 이들의 경영은 착실한 직장과 거리가 먼 정도가 아니다. 전쟁과 같은 폭력, 혹은 법규와 증권과 같은 언어와 숫자를 이용하여 어떻게 하면 세계인의 노동을 착취해서 잉여가치를 최대한 얻어갈 것인가를 고민하면서 수단과 방법을 가리지 않는 강도 조직일 뿐이다.

20세기 전반 두 번의 세계적인 전쟁을 통하여 세계의 지배구조가 변했다. 미국과 소련의 경제 및 정치 블록이 만들어졌다. 즉 세계 시장이 두 부분으로 나뉘었다. 이전에 없던 일이다. 1946년 날짜를 정확하게 정해 놓고 냉전이 들이닥쳐 두 쪽의 진영논리를 굳힘과 동시에 각각의 통합시장을 강화했다. 이쪽저쪽 모두와 함께 교류하고 싶다던 비동맹국들도 결국 진영을 선택해야 하는 분위기에 휩쓸렸다. 각 진영에 속한 국가들은 진영 내부에서 나름대로 내수와 교역을 한 것처럼 생각했지만 어차피 최소한 이념적으로 프레임이 정해진 시장 내부의 개별 움직임이었을 뿐이다. 이를테면 조지아의 와인이 러시아로 수출되고 러시아의 철강이 조지아로 들어오거나, 대만의 건전지가 미국으로 수출되고 미국의 TV가 대만으로 들어갔다 해도 이는 자유로운 움직임이 아니었다. 쪼개진 통합시장 내부의 법칙에 따라 움직인 것이다.

민족국가들의 주권이 자유롭게 발휘되는 평등한 사회를 충분히 상상할 수 있었음에도 불구하고 사람들은 냉전을 너무 쉽게 받아들였다. 소련 쪽으로 넘어간 동유럽은 생각보다 그리 단결하지 못했지만, 미국 치하의 서유럽은 단결력이 강했다. 즉 영국, 프랑스, 벨기에를 선두로 하여 네덜란드, 이탈리아, 스페인, 포르투갈 그리고 독일까지도 반나치가 아니라, 뜬금없이 그리고 갑작스레 반소련으로 뭉쳤다. 이런 군중심리의 가장 주요한 원인은, 미국의 경제, 외교, 군사적인 힘 때문이었다. 하지만 서유럽인의 심리적인 차원을 깊게 고려한다면, 과거 식민국가들끼리의 연합정신을 배제할 수 없다. "우리는 과거 식민제국"이라는 무의식이 깔려 있지 않다고 볼 수 없다. 타이태닉 같은 유람선을 타고 자국의 식민지를 돌아다니면서 정부의 식민체제를 즐겼던 1920-30년대 서구시민들이었다. 서구시민은 식민정부와 공범이었다. 그러한 서구시민들이 즐기던 식민체제를 놓아 주었다 해서 식민 관성을 갑자기 잃어버렸을 리 만무하다. 피식민국의 많은 국민들이 식민통치가 평생 갈 것처럼 생각했듯이, 식민본국 사람들도 그런 마음의 관성을 냉전까지 가져갔다. 오늘날의 간단한 사례로 영국인과 일본인이 이를 잘 드러내 준다. 이를테면 루쉰의 소설 『아Q정전(阿Q正傳)』에서 말했던 정신승리법과 같다. 식민지를 잃어버리니 신흥제국 미국에 달라붙어 여전히 제국임을 자랑하고픈 것이다. 영국, 프랑스, 벨기에 등이 일으킨 구 식민지의 각종 전쟁과 혼란이 또한 그 증거이며, 냉전 30년 동안 약속이나 한 듯이 인종주의가 유럽에서 재발했던 이유도 여기서 찾을 수 있다.

두 개의 통합시장이 1990년대 하나로 합쳐졌을 때도 이것이 마치 자연스러운 세계사의 흐름인 듯이, 또 다른 착시 현상을 만들어 내었다. 쉽게 말해서 서유럽과 미국인들 마음속에 제국주의적 심성이 없었다면 냉전을 포함하여 세계화가 그리 쉽게 용인될 수는 없는 법이다. 물론 제국주의적 심성에는 물질주의, 인종주의가 들어가 있다. 이런 이유로 작금 서구에서 벌어지는 반세계화 운동이라든가 반성장주의론 등에서 진정성을 발견하기 어렵다. 제국으로서 자국의 자존심이 꺾인 데에 대한 반항이 서구의 반세계화 운동이며, 정작 제국이 아니라면 가난하게 조용히 살자는 것이 반 성장주의론 이다. 은행과 기업들은 나와바리도 잘 따냈지만, 대중과 철학 관리도 이처럼 잘했다. 두 블록이 문을 활짝 열어 금융, 경제, 정치, 사회, 문화의 아이템들이 한 줄기로 통합되는 세계화는 더는 서유럽에 한정된 것이 아니다. 세계가 모두 끌려 들어왔다. 그러니 표현도 '세계화' 아닌가. 이슬람 국가가 종교적 독자성을 주장한다 해도, 이란이나 북한 같은 나라가 정치적으로 저항한다 해도 그 어떤 나라도 1990년대에 굳혀진 금융 & 산업의 통합 네트워크를 벗어날 수가 없다. 금융, 경제, 정치, 사회의 제도적 독자성을 지닌 국가가 거의 없는 것이다. 문화도 그렇다. 유엔이나 미국이 "Me"이라 외치면 200개 국가가 모두 같은 방식으로 "Me Too"를 복창한다. 마치 전염병과 같다. 이런 전염병적인 제도와 의제를 은행과 기업이 만들었다.

20세기는 정치적으로 좌우로 대립하는 듯 보였다. 그러나 정치의 뒷장에서는 기업과 국가의 대립과 협력으로 점철된 시대다. 이것이 실은 17세기 이래 종교의 뒷장에서 상존했던 대립과 협력이었고 마르크스도 어느 정도 기술했듯이 자본가들이 부추긴 대립과 협력이었다. 17세기부터 기업인들은 혁명을 통해서라도 국가를 장악하고 싶어 했다. 18세기 프랑스혁명을 거치면서 19세기 중반까지 반 정도는 장악했다. 당대 혁명가들이 혁명이 반 정도만 달성되었다고 이구동성으로 말했던 이유가 이것이다. 무너진 구체제의 이쪽(기업)에서 보아도 반, 저쪽(사회주의)에서 보아도 반이었기 때문이다. 19세기의 기업이 사회주의라 불리던 전체주의를 싫어했던 이유는 자기들이 국가를 등에 업고 하려는 일을 전체주의자들이 빼앗는다고 보았기 때문이다. 기업이 바라보는 국가는 마케팅 이사회와 같은 것이다. 바쿠닌이 잘 설명했듯이, 체질상 국민을 일괄적으로 노동자로 만들고 물건을 대량으로 팔아먹는 일을 할 수 있는 강력한 기관이다. 이 기관의 반을 마저 장악하면 기업에 날개를 다는 꼴인데 철부지 정치적 전체주의자들에 반마저 빼앗길 수는 없었다. 근본이 똑같은 이 두 전체주의 그룹이 국가를 앞에 두고 티격태격한 것이 친공산주의, 반공이라는 150년의 역사다. 그러나, 전체주의(기업)가 전체주의(사회주의)를 접수하는 것이 뭐 그리 어려운가. 어렵지 않았다.

1910년대부터 1960년대까지 기업은 개인주의, 자유시장을 위한 우파의 역할을 맡았고 국가는 좌파적으로 규제를 맡았다. 규제를 심하게 한 국가는 사회주의 경제로 경도했고 규제를 풀어 준 국가는 자유시장 경제로 경도했다. 기업과 국가가 서로 긴장했지만 협력했다. 유고슬라비아 정도는 아니라 해도, 소련은 생산력을 위해 상당히 많은 기업들에 자율성을 주었고, 미국은 국가가 주도했던 뉴딜 정책의 영향을 쉽게 벗어나지 못했다. 1970년대 들어서 자유국가에서는 기업과 국가 사이의 긴장 관계가 서서히 무너지기 시작했다. 국가는 규제를 풀기 시작했고 기업은 이에 맞추어 소비자에 고개를 돌렸다. 대중 커뮤니케이션이 경영학을 대신했다. 소련과 중국, 동유럽도 탈규제의 흐름에 동참했다. 사람들은 이를 데탕트라 불렀다. 사람들이 더 많은 자유, 더 많은 소비를 원할수록 기업의 자유와 권리는 커져만 갔다. 소비사회의 욕망이 넘쳐 미국과 유럽 기업이 공급을 감당할 수 없었다. 중간소비재 생산력의 대다수가 제3세계와 아시아로 빠져나갔다. 아시아 4마리 용도 이때 나왔다. 기업의 자유와 권리가 세계화되었다. 기업은 국가 제도 안에서 규제 법안을 풀어 헤쳤다. 사람들은 이를 신자유주의라 불렀다. 시민의 생존권이 걸린 곡물과 식수, 제약과 의료, 주택과 전기를 기업이 관리하겠다는 것이었다.

2000년대 세계 대다수 국가는 미국처럼 공개적으로 기업의 하수인이 되었다. 어떤 식으로든 국민이 소비해주어야 기업이 살 수 있음에도 기업이 살아야 소비가 흥한다는 정신분열증이 정부 안에 일반화되어, 국민경제를 위한다면서 세금을 기업에 가져다 바치는 바보가 되어 버렸다. 시민사회는 발을 딛는 곳곳마다 기업에 봉사했다. 직장생활은 말할 것도 없고 미래가 없는 대학과 학원에 등록금을 갖다 바쳤다. 쉬는 시간에는 세금과 월급으로 할 일을 공짜로 하겠다며 기부, 자선 봉사, 재능기부, 인권 활동에 매진했다. 자유, 인권, 민주의 모든 아이템이 달콤한 향기만 남긴 채 기업의 공장 체제 안으로 들어가 버렸다. 기업은 우파의 아이템 밑으로 좌파의 이념을 집어넣어 소련, 중국, 동유럽을 무너뜨리고 전 세계 국가를 상대로 전 지구적으로 승리했다. 레온 하웰은 기업 즉 우파의 정치투쟁이 결국 승리했다면서 "다문화주의, 섹시즘, 인종주의, 동성애 혐오는 우파가 사상투쟁에서 이긴 것들이다. 이것들은 1990년 이전에는 한 번도 들어 보지 못한 것들이다."라 했다. 좌파의 자유, 인권, 민주의 전통적인 아이템이 그렇게 우파적으로 새롭게 버무려졌다. 금융과 산업에 이어 정신문화까지 장악한 것이다.

역병이 오면 대다수 정부는 국민을 버릴 생각부터 한다. 세계화라는 역병이 창궐한 지 벌써 30년이 되었다. 서구의 정부와 기업은 절대 국민을 염두에 두지 않는다. 오로지 제 몸만 소중히 하며 눈은 세계 시장에만 가 있다. 서구시민은 자기 나라 것이라 믿었던 정부와 기업들에 의해 토사구팽을 당한 것이다. 자국 정부와 기업이 전 세계 노동력을 풀어헤쳐 아프리카와 중동의 이민족이 쓰나미처럼 유럽을 휩쓸고 있는 오늘날, 서유럽과 미국인들은 이 현실을 견디다 못해 극우 인종주의 정당에 마음을 기대는 모습마저 보인다. 토사구팽시킨 자들을 놓아두고 남 탓을 하는 것이다. 제국주의적 심성으로 냉전 통합시장, 세계화 통합시장을 쉽게 용인했을는지는 모르나, 서구시민 스스로 기업이 주도하는 금융 & 산업 네트워크의 노예였다는 것을 채 깨닫지 못한 모습이다. 이처럼 냉전과 세계화는 우선으로 엘리트의 계획이었다. 하지만 한편으로는 무기력하고 편견에 빠진 서구시민들의 책임이기도 하다. 이들이 1970년대 항공우주, 석유화학 등 얼마나 많은 미국 기업들이 소련을 오고 갔으며 소련이 미국으로부터 어떤 융자를 받았는지를 조금이라도 살펴보았다면 냉전에 대한 이전의 생각을 유지할 수 없었을 것이다. 혹은 "사회라는 것은 없다. 당신들은 당신들이 알아서 살아라."라는 마거릿 대처의 유명한 국민 토사구팽 선언에 충격이라도 받았다면 좀 더 일찍 현실을 깨달았을 것이다. 그런데, 냉전으로부터 세계화까지의 이런 흐름이 조폭 강도들의 나와바리 관리 방법과 똑같다는 것이 과연 우연인가.

Chapter 2 강도들의 문화적인 힘

부자가 망해도 3대를 간다

니체는 "(다수는) 개성도 없고 줏대도 없기 때문에, 짐승 같은 소수가 권력을 잡는다 …. 그들은 죄의식도 책임감도 없이 단지 예술적 이기주의 혹은 제 할 일로서 세계를 기획한다."고 했다. 이는 생리 < 안전 < 소속감 < 존중받기 < 자아실현의 매슬로우식 인간이 지닌 욕구의 단계로는 가장 마지막 것이다. 자본가이든 엘리트이든 소수의 고위 권력자들은 돈을 벌려고 세계를 기획하는 것이 아니라, 말 그대로 작품을 만들 듯이 세계를 기획한다. 인간의 욕구인 생리, 안정 추구, 소속감, 존중받기를 이미 다 얻어내었기 때문에 타인의 같은 욕구를 이용하여 세계를 기획하는 것이다. 이들 밑에서 대중은 존중을 받는 데까지는 갈지 몰라도 결코 자아실현을 할 수는 없다.

오로지 소수만이 자아를 실현한다. 세계의 작품 만들기가 그것이다.

니체의 표현을 계속 인용한다면 "예술적 이기주의 혹은 제 할 일"을 하는 사람들이 돈만 추구하거나 제 본능에 충실한 저질의 삶을 살 수 없는 법이다. 고단수의 문화를 가져야 한다. 이는 세계를 기획하는 자의 자질이 그렇기 때문이다. 게다가 물질적 이익만 취하는 시각을 가지고는 다수의 세계를 기획할 수도 없는 법이다. 자본가, 엘리트, 부르주아, 권력자 무슨 말로 불리든 이들은 단순한 부자가 아니라, 삶 자체가 제국적이며 세계를 기획하는 것을 제 할 일로 아는 지식인들이다. 조상의 유산을 물려받았든 자수성가했든 조직이 뒤를 받쳐주든 어떤 방식이든 저 스스로 능력을 키운 자들이다. 많은 수가 웬만한 학자가 따라오지 못하는 지식으로 무장하고 있으며, 어떤 학문과 문화사조가 당대 세계 경영에 적합한지 아는 문화의 관리자들이다. 이들은 과거의 귀족들처럼 자신들만의 전통과 가문 중심으로 움직인다.

과거의 왕정은 최소 4세대(100년)에 걸친 귀족만 귀족으로 인정했다. 귀족으로서의 기질과 지식이 자손의 뼈와 살에 녹아 들어가야 귀족이라 할 수 있었기 때문이다. 자본주의의 부자들도 귀족의 형식을 이어받았다. 귀족처럼 가문과 전통의 내력을 가지려 했고 또한 가졌다. 잘나 보이려는 것이 아니라, 귀족이 그랬듯이 잘나야 했다. 세대를 넘는 문화적인 힘 없이 부를 이전하기 어렵기 때문에 지식을 키운 것이다. 14세기 단테는 이미, 부자는 물리적인 힘이 아니라 설득과 기만으로 부를 이룬다고 했다. 그리 좋지 않은 뉘앙스지만 그가 말한 '설득과 기만'은 실은 지식이었다. 사람들을 설득하여 자기 발밑으로 모아 시장을 이루려면 어쩔 수 없이 정치, 경제, 사회, 문화에 걸친 설득과 기만의 이념을 만들어야 했다. 자본주의가 "-주의"라 불린 이유가 실은 그것이다. 돈을 많고 길게 벌려면 법과 제도가 필요하고 법과 제도는 "-주의"라는 정당성(설득과 기만) 없이는 불가능하기 때문이다. 자본 축적을 위한 마케팅의 원칙이 장기적이라서 그렇다.

이런 이유로 17세기 이래 자본가들은 현재의 이익에 관계하는 해상과 교역의 찌라시 정보가 아니라, 쌓아 놓은 돈과 재산을 재활용할 인문 사회 및 과학지식을 키웠다. 18세기 이래 공개화된 혹은 학교에서 가르치는 대다수 지식은 자본주의를 위한 것들이었다. 사람들이 자본(capital)이라는 단어를 썼을 때부터 이미 재활용의 뜻을 지니고 있었다. 부자가 "내가 이 돈을 어떻게 벌었는지 알아?"라고 말할 때 그는, 자본 축적의 노하우가 뭔지 아느냐고 묻는 것이다. 눈앞의 이익만 쫓으면 그것은 자본의 성질에 맞지 않는다. 자본은 적자를 보더라도 공격적으로 투자하고 실패를 하더라도 재고 처리나 업종전환을 통해 다시 마케팅 방법을 짜게 한다. 적자를 내거나 실패를 한 기업이라 해서 우습게 볼 수 없는 것이, 이들이 장기적인 비전하에 움직이며 실패를 예견해 놓는 동시에 플랜 B를 그 밑에 거쳐 놓기 때문이다. 부자가 망해도 3대를 간다는 것은 단순한 격언이 아니다. 로스차일드 가문이 그랬듯이, 4대에 걸쳐 자본 축적의 방법을 짜다 보니 망해도 그 정도 가는 것이다.

자본은 물건의 수요와 공급에 기생하며, 자본가들은 유통에서 벌어지는 거대한 부가가치와 대출과 주식투기를 통해 살아가기 때문에 마케팅을 한다 해도 정보(Information)와 문화에 기대어 살아갈 수밖에 없다. 즉 사람들의 기본성향과 소비성향, 계급과 계층의 인간적 차이, 세계 외교의 흐름, 기업 미디어의 역할, 뇌의 작용, 집단심리학적 특성과 민족문화, 이민과 소수자의 동향, 그에 대한 정부의 정책 등을 고려해야 이익을 얻는다. 오늘날 증권시장의 찌라시 같은 것들도 바로 그런 정보들로서 경제시장의 문화 흐름이 어떤가를 보는 것이다. 쉽게 말해서 경제란 정보와 문화(그리고 조작)를 통해 수익을 벌어들이는 문화구조이다.

자본가들은 이처럼 돈 이상으로 지적, 문화적인 파급력을 가지고 있었기 때문에, 로버트 오웬이 이들에 절대 권력을 맡길 수 없다고 한 것이다. 1834년 오웬은 자본가들은 "전 국민을 고용함으로써 그 사람들의 감정이나 습속을 형성하는 수단을 쉽게 수용할 수 있는" 문화의 지배자들이라 했다. 자본주의는 "능숙한 기술을 가장 잘 발휘하여 선견지명과 우수한 재능을 소유한 자본가들"이 이끌어 가는데 이들의 꼭두각시인 법률가, 정치인, 미디어 영웅, 종교인들 또한 단순히 돈만 버는 이들이 아니라 "주류, 도박, 복권, 종교 교리, 구빈법 등을 일종의 권력 유지 방편으로 활용하고" 이를 통하여 개별적인 이익까지 얻어가는 교육과 문화의 마케터들이라고 설명했다.

자본주의는 일종의 문명이다. 즉 구조이자 시대정신이다. 이런 이유로 오웬은 자본가들이 지배하는 사회의 교육 양상과 문화를 통하여 경제와 정치적 자본주의를 논했다. 자본가들은 칼 마르크스처럼 유물론적으로 판단하여 대충 넘어갈 이들이 결코 아니다. 자본가들은 문화적으로 집중하여 무장되어 있기 때문에 이들과 직접 충돌해서는 이들을 약화하기 어렵다는 것이 그의 의견이었다. 하물며 자본가들과 충돌하여 그들을 물리친다 해도 자본주의 문명은 그대로 남는다는 것이다. 이런 이유로 오웬과 같은 이들은 민중이 자체적으로 이끌어 가는 이상적이고 종합적인 경제공동체를 통해 자본가를 따돌리기를 원했다.

로버트 오웬 뿐만 아니라 앙리 생시몽이나 샤를 푸리에 등이 마르크스만큼 아는 것이 없어서, 기획된 계급투쟁과 결별하고 사회에 대한 직접행동과 공공 생산과 소비를 위한 민중교육을 강조했던 것이 아니다. 자본주의 제도와 지식으로 충만한 자본가들이 만들어 가는 사회의 의도성과 복잡성을 마르크스보다 훨씬 더 잘 알았기 때문이다. 자본가들은 배운 것 없고 눈앞의 임금에 목메는 노동자들이 한데 모여 데모를 하거나, 총기를 들고 혁명을 일으킨다 해도 쉽게 물리칠 수 있는 만만한 이들이 전혀 아니었다. 이 사실을 모르고 날뛰었던 마르크스를 이른바 공상적 사회주의자들이 어떻게 보았을까. 적반하장으로 공상에 빠진 철부지라 했을 것이다. 죽은 자는 말이 없듯이, 이들보다 뒤늦게 태어나는 바람에 반론을 피해 간 마르크스는 자본가들의 문화적 힘을 잘 이해했던 오웬 같은 이들을 공상적 사회주의자라 비난하면서 자기의 경제적이고 유물론적 생각만이 과학적이라 자신했다. 그러나 그의 이른바, '과학적 사회주의'는 자본 마케팅의 전략적 다양성을 무시하고 경제적 개념을 통해 사고를 단순화시킨 것뿐이다. 말이 일목요연하면 과학적이나 논리적으로 보이지만 실은 단순하고도 조작된 의견일 수도 있다. 바쿠닌은 이들에 대하여 다음처럼 말했다.

> "자연과학은 진실일 가능성이 크고 인간에 도움을 주지만 사회과학은 거짓이다. 인간의 삶이란 그렇게 잡히지 않는다. (즉) 혁명을 예견할 수 없다. 혁명은 억압받은 자들의 자발적인 에너지 분출이기 때문에 그들의 갈 길을 그들이 안다 …. 과학으로 무장한 국가는 가장 귀족적이고 독재적이며 멋대로이며 엘리트 국가가 될 것이다. 마르크스의 국가도 그렇다."

마르크스주의자들은 세계를 역사적 유물론의 동력들(경제구조 변화, 계급투쟁 등)이 뒤를 밀어주어 사회가 앞으로 나아가는 것으로 보았기 때문에 부르주아나 금융인, 정치인 등 현실에서 거대한 영향력을 가진 이들을 비교적 우습게 보는 경향을 지니게 되었다. 절대다수인 노동자들이 모여 힘을 보태 밀어붙이면 체제가 무너지는 줄 알았다. 진정 과학적으로 단순하기 이를 데 없는 사회주의였다. 이런 단순한 사고로 인해 "과학을 사랑하고자 보통 사람들을 다치게 하는" 공산 이데올로기의 역사가 열리기는 열렸다. 그리고 그에 대한 산업자본가들의 반동으로 인해 지난 150년의 역사가 피와 갈등으로 점철되었다. 자본가의 대변자 허버트 G. 웰스는 민중을 다음처럼 비아냥댔다.

"빈자들은 지식과 능력을 만들어 낸 적이 없고, 부자들은 게임의 법칙을 바꿀 생각을 해 본 적이 없다. 노예, 농민, 노동자의 폭동은 항상 때늦은 분노와 사회 열기에 맞추어졌다. 빈자라는 무리가 그들보다 더 성공한 계급보다 행정 능력과 희생정신을 더 많이 가지고 있다고 가정할 어떤 이유도 없다는 역사만이 사실로 남는다. 이들은 도덕적으로나 지적으로나 잘난 것이 없다."

사회를 변혁하겠다는 혁명에 범죄자, 깡패, 사회로부터 소외된 사람들, 빈자들이 모이지 않을 리 없다. 범죄, 깡패, 소외, 가난한 이들의 현재를 바꿀 기회를 주는 일이 바로 혁명이기 때문이다. 혁명 구성원들이 범죄자, 깡패, 사회로부터 소외된 사람들, 빈자들이라 해서 비난할 일은 못 된다. 그러나 웰스의 말대로, 빈자의 무리가 행정 능력과 희생정신을 자본가보다 더 많이 가지고 있다고 가정할 수는 없다. 도덕적으로나 지적으로나 잘난 것도 없다.

오늘날 마르크스의 철부지들은 자신의 능력도 모른 채, 자본가들이 속물이며 졸부인 양 취급하는 경향을 아직도 가지고 있다. 얼마나 세뇌가 깊었으면 착각을 150년 넘게 가졌는지 놀랍기만 하다. 자본가들의 문화적 능력을 알지도 못하면서 무시했던 각종 가난뱅이 혁명가들에 의해 사회의 진정한 변혁이 실은 불가능했다. 오히려 이들의 잘못된 판단으로 인해 민중의 자발성이 무너졌으며 변혁의 과정 또한 자본가의 의도에 질질 끌려간 것이 사회주의 드라마의 진실이다. 그렇다면 자본가들은 과연 얼마나 똑똑한가.

자본가들의 지식 활동

17세기부터 서서히 나타나는 자본가들의 마케팅 능력은 실은
13세기 베니스부터 축적된 것이다. 베니스의 유대인은 거대자금을
대출하는 금융사업뿐만 아니라 소액대출도 했다. 거대자금 대출은
남모르게 여러 방식을 통하여 서로 비 금융적으로 행했지만,
소액대출은 가톨릭교회가 유대인에 허락한 일이었다. 이들은 고기와
채소를 파는 길거리 시장에서 돈을 팔았다. 벤치(bank)에 앉아 상인들에
일수를 찍었다. 대금의 크기가 불어나자 출장업무를 그만두고
창구를 만든 것이 은행이다. 현대의 은행은 현물을 보증으로 받고
화폐를 결제 수단으로 쓰지만, 베니스에서 현물과 화폐가 모두
결제 수단이었다. 따라서 물적 보증이라는 개념이 없고 단지 상환의
개념만 있었다. 전당포와 은행의 구분이 없었다. 돈이 필요하면 보통
가진 현물을 팔면 되는 것이라서 현물이 없는 경우 사람을 보증으로
세웠다. 세익스피어의 희극, 베니스의 상인이 사람과 그의 허벅지를
보증으로 세운 것과 같다. 큰돈이 필요할 때는 차용자의 유동
자산과 신용 상태를 보았다. 이를테면 선장이 대출금을 갚지 못하는
바람에, 은행이 할 수 없이 그의 생활 도구인 무역선을 넘겨받았다면
그것은 보증이 아니었기 때문에 은행은 공공의 비난에 직면해야 했다.
이런 경우 다른 선주들이 서로 보증을 서 주었다. 13세기 베니스의
당대 3천 3백의 상선, 3만 6천의 상인들이 모두 이런 방식으로
금융과 연결되어 있었다.

베니스에서는 사람들 서로 간의 믿음이 가시적이고 직접적이었다.

육체노동으로 돈을 벌기 위해서는 힘과 기술이 있어야 하지만, 별다른 노동 없이 소득을 만들어 내려면 신용이 있어야 했다. 은행가들은 신용(credit)이라는 마음의 자세가 돈을 버는 밑천인 동시에 돈을 퍼 올리는 마중물이라는 금융자본의 핵심 윤리를 익혀 나갔다. 신용을 얻으려면 긴 시간의 약속을 지키는 행동도 필요했다. 베니스의 부자들은 마케팅이 장기적이어야 단기적으로도 돈을 번다는 사실을 후손에 알려주었다. 투자에 있어서 장기-중기-단기의 개념이 그들로부터 온 것이다. 신용에 근거하여 저축과 융자, 투자와 투기의 기법들을 탄생시켰다. 진정성의 문제와 상관없이 인간의 윤리를 통해 돈을 버는 인류 최초의 신용금고(은행)가 이렇게 탄생했다. 즉 물건이 아니라 정신이 돈벌이의 토대라는 점을 베니스는 이미 알고 있었다. 참고로, 담보대출은 유럽의 물질적 생산력이 크게 자라던 18세기 중반에야 나오게 된다.

이런 환경에서 셰익스피어의 극에 등장하는 거짓말쟁이는 악의 화신으로 자리했다. 오늘날에도, 거짓말에 대한 서구인의 시각은 다른 대륙인에 비해 훨씬 더 부정적이다. 신용은 기독교적 도덕의 근본 틀인 선과 악의 영역까지 침범해서 선의 위치에 자리했다. 이로써 '도덕적 우위'가 권력의 가장 큰 힘이라는 것도 이들에 가르쳐 주었다. 기부나 자선처럼, 물질적 이익을 스스로 거부하는 것도 도덕적 우위였고, 약자를 도와주는 것도 도덕적 우위의 행동이었다. 르네상스 인문주의와 예술의 토대는 이 같은 금융 신용에 크게 영향받지 않을 수 없었다. 신용이라는 추상 가치는 추상적 인문학에 어울리는 면이 있으며, 행동을 직접 하지 않아도 도덕적 우위를 주장할 수 있는 미디어적 단어였다. 독자의 신뢰를 얻을 필요가 없는 자연과학과 달리, 오로지 독자의 신뢰에 기반한 인문학은 불로소득으로 얻는 소득분이 없으면 불가능했던 공부 영역이었다. 하지만, 고트프리드 라이프니츠와 프리드리히 리스트의 경우처럼, 신뢰와 도덕성을 노동경제의 영역으로 가져간 이들도 기억할 필요가 있다. 신뢰와 도덕은 보편 가치를 지녔기 때문에 누가 무엇을 위해 사용하느냐에 따라 가치의 방향과 비중이 달라진다. 이를테면, 나치의 노동경제가 노사의 관계를 이익이 아니라, 신뢰와 공존의 관계(Counsel of confidence)로 바꾸어 놓은 좋은 사례가 있다.

중세와 구체제의 왕정과 교회의 자산을 빼앗고 싶었던 부르주아와 귀족 도당들은 계몽주의라는 사조를 일으켰다. 민주공화국이 뿌리를 둔 계몽주의는 250년 동안 민중을 몽매와 사역의 구렁텅이로 몰아넣었다. 물질과 문화적인 차별을 통해 세대를 단절시켰다. 인류 역사상 처음으로 아들이 아버지의 지혜를 조롱했다. 세대가 주기적으로 단절되었다. 과거의 지식을 몽매라며 공부하지 말라 했다. 학교의 커리큘럼이 사회의 필요가 아니라 권력의 입맛에 맞추어 수시로 바뀌었다. 공동체에 기반을 둔 공업 및 상업 조합과 자급 경제 속에서 행복하던 가족을 분열시켰다. 인간의 노동력을 시장에서 팔고 사게 했다. 사람에 원천적인 소유와 공유의 개념을 없앴다. 소유하되 집착하지 않는 오랜 조합 전통을 파괴하여, 부르주아 개인의 집착적인 욕망에 맞추어 소유권을 재정의했다. 등록법, 허가법, 인준법, 특허법 등을 만들어 개인이 소유에 집착하지 않으면 법을 통해 빼앗기게 만든 것이다. 19세기 전체에 걸쳐, 등록법을 알지 못했던 농민이 얼마나 많은 땅을 빼앗겼는지, 특허법을 알지 못했던 독립 발명가가 얼마나 많은 발명품을 빼앗겼는지 우리는 이미 잘 알고 있다. 하물며 식민통치의 첫 번째 사업이 토지등록이었는데 이는 공화국의 노하우였다. 빼앗으려고 공증 등록을 시킨 것이지 공공기관의 대민 서비스가 아니다. 자유가 바로 그 구실이었다. 인간의 정신도 분열시켰다. 자연과 전통에 이어진 민중의 연속적인 의식(자연 친화, 종합, 배려)을 파괴하여 불연속적 의식(자연 파괴, 분석, 명령)이 난무하게 했다. 돈이 된다면 자연이든 전통이든 의식이든 무조건 파헤쳤다. 인간은 뿔뿔이 흩어진 정글의 속의 동물과 같이 산다면서 공동체의 의식과 언어를 왜곡했다. 자유를 개인화시켰다. 동물이야말로 공동체 의식을 가진 개체라는 사실을 잘 알면서도 말을 적반하장으로 만든 것이다.

더 나아가 만사를 소유권 중심으로 기술한 백과사전을 만들었다. 볼테르. 디드로, 달랑베르, 몽테스퀴에 등이 그런 이들이었다. 이들은 가톨릭을 파괴하기 위해 인권마저 내세웠다. 인권은 장기적인 혁명의 알리바이였다. 19세기 제국주의의 알리바이는 자유무역이었다. 존 스튜어트 밀, 데이비드 리카도, 토마스 맬서스, 앨프레드 마셜, 세실 로즈가 이 구실을 만들었다. 자유무역이란 보호무역과 반대되는 경제의 실제 개념이 아니었다. 경제 환경에 따라 언제나 변경, 폐지, 조율이 가능한 구실이었을 뿐이다. 자기가 비교우위에 있을 때는 자유무역을 말했고 아닌 경우는 보호무역을 말했다. 자유, 자유주의의 개념도 그런 것이었다. 18세기 이래 자유주의를 부르짖는 이들이 한결같이 귀족이자, 부르주아였던 것은 우연이 아니다. 자기

주변 인물들보다 자신이 비교우위에 있었기 때문이다.

특히 유대인들은 산업을 유통망 속에 집어넣어 이득을 취해온 조상의 오랜 지혜를 가지고 있었다. 생산과 납품이 아니라, 유통이윤에 관심을 두었다. 이들 중 하나가 비교우위론으로 무역의 세계화를 주창한 데이비드 리카도였다. 비교우위에 따른 교역은 중세의 한자동맹에서 이미 나타난 현상이었다. 생선, 곡물, 천과 의복, 면화, 고무, 술, 가죽, 신발 등 부가가치가 비슷한 제품을 서로 교환할 때 제품의 생산비용이 소비수준보다 높아지면 타 지역에 서로 우위를 넘겨주는 국제분업이었다. 한자동맹의 비교우위 교역은 자국 경제의 자급적 순환 체계 안에서 자연스럽게 만들어진 상업 현상이었다. 노르웨이의 베르겐 한자에서 먹고 남은 청어를 브뤼헤 환자에 납품하고 브뤼헤는 수예품을 베르겐에 납품했다고 해서 각 한자 지역의 자급체제에 큰 영향을 주지 않았다. 자급 경제 아래의 특산품이었을 뿐, 그것을 특화해 다른 제조업에 타격을 주지 않은 것이다. 이처럼 자연스레 발생하는 비교우위를 리카도가 이론화했고 그것이 마치 무역원론인 듯이 퍼져 나갔다는 것 자체가 이상한 일이다.

리카도는 이름이 알려주듯이 포르투갈 유대 집안의 사람이었다. 1581년 네덜란드가 스페인으로부터 독립하자, 북부 이탈리아를 거쳐 네덜란드로 건너와 그곳에 정착했던 유대인들과 합류했던 가족이었다. 1600년대 이들은 영국과 네덜란드가 앞다투어 개척했던 대서양 무역에 참여했으며 팔고 살 수 있는 모든 것을 다루었다. 노예

또한 무역의 대상이라는 것을 알았고 그의 가문은 뒤늦게까지 노예무역상을 했다. 18세기 산업혁명과 함께 리카도 집안은 영국으로 이주했다. 돈이 되는 지역만 찾아다닌 가문이었다. 리카도의 아버지는 "읽고 쓰고 계산하는 것이 지식의 전부"라고 가르쳤다. 이런 상태로 그는 런던시티에서 일을 했다. 주식 노름, 인력송출, 채권, 부동산투기 등 당대 알려진 악행이라면 하지 않은 일이 없었다. 워털루 전쟁 때는 영국채권을 팔아치운 뒤 채권시장의 공황을 만들어 다시 싼 값에 되사는 모사꾼 로스차일드 가문의 라인을 따라다녔다. 그는 1815년 나폴레옹 패배가 알려진 다음 날, 로스차일드와 함께 영국 최고의 부자 중 한 사람이 되어 있었다.

그가 애덤 스미스의 국부론을 읽은 때가 1799년으로 그의 친구인 밴담(Jeremy Bentham), 맬서스(Thomas Malthus) 그리고 밀(James Mill)과 함께 토론하고 교류하면서 자본주의의 경제이론을 만들어 갔다. 이들은 움직이지 말고 앉은 자리에서 시장을 크게 움직이는 방법을 고안해 냈는데 그것이 다름 아니라, 경제학이라는 것이었다. "최소한의 노력으로 최대한의 효과를 얻는다."는 것이 슬로건이었다. 이를 위해서는 타국의 보호무역이 걸림돌이었고, 타국의 경제적 발전도 걸림돌이었다. 리카도 도당의 방임주의와 자유 무역론과 비교우위론은 이런 배경에서 탄생한 것이었다. 자유무역은 원래부터 있던 무역이고 비교우위도 언제나 있던 현상인데, 이를 콕 집어 이론화한다는 것은 상식을 벗어나는 행동이다.

그의 비교우위론은 기본적으로 자급자족 경제를 염두에 두지 않는다. 보통은 곡물과 생활용품과 같이 중저가로 생산되어 자급이 언제나 가능한 제품에 지역 간, 국가 간 비교우위가 있을 리 없다. 산악국가나 내륙국가처럼 수자원이 부족하지만 산림자원이 많은 나라라면 해안 국가와의 비교우위를 서로 말할 수 있다. 이 경우, 물은 위에서 아래로 흐른다는 말과 같다. 비교우위를 말한 이유 없이 자연스럽게 교역이 벌어지는 것이다. 한편, 첨단기술 제품(ex. 시계), 특허 제품(ex. 안경), 희귀자원 제품(ex. 비단), 금융제품(ex. 금은), 무기 제품(ex. 대포, 화약) 등 고부가가치 산업제품은 비교우위론에 의해 작동되지 않는다. 무기나 시계와 청어 사이의 격차가 너무 커서 이는 비교우위라기보다는 차라리 희귀효과만 낸다.

그의 비교우위는 같은 물품에 대한 가격경쟁에도 적용된다. 비교우위에 따른 무역정책은 가격변동이나 경쟁환경에 의해 주변 제품의 가치도 들먹이게 만든다. 시장에 교란을 일으킨다. 그는 '곡물 가격 하락이 주식수익에 미치는 영향에 관한 연구'(Essay on the Influence of a Low Price of Corn on the Profits of Stock, 와 같은 논문을 통해 불로소득이나 따지던 인간이었다. 한정된 토지에 노동자를 너무 많이 쓰면 비용이 늘어나 수익이 떨어진다는 수확체감을 법칙이랍시고 내놓았다. 그의 결론은, 경지면적을 늘리거나 노동자 대신 기계를 쓰거나 좋은 종자를 쓰면 된다는 것이다. 이것이 가격 비교우위를 만든다. 영국은 그의 말대로, 식민농토를 늘렸으며 농업기계화를 구상했다. 상인에 비교우위론은 고부가가치 생산과 저부가가치 생산 사이의 하청 문제, 그리고 대량생산에 적용될 뿐이다. 결국 독점과 하청, 대량생산을 정당화하는 이론이다. 산업기반이 증권의 형태로

변형되었던 네덜란드, 영국, 프랑스 등지에서 가격변동이 심했는데,
이런 이론은 생산자의 입장이라기보다 유통업자와 증권업자의 처지를
대변한다. 생산업자를 대변한다 해도 자유무역 하의 비교우위론은
수공업 제품을 만들다가 중공업 제품으로 넘어가는 대자본가들의
변명이라 보는 것이 옳다.

영국 총리 네빌 체임벌린의 아버지 조지프는 1911년, 윈스턴 처칠에
쓴 편지에서 "민영독점의 메커니즘이 세워지지 않는 한, 자유무역은
없었습니다."고 역사의 결론을 내렸다. 리카도의 비교우위 자유
무역론이란 독점기업론이었다. 환차익, 지역 차익, 시세차익 등 수백
년 축적된 금융 지식이 18세기에 와서 산업 지식에 가서 달라붙은
것이었다. 리카도는 자본가가 누구인가를 잘 알려주는 상징적인
인물이다. 자본가는 "-이면 좋겠다"는 개인의 욕망을 "법칙이
이렇다"라는 일반화로 이끈다. 즉 자신의 욕망을 학적 법칙으로
제시하고 이를 공고히 해서 일반화된 자신의 욕망으로부터 사회가
헤어 나오지 못하게 만든다. 그가 바로 뼛속 깊숙한 상인 데이비드
리카도였다. 사람들은 금본위제나 자유무역이 영국산이라고
말하지만 실은 유대 산(Made by the Jews)이다. 과거 어떤 공산주의자가
"누가 공산주의를 그렇게 하래?"라면서 불만을 터뜨렸다는데,
공산주의가 이상으로는 보아줄 만하지만, 현실에서는 도통 통하지
않는 이론이라는 사실과 똑같은 경우이다. 비교우위론은 말은
번지르르하지만, 실제는 교역의 권력관계에 의해 장악된 이론이다.
그래놓고는 "누가 교역을 그렇게 하래?"라면서 상대의 탓을 하는
것이다. 자본가들의 이론 대다수가 그렇다. 현실과 이론이 걸맞지

않음에도 불구하고 그런 이론을 설득력 있게 만든다는 점에서
똑똑하다.

확실히 똑똑한 자본가들이었다. 기계생산이 발전하면 인구를
줄이는 것이 상책이라는 토머스 맬서스는 리카도의 친구였다. 그는
또한, 노동자에는 먹고살 만한 수준의 비용만 주면 될 뿐, 일을
잘한다고 성과급 따위는 줄 필요 없다는 임금론을 펼쳤다. 가진
자, 소수, 효율성의 철학이 똑같다. 1819년 맬서스는 아일랜드의
부패선거구(유권자 부족 지역의 비선출 대표)를 통해 무소속 하원의원이 되어
의회에 진출했다. 의원으로 한 일은 부동산 개발업자와 임대자
사이의 수익을 가늠하는 것이었다. 이를테면 복덕방 업자로서 양쪽
모두로부터 이익을 얻는 동시에 부동산 경기변동에 따라 양쪽을
오가며 일을 했다. 끝없이 개인의 이익을 찾아 금융과 산업을
오락가락하는 반 유랑, 반 정착인의 모습이 근대 경제학, 사회학의
아버지라는 사람들의 면모였다.

자본가 철학의 면모는 한마디로 쓸모론(Utility; Utilitarianism)이었다.
만인과 만인이 투쟁하지만, 항상 투쟁할 수는 없으니 서로가 서로에
도구가 되어 살면서 욕심이 충돌하면 다수결로 해결하거나, 보다
수학적이고 과학적인 논리를 삶 속에 집어넣어 양적인 성장을 이루고
물질적 소유권도 넓히면 충돌도 줄어들 것이라는 것이다. 만인과
만인이 투쟁하지만 그만큼 협력도 하니 서로서로 배려하자는
태도가 아니다. 세상만사를 쓸모 중심으로 파악하다 보니 만인과의
투쟁이라는 사고가 나온 것이지, 반대가 아니다. 이 사고방식을

철학에서는 공리주의라 하는데 제러미 벤담과 존 스튜어트 밀 Jr. 이 정리한 인간관이자 정치론이다. 인간은 제 이익을 추구하고 이익을 지키기 위해 산다고 믿는 단순하고도 이기적인 정신상태이다. 그러하니 인간과 사회가 오로지 자신의 쓸모에 맞추어져 존재하게 된다. 이용가치(usage)라고도 번역하는 쓸모는 "당신이 나를 써먹고 내가 당신을 써먹는 이치"이다. 쓸모가 쓸 곳을 넓히면, "나를 위해 무엇을 이용함으로써 사회 소통을 이룬다"는 이기적인 사회윤리를 만든다. 이것이 결국 사회계약이라는 상호견제적인 논리를 탄생시켰다. 경쟁, 계산, 양적 논리, 물질문화, 성장, 다수결로 이해되는 자본주의 경제론의 핵심이 된다. 인간에 이런 면이 있다는 것을 부정할 사람은 없다. 이 철학은 또한 설득력도 있다. 사람의 욕망을 건드리기 때문이다. 그러나 욕망을 실현할 조건에 있는 자만 성공하는 철학이다.

리카도, 맬서스, 벤담, 밀 모두 자본가나 부르주아였던 동시에 자본주의의 꼭두각시로 역사에 남았다. 그들이 제공한 이론의 모든 실천 즉 개선, 개혁, 혁명의 실전은 기업인들이 행했다. 특히 신흥 부자들이 쏟아지던 19세기, 혁신가들은 자본가와 그들 주변에서 일하던 전문가들이었지 일반 노동자나 지식인이 전혀 아니었다. 경제사회학자 세(Henri Sée)는 중세부터 자본주의를 만든 세력으로 산업자, 금융가와 더불어 19세기의 벼락부자를 지목했다. 하지만 말이 벼락부자이지, 대다수가 원래부터 부자였거나 부의 근본을 가진 자들로서 새 얼굴이 아니다. 새로운 부를 창출하여 부자(Newly Rich)가 된 것이지 졸부(New Rich)가 아니다. 간단한 예로, 아버지가 준 달러 몇 푼으로 어릴 적부터 장사수완을 배웠다는 록펠러(John Davidson Rockefellet

Jr.)의 일화는 거짓말이다. 그런 일도 없었거니와, 자신과 이름마저 같은 그의 아버지는 이미 석유왕이었다. 그의 할아버지는 약장사, 부동산투기와 목재, 말 판매와 돈놀이로 유명했던 부자였고 그의 증조할아버지는 농장주였고 그의 고조할아버지는 독일의 거부였다. 집안 자체가 18세기부터 이미 농장주였다. 신흥 부자가 19세기에 많아졌다고 해서 자본가들의 거대한 흐름이 이들과 충돌할 것이라 믿는 것은 망상이다. 새 얼굴이 없지는 않았지만, 대다수는 이미 축적된 자본이 새로운 아이템으로 이동할 때 그리로 자리를 옮긴 전통 부자들이었다. 이른바 모든 자본가는 금융 자본가를 지칭한다. 산업자본가라 불렀던 이들은 단지 공장주일 뿐이다. 은행을 끼지 않고 자본을 휘두르는 자본가는 없기 때문이다.

가치의 가변성이 지배하는 자본의 세계에서는 언제나 스타가 탄생하기 마련이다. 주식이 터지거나, 기근이 와서 모아두었던 콩의 가격이 치솟는다거나, 물품 대금으로 잡아 두었던 부동산의 소유주가 죽거나 가지각색의 이유로 부자가 된 이들이 없지 않다. 하지만 그를 가만 두고 보는 자본가들이 아니다. 크고 작은 신흥 부자들을 자신들의 네트워크 안으로 집어넣는다. 19세기 자본가의 네트워크는 각종 모임(프리메이슨, 로터리 클럽, 라이온스 클럽, YMCA, 기사단, 대학 동창회, 기업 재단과 정치 협회 등)을 통하여 넓어졌다. 이때 자본주의 전통문화가 네트워크를 흔들리지 않게 만드는 역할을 했다. 계몽주의, 자유주의, 공리주의, 리카도, 맬서스, 벤담, 밀의 이론이 그런 문화였다. 이 문화 위에서 식민사업과 자유무역, 산아제한과 빈민 청소, 다수결과 정당정치, 기술개발과 노동시장, 산업자본의 금융자본 전환, 국가장악 등

자본주의의 대업을 이루어 갔다. 공리주의에 기반한 기술개발의 사례만 본다면, 19세기 중 후반 석유를 정제했을 때 이들은 그것을 자동차 연료로만 쓸 것으로 생각하지 않았다. 기존의 자연산 제품을 석유 화학 제품으로 만들 가능성을 타진했으며 그에 대한 R&D를 밀어붙였다. 공리주의의 효율성은 듀폰이나 록펠러 가문의 무모한 반자연적 논리를 만들었고, 자본주의 문화에 매몰된 대중은 이들을 지지해 주었다.

　19세기 자본가들의 세계관과 인간관은 물질적이지 않았다. 베니스 금융가들처럼 정신적이었다. 교양이 높았으며 인간적인 책임감도 있었다. 19세기 중후반 독일에서 벌어진 교양 시민 캠페인이나, 영국에서 벌어진 교양인 문화운동의 모델은 부르주아 즉 자본가였다. 이들은 눈앞의 작은 이익에 울고 웃는 서민들이 아니었다. 돈을 입에 달고 사는 수전노는 더욱이 아니었다. 이들은 물질과 돈을 움직일 줄 알았기 때문에 물질과 돈 앞에서 강했다. 불매운동 같은 것에 흔들리는 법이 없었다. 회사가 인수·합병으로 넘어가도 그것은 망한 것이 아니었다. 추후 협업의 일종으로 다시 살아나려고 망하게 했다. 불량채권 붐을 일으켜 유통하거나, 주가를 조작하여 기업과 개인을 파산시킨 후 가치가 폭락한 기업이나 주식을 사들이는 것은 자본가의 고전적인 수법이었다. 초국적 기업들이 서로 다른 정책과 마케팅을 피우는 듯이 보이지만 지난 100년 이상, 이익을 보장하는 방법으로서 파산 마케팅의 역사가 흘러왔고 현재에도 흐름은 같다. 오히려 조율의 단계가 더욱 깊어졌다. 기업과 국민이 서로 같은 정서적, 이익적 뿌리를 가졌다고 생각하는 민족주의자로서는 전혀 이해할 수 없는 세계가 이미 19세기에 만들어진 것이다.

자본주의는 마르크스주의자들이 생각했듯이 구멍가게가 아니었다. 프랑스, 러시아, 중국 등 굵직한 나라에서 자코뱅-볼셰비키-모택동의 마르크스주의 세력이 물리친 사람들은 지주, 소상인, 자영업자, 지식인, 정적들이었지 자본가가 아니었다. 자본가들은 자코뱅, 볼셰비키, 모택동 위에 있었다. 자본가들은 19세기 풍자만화에 나오는 배부른 사장이 전혀 아니었다. 자본 엘리트는 인문학의 토대 위에 자신의 문화를 세웠다. 알렉산드르 코제브는 철학이 대중 설득의 기술로 이용되었다고 했다. 18세기 이래 자본 엘리트가 가장 먼저 선점한 곳이 학계와 교육계였으니 300년 동안 철학, 역사, 문학이 어떤 모습을 지녔을지 상상하기 어렵지 않다. 20세기 자본 엘리트들은 새로운 거짓을 만들고 운용하는 학술 전위부대도 가지고 있다. 영국 페이비언 협회의 런던정경대학 및 옥스브리지, 독일의 서 베를린 자유대학, 프랑스의 EHESS, 미국의 아이비리그 및 시카고 대학, 존스 홉킨스 대학 등이 그렇다. 수없이 많은 인문학자가 직간접적으로 자본 엘리트의 하수인으로 활동했다. 영국과 미국의 간단한 예라면 역사학자 아놀드 토인비가 영국 정보기관장이며, 생태 소통학파 팔로알토의 핵심 멤버인 그레고리 베이트슨은 CIA 요원이었다. 이들의 역할은 국가의 정보부가 하는 행동과 같다. 이스라엘의 정보부 모사드는 속임수(deception)를 기관의 좌우명으로 삼는데, 이는 동어반복이다. 정보부 자체가 거짓말쟁이 모임이기 때문에 모토로 삼을 이유도 없는 것이다.

학술기관과 정보부는 자본 엘리트의 변명을 유지보수, 방어확대
해주고 변명에 대한 비판을 검열하는 기관이었다. 대학은 민중이
진실을 알지 못하도록 도랑을 치듯이 민감한 이슈를 어두운 시간
속으로 흘려보냈다. 빈자들이 이들에 손가락질 하고 사회주의자들이
이들을 단죄하겠다고 법석을 피웠지만, 단죄의 대상이었던 부르주아,
지주, 자산가 등은 정작 자본가들이 아니었다. 자본가는 그들
뒤에 있었고 위에 있었다. 허버트 G. 웰스는 "살림살이가 힘들고
폭압적이어서 사회주의자들이 혁명가가 된 것이 아니다. 단지
머리부터 발끝까지 과도하게 멍청했기 때문이다."라 설명했다. 무식한
사회주의자들이 욕했던 부르주아가 실은 그 부르주아가 아니었다.

예를 들어 보자. 1904년 프랑스 공산당신문 위마니떼(Humanité)
가 있다. 이 신문은 로스차일드 은행과 파리 최대의 외환딜러 레옹
피카르가 국제 사회주의 공산당 서기장 장 조레스를 시켜 만든
것이다. 조레스는 1894년 11월 4일 "권력과 돈에 매수된 언론에
반대"한다고 했지만, 그 역시 자본가들에 장악된 언론을 공산주의의
이름으로 하나 더 만든 것이다. 자본가들은 이렇게 공산주의의 위에서
움직였다. 엘리트가 신문사를 세워 돈을 벌 리 없다. 자신의 경영을
지원하고 대중에 이를 인정받도록 하기 위함이었다. 공산주의가
금융산업에 얼마나 도움이 되는지 이들은 잘 알고 있었다. 공장
노동자가 파업을 일으키면 공장주는 단기적으로 임금을 올려주고
은행으로부터 추가 대출을 하게 된다. 파업이 장기화하면 보증으로
잡은 공장이 은행 소유가 된다. 노동운동은 이렇게 금융자본의
영업으로 자리를 잡았다. 미국 노동조합이 마피아에 의해 은행과

연결되어 있다는 사실은 이미 잘 알려졌다. 공장주가 자본가가 되는 경우는 미국에서 흔했지만, 일단 자본가 대열에 서게 되면 직원 삼아 공장주를 뽑았다. 이것이 록펠러, 포드, 카네기의 사례다. 이들은 매우 짧은 순간에만 공장주였다.

자본가들은 실물 교환체계(법과 화폐 그리고 의식주의 유통망)를 말없이 장악함으로써 이데올로기에서도 백전백승했다. 마르크스에 돈을 준 자들마저 출판 자본가들이었고 레닌과 트로츠키에 돈을 준 자들은 은행원들이었다. 이런 자본가들이 문화에 투자하지 않았을 리 없다. 바이런의 시를 읽고 출판시장을 움직여 그를 자고 나니 유명하게 만들지 않았을 리 없다. 프로이트의 포르노 같은 주장에 혹하지 않았을 리 없으며 트로츠키 같은 선전선동가를 혁명가로 만들어 주지 않았을 리 없다. 시장에 들어갈 때 사회심리학을 이용하지 않았을 리 없고, 세계 시장을 공략할 때 인류학과 인종학을 이용하지 않았을 리 없다. 수요를 창출하기 위해 미디어 및 상호작용 이론과 인지과학을 적용하지 않았을 리 없다. 이런 자본가들이 임금을 낮추려 소아 및 여성 노동력을 쓰지 않았을 리 없다. 또한 우생학과 바이오산업을 위해 페미니즘과 동성애를 이용하지 않았을 리 없다. 그리고 실제로 그랬다. 자본가들은 이처럼 새로이 발명, 발견된 것을 무한히 발전시키는 능력을 갖추고 있으며 이를 통해 더 많은 이익을 추구하는 것이 인류에 대한 헌신이라 믿고 산다. 자본가들의 끝없는 승리는 그들의 네트워크와 개별적인 능력에도 기인하지만 가장 큰 이유가 바로 생산자이자 소비자로서 세뇌된 민중이다.

한편, 자본가들은 기업에 대출하는 것보다 기업들을 통제하는 국가에 일괄 대출하는 것이 훨씬 더 안정적이며 더욱더 큰 이익으로 돌아온다는 진리를 알고 있다. 레닌의 경제개발 5개년 계획(Gosplan, 1921-)은 20세기 첫 번째 사례였다. 부시 가문과 협업하던 미국의 해리만 투자그룹(W.A. Harriman & Co) 1922년 소련에 1백만$ 투자이익을 달성했으며 미국 공산당 서기장 해머(Julius Hammer)의 아들 아먼드(Armand) OXY(Occidental Petroleum) 회장은 레닌의 훈장을 받았을 만큼 소련에 석유를 제공하여 이익을 얻어갔다. 이들뿐만 아니라 화학회사 듀폰, 항공기의 커티스(Curtiss Aircraft), 제너럴 엘렉트릭, 포드 자동차 등이 소련 건설에 일괄 참여하여 거대한 이득을 얻어갔다. 냉전 이전이든 이후이든 미국의 군산복합기업들은 소련에서 막강한 이익을 보았으며 전후에도 소련 정부와 월가 사이에서 20여 차례 대출 상담이 오갔다. 물론 미국과 독일 그리고 월가에 대한 스탈린의 여러 의심과 제어 공작이 1930년대에 있었지만 소련 공산당의 수뇌부는 미국의 월가와 기업들에 대하여 전혀 이질감이 없었다. 오히려 이질감을 만들어 낸 스탈린을 미워했다. 아니나 다를까 스탈린 사후 급격하게 친미적으로 변해갔던 흐루쇼프 등 소련 수뇌부의 행동은 자연스러운 일이었다. 이러하니 러시아 볼셰비키 혁명을 월가가 만들었다는 앤서니 서턴의 연구가 전혀 이상하지 않은 것이다. 이들의 줄기찬 반스탈린 운동도 이해가 가는 일이다. 스탈린은 월가 영업의 방해자였기 때문이다.

가톨릭교회가 1000년 동안 사회제도로 만들었던 자선과 자비는 자본가들의 전통적인 동시에 강력한 도구였다. 경제학자 프레데릭 바스티아는 1850년, "사회가 자유를 위해 싸우고 있는 동안, 사회지도층이라는 저명한 인간들이 17, 18세기의 정신상태에 빠져 자기들이 창작한 자선 독재를 통해 인류를 자기의 신하로 만들어 간다."고 적시했다. 20세기 초 록펠러는 주말 예배가 끝나면 집에 가지 않고 아이들에 20페니씩 나누어 주었다. 아이들은 그를 20페니 아저씨라고 불렀다. 자선은 언제나 보여주기 위한 것이고, 자선재단은 세금 탈취와 돈세탁을 위한 장치였다. 물론 표면적으로는 자본주의 문화 활동을 내세웠다. 이것이 록펠러, 카네기, 피바디, 구겐하임, 포드 등 소수의 자본가 엘리트가 한결같이 자선재단(philanthropic foundation)을 만든 이유다. 이들은 자신들의 경제적인 부담을 줄이기 위해 국가에도 자선과 같은 제도를 만들도록 유도했다. 국가 & 사회보조금 등이 그런 것이다. 이를테면 기업이 월급을 주어야 할 노동자들에 국가가 보조금을 따로 지급하면 임금을 낮출 수 있다. 더 나아가 국가가 사회보장(social security)이나 연금을 명목으로 임금의 떼어서 축적해 놓으면 그 돈을 이용하는 자는 자본가들이다. 이것이 사회보장의 기업 마케팅 차원이다.

미국의 자선재단은 유명하다. 현행법상, 자산의 5%만 자선 비용을 쓰면 나머지는 영리활동에 집중하여 투자할 수 있다. 자선을 가장한 기업 활동이 미국에서 융성한 것이 이 때문이다. 이들 자선기관은 5%의 자선을 통해 수치상 95%의 기업 이미지 홍보할 수 있다. 자선기관 하나만 독립적으로 가지고 있어도 충분한 영업활동이 언제나 가능한 것이다. 이것이 특별한 기업도 없는 빌 & 멜린다 게이츠 재단이 정확하게 보여주는 영업활동이다. 실상, 세계 유수의 기업이 모두 자선기관을 가지고 있으며 동시에 다른 자선기관에 투자까지 병행한다. 무슨 이유인가. 기업 활동은 도덕을 가장한 문화 마케팅과 분리 불가능하기 때문이다. 이른바, '자선 자본주의'라 부를 만한 것이다. 기업이 자선을 하는 것을 보면서 이를 부의 사회적 환원이니 나눔의 미덕이니 하는 미디어의 세뇌가 계속되는 와중에 기업은 사회를 완벽하게 지배해 간다. 조지 소로스의 문화운동, 빌 게이츠의 자선 운동이 보여주듯이 금융독재는 금융이나 군사, 정치활동만 가지고 독재를 유지할 수 없다는 사실을 잘 알고 있다. 이들에 중요한 것은 문화다. 자유, 민주, 인권을 필수적으로 지참해야 하는 자선적인 문화이다. 그러나 이는 명백한 문화조작일뿐이다.

　기업으로부터 각출하는 재단 지원금은 비과세이자 사회의 주요 기관을 원격조정하게 한다. 기부금이나 자선을 한번 혜택받은 사람들은 자선가들에 충성을 다하게 된다. 연구비를 받는 대학교수와 연구원들의 행태와 같다. 노동 급여가 필요한 곳에 재능을 기부하면 동일 재능을 가진 노동자가 실업자가 된다. 이 모두 시민을 경제적으로 하향 평균화시켜 잔여 가치들을 대기업의 이익으로 수렴되게 한다. 자선 경제는 금융독재 그리고 그들과 연관한 초국적 기업의 소유주인 비선실세들이 저질러 온 '아름다운 만행' 중 일례에 불과하다. 이는 세계시민을 하향 평균화시켜 결국 세계경제독재(a single economic system)를 이루려 했던 스탈린의 원조개념과 같으며, CFR과 USAID와 같은 해외관계 및 원조 기관이 지향하는 신국제질서(a new international order)의 목적을 가진 것이다.

20세기의 자본가들도 인문학적인 이들이었다. 세기 초부터 이들은 전자음악이 대중의 심리에 어떤 영향을 끼치는지, 표현주의 미술이 인간의 시 지각을 어떻게 바꾸는지, 조작된 언어가 대중에 어떤 영향을 끼치는지 잘 알고 있었고 자금을 통해 그런 주제를 선도적으로 이끌어 갔다. 사람들은 미디어 조작이나 학술 조작이 마치 최근의 경향인 것처럼 생각하지만 조작은 역사상 언제나 있었고 시대의 권력은 할 수 있을 만큼 미디어와 학술, 교육을 조작했다. 이는 미국 부통령 헨리 월래스가 이미 1944년에 언급한 내용이다.

"미국의 파시스트들은 폭력을 사용하기를 꺼린다. 이들의 방법은 언론 망에 독약을 넣는 것이다. 파시스트에 있어서 최선은 대중에 진실을 제공하지 않는 것이다. 뉴스로 대중을 어떻게 속여야만 더욱더 많은 돈과 권력을 가지고 올 것인가가 그들의 관심사이다."

우리는 포드, 록펠러, 카네기, 구겐하임 등 비선실세의 기업 재단들이 무슨 이유로 그토록 대학을 세우고 지원하고 장학금을 주고 학술대회를 개최해 왔는지, 무슨 이유로 연관도 없어 보이는 뉴스위크, 타임, 워싱턴포스트, 라이프, 뉴욕타임스, NBC, CBS 등 미디어 기업을 기회가 될 때마다 사들였는지 이제 알 때가 되었다.

금융독재는 정치, 교육, 문화, 사회 모든 영역에서 계획을 짜고 영향을 미치고 통제해 왔다. 이들은 제품이나 기계가 아니라, 문서와 증권을 만지는 사람들이기 때문에 산업적 창의성이나 기술개발보다는 창의성과 기술을 착취하고 미디어와 문화를 조작하는 데 매우 익숙하다. 방송사나 신문사 사장 하나 잘 사귀어두면 대통령 선거의 반은 끝낸 것이 되는 오늘날의 미디어 정치 세계 또한 이들이 만들어 낸 것이다. 오늘날 5대 세계 최대 미디어 회사를 모두 월가의 금융독재자들이 쥐고 있다. 월가가 대통령으로 밀어붙인 신자유주의의 대변인 로널드 레이건과 빌 클린턴은 전적으로 미디어가 만든 작품이었다. 이들뿐만 아니라, 대중에 거의 알려지지 않은 영국의 마거릿 대처와 토니 블레어, 로스차일드 은행 직원인 프랑스의 조르주 퐁피두와 에마뉘엘 마크롱, 독일의 게르하르트 슈뢰더 등을 수장에 올렸다. 이에 이들이 소유한 미디어의 역할이 거대했다.

민중은 대중이 되어 사악한 엘리트의 달콤한 미디어에 빠져 살아왔다. 실로, 엘리트와 같이 세상을 기획(project)하는 자의 마음을 기획 당하는 자들이 알 수 없는 법이다. 식민지에서 노예처럼 살던 사람들은 제국주의의 문화정책을 알기 어려웠고 그 범위가 어디까지 미치는지는 더욱이 몰랐다. 20세기에도 사정은 같거나 더 깊어졌다. 우생학, 교육학, 체계이론, 정보이론, 사회심리학, 사회인류학, 언론정보학, 마음 이론, 응용사회과학, 광고홍보학, 인지과학, 뇌 의학 등은 영미 제국주의 엘리트가 기획하고 지원한 학술 분야들이다. 큰 틀에서 기업의 계획에 따라 주제와 연구 목적이 정해지기 때문에 글의 창의성이란 것이 전혀 없어서 도무지 의미를 찾을 수 없는 결과를 양산했다. 이 기획 속에서 줏대 없고 비판의식 없는 대학의 교수와 저술가들은 이들의 지적 하인으로 살아왔다.

창의적이고 비판적인 연구를 자가 검열에 의해 서로가 서로에 철퇴를 가하는 바보들의 학회, 대학, 국제 학술대회가 세계를 지배했다. 이런 이유로 대학교수의 논문이란 것이 예외 없이 기술 지향적이며 돈을 받은 것이며, 그것도 아니라면 직업을 유지하기 위한 점수 따기에 불과한 자가 용역이 된 것이다.

정치학, 인류학, 경제학, 의학의 제국주의적 편협성이 어느 정도 알려졌다 해도 해당 영역 안에서의 울림일 뿐, 대중은 이를 느끼지도 못하고 있다. 영어공용화, 의학 표준화, 백신의 강제, 기업미디어, 사회감시망 등 자신의 삶에 직접적인 영향을 끼치는 기획들의 제국적인 양상에도 무심하다. 단지, 영어를 배워야 출세하며, 공장기계처럼 의술마저 표준화 하는 것을 마냥 좋아하며, 백신은 무조건 질병예방책이라 믿으며, 세뇌를 위한 대중 미디어가 엔터테인먼트 산업이라 믿으며, 시민의 일거수 일투족을 감시하는 CCTV는 범죄예방에 좋다는 정도로 이해하고 만다. 주인의 마음을 전혀 읽지 못하는 노예, 피식민 국민의 무지한 정신상태, 현대인의 이기주의가 바로 엘리트의 문화정책을 만들게 한 큰 동기였다.

자본가의 꼭두각시 만드는 법

250년 동안 사람들의 입에서 끊임없이 회자하는 일루미나티 설립자 아담 바이스하우프트는 다음처럼 대중을 움직인다고 했다.

"내가 아는바, 사람을 움직이는 방법 중 최고의 것은 미스터리로 숨겨 놓는 것이다. 뭔가 있다고 생각하기 시작하면 이 갈망이 사람의 마음을 견딜 수 없게 만든다. 아무리 논리를 들이대고 다른 경험을 해도 빠져나올 수가 없다. 이때 단어만 살짝 바꾸면 개념을 바꿀 수도 있다. 사람들은 이를 열정이라고 부르지만, 실은 경멸스러운 광신이다. 여기다가 고귀하다는 말 한마디만 없으면 이 사람을 세상천지로 끌고 돌아다닐 수 있다."

바이스하우프트는 사람을 다루는 면에서 천재였다. 사람이 좋거나 사교 기질을 가져서가 아니라, 인간이 가진 자기보존 의지, 출세의 욕망과 위선, 체면을 이용하는데 탁월한 능력을 발휘했다. 자신의 그룹 일루미나티보다 더 일찍 만들어진 프리메이슨의 후대 대중조직들(라이온스 클럽, 로터리 클럽, YMCA 등)의 관리 방법마저 거의 그의 노하우를 이어받았다. 영국 제국주의자 세실 로즈의 회원 포섭 방법도 그로부터 영향받은 바 크다. 이 방법의 핵심 원칙은 "뭔가 위대한 것이 있는 듯한데(something behind) 아무튼 잘 모르겠다"는 미스터리였다. 지도자를 신화로 남겨두기 혹은 회원 어리버리 만들기 전술에 연관하여, 1785년 3월 30일 뮌헨 인문대학 교수 레너(Vitus

Renner)의 진술이 있었다. 일루미나티의 불법성을 수사한 바이에른 당국이 회원이던 그를 법정에 불러 세웠다. 그는 다음처럼 진술했다.

"조직의 궁극적인 목적이 무엇인지 (지금도) 모르겠습니다. 지도층이 뭔가를 끝없이 말했지만, 도대체 무슨 말을 하는지 알 수가 없었습니다. 중요하다고는 말을 하는데, 그것이 얼마나 중요한지는 듣는 사람이 알아서 들어야 했고요. 결국 종교적으로나 사회적으로 의무를 다하라는 소리 같았습니다."

대학의 교수라는 사람이 남긴 증언이라고 보기에는 지적으로 나약하다. 일루미나티는 조직을 튼튼하고 오래가게 만들려면, 조직원의 마음속에 결론을 내려 주면 안 된다는 것을 알았다. 이것이 자발적인 복종을 만들어 내는 방법이다. 우물을 비워야 채우듯이, 알고자 하는 자발적인 참여를 통해 복종이 만들어진다. 조직 구성원들이 스스로 지적 결핍을 채워 목적을 상상할 수 있도록, 자유, 평등, 인권, 세계평화 등의 단어를 어리버리하게 놓아두는 것이 일루미나티의 전술이었다. "도대체 자유가 뭡니까?"라고 직접적으로 묻는 자는 불편하고 문제아였다. 결국 제거 대상이었다. 꺾어지는 대나무가 아니라, 이래도 정당화할 수 있고 저래도 정당화할 수 있는 갈대 같은 이데올로기 전파방식이었다. 인간이 갈대라 하니 전략을 그리 삼은 것이다.

실상 장 자크 루소의 사회계약론 같은 것도 모호하기 이를 데 없는 개념들로 구성된 것이었다. 누구나 제 편할 대로 해석할 수 있었다. 그러하니 서양 동양, 좌파 우파를 막론하고 우후죽순처럼 루소주의자들이 생겼다. 인민의 의지를 실현한다면서, 계약에 참여하는 교육받은 인민이면 누구나 민주사회를 구현한다 했으니 개나 소나 대중을 교육하겠다는 루소주의자가 되는 것은 당연했다. 왕이든, 독재자이든, 사이비 종교지도자이든 말 그대로 계몽이 좀 되었다 싶으면 일개 대학생도 "내가 인민 의지, 계약의 대변자"라 말하면 그만인 것이 사회계약론이다. '나는 인민을 대표하는 정의로운 사람'이라 공표만 하면 언제나 자가 세뇌가 가능했고 타인에 대한 검열과 살육도 가능했다. 누구도 아무것도 대변하지 않으면서 모두를 대변한다는 민주주의의 위선, 무엇도 책임지지 않으면서 권리만 빼앗는 자유의 폭력, 이것이 '루소의 잘못'이라는 것이다.

실상 근대사가 보여준 그대로, 인간은 이성적으로 설득된 바 없다. 1822년 이탈리아의 프리메이슨 주세페 마치니는 분열된 이탈리아 사람들을 통일시키려면 부드러운 소통방식이나 공개적이거나 민주적인 절차로써는 불가능하다고 믿었다. 그는 다른 방식으로 생각했다. 첫 번째가 일단 밥을 먹인다였다. "사람은 먹이면 따라온다."는 것이었다. 그리고는 그의 지시를 따르는 이들에 "자선을 이용해 악행을 행하고 거짓 노래를 부르라."라 주문했다. 밥이나 돈을 주고받는 행동이 정당하다는 핑계를 거기에 추가하는 것이다. 주는 자는 자선이라 핑계를 대고, 받는 자는 분배의 정의라 핑계를 댄다. 그래야만 주는 사람이나 받는 사람 모두가 편한 것이다. 밥과 돈에 영혼을 팔려면 근사한 구실이 필요한데, 이 구실을 만들어 주는 자는 대중에 밥과 돈을 주고 영혼을 살 수 있는 엘리트밖에 없다. 문제는 주는 사람은 실물을 장악했고 받는 사람은 입담만 늘었다는 것이다. 실제가 이렇다면, 자본가의 말만이 공허한 것이 아니다. 대중의 말도 공허한 것이다.

벤저민 디즈레일리는 1844년 그의 소설에서 수백 년 동안 변하지 않고 내려온 영국 공립학교 졸업생들의 성향을 설명하기를, "편안한 자리에서도 가식을 떨고 진지한 이야기는 절대 하지 않는다."고 적었다. 영국 귀족과 부르주아의 수백 년 노하우가 속내와 진실은 절대 말하지 않는다는 것이었다. 세상만사를 모호하게 놓아두어야만, 자신들의 악마적인 목적을 실행할 때 변명을 둘러댈 수 있기 때문이다. 영국의 인도 총독 70%가 공립학교 출신이었는데, 그들은 한결같이 보편론만 내세웠지, 정책의 철학을 세운 적이 없었다. 독일 선전부 장관 괴벨스는 처칠을 콕 집어서 "처칠은 거짓말을 완벽하게 하지 않는다. 이 또한 세계에 알려진 영국의 비근한 전술 중 하나다."라 했다. 18세기 이래 자본가들의 철학은 모호함 그 자체였다. 민주, 자유, 공화, 인권 등 어느 하나도 구체적으로 정의된 바 없었다. 이런 것들은 침략과 억압, 탈취의 변명이었고, 대중에 이런 단어들은 정의될 필요가 없는 그저, '좋은 것'이었을 뿐이다.

주어진 단어를 구체적으로 경험하거나 실행할 정도의 경험이 부족한 청년과 신세대는 자본가들의 밥이었다. 경험과 머리는 부족하고 변화를 위한 열정은 크니 이들만큼 조종하기 쉬운 이들이 없었다.

시키면 하는 이들이 청년과 신세대이고 그것을 왜 하는지를 알려주는 세대가 기성세대임에도, 기성세대의 미디어를 장악한 소수 권력이 "왜 행동하는가?"의 정당성을 독점했다. 18세기부터 21세기까지 예외가 없었다. 민중이 주인이 되어 살았던 구체제의 도농 공동체 사회를 무너뜨린 프랑스혁명도 이들이 앞장서서 이끌었다. 1848년 유럽혁명, 1917년 러시아혁명, 1968년 학생혁명, 1990년대 자유 혁명, 2010년대 동유럽과 아랍의 혁명 모두 청년과 신세대가 자본가들의 꼭두각시가 되어 자본독재를 굳혀 준 사례들이다. 프랑스혁명이 끝난 지 채 30년도 되지 않은 1822년, 이탈리아 프리메이슨 카르보나리 지도자, 티그레(Piccolo Tigre)는 독재사회를 만들어 가는 방법에 대하여 다음처럼 가르쳤다.

"가장 중요한 것은 사람들을 가족으로부터 분리해, 살고 싶은 마음이 없게 만드는 것입니다. 삐뚤어진 성격만 가지게 하면 됩니다. 그렇게 하면 가정의 보살핌을 떠나 향락과 금지된 장난으로 달려가게 됩니다. 카페에서 죽치고 앉아 수다를 떨고 나태한 모습을 보이지요 …. 이들에 세상의 의무란 것이 얼마나 고통스러운지 알려주고 다른 존재가 되고 싶다는 욕망을 불러일으키세요. 인간은 반항하는 존재입니다. 폭발할 때까지 그의 욕망을 북돋으세요. 사그라지지 않도록 하세요. 이것이 큰일을 시작하는 준비작업입니다 …. 시민이나 부르주아나 허영심이 한결같이 똑같아서 프리메이슨으로 그렇게 데리고 오는 겁니다. 인간이 이리 멍청한지 난 항상 경탄스러워요."

교황청에 자유주의를 심고 이탈리아 전역을 통일하여 수중 안으로 넣고자 했던 유대인 티그레였다. 그가 유럽 곳곳으로 출장을 나갈 때는 대출업자나 보석세공업자 차림으로 다녔다. 공개적으로는 항상 약한 자로 위장했다. 유럽인들은 저따위 유대인 나부랭이가 무슨 일을 하느냐고 무시했지만, 그는 유럽의 자본가 엘리트였다. "엄마처럼 살지 않을 거야."로 대변되는 자유주의는 청년들을 가족으로부터 분리했고, 청년들은 스스로 고독의 도가니로 들어갔다. 티그레 같은 이들에 있어서 이런 이들을 유혹하는 것은 일도 아니었다.

이런 자들의 의도에 끝없이 속아 넘어간 이들이 좌파 청년들이었고 많은 경우, 극단적으로는 제 목숨과 가족을 희생시켰다. 이를테면 두 명의 딸을 병과 자살로 내몰았고 두 아들을 암살당하도록 방치했던 트로츠키가 그런 예이다. 티그레의 지상명령과 같은 가족 천대, 자기보존의 패륜적인 정신상태였다. 청년들이 나이가 어려서 문제가 된 것이 아니었다. 어린 나이에도 불구하고 자신이 이미 세상의 이치를 파악한 것처럼 거들먹거리게 만들었다는 데 문제가 있었다. 유대 프리메이슨과 마르크스주의는 결국 시간이 흘러가면서 할아버지 수염을 잡아당기듯이 청년 스스로 후회할 짓을 하도록 건방지게 만들었다. 이 문명 파괴 현상이 또한 무려 250년 동안 계속되어 갔다. 참으로 탁월한 유대인과 마르크스였다. 유대인에는 이와 거꾸로 가르쳤다.

사람이 자아를 돌아보는 나이가 50살이 넘어서라는 심리의학계의 의견이 있는데, 안타깝게도 중요한 인생사는 대다수 그 이전에 벌어진다. 그러하니 인생을 아는 사람이라면 사람이 젊을 때 그를 써먹어야지 늙은이는 말을 듣지 않는다고 했을 것이다. 현대 서구 엘리트의 최고 고참, 세실 로즈는 영국 제국주의를 위해 쓰다가 버릴 "젊은 놈 중에서 능력을 인정받지 못하지만 대의에 굶주린 아이들"을 대표적인 꼭두각시로 판단했다. 결핍되고 대의에 민감한 청년은 광신도처럼 행동한다는 것이다. 엘리트의 욕망을 민중을 위한 대의라고 바꾸면 쉽게 속아 넘어간다는 것이다. 이런 방식으로 세실 로즈가 유언을 통해 만들어 낸 조직이 원탁회의, 채텀하우스, CFR 등이었다. 세실 로즈 재단이 포섭한 이들이 아놀드 토인비, 허버트 G. 웰스, 뤄드야드 키플링, 알도스 헉슬리, 버트런드 러셀, 덜레스 형제, 딘 러스크, 헨리 키신저, 조지 마셜, 윌리엄 풀브라이트, 지그비뉴 브레진스키, 새뮤얼 헌팅턴, 조지 슐츠, 빌 클린턴 등이었다. 250년 동안 신세대 꼭두각시의 역사는 세실 로즈 같은 이념 조작에 의해 흘러왔다.

바른말을 듣지 않고 사유도 없이 자본가의 문화에 휩쓸리기로는 꼰대라 불리는 기성세대나 날라리라 불리는 신세대나 똑같았다. 1911년 프랑스의 각 지역에 '바보 만들기'(Abrutisseurs)라는 제목을 단 다음과 같은 격문이 나붙었다. 어떤 아나키스트 교육자나 단체가 붙인 것이 확실한 문건이었다. 종교와 공화국 양자의 이념을 납치된 사기극으로 모두 거부하고 있다.

"교회와 수도원은 있지도 않은 신을 끌고 와서 교리라면서 아이들을 바보로 만든다. 천당이니 지옥이니 내세니 하는 엉터리 같은 말로 아이들 뇌를 독살한다. 이들은 체념하고 노예가 되어 종교팔이들의 살을 찌운다. 신의 이름으로 바보가 되는 것이다.

내세우는 내용은 다르지만, 공립학교도 똑같은 짓을 한다. 조국, 재산, 국가 등 신만큼이나 거짓말을 아이들에 주입한다. 신은 존재하지 않듯이, 가난한 이들에는 조국도 존재하지 않는다. 서민을 등쳐 단지 제 배만 찌우고 기생하는 자들이 둘러친 장벽이 재산이며 국가다. 국기를 흔들고 자본을 휘둘러 사람을 바보로 만드는 세속국가다. 국가는 무종교 애국주의 공화국의 어린양을 만들어 국민의 양털을 깎고 멱을 딴다. 정치인들은 버터 한 접시 얻어먹으려고 사람을 바보로 만드는 법을 가지고 시끄럽게 군다.

사장에 의해서나 목사에 의해서나 착취당하는 것은 매한가지다. 거짓 조국에 의해서나 망상의 신에 의해서나 희생당하는 것은 매한가지다.

우리가 원하는 것은 누구에도 착취당하지 않는 것이다. 이제는 눌려 살지 않는 것이다. 우리는 자유를 원한다."

4세대, 100년이 훨씬 지난 지금도 이와 유사한 격문이 서구의 각종 인터넷 블로그에 가득 붙어있다. 세대마다 반복되는 이러한 충고와 그 충고를 무시하는 바보문화는 18세기부터 시작된 것이다. 신세대가 기성세대와의 대화를 끊어 버리는 것을 사회적 진보라고 착각했던 18

세기 계몽주의의 줄기찬 세뇌 공작이었다.

공작의 내용은 자유론, 투쟁 사관, 효용성, 성장론, 세속주의 등이다. 가장 최근의 전략이 포스트모더니즘이다. 신세대와 기성세대가 충돌하지 않았던 18세기 이전의 세계를 오늘날의 대중은 보수적인 세계라고 착각하고 있다. 그 시대가 얼마나 변혁적이었는지 역사학자들도 거의 기술하지 않는다. 칼 마르크스 같은 이는 이를 거꾸로 기술했다. 신세대가 등장하기만 하면 이리저리 완장을 채워 홍위병처럼 이용하려는 부르주아 엘리트들이 여전히 250년의 권력을 이끌고 있기 때문에 벌어진 일이다. 현대는 부르주아 도당의 자본주의적 기획일 뿐이다. 이 상태가 지속되는 이상, 100년 후에도 인류의 정신적, 도덕적 진보가 없는 세계로 남을 것이다. 이런 이유로 허버트 G. 웰스가 "18세기를 끝으로 인류의 정신적, 도덕적 진보가 끝났다."고 진단한 것이다. 기성세대와 단절하면 지식의 축적이 불가능한 법이다. 지식이 축적되지 않으면 꼰대만 남고 진보는 없다. 이때는 단지 입담에만 뇌가 흔들리는데, 계몽주의와 근대교육이 고전교육을 계속 거부해 온 이유도 여기에 있다. 신세대가 기성세대가 되면 꼰대가 불리는데 그 이유는, 바로 그 신세대가 이전의 기성세대와 단절했기 때문이다.

서구시민들이 세뇌되었는가를 스스로 깨닫는 것은 매우 어렵다. 어떤 직관이 '쿵' 하고 머리를 때리기 전까지, 깨닫는 과정에는 먼저 언어가 작동하는데 이것들이 이미 세뇌되어 있기 때문이다. 자본 언어의 암세포와 일반언어의 정상세포가 같이 움직이는 것이다. 그래서 어렵다는 것인데, 자유, 민주, 인권, 공화국, 의회, 선거, 투표, 시장, 자유무역, 효용성, 임금, 노동, 물가, 신용 창출 등 10세대를 걸쳐 자본가들과 함께 의식화되고 신체화된 의식이 스스로 세뇌되었다는 사실을 증명한다는 것은 거의 불가능한 것이다. 퀴슈(Denys Cuche)가 앞서 말했듯이, 이 경우 무엇을 증명해 보았자 기능의 범위 내부에서 보이는 것만 확인할 뿐이다. 즉 우물 안에 있는 개구리가 증명할 수 있는 것은 우물물과 우물의 내벽일 뿐이다. 제 주제 파악밖에 못하게 만든다. 그런데도 개구리는 하늘을 볼 수 있다. 새도 날고, 눈도 내리며 해도 있고 두레박도 내려온다는 것을 안다. 그 하늘이 자기 하늘이 아닌 듯 착각하고 살아서 그렇지, 실은 하늘은 우물 밖이 있다는 증거이며 의지만 있다면 두레박을 타고 올라갈 수도 있다. 이를 위해서는 세뇌된 언어를 가지고 고민할 것이 아니라, 간단하게 무시해 버리는 것이 우물 탈출의 첫 단계이다. 자본의 달콤한 언어로부터 빠져나와야 자본적 기능 관계의 바깥 세계로 진입할 수 있다. 그제야 언어의 달콤함이 자신의 몸과 의식을 썩게 했다는 것도 동시에 알게 된다.

마지막으로, 서구인들에 강제된 자본의 이데올로기로서 러시아-독일 혐오 현상을 예로 들어 보자. 유대 앵글로색슨 자본가들은 18세기에는 러시아를, 19세기에는 독일을, 20세기에는 두 나라 모두를 싫어했다. 독일은 오랜 길드의 자급적 전통을 가진 나라이고 러시아는 기후도 그렇거니와 자기 땅에 대한 농민적 애착이 강한 나라였다. 자본가들에 함부로 시장을 열어 주던 곳이 아니었다. 그러니 미웠다. 이 두 나라를 미워하는데도 제대로 된 변명도 없었다.

남의 나라 시장을 지배하고 싶으나 그것이 어려워 짜증이 난다면
거기에 무슨 변명이 있을 것인가. 이들의 자세는 1911년 5월 28일
카잔의 텔레그레프(Telegraph)에 실린 기사에 드러나 있다.

> "초 정부 국제조직은 …. 과거 로마지역의 민족을 모두 종속시키더니
> 이제는 게르만 민족과 슬라브 민족을 부려 먹으려 관심을
> 집중시키고 있다. 회교도 나라(cf. 터키, 발칸)에 혁명운동을 일으켜서
> 말이다. 이들은 자유를 위해 싸운다는 둥, 민주주의가 어떻다는 둥
> 급진주의와 사회주의를 들먹이면서 기독교와 아리안 기독 문명에
> 뿌리박은 왕정에 전쟁을 걸어왔다."

20세기 초의 초 정부 국제조직은 영국 런던시티와 미국의 뉴욕,
프랑스 파리, 독일 프랑크푸르트를 중심으로 한 금융 세력, 영국과
미국의 초국적 기업 및 영미불 프리메이슨 네트워크를 말한다. 이들은
대를 이어 금융 권력을 이어갔다. 이들의 한두 세대 위의 19세기의
할아버지 자본가 세대는 서유럽의 경제를 장악했다. 그리고는 고개를
독일연방과 러시아로 돌렸다. 이들은 노비가 살아가는 봉건국가인
줄 알았던 러시아가 나폴레옹의 강력한 군대를 막아 내는 것을
지켜보았다. 또한 그런 군대를 박멸하는 독일의 프로이센 군대도
지켜보았다. 이들은 니콜라이 1세와 알렉산드르 2세가 자본의 러시아
진입을 강력하게 막는 동시에 자력으로 근대화를 추진하는 모습에
크게 분노했다. 또한 독일의 비스마르크가 독일을 세계 2위의 경제

대국으로 올려놓았음에도 불구하고 자신들에 일감도 나누어 주지
않았으며 돈도 별로 빌려 가지 않은 데에 대한 원한을 쌓았다.
이런 분노와 원한이 다음 세대에 이어져, 러시아와 독일을 정당한
이유 없이 미워했다. 자본가들은 전체주의자이며 제국주의자이다.
자신들과 다른 철학, 다른 경제체제를 용납하지 못한다. 이들이
자유주의를 지상 최고의 철학으로 숭배해 온 데는 오로지 경제적인
이유 때문이다. 이러하니 할아버지 세대의 기업 활동을 제한했던
러시아와 독일에 대한 역사적 반감이 체질화되어 있는 것이다. 이들의
기질을 서구시민들로 체질화했다. 미국 시민들이 이 혐오의 행진에
마지막으로 동참했다.

러시아-독일 공동멸망의 희망은 20세기 전쟁을 관통했다.
로스차일드, 바클레이, 골드만삭스, 모건, 오펜하임, 슈뢰더, 와버그
등 19세기 중 후반 자신들이 장악한 영국과 프랑스만으로는
이 두 국가를 내리누를 수 없다고 보았다. 러시아와 독일을
둘러싼 국가들을 들쑤셔서 이 두 나라를 서로 싸움 붙이게 했다.
자본가들의 참여적인 하수인을 자처했던 영국 왕실과 정부는 폴란드,
우크라이나, 아프가니스탄, 터키, 세르비아, 보스니아같이 러시아와
독일의 주변 국가를 이용하여 두 나라를 끝없이 괴롭혔다. 1918년
러시아가 제1차 세계대전으로부터 물러나 볼셰비키 밑에서 단결할
때, 주변 14개 국가를 모아 러시아 감시 혹은 견제 전선을 구성했다.
1936년 독일이 히틀러 밑에서 단결할 때는 소련을 친구 삼아 반독일
전선을 형성했다. 이처럼 독일과 러시아를 돌아가면서 견제하면서
동시에 두 나라가 충돌하기를 부추기면서 함께 망하기를 고대했다.

구체적인 예를 들면, 독일과 러시아를 싸움 붙이려던 1912년–1914년 영국 정부의 행태가 있었다. 독일의 빌헬름 2세는 이를 직접 지적하면서, "영국을 믿지 말고, 영국의 앞잡이가 되지 말라"는 심각한 충고를 러시아의 니콜라이 2세에 보냈다. 다른 예로, 1938년–39년 독일이 지리적으로 분열된 자국민의 안전을 위해 오스트리아, 체코, 폴란드를 합병하고 위협했을 때, 런던시티의 하수인 네임 체임벌린의 영국과 레옹 블룸의 프랑스 정부는 가만히 있었다. 스탈린의 소련이 반공, 반소를 천명했던 독일에 맞서 주기를 기다렸기 때문이다. 이를 간파했던 히틀러와 스탈린은 독소불가침 협정을 체결함으로써 이들의 기대를 물거품으로 만들었다. 영국과 프랑스 정부는 독일에 선전포고하면서까지 소련을 부추겼지만 결국 소련에 앞서 자기들 스스로 전쟁을 일으켰어야 했다. 그 첫 번째 시도가 영불미가 한데 모여 소련과의 무력 충돌에 핀란드를 지원하는 일이었다. 선전포고는 독일에 해 놓고 지원은 소련과 싸우는 핀란드에 했다. 이때 만약 독일이 핀란드 쪽으로 움직였다면, 영불미는 독일과 친선조약을 맺고 소련을 먼저 공격했을 것이다.

할아버지에 밥상머리 교육을 받은 20세기 금융가의 손자들은 독일과 러시아는 압제 국가이고 자기들은 민주국가라는 허황한 선전을 통해 대중을 유혹했다. 제1차 세계대전은 민주주의 수호라는 허황한 표현을 대중의 머리에 심는 데 성공했다. 제1차 세계대전을 경제전쟁으로 정리한 우드로 윌슨의 시절이 지나자, 지난 전쟁에 대한 망상들이 만들어졌다. 1927년 미국의 캘빈 쿨리지 대통령은 제1차 세계대전을 다음처럼 기만했다.

극소수 자본가의 러시아, 독일 혐오가 어찌 10억 서구시민의
혐오가 되는 데는 그리 긴 시간이 걸리지 않았다. 자유시장을
거부하고 자급적 경제를 운영하겠다는 것이 죄라는 것도 그랬다.
편견에 가득 찼다고 해도 국가 수뇌부와 정부의 말을 들어야
착하다고 소문이 나며, 그것이 자신의 안전을 위협하지 않는다고
믿기 때문이다. 체면과 안전. 이것이 1926년 해럴드 라스웰이 진단한
대중의 정의이다. 대중의 안전과 체면을 깎는 정보는 그들에는
거짓이 된다. 제1차 세계대전을 치른 서구 대중은 베르사유 조약이
독일을 아예 없애버려야 할 정도로 독일인의 땅과 자산을 탈취하는
늑약으로 이미 알고 있었다. 제2차 세계대전을 유발할 수 있는
독소조항을 가득 품고 있었다는 것도 모두 알고 있었다. 대중은
이에 스스로 눈을 가리고 귀를 닫았다. 제1차 대전 때 독일을 망하게
만든 주체가 유대인이라며 목이 터지도록 주장한 독일임에도, 이를
단 한 번도 검증한 적이 없는 서유럽 대중이었다. 유럽의 대중은
진실과 조작 사이를 오가며, "이런 의견도 있고 저런 의견도 있다.
"라면서 모호함 속에서 자신의 안전과 체면을 지켰다. 진실을 알고
싶어 한다면서 두렵다고 했다. 막상 진실이 다가오면 더욱더 두려워
도망을 쳤다. 자본가들은 바로 그 도망치는 길목을 지키며 문을
막거나 터주었다. 공식적 역사라는 것은 이렇게 만들어져 어떤 진실도

품고 있지 않다. 따라서 대중이 교육받는 역사는 역사의 아무것도 증명하지 않는다. '역사의 판단에 맡기자'는 모호한 말은 진실을 숨기고 싶다는 말과 같다.

강도들의 민주 공화정

민주/공화국에서의 공화국과 민주라는 단어는 서로를 땜질했지만, 서로의 본질을 설명하는데 서로가 서로에 거의 도움이 되지 않는다. 즉 서로 다른 것이다. 책으로 뜨거운 라면을 받치는 식이다. 받쳐지기는 하지만 라면과 책은 본성상 아무 관계가 없다. 민주/공화국 체제에서 세력 없고 돈 없는 자가 피선거권을 획득할 수 있는가? 직장 없고 보증 없는 서민에 대출이 가능한가? 공법으로든 사법으로든 모두 불가능하다. 피선거권과 대출에 관한 법뿐만 아니라, 법이 시행될 민주주의의 조건마저도 돈 많은 이들이 만들었기 때문이다. 군주제, 과두제, 민주제 모두가 소수, 가진 자들의 집권 계획의 산물이었다. 이들 사이의 차이라 한다면 단지 소수가 권력을 독점하여 어떻게 활용했는가에 있었지, 확대된 국민의 정치적 자유에 있지 않았다. 이는 단순히 정치꾼들의 집권 이야기가 아니다. 거짓, 변명, 법, 제도는 경제–사회–국가–문화 전체를 휘두르는 거대한 집권의 네트워크 체제 안에서 움직인다는 점을 말하려는 것이다.

근대 최초의 공화주의자는 왕당파 장 보댕이었다. 그에 공화국이라는 것은 이익과 명예 그리고 힘을 가진 여러 멤버들이 한데 모여 살아가고자 할 때 멤버들 상호 간에 질서를 세우는

“가족과 같은” 체제였다. 영어로 Commonwealth라 번역된 그의 책 제목은 ‘공화국에 관한 여섯 연구’였다. 그는 가족과 같은 공화국에서 아버지의 역할을 강조했고, 식구들이 제 이익과 명예를 지키려면 아버지에 복종해야 했다. 식구의 돈과 힘 그리고 명예의 근간이 되는 상속재산을 지키는 문제에 있어 복종이 최우선이었다. “아내는 남편에, 자식은 부모에, 농노는 영주에, 신하는 주인에 복종하는 것”이 가족 공화국을 지키는 질서였다. 그렇다면 공화국의 질서를 잡아주는 수장인 아버지는 어떤 질서에 근거하는가. 그것은 지구상 유일한 선인 신(천사들)과 자연법 혹은 인간으로 해야 할 도리였다. 아내는 남편에, 자식은 부모에, 농노는 영주에, 신하는 주인에 복종한다는 뜻은 이들 사이에 존재하는 자연법적 관계와 계약에 종속한다는 뜻이다. 사람에 종속하는 것이 아니었다. 아내, 자식, 농노, 신하를 함부로 대한다는 것이 아니었다. 함부로 대하는 이들은 인간으로 해야 할 도리를 지키지 않는 자로 낙인찍혔기 때문에 사회의 징벌을 받아야 했다.

구체제 시절, 아버지의 도덕적 자리를 성문법이 대신하면 토머스 홉스와 우리가 흔히 근대 공화국이라 부르는 입헌 공화국 혹은, 본래의 의미에 있어서 왕 자신이 아니라 법에 근거를 두는 절대왕정 (입헌왕정)이 된다. 이런 이유로 16세기에 형성된 국가(State)의 개념이 공화국의 개념과 중복되어 쓰였다. 17세기에는 국가라는 단어가 공화국이라는 의미를 가진 채 독자적으로 쓰였다. 전혀 모호함이 없었다. 여기서 의회가 입헌하면 존 로크의 의회 공화국이 된다. 또한 과거에는 거의 비선출직이었던 의회의 의원을 국민이 선출하면

국회의원이 되는데 국회가 입헌을 한다고 하여 의회 공화국을
민주공화국이라고도 부른다. 바로 여기서 공화국은 모호해졌다.

세계 어떤 경우에 있어서나, 나라의 삶을 결정하는 독자적인 힘의
행사 즉 주권의 소재는 전혀 손에 잡히지 않는 추상적인 신, 민족,
국민 개념에 있었지, 실제를 살아가는 민중에 내어 줄 자리는 없었다.
즉 어떤 경우에도 민중 자신은 주권을 직접 행사한 적이 없다.
오로지 왕, 귀족 도당, 금권의원들이 신, 민족, 국민의 평계 하에
주권을 빼앗아 자기들이 휘둘러 온 것이다. 이리 본다면 장 보댕
이래 왕권신수설 지지자들이 가장 솔직한 주권론자이며, 민주공화국
지지자들이 정의로운 듯해도 가장 더럽고 비열한 자들이 된다. 가끔
제 욕망에 못 이겨 국사를 그르치는 왕이 극히 소수가 있었지만
그만큼 백성들의 눈에 걸려 단죄를 받았다. 강력한 왕권은 본래
백성 친화적이라서 좋은 정치를 이루어 가기 마련이다. 반면, 속을
드러내지 않고 비밀스레 일을 처리하는 의원들의 권한이 막강하면
국익은 어떤 경우에도 백성을 향하지 않는다. 의원들만 살판나는
것이다. 왕정에는 언로가 따로 있지만, 의회는 의원이 언로를 대신하며
막기 때문이다.

17-18세기 구체제의 가장 강력했던 왕국인 영국과 프랑스는
충분할 정도로 근대화되어 있었다. 독일 쪽의 신성로마제국에는
1701년 프로이센이 등장하자마자 근대 국가의 또 다른 모델이 되고
있었다. 계몽은 말할 것도 없고 국가와 사회의 근대화가 광대하게
벌어지고 있었다. 민주 공화정이 만들어 놓은 경제적 계급차별과

개인화에 따른 민중의 비참함과 양극화, 국가가 사회 공동체에 함부로 휘두르는 무소불위의 간섭과 폭력이 없었다. 1790년 영국의 에드먼드 버크는 폭력을 통해 의회 민주 체제가 성립되는 프랑스를 지켜보면서 사라진 구체제의 훌륭함을 설명했다.

"프랑스 왕국을 보면 진정 도시들의 다양성과 풍요가 생각난다. 넓은 도로와 다리가 그리 편할 수 없다. 배가 다니는 인공운하는 바다와 육지 전국의 지점을 연결해 준다. 군사용이든 상업용이든 해양 업무를 위한 항구를 보면 경탄스럽다. 지방의 성들은 정말 볼 때마다 열성을 다한 것 같다. 과학적으로 건축, 관리되어 적들에는 사면이 난공불락이다. 휴경지만 보아도 작게 나뉘어 왕국 전체에 걸쳐 있다. 농업이 완벽하니 대다수 땅의 수확성이 높다. 우리 영국제품에 버금갈 만큼 제조품이 뛰어나다. 몇 가지는 영국 것보다 더 훌륭하다. 공공 및 사설 구휼 제도를 보거나 미술품을 보거나 참으로 부드럽고 아름다운 인생이다. 이 체제가 만들어 놓은 군사, 행정, 법조, 종교, 철학, 사회비평, 역사, 고대사학, 시학 등 인기 강사를 열거해 보면 톡톡 튀는 모습이 대단하다. 내가 보기에, 이 정도는 검열해야 하지 않나 하는 마음마저 들게 하는 것들이 있어도, 내용이 워낙 대단해서 그런 마음마저 사라진다 …. 압제거나 부패, 몽매한 것은 이 정부에 하나도 없다. 뭐 바꿀 게 하나도 없는 정부다."

구체제의 프랑스 정부는 버크의 말대로 "압제, 부패, 몽매와 아무런 관계가 없는, 그리고 바꿀 게 하나도 없는 정부"였다. 농공업생산이 자급하기에 충분했으며 농민 누구나 와인을 마셨으며 기근이 오기 전에야 배고픈 이가 없었다. 자발적인 노숙자나 방랑자가 아니라면 거지도 없었다. 신성모독을 빼면 표현과 출판, 집회, 결사의 자유가 광범위하게 보장되었다. 18세기 여기저기 프리메이슨 비밀결사가 만들어졌을 때도 정부는 단체를 공개해야 정부가 도와줄 수 있지 않으냐면서, 너무 비밀리에 모이지는 말라며 나무랄 정도였다.

법치, 주권재민, 자유와 평등의 공화주의의 이념은 군주제의 슬로건이었다. 귀족정 같은 과두제는 일반인의 정치참여를 법적으로 제한했지만 언제라도 법을 바꾸어 일반인의 정치참여의 길을 터줄 수 있었다. 이를테면 귀족 작위를 주거나 전쟁처럼 평민이 필요한 일이 생길 때마다 계약했다. 로마나 베니스의 과두제는 언제나 호민관(평민) 제도에 의해 보완되었다. 이것이 사회적 평등이었다. 1793년 프랑스혁명가 생−쥐스트는"공화국은 확실한 사회적 평등 없이는 존속할 수 없다."고 했다. 그는 사회적(social)이라는 단어를 모호하게 사용했다. 그는 자신이 하고자 하는 말의 의미를 거꾸로 이해하게 했다. 구체제 시절, 개인적으로는 불평등했어도 사회적으로는 평등했다. 즉 왕실, 귀족계층, 부르주아 및 서민 계층이 개인적으로 구분되었지만, 그들이 이끈 사회들은 서로를 존중했다. 어떤 계층이든 법적으로 다른 개인이 모인 계층사회 안으로 들어가 권력은커녕 발언권조차 가질 수 없었다. 귀족은 농민사회에 대하여 계약 사항이 이외에 어떤 권리가 없었다. 계층사회를 무너뜨리는 개인적 평등 없이 공화국은 존속할 수 없었다. 사회적 평등이 없다면 공화국이 존속할 수 없는 것이 아니었다. 사회적 평등을 확실하게 없애려고 공화국을 세운 것이다. 이처럼 평등 또한 핑계였다.

민주/공화제는 소수의 영향이 더욱더 널리 퍼져야 했던 시장경제 체제에 뿌리를 박고 있기 때문에 일반인을 끝없이 기만했다. 군주제나 귀족제와 달리, 다수를 모이게 한 다음 권력을 집중시킨 후 다시 쫓아 버리는 Open at the front, Close in the back의 전통을 지녔다. 다수를 모이게 한 다음 다수의 동의를 얻어 그들의 법적, 국민 주권적, 자유와 평등적 정치참여를 경제 양극화와 엘리트 네트워크를 통하여 제한한 것이다. 페르디낭 브로델이 적절하게 설명했듯이, 중근세 최초의 공화국인 "베니스의 공화국이 상업 엘리트에 봉사하기 위해 세워진" 이유가 이것이며 또한 사회계약이라는 핑계 하에 개인의 권리를 국가에 양도하는 법들이 만들어진 이유이다.

민주를 외치던 공화주의자들은 부드럽고 아름다운 민중의 인생을 자유의 이름으로 총체적으로 파괴해 버렸다. 공화주의의 법치와 주권재민이란 것만큼 "모호하고도" 독재 수단으로 효과적인 것이 없는데, 의회가 원하고 법을 만들면 그것을 가지고 "국민 당신들이 선택한 것"이라 홍보, 강제할 수 있었다. 의회만 통하면 만사의 책임을 민중에 넘길 수 있었다. 실제로 미국 제2대 대통령 존 애덤스가 말했듯이, "사전에서 찾을 수 있는 단어로는 가장 사기적인 단어가 공화국"이었다.

"좋은 정부는 공화국이고 공화국이어야 한다는 정해진 원칙이 있는데요. 하지만 이쯤에서 우리 솔직하게 말합시다. 공화국처럼 사기적인 단어가 사전에 또 있나요. 내가 이 단어를 인정하고 사용할 때는 민중이 집단적으로나 대의적으로 주권을 핵심적으로 나누어 가지는 정부라 알고 있소만, 공화정은 혁명 전의 프랑스 왕정보다 못해요. 폴란드와 베니스의 공화정은 훨씬 더 못났지요. 네덜란드와 베른(스위스) 공화국도 거의 그래요."

민주주의, 공화주의만큼 모호한 단어가 또 있을까. 갈등이 부딪치는 곳에서 법을 만들고, 평가하고, 실행하는 권력 3개가 필요하다는 것이 근대의 공화정이다. 입법, 행정, 사법. 이 3개의 권력은 서로 독립적이다. 게 중, 법을 만드는 권력이 가장 힘이 세니 이 권력을 민중에 주자는 것이 민주/공화정이다. 그러나 민중에 법을 만들 권력을 주었지만 '기술적으로 입법이 어려우니' 소수를 뽑아 민중을 대리해서 만들자는 것이 의회/민주/공화정이다. 흔히 대의민주주의라 부른다. 스위스의 산골 마을 읍장 선거하는 것도 아니고 도대체 수천만 명이나 되는 사람들이 시시때때로 무슨 의지를 한데 모았다는 것인지, 그래서 대표자가 민중을 대표하긴 하는지, 국가라는 제도 자체가 엘리트의 제도인데 그 안으로 들어간 이들에 권력 3개를 어떻게 나누어 견제를 시킨다는 것인지 도통 알 수 없는 제도가 바로 민주 공화정이자 대의민주주의 제도이다.

현대 정치학자들은 입법, 사법, 행정을 이끌 사람을 선택하는 과정에서 민중이 무슨 힘을 행사하는지 누구도 설명하지 못한다. 오로지, '대신해주지 않느냐'고만 고집스레 말할 뿐이다. 누구도 개인의 인생을 대신 살아주지 못한다는 근대철학과 정반대의, 가부장적이고 중세적인 주장이다. 이런 말들은 공화, 민주, 의회의 형용사를 민중 위로 계속 얹어가면서 결국 소수에 권력을 던져주는 기만일 뿐이다. 장 자크 루소의 표현대로 민중의 의지는 대리될 수 없는 법이다.

> "민중은 의회 구성원들을 선거하는 동안만 자유롭다. 의원들을 선출하자마자 그들은 노예가 된다. 그 외에 아무것도 아니다 ⋯. 민중의 대표들은 민중의 대변자가 아니며 대변자가 될 수도 없다. 그들은 단지 민중의 위임자일 뿐이다."

루소는 의회의 현실을 최대한 이해하려 노력했지만, 그가 할 수 있던 말은 고작 민중의 위임자는 대표자가 아니란 것이었다. 그러나 위임이 지속되면 대표자가 되기 마련이다. 실상 그 말이 그 말이었다. 루소가 현상적으로 비판했던 대의민주주의는 모호함을 무기로 민중을 끝없이 호도했다. 민중이 '못 살겠다'면서 피를 흘려 봉기를 일으키면, 의회나 정당이 나서서 '대신하겠다.'라면서 봉기의 결과물을 탈취하는 사례가 줄을 이었다. 1789년 프랑스혁명의 로베스피에르부터 2010년 필리핀의 아키노에 이르기까지 남들이 피를 흘릴 때, 안방에서 주판알이나 튕기던 사람들이 정권을 달라고 했고,

민중은 이들에 고스란히 권력을 넘겼다.

민주 공화정, 대의 민주주의에 의해 세뇌된 민중은 혁명을 일으켰어도 독재자나 국가수장마저 체포하지 않았다. 다른 이에 혁명의 과업을 대신시켰고 그들에게 권력을 주었다. 국회를 정지시키고, 정권을 인수하도록 했다. 행정부가 정지될 것 같으면, 혁명 주체들이 모여 참모총장 같은 군 수장을 불러 자리를 주고 비상대책위원회를 세워 도지사, 시장, 구청장들을 불러올려 혁명위원회를 구성하고, 헌법을 정지시키고 비상 헌법을 발동하고 경찰 공무원과 군대를 접수하는 절차에 들어가야 했다. 하지만 민중은 혁명의 과업마저도 누군가 대신해주는 줄 알았다. 프랑스혁명을 설명하는 알베르 소불은 "민중과의 제휴 속에서 대혁명의 실제를 목격한 부르주아지 혹은 부르주아지 일파는 혁명적 대사건의 날들을 준비하고 조직하였으며 그 결과들을 자신에 유리하도록 이용하였다 …. 이런 의미에서 민중적 대사건들은 부르주아적 대사건들과 일치하고 있다."고 했다. 재주는 곰이 부리고 돈은 왕서방이 챙기는 일은 근대 민주공화국 이전에도 이후에도 어김없이 벌어왔고 벌어져 갔다. 특히 민주공화국 아래에서는 더는 민중혁명이 불가능했다.

프랑스에 이른바, '민주' 공화국이 들어서기 3년 전이자 혁명이 발발하기 바로 전인 1789년, 장 피에르 루이 뤼세는 공화국을 줄기차게 주장했던 계몽주의를 다음처럼 기록했다.

"당이 세워지고 서로 치고 박는다. 불만이 들끓는다. 불만을 이용해 옆에서 이익이나 취하니 싸움이 난다. 무식한 군대의, 잘났다는 사령관이란 것들이 돈벼락을 맞아 정신이 없다. 나라는 아랑곳 하지 않는다. 패기도 재능도 없어, 뭘 해도 안 되는 것들을 _(정부의) 우두머리로 만들어 멍청한 짓을 일렬로 세워 밀어붙인다. 마녀사냥 격으로 사상을 감시하고 언론을 틀어잡아 진실을 걷어 내고 있다. 고등학교의 _(선생) 자리는 모두 계몽주의자들이 차지하여 자기들의 거처로 만들었다...

뜻은 추상적이지만 말이 화끈하면 사람들이 쉽게 빠진다. 왜 그러냐면, 사람들이 책을 안 읽어서 그렇다. 진짜로 공부하겠다는 사람이 천에 열이나 될까. 공부해서 뭘 좀 알게 된 사람이 천에 다섯이나 될까. 각성한 사람이 천에 한 명이나 될까. 안타깝지만 이 계산은 매우 정확하다. 독서에 무관심한 젊은이들을 끌어들일 방도를 못 찾으니 이런 일이 생긴 것이다. 두 번째 문제라면 머리가 깨인 교수들이 거의 없다는 것이다. 머리에 든 게 있어야 가르칠 수 있는 법이다. 스승이란 것들이 지식의 욕구를 불러일으킬 줄도 모른다. 가정교사는 아예 꼰대거나 열외다. 하여간 제 자리에서 제대로 일하는 인간이 없다."

　18세기 계몽주의의 비참한 문화가 21세기에도 그대로 반복되고 있다. 뤼세는 계몽주의 50년(1735-)의 결과를 무능 검열 바보주의로 기술했다. 젊은이와 지식인들이 구체제의 전통과 지식을 버리고 추상적인 미래만 꿈꾸다가 결국 뭘 쥐어줘도 일을 제대로 해내지 못하는 무능에 빠졌으며, 계몽주의의 과격한 주장을 유행이랍시고 무턱대고 받아들이는 바람에 합법과 불법의 기준이 모호해져 버렸다는 것이다. 깨달았다는 소수의 부르주아 민중은 자유를 추구한답시고 추구했던 것이 고작 공공뉴스나 읽고 지식인인 척했으며, 출판사는 저질의 소설이나 포르노 책자를 전국에 퍼져 나가게 만들었다. 어디서 주워들은 사회계약이라는 단어를 던지며 스스로 루소주의자인 양 했고 자신이 비판했던 왕정독재의 상징 루이 14세를 거꾸로 찬양한 볼테르를 자유의 상징으로 활용했다. 계몽주의는 실로 도대체 무엇이 옳은지 그른지, 무엇이 진실이고 허위인지 몰라 눈이 어두워진 바보들을 양산했다. 계몽주의 자체가 몽매였기 때문이었다.

이는 당연한 일이었다. 경제적 사고로 무장한 계몽주의자들은 자기들 방식으로 계몽시킬 소수를 원했지, 민중의 진정한 계몽을 원하지 않았다. 겉으로는 '깨어라!' 했지만 속으로는 민중이 몽매한 상태로 머물기를 원했다. 당대의 경제학자 끄네(François Quesnay)는 "시골과 도시 노동자의 자녀들이 읽고 쓸 줄 알게 되면 사회불안정이 오지 않는가, 농촌을 벗어나 도시로 몰려들지 않을까" 걱정했다. 서민들이 "읽고 쓸 줄 알면 노동자 수가 적어 들고 신부, 수사, 글쟁이와 같은 비생산적인 결과를 낼 것"이라는 경제학적 논리가 멋진 계몽의 언어 밑에 깔려 있었다. 계몽의 횃불은 소수가 잡고 다수는 그들의 뒤를 따라가는 것이었다. 실상 15세기 이래 유럽 사회에서 쓰였던 단어, 빛(Light)은 어둠 속에서 불을 밝힌다는 뜻을 지녔다. 불을 쥔 자가 내세운 뜻이다. 새로움, 반항, 우월성 등의 계층 차별적이고 음모적인 개념을 가지고 있었다.

18세기에 들어서도 쓰임새가 똑같았다. "민중은 어리석지 않다." 던 튀르고(Turgot) 재상과 장 자크 루소를 제외하면, 몽테스퀴에, 볼테르, 드니스 디드로, 벤저민 프랭클린 등이 사용했던 계몽(Enlightenment, 빛을 밝힘)은 '깨인 자들이 백성을 이끈다.'는 뜻이었다. 즉, 초점이 엘리트에 있었지, 백성에 있지 않았다. 진정 백성에 삶의 초점을 맞추려고 노력한 이들은 농촌에 제 몸을 던진 100년 뒤 19세기 러시아 브나로드 운동가들이었다. 그러나 18세기이든 19세기이든 그 이전이든 민중은 공동체 자체의 규약과 관습법에 따라 국가와 거의 독립적으로 살아갔다.

계몽주의와 공화국 설레발은 엘리트의 그것이었다. 민주당이나 공화당은 부르주아가 만든 정당임에도 부르주아의 이름을 지우고 민중의 이름을 걸었다. 롤랑 바르트도 이 사실을 지적하여 '신화 같은 사실'이라 했다. 만든 자의 이름을 지우고 보편성이나 일반성을 주장하는 신화이다. 민주, 공화국의 사기술과 더불어 의회 의원들이 함께 유행시켰던 입헌주의 설레발을 살펴보자. 예전부터 남의 재산을 빼앗는 가장 효과적인 방법은 거짓이나 변명과 같은 말이 아니라, 국법이었다. 관습법 같은 불문법이라면 어느 정도 예외가 있지만, 국가의 성문법으로 지탱되는 체제(regime, system)는 전혀 자연스러운 산물이 아니다. 고대 중국이든지 그리스이든지 어느 지역의 역사를 쫓아 올라가든지, 혹은 중세, 구체제라 부르는 시대를 타고 들어가든지 근현대라 부르는 지점을 선택하여 공화주의를 살펴보든지 상관없다. 토머스 홉스의 설명처럼 "법이라는 것은 본디 권리에 의해 다른 사람을 지배하는 자의 말이다 …. 권리로서 만물을 지배하는 하나님의 말씀이 법이라면 그때는 (진짜) 법이라 불러도 좋을 것이다." 즉, 법은 다른 사람을 지배할 권리를 적어 놓은 말이며 자유롭게 태어난 인간이 진정으로 인정할 수 있는 법이라면 하나님의 그것밖에는 없다. 하나님의 그것도 아닌 주제에 법을 제정한다는 것은 언제나 불완전하며 법을 제정하는 소수에 봉사할 수밖에 없다. 실제로 공법을 중심으로, 법 일반은 한정된 유무형의 자산을 누가 통제하고 누가 더 많이 차지하느냐는 욕심쟁이의 오래된 계획이었다.

의회와 민주공화제는 종교만큼이나 민중의 아편이었다. 모호하기 때문에 머릿속에서 몽롱하게 품을 수 있는 아편이었다. 자유, 평등, 인권도 마찬가지이다. 이것들이 과연 무엇인가를 물어보면 한 침의 틀림도 없이 '개인 소유권의 확대와 보호'로 귀결된다. 자기 개인의 소유권을 확대하고 보호받은 적도 없는 이들도 말만 그리한다. 역시 아편이었다. 또한, "당신이 진정 남들과 평등해지고 싶은가"를 물어보면 즉답하는 이가 없다. 자신의 욕망을 채우기 위해 평등을 말한 것이지 남들과 같은 조건의 평등을 원하는 이들은 없다. 남과 같은 조건의 평등은 더 나아가 자신의 자유를 앗아가기 때문이다. 대중은 이를 직감적으로 안다. 그러하니 자신 스스로 자본의 모호한 단어 속에서 속내를 숨겨온 것이다. 숨겨보았자 결국 얻지도 못할 소유권을 위해서 자신을 기만하는 것이다.

1902년 미국의 사회운동가 제인 애덤스는 "민주주의의 악행을 치료하는 것은 더 많은 민주주의"라 했다. 민주주의의 실현 횟수와 참여자의 수만 늘리면 민주주의의 악행이 치료된다고 믿었다. 이리하여 여성, 외국인, 10대 청년에 투표의 권리를 부여했다. 피선출자의 투표수를 지역별, 수별로 조각내어 더 많은 국회의원을 모으려 했다. 그러나 이는 1910년대와 1920년대 영국과 미국의 여성참정권 및 지역 비례 대표제 논쟁에서 충분할 정도로 경험했듯이, "더 많은 민주주의"라는 것은 민주주의의 기만적인 절차를 그대로 놓아둔 채 투표의 수만을 늘려 세를 확보하려는 정당들 사이의 게임일 뿐이었다. 처칠과 동시대 인물인 알프레드 E. 스미스 뉴욕주지사 (1917-) 같이 '민주주의로 유명한' 인물들이 그의 언급을 쉼 없이 재인용 했지만, "더 많은 민주주의"는 대중적 기만으로 끝났다. 민주적으로 보이는 절차만 반복하고 참여하는 사람의 수만 늘리자는 말은 결국 반민주적인 상태를 더 널리 고착화하자는 뜻이 된다. 소수 엘리트에 수적 정당성을 더욱더 많이 부여하는 꼴이기 때문이다. 즉 독재의 정당성을 더 확보한 것뿐이었다. 그랬기 때문에 처칠 스스로 인정했듯이 정치체제로서는 최악으로서의 민주주의가 전후까지 계속 이어졌다. 지난 20세기 전체를 통틀어, 서구 정부는 처칠식의 모호하고도 기만적인 민주주의를 세계만방에 홍보했으며 제인 애덤스 같은 정신상태를 기반으로 투표자와 투표의 수를 늘리는 행태만 벌여 왔다. 투표의 양이 아니라 질을 생각하자던 괴테와 실러처럼, 당대의 아나키스트 엠마 골드만 또한 민주주의의 이 같은 기만술을 지적했다. "투표나 선거를 해 보았자 뭐가 나아지느냐? 문제는 (노동과 민주주의의) 질이지, 양이 아니다."라 했다.

2000년대, 민주주의의 이기적인 실제를 마치 공동선인 양 포장해왔던 구실로서의 자유, 평등, 인권의 의미는 그 단어들을 만든 서구에서 이미 깡그리 무너져 버렸다. 그런데도 서구의 자유, 평등, 민주의 엉터리 현실을 경험해보지 못한 아프리카, 아시아, 남미 같은 곳에서는 근대화라는 이 엉터리를 이상으로 쫓으며 서구의 실수를 끝없이 되풀이하고 있다. 아시아, 아프리카 남미의 국민들은 '우리는 아직 자유, 평등, 인권을 충분히 경험하지 못했다.' 면서 설레발을 치지만 이들은 자유, 평등, 인권이 무엇인지 공개적으로 논해 본 적이 없다. 단지 사대주의의 단어일 뿐이다. 서구 또한 이를 공개적으로 논한 적 없고 전혀 경험하지도 못했다. 시몬느 베유의 지적처럼, 서구인은 "멀리서나마 민주주의와 닮은 것에 관하여 아무것도 모르고 있다. 민중은 공적 삶의 문제에 대한 어떤 의견도 개진할 방법이 없다." 그런데도 아프리카, 아시아, 남미 사람들은, 마치 서구인들은 이런 것들을 경험했고 자신들은 경험하지 못한 듯 이중의 망상에 빠졌다. 아프리카, 아시아, 남미 사람들이 경험하지 못한 것은 자유, 평등, 인권이 아니다. 그것들이 실은 엉터리이자 기만이라는 것을 경험하지 못한 것뿐이다. 민주주의와 전혀 관계없는 주제에 민주를 껌딱지처럼 붙이고 사는 것이 현대의 공화국이다.

이제 민주공화국 아래의 사법 권력을 보자. 소유권과 개인주의하에서 만들어진 이른바 민주/공화국에서는 도덕이 뒤로 빠지고 법치가 만사가 된다. 사람들은 자신의 삶을 종교, 관습, 인간관계가 아니라 법적 근거와 절차에 따라 살아간다. 개인적으로는 종교나 도덕 혹은 강제로 살아갈 수는 있다. 그러나 그런 삶에 대한 판단은 법이 한다. 종교인, 도덕군자, 영웅, 주인 등이 하지 않는다. '나는 교회의 법에 따라 산다.' 면서 아이에 장기간 금식을 시키는 사람은 법적으로 처벌된다. 종교인이 군대를 소집하거나, 스승의 지시에 따라 동료를 벌주거나, 집주인이 못된 세입자를 내쫓을 수 없다. 그랬다가는 불법이라 하여 근대 국가의 제재를 받는다. 근대에는 주먹이 아니라 법이 앞서기 때문에 사람들은 근대로부터 어떤 법적 평등성이나 법이 보장하는 자유에 대한 꿈을 자주 꾸는 편이다. 법만 있으면 월급을 떼먹는 사장을 고소해서 돈을 받아 낼 수 있고, 딸에 모욕을 준 사람을 데리고 가 치도곤을 맞게 할 수 있다고 믿는다. 판사, 검사, 변호사의 판단이 항상 옳다고 믿으며 법이 있는 이상 개인적인 욕망이나 이익에 끌려다닐 수 없을 것이라 믿는다. 근대의 법이 사회적 정의의 최후의 보루라 믿는 것이다. 그러나 이런 꿈은 구체적인 현실을 만나 물거품처럼 사라져 갔다.

데이비드 러번이 조국을 배신하는 "불행한 운명"을 가진 이들이 변호사라 했듯이, 프랑스혁명과 미국혁명 아래로 권력의 꼭두각시는 대다수 검사와 변호사였다. 이 사실은 법이 누구를 보호해 주는 가를 잘 알게 한다. 이를 명료하게 알던 이가 유럽의 엘리트 보나파르트 나폴레옹이었다. 1806년 6월 5일 그는 나폴리의 왕인 동생 조제프에 다음과 같은 편지를 보냈다.

"나폴리에 법을 세우세요. 마음에 들지 않는 것은 몇 년 안에 부수어질 것이고 갖고 싶은 것은 강하게 존속 될 것입니다. 이것이

법의 큰 이점입니다. 법을 세우세요. 법은 권력을 강화하고 권력에 신탁되지 않는 모든 것은 법에 따라 무너집니다. 그렇게 전하가 영지로서 세운 큰 집들을 빼면 남아나는 것이 없게 됩니다. 내가 그토록 법을 외치고 법을 만든 이유가 바로 그것입니다."

성문법의 역할이 이와 같았다. 자신의 욕심을 유지해 줄 폭력을 관리하는 법과 제도를 만드는 것이 엘리트 업무의 핵심이었고 현재도 그렇다. 특히 잘 고칠 수 없는 헌법이나 민중이 대들 가능성이 있는 민법보다는 주로 행정법이나 형법, 국제법 같은 공법을 폭력의 도구로 쓴다. 관습법 국가라 하더라도, 근대의 법은 법을 잘 아는 사람들이 판단하고 만들었으며 고칠 때도 법을 잘 아는 사람들이 고친다. 즉 법을 모르는 시민 대다수나, 법을 잘 안다고 하더라도 입법할 자격이 없는 사람들이 법을 만든 것이 아니다. 법을 제정하라고 강요할 위치에 있는 법을 만들었다. 법도 모르고 자격도 없는 시민이 이들을 계속 지켜보고 감시할 수도 없는 법이다. 쉽게 말해서, 근대 국가는 시민의 의지를 통해서 법적으로 구성된 조직이 아니다. 소수 엘리트가 법이라는 장치를 통하여 더 많은 사람을 자신의 욕망 밑으로 불러 모은 법적 독재조직이다.

1974년 뒤베르제(Maurice Duverger)는 이런 방식으로 근대의 정치와 법을 이해하면서, "기술적 혁신은 대기업 중심의 경제구조를 만들게 되고 그러한 구조는 정치구조를 변하게 하는데" 프랑스의 경우 이것이 제5공화국의 제왕적 대통령제라 했다. 사회의 경제 규모가 크고 관리가 일목요연하여지려면 정치적으로 관료제를 부를 수밖에 없다. 그리하여 법을 관료 중심으로 구성한다. 그것이 프랑스의 특성이라는 것이다. 제대로 된 삼권분립이라 해도 삼권이 각자의 권리를 행사하는 방법이 점점 형식화되거나 상호 긴장 속에서 협력하면서 결국 공화 군주제(Republican Monarchy)로 수렴된다고 했다. 업계의 기술이 시장의 독과점을 강화하고 그것이 대기업 형태로 수렴되듯이, 정치체제마저 그런 방식으로 만들어져 간다는 것이다. 뒤베르제는 경제적 특성과 정치 제도적 특성이 서로 교호하면서 한 국가의 정치결정권 형성과정이 만들어진다고 보는데, 과연 어느 점에서 어떻게 교화하는가에 대한 언급은 없다. 그런데도 대중은 그래왔다.

다른 사례를 들어 본다 해도 실은 모든 정치는 금권만 확보된다면 모두 독재적인 면모를 갖출 수 있었다. 프랑스의 제왕적 대통령제만이 군주적 통치를 실행하는 것이 아니다. 오히려 프랑스의 대통령제를 만들게 한 절대왕정은 국가 대사를 정부가 주도적으로 이끌게 했지만 그만큼 백성의 참여도 강했다. 이는 왕과 백성 사이의 관계를 더욱 깊게 했다. 그런데도 누군가가 누구를 대표하겠다고 나선다는 사실 자체가 이미 정치적 추상화 과정이다. 정치 제도가 다르다 해도 미국식 억지 연방제, 영국식 자발적 의회주의, 프랑스식 강권 대통령제는 결국 권력 장치이기 때문에 제도는 권력 장치를 가진 자의 도구가 될 뿐이다. 민중으로부터 위임받은 권력을 행사하는 것이 아니라 금권이 행사되도록 하는 제도적 장치로 변하는 것은 순식간이다. 이런 이유로 근대의 군주제이든 민주제이든 명칭만 그리

달렸을 뿐, 내부 사정을 보면 명칭에 걸맞은 특징을 '전혀' 담고 있지 못하다. 이 사실은 250년간 한 치의 틀림이 없다.

현대의 굵직한 예만 들어 보면 중간 정도나 작은 정도 크기의 법이란 것이 얼마나 소수를 위한 폭력 장치인가를 알 수 있다. 간단한 것으로, 1990년대 월가의 투자자들은 초국적 기업의 담배수익이 중국에 의해 급감하자 전자담배나 금연 패치 회사의 주식으로 전환했다. 그리고는 WHO에 돈을 주어 흡연 제한법을 각국에 강요했다. 이로써 투자자들은 위기를 기회로 삼아 엄청난 이득을 얻었다. 세계의 공업 노동시장을 관리하는 앵글로색슨 국가 주도의 탄소세 법, 유대 금융계를 보호하는 ADL(유대인 반 명예훼손연맹)이 만든 1988년의 혐오 금지법도 있다. 법과 제도는 욕망을 숨길 수 있는 가장 좋은 구실이라서 치사하게 속임수를 쓰거나 변명을 할 필요가 없다. 추가적인 욕심을 부려 법을 바꾸어야 할 때가 오면 거짓과 변명이 필요할 뿐이다. 개인의 충돌을 방지하기 위해 권리를 서로 양도하고자 만든 국가, 그리고 국가의 법에 복종하는 것이 개인의 권리를 오히려 지켜주는 일이라는 존 로크의 사회계약론은 거짓말이다. 개인이 모인 시민사회 스스로 권리를 조절하는 능력이 있다면 국가가 권리를 제약하고 말고 할 이유가 없기 때문이다. 구체제의 농촌 공동체 사회가 잘 보여주듯이, 사회계약 이전에 이미 개인의 권리가 사회에 의해 보호되고 있었다.

민주주의의 상징, 처칠의 민주주의

승자의 기록이라는 역사는 실제로, 이긴 자에 대한 상식의 도를
넘는다. 처칠이 그런 예이다. 처칠은 영국을 지켜낸 영웅이라는
주장을 넘어 세계 최고의 정치인, 민주주의자 등, 그와 아무런
관계없는 수식어까지 붙여 추앙토록 한 것이 역사다. 역사 왜곡과
악마문화의 선구 미디어 넷플릭스는 그 명성에 걸맞게 처칠의 전기,
'어둠의 시간'(Darkest Hour)을 방영했다. 아카데미 상을 6개나 받은
이 가짜 영화로부터 우리가 실제라 믿을 수 있는 것은 제2차 대전의
연대기뿐이다. 나머지는 가상이며 처칠 영웅 만들기 이벤트였다.
그는 철두철미한 인종주의자이자 공존이 무엇인지 모르는 잉글랜드
제국주의자였으며, 대량학살을 즐겼던 사이코패스였다.

영국군 청년 장교 윈스턴 처칠 소위는 휘그의 일당인 자유당의
당원으로서 타고 난 살인마였다. 자신이 참여한 식민지 살육과정을
모두 책으로 담아낸 20대 청년 광인이었다. 1897년 북서부 인도 부족
(Mohmand) 반란을 진압한 이야기(The Malakand Field Force), 1898년 수단의
카타이에서 1.1만의 마흐디를 살해한 이야기(The River War), 1899년부터
1902년까지 벌어진 보어전쟁 중 출간한 자기의 탈출 무용담(London to
Ladysmith via Pretoria)이다. 모두 사건 당 해에 쓴 글이다. 즉 자유주의의
기치를 걸고 살육과 침략 전투를 하루하루 즐겼다는 뜻이다. 청년
처칠이 북서부 인도에 들어갔을 때 남긴 무용담이다.

"우리는 대대적인 보복을 했다. 체계를 밟아 마을을 하나씩
파괴했다. 가옥을 부수고 우물을 막았으며 탑을 무너뜨렸다. 고목을
자르고 짚더미를 불태웠으며 곡식 창고를 해쳐버렸다. 마을이
평원에 있을 때는 일이 더 쉬웠다. 부족 사람들은 산 위에 모여
앉아 자기 집과 살림살이가 불타는 것을 멍하게 바라보았다. 산기슭
마을을 공격했을 때 저항이 만만치 않아서 마을 당, 두서너 영국
장교와 15-20명의 인도 병사가 죽었다. 가치가 있는지 모르겠다.
4일 밤낮이 지나자 계곡은 사막이 되었다. 영광스러웠다."

고작 23살밖에는 되지 않은 청년이 보복으로 사람을 죽이고
부족의 집과 살림살이를 불태워 사막을 만든 것이 영광스럽다 한
것이다. 1년 후, 살인마 키츠너(Herbert Kitchener)의 영국과 이집트군과
함께 수단에 들어간 그는 다음 같은 무용담도 남겼다.

"고대와 근대가 맞부딪혔다 …. 그럴 줄 알았지. 이 사라센의
후예들이 적군이 있는 강으로 언덕을 타고 내려오는데, 잘 훈련된
두 개 반의 연대가 2열 종대로 쏘아대는 총을 맞았다. 강둑에서, 배
위에서 최소 70개의 총이 신나게(undisturbed efficiency) 불을 뿜었다.
대대적인 총격이 잦아들고 보니, 6천에서 7천 명이 죽어 있었다.
우리 영-이집트군으로부터 700야드(640m) 바깥이었다."

말 그대로 고대처럼 별 무기도 없는 흑인들을 사라센과 비교하면서 멀리서 살육한 것이 자랑스러웠던 24살의 처칠이었다. 그의 상관 키츠너는 총 3만의 수단인을 살육했음에도 남은 부상자들도 쏘아 죽였다. 어린 장교가 의도된 살인부터 배워갔던 것이다.

제2차 보어전쟁(1899년) 때 그는 참모장 키치너 밑에서 정훈장교로 일했다. 이 전쟁은 세실 로즈가 남아프리카의 금광 운영권을 빼앗기 위해 유발한 사설 전쟁이었다. 장군 키치너는 로즈의 하수인이었고 처칠은 그의 하수인이었다. 대영제국의 이익과 관계없었다. 키츠너는 남아프리카 정착민인 네덜란드, 독일, 프랑스 출신 보어인들과 충돌하면서 새로운 전쟁 방법을 고안했는데, 그것이 집단수용(mass confinement)이었다. 마을을 텅텅 비우게 한 다음, 보어 군인의 부인과 자식 12만 명을 수용소에 가두어 2만 8천 명을 굶겨 죽였다. 남편과 아버지들에 식량이 조달되는 것을 막는 조치라면서 집을 불태우고 가족을 굶겨 죽인 것이다. 사망자의 96%가 어린이들이었다. 보어인 편에 선 흑인 11만 5천 명을 가두어 1만 4천 명을 아사시켰다. 전쟁만 터지면 캠프를 치고 사람을 굶겨 죽이는 영국군의 전통은 이렇게 만들어진 것이다. 이것이 유명한 '영국의 굴락'(Britain's gulag) 이다. 키치너는 이름대로 살육의 주방장이었다.

처칠은 이때부터 키치너의 노하우를 배웠고 1916년 키치너가 기뢰에 걸려 익사로 죽을 때까지 떨어질 수 없는 사이가 되었다. 25살 청년 장교 처칠은 다음처럼 적었다.

"영국 수뇌부는 마을을 텅텅 비우고 사람들을 집단수용소에 넣는 것이 필요했다. 철도가 끊어졌기 때문에 수용소에 필요한 물자를 댈 수 없었다. 병도 창궐하여 수천의 여성과 아이가 죽었다."

나중에 괴벨스가 처칠은 숫자를 조작한다 했는데 이미 청년 시절부터 처칠은 사망자 숫자도 줄였고, 살육에 변명도 해댔다. 1915년 제1차 세계대전의 갈리폴리 전투에서 처칠은 터키군에 대패하여 25만의 사상자를 내고 도망쳤다. 영국 의회와 내각 사람들은 이 일로 군사 전략가로서 처칠에 대한 신뢰를 잃었다. 하지만 살육만은 믿었다. 영국 의회가 전쟁을 앞두고 평판이 나빴던 처칠을 수상으로 추대한 이유라면, 그가 살육과 인종청소에 일가견이 있었기 때문이다.

처칠은 민간인 살육으로는 으뜸이었다. 1918년부터 1923년까지 벌어졌던 아일랜드의 독립운동 시위대에 흙갈부대(Black and Tans, 왕립 아일랜드 경찰대 특수예비군)를 보내 갖은 테러를 저질렀다. 1만여 흙갈부대는 처칠이 퇴역군인 백수를 모아 제 손으로 직접 만든 테러 부대였다. 시위대 진압에 폭격기를 동원하자는 제안은 현대의 유일한 사례였다. 전쟁부 장관이던 1919년 그는 인도 편자브 암리차르의 여성과 어린이 학살을 주도했지만, 중령급 한 명을 해임하는 제스처로 사건을 마무리했다. 제 경험에 맞게 식민지 국무장관이던 1921년에는 "비문명인을 없애자"면서 메소포타미아(현, 이라크)의 도시를 폭격하여 45분 만에 도시를 쓰레기 더미로 만들어 버렸다. "인구도 줄고 좋지 않으냐"며 화학폭탄도 퍼부으라 전쟁부에 조언을 했다.

백인과 개신교도가 아니라면 그에는 무조건 야만인이었고, 야만인을 죽이는데 화학무기가 "너무나"(strongly) 좋다고 했다.

1943년 처칠은 인도의 곡물을 약탈했다. 벵골의 모든 농산물을 영국군에 집적했으며 남은 것은 유럽인들의 창고에 쌓았다. 이로 인해 3백만의 벵골 주민들이 아사했다. 그는 인도 인구가 3억이나 되는데, 3백만 죽은 것이 "뭐 대수냐"(less serious)며 무시했다. 제2차 대전을 소련에 맡겨둔 채, 그는 북아프리카에서 이탈리아로 넘어가 있던 7만 5천의 영국군을 몰고 그리스로 쳐들어가 아테네의 대독 항쟁군 28명을 살해하여 독립을 막았다. 로널드 스쿠버를 그리스 총독으로 앉히고 게오르기 파판드레우와 나치 부역자들을 시켜 민족독립 운동가들을 잡아들였다. 부역자들이 정권을 잡아 흔든 역사는 한국에만 있는 것이 아니다. 그가 남아프리카의 키치너로부터 배운 수용소와 고문, 그리고 굶김의 문화는 독일인을 굶기자는 포츠담 회의 때도 나타났고, 1945년 드와이트 D. 아이젠하워는 키치너와 처칠의 굶기기 전통을 그대로 배워 독일 포로 중 최소 80만 명을 굶겨 죽였다. 전후 독일로 들어오는 적십자 구호 물품을 막아 독일 시민도 기근에 시달리게 했다. 물론 전후 소련을 핵무기로 공격하자는 그의 제안은 인생의 보너스다.

이 전통은 말레이 독립전쟁(1948-)에서도 그대로 적용되었다. 말레이에 450개의 새마을(New Villages)을 만들어 5십만의 말레이인들을 가두어 고문하고 굶기는 것을 벌칙으로 삼았다. 말레이의 경험에 따라, 1952-4년 케냐의 비옥한 고원지대에 백인주거지역을 짓겠다면서 15

만 명의 케냐인들을 추방하고 노동수용소에 밀어 넣었다. 농촌에서 자급하는 청년들의 땅을 빼앗고 그곳에 공장을 지어 바로 그 청년들을 공장에 취업시켰던 영국 인클로저의 노동경제학이었다. 그는 공교육을 받은 그대로 실행했다. 땅 주인이었던 케냐인들도 자기 땅으로 다시 들어와 영국의 새로운 땅 주인을 위해 노동자로 살아갔다. 그것도 죽지 않을 만큼의 배급을 받고 일했다. 일을 시켜야 했으니 케냐인들을 살려둔 것이지 자기들이 그곳에 진정 정착하려 했다면 뉴질랜드 마오리족 90%를 학살한 제임스 쿡처럼 행동했을 것이다. 처칠은 저항하는 수용소의 케냐인들을 고문하고 남녀노소를 가리지 않고 강간, 방화, 상해, 살인을 자행했다. 그중에는 미국 대통령 버락 오바마의 할아버지 후세인(Hussein Onyango Obama)도 있었다. 그는 2년간 옥중에서 고문을 당했다. 손자인 버락이 태어나 18세가 될 때까지 고문 후유증에 시달리다가 사망했다. 1955년까지 1백만 명이 강제노동을 당했다. "교육받으면 반항한다."라며, 아이들을 학교가 아니라 수용소에 넣어 노동자인 아버지를 돌보게 했다.

정치적으로 처칠은 민주주의자도 공화주의자도, 왕당파도 아니었다. 단지 제국주의 파시스트였다. 그의 행태를 가장 잘 드러낸 것이 이슬람에 대한 자세였다. 1922년 식민지 장관 시절, 그는 사우드 집안의 독재 성격을 잘 알고 있었다. 사우드 집안은 150년 동안 와하브(Muhammad ibn ʿAbd al-Wahhab, 1703-)의 와하비즘 대변자로서 폭력성을 유지했다. 1921년 6월 14일 하원에서 처칠은 다음처럼 말했다.

"사우드 사람들 대다수가 와하비 족속들입니다. 간단히 말해서
이슬람 원리주의와 같은 것으로 켈빈주의의 가장 군대적 형태죠.
극단적인 엄격성을 타인에 강제합니다. 의무와 신앙을 가지고
의견이 다른 사람을 모두 죽이고 부인과 아이를 노예로 삼습니다.
와하브 마을에서는 여자가 단지 길거리에 나왔다는 이유 하나만으로
죽이죠. 비단옷 입으면 처벌받고 흡연한 남자는 사형을 당한 바
있습니다. 참으로 잔인하고 배려 없고 무기를 달고 살면서 피나
보려는 와하비즘입니다 …. 이들은 메카와 메디나의 신성한 도시에
매우 위험했고 지금도 위험합니다."

처칠은 신성한 도시에 매우 위험하다는 사우드 집안의 이븐
사우드에 매년 10만 파운드의 뇌물을 주었다. 사우드 가문이 독재를
행세하여 중동의 석유와 정치적 이득을 영국에 통째로 넘기기를
바랐다. 독재를 탓하면서 독재를 밀어주었던 그인 만큼 그에 정견이란
수사학에 불과했다. 그가 가진 정치적 의견은 없고 정서만 있을
뿐인데 그것이 파시즘이었다.

처칠은 처음부터 이탈리아의 파시즘을 추앙했다. 1927년 1월
21일 『타임스』에 기고하기를, "무솔리니의 매력에 빠지지 않을
수 없다."면서 파시즘을 "한마디로 말하면 전 세계에 봉사하는
운동"이라 했다. 겉으로만 민주주의자를 자처했다. 개인을 집단 뒤로
후퇴시킨다는 것이 봉사라 믿었는지 아니면 국가가 기업화되어 거대
산업을 일으켜 생산력을 높인다는 측면에서 그리 보았는지 아니면,

한때 영국정보부 MI 5를 위해 일했던 베니토 무솔리니에 친밀감을 느꼈는지는 알려진 바 없다. 하지만 개인을 포기하는 파시즘을 봉사라 믿었던 것은 확실하다. 공식적이든 비공식적이든 그의 언급 어느 부분에서도 민주주의에 대한 열정은 보이지 않는다. 오로지 성공, 실패, 헌신, 좌절에 관한 은유적인 언사만이 그를 기록하고 있다. 무지한 대중을 선동할 때나 필요한 짧은 격언 같은 미끼 발언이 그의 인생을 꾸며주었다. 그런 이에 노벨문학상을 준 서구였다.

민주주의를 논하는 그의 언급을 살펴보면, 민주주의를 잘 모르겠 다는 것이 전부이다. 1944년 12월 8일 하원의원과 모인 자리에서 그는 다음과 같이 말했다.

"민주주의라는 단어, 이게 어떻게 해석됩니까? 내 생각으로
민주주의는 말입니다. 튀지 않는 평범한 서민들이 부인과 가족을
부양하고 위기가 오면 나라 위해 싸우러 나가고, 통계 조사에 응하고
국회에 보냈으면 하는 사람에 찬성표 던져 투표하는 것입니다.
그가 바로 민주주의의 초석입니다. 이렇게 초석이 되려면 남녀
모두 두려움 없이, 손가락질당하는 일이나 피해자가 되는 일
없이 살아가야 합니다. 힘든 시절이라 해도 비밀투표를 통해 뽑힌
사람들과 같이 이 나라에 어떤 정부를 세워 무슨 일을 할지 결정하는
겁니다. 이것이 민주주의라면 나는 이를 칭송하고 따르고 일할
것입니다."

그가 생각하는 바에 따르면, 민주시민은 자발스럽고 사회적인 사람이 아니다. 고분고분하고 가족을 위해 노동하며 국가를 위해 전쟁에 나가 가족을 버리는 사람이다. 정책에 순응하며 의회를 믿는 자이다. 식민지에서 갓 해방된 제3세계 어느 지역의 부족장이 민주주의를 해석한 듯하다. 시민은 그에 신하와 다를 바 없다. 이런 사람이 되려면 두려움 없고, 손가락질을 받거나 피해자가 되는 일이 없는 사람을 대신 보내어 정부가 할 일을 결정한다는 것이다. 조건이 시키는 대로 따르되, 자발적으로 따르는 이가 민주시민이라는 것이다. 시민에 노동, 군사, 통제, 의회 구성의 의무를 부여하는 정치 권력은 정치인들이 가지되, 시민은 이를 따라주었으면 하는 욕망을 아름드리 하게 표현했다.

이는 1910년대 록펠러재단의 교육학계 하수인 존 듀이의 참여 적인 민주주의와 유사하다. 듀이는 "제 주제를 알고, 남들이 어떻게 하는가를 잘 보고 난 뒤 그에 따라 사회에 자발적으로 참여하는 것"이 근대교육이며 민주교육이라 했다. 민주주의라는 것은 권력이 짜 놓은 틀에 시민이 자발적으로 들어와 노예처럼 일하는 것이었다. 현재 합성어로 사용하는 참여 민주주의(Participative Democracy)도 이와 다르지 않다.

의회민주주의는 노동, 군사, 통제, 의회 구성의 의무를 시민에 맡기지 않는 체제다. 구체제 하의 모든 투표는 공개투표로서 자신의 정치적 입장을 투명하게 공개하고 공개토론을 통해 광장 민주주의의 형식을 취해왔다. 그러나 의회민주주의는 비밀투표를 만들어 누가 무슨 짓을 해서 표를 얻었는지 모르도록 했다. 금권, 지연, 학연, 혈연 모든 반민주적인 동기들이 투표과정에 끼어들었다. 시민은 자신이 표를 주는 사람이 누구인지 모르도록 비밀투표를 하는 것이 무슨 대단한 권리인 듯 비밀성의 매혹에 빠졌다. 개인의 자유마저 이상하게 해석했다. 자신이 숨기고 싶은 악행이 드러날지 몰라 비밀스럽게 사생활을 보존하는 것을 두고 개인의 자유라 위선을 부렸다. 반면 의회에 진출한 정당은 철저하게 독재적으로 운영했다. 처칠 스스로 의회민주주의를 이끌고 경험 해 본 결과, 그는 민주주의란 것이 현실적으로 무리가 있다고 했다. 1947년 11월 11일 그는 총리 자리를 내려놓은 뒤 하원에 나와 마음 편하게 말했다.

"우리가 이미 보았듯이, 최고위 사람들만이 한데 모여 계획을 짜는, 이른 바 프랑스식 표현대로 '천사 행세'를 합니다. 체크도 제대로 안 해 보고 자기들 말대로 하면 대중에도 좋다면서 일을 시키는 짓입니다. 이는 민주주의를 해 하는 일입니다. 탈 많고 죄 많은 세계에서 여러 정부형태가 실험되었고 실험될 터이지만, 민주주의가 완전하다거나 마냥 현명하다고 위선을 피우는 사람은 없습니다. 그런데 말입니다. 짧게 지나간 몇 정부형태를 제외한다면, 민주주의는 정부형태로는 최악이라 말해져 왔습니다. 그런데도 많은 국민이 그들이 나라를 통치하고 통치할 것이라 느낀다는 거죠."

국회를 장악한 정당이 법안을 마음대로 휘두르고 소수 엘리트가 행정 전반을 이끄는 것이 영국정치의 현실이었다. 처칠 또한 그렇게 행동했다. 즉 "가족을 지키고, 자발적이며 의회를 믿으며 두려움 없고, 손가락질도 피해자가 되는 일도 없는 사회 속에서 정부를 세워 무슨 일을 할지 결정"하는 조건을 갖추지 못한 채, 민주주의를 실행했다. 그러하니 민주주의의 결과물을 자연스럽게 소수가 가져간 것이다. 민주주의의 조건이 파괴된 민주주의는 점점 언어학적 구실로 변했고, 국민을 독재를 위한 정당성의 도구로만 삼았다. 처칠이 "보통 유권자와 5분만 이야기해보면 민주주의에 대한 최고의 반론이 나온다."고 했다는데, 그가 실제로 그리 말했든 아니든 이는 유권자를 바보로 취급했던 정치 엘리트의 전통을 드러낸 말이다. 바보들을 많이 만들면 만들수록 엘리트의 독재는 더욱더 정당화되는 것이다.

정치에 있어서 이상과 현실의 차이가 이토록 벌어진다는 것은 왕정 시대나 권위적인 체제하에서는 없던 일이다. 처칠의 주장은 이래서 힘을 얻는다. 역시 "민주주의는 정부형태로는 최악"인 것이다. 소수 권력이 이전보다 더 큰 힘을 행사하고자 민주주의 제도를 남김없이 도구로 이용했기 때문이다. 왕정처럼 도덕적 기반에 의한 것도 아니고, 권위주의 체제처럼 군대나 경찰을 동원한 것도 아니고, 조직폭력배 같은 범죄자를 기용한 것도 아니다. 민주 체제는 서민을 속여서 선거나 투표장으로 데리고 동의를 얻은 후, 동의한 서민이 상상할 수도 없는 법의 행패를 부렸다. 더 나아가 탈법적인 행패도 부려왔다. "여론조작은 민주주의의 핵심"이라는 버네이스(Edward Bernays)의 유명한 말 그대로 민주주의가 흘러왔다. 여론조작은 당연히 권력이 하는 것이며, 민중의 근원적인 동질성과 이질성을 억지로 파괴한 다음, 새롭게 의견을 평평하게 만들어 그 위로 권력의 자동차를 굴리려는 것이다. 게다가 의회를 비판하면 무조건 파시즘이라는 적반하장의 논리마저 만들었다. 뭇 사람들이 파시즘의 정치철학가라고 비난했던 카를 슈미트가 기술한 그대로 의회는 앞으로는 오픈되고 뒤로는 담배 연기 가득한 비밀단체로서 음모나 꾸미는 다수를 빙자한 부패 체제이다.

실상, 민주주의자 스스로 민주적이지 않다는 것을 알기 때문에 민주주의라는 단어의 거품을 만든 것이다. 영국의 경우 세습 귀족(상원)과 시민(하원)의 연합체임에도 이를 억지로 민주주의와 엮었다. 민주적으로 뽑힌 하원보다 비민주적인 상원이 오히려 권력을 견제하는 민주 전통을 만들었다. 상원에서 밀려나면 하원으로 가서 상원의 발목을 잡는 일들이 허다했다. 정치적 협잡은 주로 하원에서 만들어졌으며 그것은 대다수 상원의 관리하에 있었다. 공무로 친다면 상원은 상급 관리자이고 하원은 하급 관리자 정도의 민주주의이다. 세실 로즈가 행동으로 보여주고, 윈스턴 처칠이 말로 설명했듯이 민주주의와 그 실제가 충돌하지 않는 나라가 과연 있는가를 생각해 보면 될 일이다. '이상과 현실이 어떻게 같을 수 있느냐' 는 대중의 모호한 생각이 사태를 더 부추겼다. 신의 결정이라는 모호함을 대체한 것이 민주주의라는 실제였다. 민주주의는 결코 이상이 아니었다. 그런데도 이상인 듯 만든 것이다.

프랑스의 경우 절대왕정의 엘리트 전통이 강한 나라임에도, 독일의 경우 지방색 가득한 나라임에도, 일본의 경우 천황제에다가 자민당 독재의 나라임에도 민주주의를 자칭했다. 미국의 경우 이미 오래전부터 기업 활동을 위해 정부가 존재했으며 그것도 독점적인 비즈니스의 나라임에도 불구하고 대중 민주주의를 가장했다. 기업 서로의 이익을 조율하는 일 이외에 미국 정부가 민주주의의 이상을 위해 무슨 일을 했는지 곰곰이 생각해 보면 알 일이다. 이들은 결국 금융가와 기업인 출신이 대통령, 장관 등 정부 요직을 차지하고 국회의원이 되는 기업 권력(Corporatocracy) 시대를 만들었다. 정경분리의 기본 교양도 모르는 시민들 천지이니, 오히려 "그것이 무어 이상한가?"라 자문할지도 모른다. 민주주의나 공화국의 정치적 기준에서 볼 때 정경분리는 최소한 19세기 이래 상식이었다. 기업인이 정부를 장악하면 기업을 위한 정책과 이익에 충실하게 되므로 전체 국민 생활에 해를 끼치는 법이다. 기업이 잘 돼야 국민이 잘 산다는 것은 자유주의의 거꾸로 된 망상이다. 기업의 녹을 받든 자영업을 하든 어디서 돈을 빌리든 국민이 어떤 방식으로든 소비하지 않으면 기업이 못사는 것이다. 오늘날, 거꾸로 된 망상이 도를 더 해, 기업인들을 정부의 요직에 앉히자는 정치적 망상이 최악의 상태로 깊어졌다. 미국, 이탈리아, 프랑스, 독일, 일본, 한국 등 세계가 기업 권력의 놀이터로 변해버린 현재, 민주공화국에 적절한 상식을 가진 정치인을 찾기가 더는 힘들다. 반대로 기업과 연관하지 않으면 정치를 하지 못하는 적반하장의 상황에 내몰리고 있다. 경제도, 교육도, 문화도, 인척 및 결혼 관계마저 기업 권력의 영향에 물든 현재이다.

Chapter 3 강도들의 제국주의

자본가들의 제국주의

17세기부터 영국은 대서양에서 무적함대 스페인을 밀어내고, 연이어 발트해에서 네덜란드도 밀어냈다. 영국 제국주의가 본격적으로 출발하고 있었다. 영국은 1621년에 미국 버지니아의 대외 수출을 통제했다. 1651년 영국의 해양법은 "아시아, 아프리카, 아메리카에서 영국으로 들어오는 상품 선적은 영국 국적으로 가진 상선이어야 한다."고 명시하고 있다. 1660년 법은 "식민지와 영국 사이의 해상업은 식민 국적이나 영국 국적의 회사가 맡는다."고 했다. 미국의 경우에는 네덜란드가 미국으로 밀수를 해주어 식민 통제에 구멍이 난 적도 있었다. 네덜란드나 프랑스의 식민정책이란 것도 이와 다를 바 없었다. 물품 독점판매시장, 일자리 창출 시장, 자원과 필요품 제공시장, 자국의 서민에까지 이익이 미치도록 잉여생산을 거듭하는 독점 공장으로서의 식민지였다. 이른바, 반 자유주의였다.

18세기에는 뒤늦게 해상활동에 눈뜬 프랑스를 견제하면서 미국 식민지에서 패권을 잡아가고 있었다. 이때까지도 대영제국은 식민지의 생산력과 소비력을 모국의 생산력과 소비력 사이의 관계를 조율하며 관리하고 있었다. 자유주의가 아니었다. 오늘날과 같이 국가가 경제의 도구가 아니라, 경제가 국가통치의 도구였다. 이 때문에 미래를 알 수 없는 경제적 붐에 국가의 미래를 걸 수는 없었다. 경제학은 정치학 일부분이었다. 정치와 경제가 균열하는 자유주의 경제 개념이 피어날 이유가 없었다. 정치사회와 경제사회가 분리되지 않았으며 정치인들과 경제인들이 거의 동등한 차원에서 협업하고 있었다.

무역과 정치가 뒤섞인 인도의 총독부(Governor-general)가 하는 일이 또한 그것이었다. 식민지를 여럿 운영하다 보면 자동으로 제국이 되는데 이것은 모국의 생산기술 수준에 맞추어 식민지에서 물품과 서비스를 더 많이 생산하고 소비케 하여 자국의 국부로 들어오게 하는 절차이다. 하지만 쓸모없는 노동력이나 가공법을 모르는 자원, 인플레이션이나 디플레이션을 일으키는 경제적 과잉생산이나 수입은 하지 않았다. 이때의 경제문제는 주로 모국과 식민지 사이에 존재할 뿐, 특별히 제국 간의 경쟁을 따질 종류가 아니었다. '무역백과사전' 을 출간한 영국의 말라시 포스트레스웨이트는 1757년, 무역과 폭력이 뒤섞인 당시의 식민지 경영론을 다음과 같이 펼쳤다.

"식민지는 그들이 현재 누리는 부와 번영을 가져다준 모국에 빚을 졌다는 것을 잊지 말아야 한다. 이 점에서 이 사람들이 보상과 의무를 다해야 하는데 …. 모국의 제품을 거대하게 가져다 써야 한다. 모국의 공장주와 기술인, 선원과 수산업인들에 직장을 제공해 주어야 한다. 모국이 이들이 원하는 만큼의 편이를 제공하여야 한다. 모국의 나머지 국민에도 나누어 줄 수 있도록 충분한 여분의 생산을 해 두어야 한다. 식민지를 세운 목적이 그러하다. 고로, 두 가지 정도의 금지사항이 있다. 당연한 첫째로서 법이 정하는바, 식민지에서는 모국에 라이벌이 될 만한 문화나 기예를 가질 수 없다는 것이다 …. 둘째, 법이 정하는바, 식민지는 모국제품이 있는 이상 동종의 외제품을 쓰지 못한다. 모국의 허락 없이 식민지 제품을 팔지도 못한다. 아무리 작은 일이라도 이 법을 어기는 것은 곧, 모국의 일꾼과 선원의 부를 빼앗는 것이다. 이 강도질은 거꾸로 경쟁국의 일꾼과 선원들을 부자로 만들어 준다."

제국주의는 물론 종교적, 정치적, 인종적 목적이 아니라 경제적 목적을 지닌 정책이었다. 경제적 제국주의는 또한 후대의 데이비드 리카도 같은 사기꾼들이 외쳤던 자유무역의 속내이기도 했다. 비교우위라 말해놓고 상대가 비교우위를 가지지 못하도록 기회비용을 쓸 환경을 제한하는 것이다. 경쟁제품을 만들기 전에 쳐들어가서 자원 루트를 끊어 버리거나, 부품 조달을 일원화하거나, 최혜국 법안을 강제하거나 아예 현대 미국처럼 군대를 보냈다. 포스트레스웨이트의 반(反) 자유주의가 영국 정부의 자유무역이라는 정책 개념이었다. 미국독립전쟁이 오기 전까지 그런 방식으로 미국도 통치했다.

18세기 후반과 19세기 초반을 거치면서 자국 내 산업이 커지고 자본이 국제적으로 네트워크를 넓혀 나가자 결국 총독부의 정책도 세계적으로 넓혀야 했다. 이리하려면 세계 각국에 군대를 주둔시키고 행정, 법제를 모두 책임져야 하는데 현실적으로 불가능한 일이었다. 경제는 국가의 도구이기는 하지만 도구로서 한계가 있었기 때문이다. 이때 들어서기 시작한 방법이 18세기 중 후반부터 바람이 불기 시작했던 자유 무역론이었고, 이것이 19세기 중반 전 유럽과 미국으로 퍼져 나갔다. 게다가 국가의 폭력적 면모를 자유라는 이름으로 포장할 수 있었다. '무역은 평화'라는 자유무역의 정치 이데올로기도 이 시기에 탄생했다. 후발주자인 미국마저 이 노하우를 캐나다를 통해 배웠다. 자유주의는 식민체제의 경제이론이었다.

실상, 19세기 중반까지 영국, 프랑스, 네덜란드, 미국의 식민정책이 세계화되지 못한 이유는 금융이 세계화되지 못해서였다. 유럽과 북미 내부에서도 국가 간 경계선에 민감하고 민족주의가 발흥하며 공화주의가 왕정을 위협하던 시기였다. 게다가 말만 제국일 뿐, 진정 제국처럼 행세한 나라도 영국을 제외하면 거의 없었다. 독일은 제국이라 불리었어도 독일인 중심의 민족 국가를 지향했고. 러시아 또한 제국이라 불렸지만 슬라브 민족들이 모여 사는 지역을 벗어난 적이 없었다. 비교적 약소 민족들을 제국의 휘하에 둔 오스트리아 제국은 게 중 가장 세력이 큰 헝가리에 밀려 결국 황제, 국방,

재정, 외교를 제외한 이원집정의 제국을 유지할 수밖에 없었다. 오스트리아-헝가리 제국이라 불리는 이 엉성한 제국은 제국 자체가 영국이나 독일의 자유무역 정책에 의해 종속당하고 있었다. 독일인, 이탈리아인, 슬로베니아인, 체코인, 폴란드인, 우크라이나인, 유대인 등 갈기갈기 찢어진 소수민족이 모인 오스트리아와 헝가리 두 나라가 엉성하게 다시 합쳤으니 제국 내부의 분열 양상이 얼마나 컸을지를 상상할 수 있다. 하나뿐인 머리는 크지만 길고 짧은 여럿의 다리를 가진 문어와 같았다. 원래 제국이란 그런 것이었다.

제국이 온전하게 유지되려면 민족 간의 권리에 차이가 없어야 한다. 그러나 지역의 행정과 경제 운영이 이미 긴 다리, 즉 독일인이나 헝가리인 중심으로 권리가 집중되고 있던 때에 제국을 말한다는 것은 어불성설이었다. 물론 오스트리아는 소수민족과 지자체에 많은 자유와 자치권을 주었으며 법 행정도 느슨하게 했다. 군사도 느슨하게 운영했다. 그러나 아무리 행정력이 유순했다 해도 유럽의 여러 소수민족을 한데 묶어 작은 제국으로 통치하는 시대는 지나가고 있었다. 이 제국주의는 우리가 아는바, "세계로 퍼져나가는" 제국주의가 아니었다. 19세기 중반의 유럽은 제국을 지향했던 나폴레옹시대가 아니었다. 한 나라의 수뇌부이든 일반 시민이든 너도나도 민족 국가를 성립하여 해외로 영향력을 넓히려던 시절이었다. 정확히 말해서, "유럽 안으로는 민족주의, 바깥으로는 제국주의"의 시대였다. 1849년 빅토르 위고는 "프랑스, 러시아, 이탈리아, 영국, 독일. 대륙의 모든 민족이 서로의 개성을 잃지 않고 유럽 통합체로 모일 날이 언젠가 올 것입니다. 이제 혁명은 그만하고 식민지를 늘려갑시다. 문명에 야만을 심지 말고 야만에 문명을 심읍시다."라고 말했다. 유럽은 전체적으로 뭉쳐야 산다고 그는 믿었다. 서로가 소규모로 제국을 만들어 노동력과 땅을 나누어 먹으려고 싸운다는 것은 어불성설이었다. 그럼에도 서로 싸우는 환경을 보니, 유럽의 각 민족이 아직은 뭉칠 때가 아닌 것 같고, 일단 서로 독립하여 식민지나 많이 개척해 놓자는 것이 그의 제안이었다. 그러니까, 제국 시대의 자유주의가 국가 안팎으로 의미가 정반대(나는 자유, 너는 강제)였던 것처럼 민족주의 또한 안팎으로 정반대의 의미(나는 민족 수호, 너는 해체)를 가졌다.

영국은 달랐다. 1830년 이후 빅토리아 시대에 이미 제국주의의 협상적 경계를 넘어서기 시작했다. 말라시 포스트레스웨이트가 말했던 국부창출의 일환으로서 식민정책의 원칙을 크게 벗어났다. 식민지를 통해 국가의 부를 늘린다는 생각이 아니라 국가가 아닌 기업의 부를 늘리고자 했다. 영국 정부는 중국을 속령으로 만들지 않았지만, 영국의 기업은 그리하고자 했다. 제국 경제가 정치를 벗어나 독자적인 길을 걸었다. 다시 말하면, 영국의 기업인은 영국마저 식민지로 생각했다는 것이다. 식민지가 워낙 충분해서 영국 정부는 독일이나 러시아, 프랑스와 경쟁을 원하지 않았지만, 기업은 이를 원했다. 이처럼 자유무역의 속내가 국가를 벗어나 기업으로 수렴되는 자유주의의 진정한 출발점이 빅토리아 시대였다. 정부와 정치인들은 국부를 일으키는 무역으로서 제국주의를 이해했던 반면, 기업가들은 국부와 상관없는 국제적으로 무한한 이익 추구의 방법으로 제국주의를 이해했고 그것이 영국에서는 지배적인 문화였다.

사람들은 대영제국이라 두루뭉술하게 말하지만 누가 주도하는 제국주의인가에 따라 성격이 다르다. 영국 정부 주도의 18세기 제국주의는 19세기 프랑스나 독일, 러시아의 그것과 그리 차이가 없었다. 하지만 19세기 말부터 유럽을 관통하는 기업주도의 영국식 제국주의는 종류가 달랐다. 이 차이는 식민정책에 대한 영국 의회의 의견이 국부창출을 위한 민족적 제국주의와 사기업 중심의 국제적 제국주의로 반으로 나뉘었는지를 이해할 수 있게 한다. 이는 또한 민족주의 공화당/국제주의 민주당을 가르는 출발점이었다. 남아프리카나 미국, 아편전쟁에 대한 영국 의회의 난상토론을 통해 잘 드러나는 사실이었다. 국가의 이익과 기업의 이익이 충돌하면 기업은 저 자신의 국가를 만들기 마련이다. 늘그막에 프랑스혁명을 지켜보던 칸트는 "비밀결사(geheimen Gesellschaften)가 존재한다는 것은 자유가 없다는 지표"라 했다. 그에는 왕정이 반민주 독재 권력이라 보았다. 자유를 빼앗는 왕정에 대항하기 위해서는 비밀결사가 있을 수밖에 없다고 보았다. 그러나 왕정은 국익을 지키고 부르주아는 사익을 지키는 자였다. 비밀결사는 백성을 섬기는 왕정에 대항해서 탄생했다. 그것이 프리메이슨이었다. 칸트는 세상 모르는 소릴 한 것이었다. 부르주아의 탄생은 사익경제의 탄생이었다. 물론 제국주의의 어디까지가 정부주도형이고 어디까지가 기업주도형인지, 명료한 선을 찾기는 어렵다. 하지만 식민지 경영의 부를 누가 입수해 갔는가의 사실을 통해 이를 구분할 수 있다. 장 마르세이유에 따르면, "영국도 유사했지만, 프랑스만 예를 든다면 1913년 인도차이나 은행은 69.5%의 이자를 얻어서 갔고 인도차이나 증류

제조사는 50%의 이익을, 서아프리카 프랑스 종합물산(CFAO)은 41% 의 이익을, 통킹 석탄회사는 84.6%의 이익을 가져갔다. 주식상승으로 추가로 얻어간 이익은 인도차이나 은행이 300%, 프랑스 종합물산이 200%였다. 주요 기업 평균 주가는 30% 올라 있었다.” 20세기 제국주의는 기업인 주도였다.

식민 영국이나 프랑스의 정부와 국민은 타국에 문명을 심는다는 망상에 절어 있었다. 실상, ‘문명’(civilization)이라는 단어의 의미를 서구의 물질적 우위(과학, 산업, 상업, 풍요)로 재정의하여 사전에 등재한 때가 1835년이었다. 18세기 후반 이 단어가 진보(progress)라는 단어와 같이 쓰이다가, 19세기 중후반 칼 마르크스에 의해 유물론적이자 사회주의적 아이템으로 굳어진 동시에, 제국주의적 침탈의 도구로 쓰였다. 마르크스 같은 사회주의자들이 진보를 말하는 동시에, 한결같이 제국적이고 인간 차별적인 동시에 인종주의 성향을 보여주는 이유가 여기에 있다. 진보된 물질문명에 처진 슬라브, 아시아, 아프리카 민족은 정신적으로 처졌으며, 그가 서구인이라면 반동이나 보수 꼴통일 가능성이 크다는 편견이 삶의 성향으로 자리를 잡았기 때문이다. 서구인들은 19세기 동안 그렇게 세뇌되어 갔다. 1884 년–1885년 아프리카 분할통치 체제가 ‘문명’이라는 기만적인 문화 위에서 세워졌다. 그러나 이런 거짓 문명 설레발을 믿는 기업은 없었다.

재계와 금융계는 이익이 되지 않으면 식민을 할 어떤 이유도 없었고, 이익이 되는 한 식민지를 최대한 넓혔다. 실제로 기업이 없었다면 그 많은 식민지를 통제할 수도 없었다. 영국의 역사가 스튜어트

레이콕은 어떤 도덕적 편견 없이 조사했다고 밝히면서, "영국이 배를 건조한 이래 현재까지 침략한 국가가 171개국이었다"는 결과를 발표했다. 바티칸 정도만 제외하면 모두 쳐들어가서 약탈행위를 벌였는데, 해당 식민지의 수장이나 총독부 관계자 대다수가 기업인이었다. 1830년대 빅토리아 여왕에 의해 자유무역의 기치를 든 기업형 대영제국의 틀이 잡히자, 영국의 기업들은 독일과 러시아의 공기업을 견제하느라 19세기 절반을 보내 버렸다. 기업이 이끄는 대영제국은 고대의 로마제국과 같은 공존을 몰랐다. 오로지 착취와 경쟁의 성격만 가진 저질의 제국주의였다. "우리들만의 세상을 위하여"라는 처참한 수준의 저질 슬로건은 인류의 제국주의 역사에서 존재한 적이 없는데, 19세기 제국으로서는 오로지 영국만 그랬다. 오스트리아−헝가리, 독일, 오스만제국과 다른 점이 이것이었다. 공존 아닌 독점으로서의 제국주의이다.

세실 로즈, 제국주의자

로마 황제가 "지구상의 제국"을 말하거나, 중국 황제가 "세계제국"으로서 자신을 뽐내거나 오스만제국의 술탄이 "세상의 제국은 오로지 하나"라 말할 때, 그들의 제국은 크지 않았다. 이들이 말하는 세계는 단지 자기들이 나는 바의 주변국 몇 나라들이었다. 세계가 얼마나 큰지 알았던 19세기, 제국이라 자칭했던 모든 국가는 그보다도 못한 난쟁이들이었다. 하물며 곧 일본의 식민지가 될 조선도 자칭 제국이라 했을 정도이니 세계의 제국 설레발은 그저 쇼비니즘

(국뽕)의 망상이었다. 그러나 빅토리아의 대영제국은 차원이 달랐다. 영국인들은 진정 세계제국을 꿈꿨다. 세계의 기획을 구체화하고, 돈을 지원하고 세부 계략을 짰으며 사후에도 계획을 유지하게 만든 세계제국주의자(Globalist)가 여럿 있었는데 그중 탁월한 자가 한 명 있었다. 세실 로즈(Cecil Rhodes, 1853-)였다. 그는 다이아몬드와 금 광산업자이자 정치인으로서, 살아생전에 이미 대영제국의 구도자로 알려진 인물이었다. 그는 식민 아프리카의 기간사업인 종단철도, 남아프리카 인종주의 정책인 아파르트헤이트를 입안한 자였다. 제 이름을 딴 로디지아(Rhodesia, 현 짐바브웨)라는 국가도 만들었다.

　세실 로즈의 인생은 뿌리부터 기업 활동을 통해 만들어졌다. 17 살 때 남아프리카로 가서 금광과 다이아몬드 사업으로 젊은 나이에 큰돈을 벌었다. 1888년에는 로스차일드 은행이 대출해 준 자금을 가지고 현재에도 유명한 남아프리카의 **De Beers** 다이아몬드 회사를 설립했다. 당시의 로스차일드 은행은 유럽에 5개의 연합 본점을 가진 세계 유일의 금융 네트워크였다. 국가와 기업에 거대한 융자를 하고 있던 만큼 영국과 프랑스 그리고 독일의 정치에 깊숙하게 관여하고 있었다. 그 때문에 로스차일드 은행의 돈을 받아 해외사업을 한다는 것 자체가 이미 국제정치계에 깊숙하게 관여한다는 것을 의미했다. 그는 젊은 나이에 그렇게 자신을 위치시켰다. 다이아몬드 사업으로 인해 1890년 영국령 케이프 식민지의 총독이 되었다. 그때부터 개인적으로만 한 해에 5백만 달러(현, 1억 5천만 달러)씩 벌어들이고 있었다.

　1895년에는 보어 정부를 전복하고자 쿠데타까지 시도했다.

케이프타운으로부터 이집트로 사업을 확장하려 아프리카 종단정책을 구상했다. 1898년에는 프랑스 군대와 충돌하는 파쇼다 사건을 일으켰다. 그의 아프리카 사업은 영국의 국제정치 그 자체였으며, 사업자금은 당연히 로스차일드 은행과 같은 런던시티의 금융가에 기댈 수밖에 없었다. 즉, 그는 19세기 금융의 세계화 혹은 제국주의를 온몸으로 경험하고 주도한 인물이었다. 영국 런던시티의 은행들이 유대 제국주의로 유명한 로스차일드 은행의 휘하에 있었으니 자신도 모르는 사이에 유대 금융 카르텔의 휘하에서 자라난 것이다. 24살이던 1877년 6월 2일 그는 이른 유언장을 썼다.

"종종 인생에서 중요한 것이 무얼까 라는 생각을 누구나 하게 된다. 행복한 결혼이라 생각하는 이도 있고, 돈을 많이 버는 것이라는 이도 있다. 이처럼 제각기 생각을 가지고 여생을 위해 일하는 것이다. 이 같은 질문에 대한 나만의 생각은, 우리나라에 유익한 인물이 되고 싶다는 것이다. 그래서 몇 번을 거듭하여 방도를 찾아보고 어찌해볼까 자문해 보았는데, 세계 절반의 인구가 살 나라가 없어서 아이를 덜 낳고 있는 현 세계에서, 우리가 미국을 보존했더라면 영어 사용인구 수백만은 더 있었을 것이라 느끼게 되었다. 나는 이 세계에서 우리가 가장 훌륭한 인종이며, 우리가 더 잘 사는 세계일수록 인류에 더 좋은 것이라 본다. 가증스러운 인간 족속들이 몇 군데에서 살고 있는데, 이들이 앵글로색슨의 영향 밑으로 들어오는 것 이외의 다른 무슨 방도가 따로 있을까. 우리 영역에 신규로 영입된 나라가 가져다주는 추가적인 고용을 다시 살펴보라.

우리 영토에 추가된 땅 하나하나가 좀 더 많은 영국 인종을 낳게
한다는 것을 의미하니만큼, 다른 방식은 없다고 말하는 것이다.
덧붙여 더 많은 세계를 흡수하여 우리의 통치 밑에 둔다는 것은
전쟁의 종식을 의미한다. 이리 보면, 우리가 돈과 병참을 끊었다면
러시아-오스만 전쟁(ref. 1768-)을 중지시킬 수 있었고 미국을 잃지
않았을 것이다. 그렇다면 이 목표를 위해 우리는 어떤 계획을 생각해
볼 수 있을까. 역사를 찾아 들어가 예수회의 이야기를 읽어보면,
명분도 없고 그릇된 지도자들 밑에 있는 이들이 무엇을 할 수
있는가를 알게 된다.

(프리)메이슨 회원이 된 현재 나는 이 사람들이 지닌 부와 권력,
그들의 영향력을 알고 있다. 한데, 이들의 제례 의식을 생각해 보면
종종 천하의 우습고도 멍청한 것으로 보인다. 이런 의식에 엄청난
수의 사람들이 대상도 목적도 없이 자신을 바칠 수 있다는 것이
놀랍다.

도깨비불처럼 눈앞에서 반짝이며 춤추는 생각을 틀에 넣어 계획해
본다. 비밀단체를 하나 만드는 것이다. 대영제국의 진흥이라는 단
하나의 목표를 가진 단체로서 비문명 세계 전체를 영국의 통치
밑으로 끌고 와서 미국을 회복한 뒤, 앵글로색슨 인종의 단일 제국을
만드는 것이다. 아직은 꿈같은 예단이지만, 이는 가능한 일이다.
내가 있던 대학(ref. 옥스퍼드)의 졸업생에서 언젠가 들은 소리인데,
미국을 잃어버린 것은 우리에 좋은 일이라는 것이다. 이런 생각은
영국인이 가질 수 있는 묵언 상식 몇 가지 중 하나이다. 이는
미국인들이 놓친 큰 그림이기도 하다. 미국인들을 기만하는 말이
아니다. 매년 다른 나라와 특히 세계에서 가장 훌륭한 자기 나라를

공개적으로 욕해대는 미국인의 정부를 보라. 미국인들이 영국통치
하에 남아있었더라면 그들이 영국통치의 영향력을 높여주고
만져주면서 얼마나 한없이 위대해졌을지 생각해 보라. 그리고
수없이 많은 영국인이 대서양을 건너 미국에 정착하여 아이를 낳고
살아갔었을 지난 100년을 생각해 보라. 편견이 아니다. 영국인들이
아일랜드와 독일의 하층계급 이민자들보다 더 훌륭한 나라, 미국을
못 만들었을까? 누구 때문에 우리가 이 모든 것을 잃어버렸고 이
나라도 잃고 있는가? 돼지 대가리를 가진 지난 세기의 두서너
정치인들 때문이다. 이들 탓이다. 미칠 것 같지 않은가? 죽이고
싶지 않은가? 나는 이들을 그렇게 본다. 내 말을 증명할 사실을
보여주겠다. 아들들이 이민하고 싶어 할 때, 영국 아버지라면 남의
나라 밑으로 이민을 하라는 것인데, 이런 것을 인정하는 것은 결단코
아버지에 모욕으로 보일 것이다. 나는 우리나라에서 가난하게
사는 것이 외국에서 잘 사는 것보다 더 낫다고, 우리가 모두 그렇게
생각할 것이라고 본다.

다르게도 생각해 보자. 호주를 프랑스가 발견하고 식민 했다고 치자.
이는 단지 현재 생존하는 수백만의 영국인이 태어나지 않는다는
것을 의미한다. 과거를 알고 미래를 만들어야 한다. 가진 것 따위에
매달리는 바람에 잃어버린 것을 통해 우리는 배운다. 우리는 세계의
크기와 넓이를 안다. 아프리카는 우리를 위해 여전히 준비되어
있다. 아프리카를 취하는 것은 우리의 의무이다. 더 넓은 땅을
얻는 기회라면 몽땅 붙잡는 것이 우리의 의무이다. 우리 눈앞에서
일관적으로 이 생각을 간직해야 한다. 더 많은 땅이라는 것은
앵글로색슨 인종, 즉 이 세계가 가진 가장 인간적이며 가장 명예로운

최고의 인종을 더 많이 살게 함을 의미한다는 사고 말이다.

이 같은 계획을 진척시키기 위해서는 공개되지 않고 목적을 위해
비밀스레 일하는 비밀단체가 거대한 도움이 될 것이라는 점이다.

현재 이를 위해 인생을 바칠 능력자들이 세계에 상당수 있다고
본다. 나는 기존에 있었던 부패선거구제(ref. 선거인이 부족하여 후보가
자동으로 의원으로 선출되는 직제)의 폐지가 어떤 면에서 볼 때 영국 민족에
얼마나 손실인가를 종종 생각한다. (ref. 평민의 의회인) 하원에 들어와
의회가 세계를 통치한다고 생각하다니? 나는 이것이야말로 인간의
멍청함이고 멍청함의 원인이라고 보는 것이다. 의회는 단순히,
평생 돈이나 벌어 모으는 데 온통 시간을 쓰면서 과거의 역사를
공부하는 데는 여력도 없는 부자들의 의회다. 이런 사람들의 손에
아직도 우리의 운명이 달려 있다. 피트, 부어크, 세리단 같은 위대한
사람들은 현재 없지만, 그들 같으면 한다고 본다. 아리스토텔레스의
mega chschegis(ref. 결핍) 말고는 다른 용어는 모르겠지만 현재
살아있는 사람들로 하여금 자기 조국에 봉사하게 만드는 다른
방법은 이것 이외에는 없다. 이 사람들은 자신을 이용해주는 이들이
없어서 일없이 살다 죽는다. 로마교회라는 게 성공한 주요인이
무엇이었던가? 미친 사람이라 불러도 좋은 이들이지만 열정가라면
누구나 교회 안에서 일을 찾는다는 사실이다. 교회와 똑같은 종류의
조직을 만들어 보자. 대영제국의 번영을 위해서 말이다. 대영제국
곳곳에 하나의 목적과 하나의 생각으로 일하는 회원을 확보하는
조직이다. 우리는 우리의 대학과 학교에 이들을 심어 놓아야 하고
영국의 청년 회원 각 당, 목적에 동조하는 천여 명에 손이 미치도록

관리해야 한다. 청년 회원은 갖은 방법을 동원해야 할 것이다. 그가 꾸준한지 능변인지 과감한지 테스트를 해 보아야 할 것이다. 그래서 찾아지면 그를 뽑아서 조국에 충성하겠다는 평생 서약을 시켜야 한다. 그는 어쩔 수 없어 조직의 지원을 받을 것이며 제국이 필요로 하는 곳곳에 보내질 것이다.

다른 사례로, 자기가 워낙 잘 나서 입을 다물든 캐묻든 구시대의 기념품인 덕담을 여전히 좋아하여, 명분에 따라 덤비는 사람이 있다고 치자. 그래서 저 스스로 스승을 찾는다고 치자. 그래서 거리낌 없이 할 일 못 할 일 없이 방탕하다고 치자. 그러나 시간이 흐르면 어느 땐가 인생의 계기가 온다. 이건 아니라면서 인생을 바꾸고 개선하고 여행하며 인생의 구심점을 찾는다. 만사의 신비로움이 사라지고 지루해지면 사람이 다시 변하는데 이리 거칠게 살다 보면 내면 깊이 들어간다. 거기서 흥미로운 인생의 무엇을 찾았다고 생각하지만, 다시 실망하고 만다. 제자리로 와서, 생각하기를 내가 할 수 있는 일이 아무것도 없다고 한다. 수단도 있고 좋은 집도 있고 원하는 것은 다 있는데도 나는 행복하지 않다. 인생이 지겹다는 아리스토텔레스적 내부결핍에 집착한다. 그러나 그는 그것이 무엇인지 모른다. 이런 사람에 조직이 다가서야 한다. 그를 테스트해 보고 그에 계획의 위대함을 보여주고 그를 입회시키는 것이다.

생각의 차원이 높고 포부가 있으며 기질적으로 크게 될 재목을 가진 젊은이로서, 조국에 인생을 바치는 것이 유일한 염원인 사람의 경우를 보자. 높고 고귀하게 살려는 속 깊은 마음이 요동쳐 상시 시달리는 이 청년에 수단과 기회, 이 두 가지가 없다고 치자. 그는 그저 목에 풀칠한 정도로 여러 직업을 전전하며 시간을 보내며

불행하게 살다 비참하게 죽는다. 조직은 이 같은 사람들을 찾아 목적을 위해 써먹어야 한다.

조직은 식민지제도 속에 준비된 회원을 정기적으로 확보하도록 한다. 회원은 영국과 식민지를 보다 가까이 만드는 투표나 발언을 하고 이를 지지하며 우리 제국에 대한 모든 불충과 반동을 깨부순다.

하면 하는 것이고 아니면 관두는 것이다. 아이를 잃어 이웃과 담을 쌓고 하루하루를 죽지 못해 사는 쓰라린 절망감에 쌓인 한 거부가 있다고 치자. 이런 사람에 조직이 서서히 다가가 엄청난 계획을 풀어 놓고 조직과 함께 목적을 위해 그의 인생과 자산을 걸도록 회유해야 한다. 기회를 잡으려 안달하는 수천의 사람들이 있다고 나는 본다. 이것이 내 계획의 머리말이다. 일이 진척되기 전에 죽음이 나를 앗아가면 안 되니까, 내가 죽고 나면 이런 목적을 가진 단체를 만들라고 쉽파드 로펌과 식민국에 이리 말로 남기는 것이다."

20대의 세실 로즈는 건강이 좋지 못했던 것을 알려졌다. 그만큼 정신도 건강하지 못하다는 것이 그의 글에 나타난다. 논리가 불분명하고, 문법적으로도 주절과 종속절의 구분이 없다. 'I'(나)가 들어간 문장이 아니라면, 주어와 목적어도 불분명하게 말을 얼기설기 붙여 놓았다. 옥스퍼드 대학 졸업생의 글이라 보기에 질이 낮다. 그런데도 열정은 커서 무슨 말을 하고자 하는지, 그리고 제국주의자가 과연 어떤 인물인지 알 수 있게 한다. 그는 제국주의라는 것이 마치 예수회처럼 "명분도 없고 그릇된" 것임을 스스로 잘 알고 있지만 "가장 뛰어난 영국 민족이 잘살아야만 좋은 세상"이니만큼 그런 세상을 만들고자 했다. 영국으로부터 독립해 나가더니 꼴 보기 좋다며 미국을 비아냥댔지만, 실질적으로 그의 제국주의가 믿을 구석은 미국에 사는 영국인 후예들 즉 앵글로색슨이었다. 세계 방방곡곡에 이들의 씨를 뿌리고 그들 밑에 세계인을 하인처럼 부리자는 것이 그의 목표였다. 영국인과 미국인이 서로를 기만하지 않고 합쳐서 앵글로색슨의 세계제국을 이룬다는 것이다.

한편, "명분도 없고 그릇된" 앵글로색슨의 제국이기 때문에 일을 비밀리에 처리하는 것이 옳으며, 공식적으로 의회나 사법부가 힘을 행사하는 국가를 통해서는 일 처리가 또한 어려우니 비밀단체를 세워 국가 대사를 이끄는 것이 옳다고 말하고 있다. 세실 로즈는 모든 종류의 이념과 인간이란 물건을 팔기 위한 도구에 불과하다는 것을 청년 시절부터 알았다. 따라서 그가 관심을 쏟았던 것은 인간과 이념이 아니라 그것들의 사용법이었다. 유언장에서 자신의 조직을 "예수회를 본떠(copied) 구상했다."고 했지만, 그의 조직은 종교와는 아무런 관련이 없었다. 단지 비밀단체로는 역사적으로 가장 유명했던 예수회의 도당적 조직 체계만 모방한 것이었다. 한편, 그는 프리메이슨 존 러스킨의 옥스퍼드 대학 제자였다. 그가 러스킨으로부터 감명받은 것은 주인과 노예로 갈라진 플라톤의 공화국이었다. 하지만 이는 영국 프리메이슨의 기본 철학이기 때문에 따로 흥미 있는 내용은 아니었다. 그가 진정 공부하기를 원했던 것은 프리메이슨 조직이었다. 첫 유언장을 쓰던 1877년 4월 17일에 가입한 옥스퍼드 대학의 아폴로 프리메이슨(Apollo University Lodge No.)에서 활동할 때도 그는 조직구성만 배웠다. 남아프리카에 가서도 지역의 프리메이슨을 배운 그대로 이끌었다. 그가 보는 프리메이슨의 제례 의식은 그의 말대로 "천하의 우습고도 멍청한" 것이었다. 그러나 프리메이슨의 조직과 권력은 우습고도 멍청한 제례 행태와는 정반대였다. 조직적으로 치밀했으며 회원 관리를 철저히 해서 권력을 소수로 집중시켰다. 그는 이를 배운 것이다.

청년 사업가 세실 로즈의 목표는 "대영제국을 공고히 하고 아프리카와 아시아를 장악하는 동시에 전 세계에 영국 상품을 뿌리는 일"이었다. 그랬기 때문에 아프리카와 아시아의 식민사업에 돈을 대는 런던시티 금융 카르텔의 휘하로 들어갈 수밖에 없었으며 그들의 정치적 파수꾼이 될 수밖에 없었다. 그가 원했던 바는 아니었지만, 그가 말하는 영국의 제국주의는 곧 유대 금융의 제국주의이기도 했다. 네트워크가 그렇게 엮여있기 때문이다. 그리고 이들의 최종 목표는 비밀조직을 세워 미국의 지지를 배경으로 삼아 세계를 정치적으로 장악하는 것이었다. 혼자서 비밀조직을 제안했음에도 불구하고, 그는 자신이 구상한 비밀조직 위의 또 다른 런던시티의 존재를 깊이 알지는 못했던 것으로 보인다. 그런데도 그가 프리메이슨이자 유대 금융의 구현자로서 현대사에 떠올랐던 이유는 그가 금융 카르텔과 대영제국의 네트워크의 사이에 있었기 때문이었다.

그의 제국주의는 이스라엘의 유대 제국주의와 닮았다. 세계만방에 흩어져 아이를 많이 낳고, 각 지역의 부를 방법을 가리지 않고 쓸어 담으며, 해당 지역민을 유대인의 종으로 만든다는 유대 제국주의자의 영국식 버전이다. 인구론적 논리로 세상을 바라보는 시각, 부에 대한 집착, 지배와 종속에로의 욕망 등이 그렇다. 그러나 세실 로즈와 유대 금융의 가장 큰 공통점은 비밀단체를 통해 일을 꾸몄다는 사실이다. 유대인들은 이교를 허용치 않거나, 그들의 네트워크를 관찰해 왔던 국가들의 감시를 벗어나기 위한 오랜 노하우를 가지고 있었다. 이로써 종교적이고 일상적인 삶의 노하우를 공동체 안에서 간직할 수 있었다. 로즈는 유대교의 여러 분파와 유대 상인들의 오랜 비밀회합의 전통과 같이, 대영제국에 비밀단체를 이식했고 실제로 이식하여 유대인들 이상으로 비선실세의 강력한 역사를 만들어 내었다. 물론, 유대인과 세실 로즈 사이의 관계는 특별하게 드러난 것이 없다. 유대 제국주의자들이 그에 접근했을 때가 1902년인데, 그는 그해에 사망했다. 하지만, 기업 활동을 통해 유대인들이 자주 들락거리는 프리메이슨 조직에 20대부터 몸을 담았다는 사실, 그의 생각이 유대 제국주의의 식민지적이고 비밀스러운 조직 논리와 똑같다는 사실만 인정할 수 있다. 이리하여 대영제국의 대표적인 기업인으로서 부지불식간에 금융 카르텔의 목표인 앵글로색슨 네트워크(Pax Anglo-Americana)에 기반한 유대 제국주의(Pax Judaica)의 초석을 놓을 수 있었다. 그가 죽자, 그의 뒤를 이은 앵글로색슨의 수뇌부 네트워크를 모두 영국과 미국의 유대인들이 가져간 것은 결코 우연이 아니다.

세실 로즈의 유언에 따라 1902년에 로즈 재단(The Rhodes Trust)이 만들어졌다. 이 재단은 앵글로색슨 제국주의의 선도조직이 아니라 회원의 가족적 연대성을 위한 준비조직이었다. 재단의 멤버들은 로즈의 프리메이슨 네트워크에서 만난 이들이었으며, 프리메이슨이 아닌 이는 없었다. 영국 프리메이슨의 많은 수가 이미 유대인들과 그들의 혈통으로 구성되어 있으니만큼, 이들의 상당수가 유대인이었다. 주요 인물들은 로즈와 같은 옥스퍼드 대학 출신들이었다. 이 재단 속에서 유대인은 혈연, 프리메이슨은 지연, 옥스퍼드는 학연으로 서로 독립적으로 존재하지만 언제나 상호협력이 가능한 혈연-학연-지연의 네트워크로 묶여 있었다. 재단은 세실 로즈의 금융담당이었던 유대인 로스차일드(Nathaniel Rothschild)에 재정을 지휘토록 했다. 그는 세실 로즈 재단의 이름을 건 최초의 비밀단체, 영미 친선기관 필 그림 협회 (Pilgrims Society, 와 옥스퍼드 대학의 원탁회의(Round Table. 1909년)를 만들어 내었다. 로스차일드 가문이 당시에도 이미 유대 제국주의자로 유명했으니, 이 조직들은 명실상부한 유대-앵글로색슨의 성격을 가질 수밖에 없었다. 이른바, 어느 정도 정체가 드러난 유럽 비선실세의 첫 번째 전문가 그룹이었다.

각 조직은 로즈 재단의 유언을 기획하는 선도조직과 행정을 맡는 하부조직으로 이루어졌다. 선도조직을 구성하는 재단의 초기 구성원은 다양했다. 로즈의 자서전을 쓴 비서 격의 언론인 스티드 (William T. Stead), 왕실 브로커로서 제1차 세계대전을 구상했던 브레트 (Reginald Brett)가 있었다. 이 2명은 세실 로즈 생존 때부터 조직을 구상했던 자들이었다. 로즈가 "전쟁이면 전쟁, 평화면 평화, 이 사람이 시키는 대로 하라."고 했던 케이프 식민지의 후임 총독 밀너 (Alfred Milner), 정치적 협잡이라면 기회를 놓치지 않았던 존스톤(Harry

Johnston), 로스차일드(Nathaniel Rothschild), 차로 유명한 얼 그레이의 손자 그레이(Albert Grey), 그리고 엘리오트(William Yandell Elliot)가 조직의 수족들이었다. 아울러, 밀러는 로스차일드 사람으로서 영국 총리 로이드 조지를 움직였다.

그는 로스차일드와 함께 세계정부를 홍보한 커티스(Lionel George Curtis), 제국 시인 뤄드야드 키플링, 저술가 허버트 G. 웰스, 영국 왕실과 함께 이스라엘 성립의 가능성을 협의했던 발푸어(Arthur Balfour), 오스만 튀르크를 붕괴시킨 아라비아의 로렌스(Thomas Edward Lawrence) 중위, The Times 편집장 다우슨(Geoffrey Dawson)등을 모아 문화와 정치 현장을 선도할 '밀너 유치원'(Milner Kindergarten)을 만들었다. 죽은 세실 로즈가 원장이고 알프레드 밀러가 선생이었다. 윌리엄 Y. 엘리오트는 나중에 미국 이민자 헨리 키신저와 즈그비뉴 브레진스키, 캐나다의 피에르 트뤼도(ref. 현 쥐스탱 트뤼도 수상의 아버지)을 회원으로 뽑아 주었다. 자신이 죽기 바로 전에 미국의 방위청(FEMA) 초대 청장 새뮤얼 헌팅턴을 뽑았다. 로즈 재단은 물론 조력 조직도 가지고 있었고 나중에 선도조직으로 데리고 갈 재단의 장학생으로 이루어진 미래형 하부조직, 로즈 장학재단(Rhodes Scholarship)도 있었다. 이 장학생 조직이 확대되어 영국의 옥스브리지와 그 아류의 전통을 만들어 갔다. 2000 년대 초 TV에 나와 미국 정부가 7개 국가를 쳐들어갈 테니 그리 알라면서 자못 진실을 밝히는 시늉했던 군사계의 웨슬리 클라크, 신규회원을 찾고 소개하는데 주된 역할을 했던 정치계의 제임스 W. 풀브라이트, 한반도의 38선을 그은 딘 러스크, CIA 국장 제임스 울시, 브루킹스 연구소장 스트로브 탈보트, 역사계의 월트 로스토우,

문학계의 로버트 P. 워렌, 클라리언스 브룩스, 사회학의 스튜어트 홀, 언어학계의 존 서얼 등이 로즈 장학생이었고, 1968년에는 미국 대통령 빌 클린턴이 장학생으로 뽑혔다. 창립 120년이 다 되어 가는 재단의 목표는 제국주의, 페이비언 사회주의, 국제공산주의, 마지막으로 세계 경영으로 완벽하게 굳어졌으며, 이는 세실 로즈가 생전에 말했던 세계연합(World Federation)의 21세기 버전이다.

재단의 오른팔, 필 그림 협회는 미국과 영국을 연결하는 조직이었다. 분위기상 보수적이었다. 앵글로색슨 제국주의의 큰 그림을 그리는 조직으로서 상징적인 면모를 띠었다. 협회의 후원자는 엘리자베스 2세 여왕이었으며, 조직의 주요 회원은 앞으로 계속 거론될 로스차일드 가문의 은행가 자콥 시프, 석유왕 데이비드 록펠러 부자, 마셜 플랜의 조지 마셜, 미 국무부와 CIA의 존과 앨런 덜레스 형제, 비교적 젊었던 헨리 키신저, 마거릿 대처, 캐스퍼 와인버거, 조지 슐츠 등으로 20세기 이래, 미국의 침략정책과 신자유주의의 선봉에 섰던 자들이다. 이들은 필 그림 협회의 이름으로 활동하지 않았다. 그의 하부조직에서 움직이는데 예를 들면, 제임스 울시 같은 CIA 국장은 89개의 조직에 들어가서 움직였고, 미 국무부장관 조지 슐츠는 77개의 조직에 들어가 필 그림 협회의 목적을 향해 움직였다. 브레진스키는 64개 기관에서 움직였다.

재단의 왼팔, 원탁회의는 필그림 협회 보다 한층 더 실제적이며 비할 수 없을 만큼 중요한 조직으로 자라났다. 분위기도 그렇지만, 실제로도 진보적인 조직이었다. 1915년까지 남아프리카공화국,

캐나다, 뉴질랜드, 호주, 인도, 미국에 지점을 설립했다. 1919년에는 라이오넬 커티스의 주도하에, 왕립국제관계연구소(Royal Institute for International Affairs, RIIA)로 이름을 바꾸었다. 물론 왕실의 허락이 없이는 불가능한 명칭이었다. 이 세계에서 영국 왕실은 선도조직의 하부조직으로 보아도 좋을 만큼 힘이 없었고 지금도 그렇다. 제도권 안으로 깊숙하게 들어간 이 조직은 18세기 초의 영국 총리 윌리엄 피트 Sr.의 채텀 내각 명을 본떠, 채텀하우스(Chatham House)가 되었다. 영국 내각에 들어간 또 다른 내각(Shadow Cabinet)인 것이다. 더욱더 상징적인 사실은 채텀 경 윌리엄 피트 Sr. 은 1776년 미국독립전쟁 당시, 로스차일드로부터 전쟁자금을 받으려 했던 영국의 조지 3세에 "국제금융가들은 제 이익만 추구한다."며 돈을 받지 말라 충고한 인물이었다. 아이러니하게도 그의 이름을 따서 지은 국제금융가들의 집단이 바로 채텀하우스인 것이다. 이 명칭은 금융가들의 전략이 얼마나 공격적이며 적반하장인가를 보여주는 일례이다.

자유의 이름으로 자유를 탄압하고 인권의 이름으로 인권을 말살하는 방식이 그러한데, 이들은 향후 끝없이 이런 적반하장 방식의 전략을 피우게 된다. 평화가 전쟁, 자유가 억압되는 식으로, 말을 적반하장으로 사용하는 역사는 이미 조지 오웰이 잘 드러낸 바 있다. 명칭을 바꾼 1919년은 제1차 세계대전이 끝나던 해였고, 영국도 미국도, 프랑스 모두 지정학적 전략과 식민지 전략을 수정하던 때였다. RIIA 즉 채텀하우스는 대영제국의 총괄적이고 군사적인 제국전략이 더는 효과를 발휘하기 어렵다는 판단하에, 더욱더 금융적이고 연방적이며 문화적인 전략으로 선회했다. 커티스는 영국의 공식 명칭인 대영제국(British Empire)을 없애 버렸다. 그리고는 British Commonwealth of Nations이라 하여 공화주의 독재자 올리버 크롬웰의 Commonwealth of England 말장난을 제국 명으로 삼았다. 이 사실은 채텀하우스의 제국주의 전략이 미국 제국주의로 변경되었다는 것을 의미한다. 아니나 다를까, 영란은행장 몬테규 노먼은 1925년 금본위제 파운드를 달러에 고정해, 달러 본위제의 길을 놓았다. 그리고는 1931년 금본위제를 폐지하고 달러만을 금과 같은 가치를 지닌 돈으로 만들었다.

금융적이고 연방적이고 문화적인 전략에는 18세기와 같이, 인문적이고 진보적인 감수성이 필수적이었다. 원래부터 이들이 움직이던 보수당에 대항하여 영국노동당이 기세를 올리던 때도 이때였다. 과거의 총독부적 경영을 벗어나 식민지들을 원격 조종하기 위한 RIIA의 주요 회원은 채텀하우스의 초대 위원장인 역사가 아놀드 토인비, 수상 윈스턴 처칠, 세계 유대인연맹 회장 채임 와이즈만, 조력자로서 인도의 마하트마 간디 같은 선배들을 포함해서, 빌리 브란트 독일 총리, 후세인 요르단 왕, 프랑수아 미테랑 프랑스 대통령, 헨리 키신저 미 국무부 장관, 안드레아스 파판드레우 그리스 총리, 캐스퍼 와인버거 미 국방성 장관, 남아프리카 줄루족 리더 가샤부델에찌 같은 후배들을 포함하고 있었다.

채텀하우스는 하부조직의 회원인 알도스 헉슬리를 이용하여 대중심리 조작기관 타비스톡 연구소를 만들었다. 충분히 알려졌다시피, 타비스톡 연구소는 심리전, 선전·선동, 마약, 화학적

뇌 통제, 산아제한, 인구축소, 대중 미디어 조작 등 인류에 해가되는 수단이라면 가차 없이 생각해 왔던 조직이었다. 이 조직은 또한 1915년 조력자인 에드워드 그레이 외무부 장관을 이용하여, 제1차 세계대전에 어찌 참여할지 몰라 고민하던 미국 수뇌부를 전쟁안으로 끌어들이는 전술을 만들어 주었다. 제2차 세계대전에서도 중국 국민당과 공산당을 어찌 다룰지 몰라 허둥대며, 소련 문제에 대하여 어떤 계획도 없던 미국의 아마추어 정보국 OSS를 도와주어 CIA라는 전문적인 조직으로 만들어 내었다. 단순하게 말한다면, 독립노선을 버리고 제국 노선을 선택한 19세기 말 미국 수뇌부에 대영제국주의의 노하우를 전달해 준 첫 번째 시도가 바로 로즈재단의 영국 선도조직이었다.

채텀하우스는 1921년 미국에 지점을 하나 세웠다. 영국의 명칭(RIIA)을 그대로 모방한 미국국제관계연구소(American Institute for International Affairs, AIIA)가 그것이다. 이 연구소는 J. P. 모건 은행의 직원들로 구성되기 시작했고 폴 와버그와 오토 칸(Otto Hermann Kahn)이 앞장서고 록펠러 그룹이 심혈을 기울여 외교관계위원회(CFR. Council on Foreign Relations)로 발전시켰다. 1944년 이후 유엔, 나토, 세계은행, IMF, 마셜 플랜, 국제사법재판소를 모두 이들이 만들었다. 현재는 4,500여 명의 회원으로 구성되어 후자의 이름(CFR)으로 더 잘 알려져 있다.

세실 로즈가 꼭두각시 회원의 선발기준을 세웠듯이 회원 대다수가 "아이를 잃어 이웃과 담을 쌓고 하루하루를 죽지 못해 사는 쓰라린 절망감에 쌓인 사람"들이었다. 이성적으로나 물질적으로 잘 났지만 무언가 패배감에 휩싸여 분노를 키우던 사람들, 권력을 한 손에 주고자 했던 부유 했지만 타락한 지식인들이었다. 또한 미국에 이민 와서 차별을 받고 살던 자들이기도 했다. 1968년 세실 로즈 재단에 청년 빌 클린턴을 장학생으로 천거해 준 지도교수 캐럴 퀴글리는 이들을 다음과 같이 평가했다.

"국제 친영 네트워크가 세대를 건너 존재했고 존재하고 있다. 원탁회의 사람들의 네트워크로 볼 수 있다. 이들의 활동의 범위가 무리 없이 공산주의 활동과 유사 그룹들에까지 미치고 있다 …. 숨길 필요 없다는 것이 내 의견인데, 이들의 역사적 역할은 의미심장해서 알려져도 된다고 본다."

그러나 원탁회의는 이름을 바꾸고 조직을 분산시키면서 자신의 역할을 숨겨왔다. 그것이 세실 로즈의 유언이었다. 그런데 과연, 이런 제국주의가 어떤 근거에서 정당화될 수 있었을까. 이를 과연 약육강식을 인정하는 인간의 본성 중 악한 면에 기대어 인정해버리면 되는 것일까. 그렇지 않다. 제국주의는 자본주의와 마찬가지로, 자칭, 온정과 정의로움을 부르짖으며 출발했고, 문명화, 근대화라는 욕망의 단어로 세계인들을 유혹했으며 국제기구를 통하여 사람들에 정당화된 것이다.

세실 로즈가 잘 보여주듯이 제국주의자는 보통 사람들과 사고가 다르다. 이 사고를 일본인들도 입수했는데 이를테면 일본의 아시아 침략이 외압으로부터 아시아를 해방하고자 했던 일본의 눈물 어린 노력이라는 것이다. 일본의 아시아 침략 바로 전에 같은 지역을 침략했던 미영불의 수뇌부도 그런 명분을 가졌다. 자신의 약탈은 아시아를 몽매로부터 해방하고자 하는 문명국의 고통 어린 선택이었다는 것이다. 분명 약탈인데 이는 문명을 위해서라는 것이다. 이는 코미디가 아니라 뤄드야드 키플링 이래 제국주의자들의 진심 어린 마음이었다. 키플링은 필리핀을 약탈해야 하는 미국 백인들의 책임감에 대하여 다음처럼 눈물 어린 시를 지었다.

"백인의 짐을 져라.
당신이 키운 최고를 내보내라.
당신 아들을 떠밀어 보내라.
붙잡아 놓았으면 해줄 것을 해야 하거늘,
무거운 마구를 입고 기다리라.
민속과 야생이 넘실대는 곳에서
갓 잡아 뚱한
이 반은 악마, 반은 아이인 주민 속에서 말이다.

백인의 짐을 져라.
인내를 버리지 말고
테러의 공포도 잊어라.
자신감을 보여주는 것을 잊지 마라
당당하고 단호한 어조로

다른 이득(profits)이 또 있는지
일해서 얻어갈 것(gain)이 또 있는지 찾도록
백번이고 분명하게 말하라
...
백인의 짐을 져라.
오랜 자업자득이다.
욕먹어도 좋다. 해라
싫어해도 참아라
통곡해도 그렇겠거니 해라
(그러다가 웬걸!) 깨달아 가는 거다.
"마냥 좋았던 이집트의 어둠,
그 속박에서 우리를 왜 데리고 나왔는지를"

"반은 악마와 같고 반은 어린이 같은 아시아의 주민들"에 욕을
먹고, 그들을 통곡하게 만들어서라도 이들을 선하게 만들고
어른을 만들어야 한다는 것이다. 이들을 돈(profits & gain)의 자본주의
세계로 이끌면 이들은 결국 문명을 깨달을 것이라는 내용이다.
그리고 이것이 키플링이 짓고 영국과 미국인들이 마음에 품었던
백인의 눈물 어린 책무였다. 어김없는 정신분열증이었다. 살육의
화려한 경력을 자랑하는 윈스턴 처칠도 세실 로즈의 제국주의를
내재화한 인물이었다. 대영제국이 통치했던 100개의 식민지 중,
피통치자인 원주민을 도시에서 쫓아내 정글 속으로 돌려보내거나,
도시민을 노예로 취급하여 노동 현장으로 몰고, 오로지 이민 온

백인 거주민들만의 통치 국가를 만든 유일한 곳이 남아프리카인데, 세실 로즈와 윈스턴 처칠 또한 이 같은 남아프리카의 백인 우위 및 차별정책을 순서대로 이끌었다. 둘 사이의 공통점이 하나 더 있는데 그것은 비밀단체나 비밀회합을 지나치게 중요시하는 동시에, 현실의 의회민주주의뿐만 아니라 민주주의마저 우습게 알았다는 것이다. 이들은 도당정치가이자 금권정치가(plutocrate)였다.

현대 비선실세

국가의 통치정책으로부터 출발한 제국주의가 기업과의 공조를 기반으로 몸집을 넓혀 나가다가 결국 금융 및 초국적 기업이 이끄는 20세기 세계화주의로 완전히 넘어왔다. 자본이 통폐합되어 독점 재벌이 탄생했다. 자본가들은 M & A를 통해 자본을 집중시켰다. 이는 토마스 피케티의 통계를 보면 알 수 있는 사실이다. 제1차 세계대전을 통해 미국과 영국 즉 앵글로색슨을 제외한 모든 경쟁 제국이 사라져 버렸다. 이들은 최소한 연합국에 100억 달러를 빌려주고 배상금으로만 260억 달러를 챙겨갔다. 대출은 단기적인 이익도 얻지만, 권력적 통제환경도 만든다. 더 나아가 승자와 패자 모두에 대출해줌으로써 그 나라의 정치를 장악할 수 있었다. 19 세기처럼 정치권에 로비하여 기업을 구질구질하게 이끌지 말고 정치를 장악해 버림으로써 기업의 세계를 만들자는 세실 로드의 기업경영 철학이 단 17년 만에 자리를 잡는 순간이었다. 그것이 1919 년 베르사유 조약이었다. 베르사유의 좁디좁은 거울의 방에 정치인은 뒷전이고 200명이 넘는 월가 및 런던시티 금융가들이 모여든 이유가 이것이다.

그들의 돈을 받아 러시아를 접수한 볼셰비키들은 생 페테르부르크에서 러시아 시장을 정리하고 있었다. 쿤 & 롭, J. P. 모건, 도이치뱅크 등 몇 개 자본회사만 모이면 또 다른 전쟁을 일으킬 수 있었고 황폐한 국가를 재건함으로써 수십 년 동안 다시 돈을 만질 수 있었다. 정상적인 투자와 기업 운영을 통해서 돈을 벌기보다, 전쟁과 재건을 통해 버는 것이 더 수익률이 높은 것이다. 영국 총리 로이드조지(David Lloyd George)는 "베르사유 조약이 유대인들에 의해 잡혀 버렸다. 유대인들은 이 조약을 통해 히틀러가 탄생하는 경제, 사회, 정치 등 필요한 조건을 만들어 냈다"고 밝혔다. 금융계는 유대인들이, 초국적 기업계는 앵글로색슨 출신들이 자본 집중의 역사를 이끈 것이다. 이들이 세계정치의 바깥에 자리를 잡은 비선실세(The Power that Be)라는 이들이다.

제2차 세계대전 후 처칠의 총리 자리를 이어받은 클레멘트 애틀리(1945-)는 영국 금융의 중심인 런던시티(Corporation of London)의 사람들이 국회와 정부를 함부로 대한다면서, "이 나라에는 웨스트민스터에 앉아 있는 사람들보다 다른 권력이 있다는 것을 우리는 점점 더 보아왔다. 런던시티는 이 나라 정부에 대항하여 자신을 주장할 수 있다. 돈을 통제하는 사람들이니, 국민이 결정에 반하는 국내외 정책을 밀고 나갈 수 있다."고 했다. 웨스트민스터에 있는 의회와 정부 기관의 구성원 중 누가 런던시티의 금융회사 직원인지는 알려지지 않았지만, 하원에는 시티출신 의원들이 공식적으로 비선출직(Rememberancer)으로 권한을 행사하고 있었다. 오래전부터 영국의 기업가들이 정치에 거대한 영향을 끼치고 있었는데 애틀리 같은 순수한 정치인이 이를 몰랐을 뿐이다.

1940년대 그가 영국의 비선실세로 지목한 런던시티는 1067년부터 자유도시로 인정된 이래 국가와는 독자적인 치외법권 협동조합 전통을 이어오고 있다. 한자동맹의 북동부 금융 네트워크의 중심지로서 런던시티는 영국과 유럽의 경제를 이끌어 왔던 곳이고 영국 왕실의 재정도 관리해 왔다. 시티의 행정을 맡는 시장도 그곳에 본점을 가진 기업가와 은행가들이 뽑는다. 무려 9백 년이 넘도록 은행원들이 봉건적 특권을 공개적으로 행사하고 있다. 1945년 이후로는 뉴욕으로 세계 금융지배권을 넘기는 대신, 달러의 해외표시자산을 관리하는 더욱 큰일을 맡았다. 유럽의 달러 무역 결재와 해외거래, 세계의 지하자금, 테러 자금, 마약, 군수 자금 등 중국의 부상 이전 2000년까지 해외 역외 달러의 90%를 런던시티가 관리하고 있었다. 현재에도 세계의 해외자금 25%가 시티로부터 조달되고 있다. 더 나아가 지브롤터, 저지, 케이맨, 맨섬, 버뮤다 등 영국의 해외 식민지 14개 중 7개의 지역으로 들어가고 나오는 지하자금마저 관리하고 있다. 조합은 조합이지만, 국가와 국제금융을 불법으로 통제하는 세계 위의 비선실세 조합이다.

런던시티의 사람들은 세실 로즈가 그렸던 비밀단체의 성격을 가지고 있어서 해외부호들의 자금을 신탁 관리해주면서도 어떤 공적 자료도 만들지 않는다. 돈을 증발시키듯 회계장부도 증발시킨다. 수백 년

시티의 영향권 하에 있는 영국 정부도 이에 전혀 신경을 쓰지 않는다. 해외의 부호와 그들의 신탁관리자 런던시티 은행들은 서로 눈빛과 악수로 거래하며 문제가 생기면 직접 만나서 해결을 본다. 서로서로 업무에 연결되어 있고 서로가 서로에 마피아와 같은 존재이기 때문에 계약서 같은 서류가 필요 없는 것이다. 정치, 경제사의 전면에 나타나지 않고 비밀단체를 꾸려 활동하며 서로 간의 모략을 통해 이를 공식적인 정치사로 귀결시키는 런던시티 구성원들 같은 이들을 비선실세라고 부를 수 있다. 1990년대에 비로소 부분적인 모습이나마 드러냈지만, 여전히 많은 비밀을 지니고 있다.

비선실세는 영어로 The Power That Be로 표현된다. 이들은 존재(be)함으로써 힘을 행사(power)는 자들로서 결코 표명하는 법이 없다. 표명(representation)함으로써 힘을 행사하는 이들은 실세가 아니라 허세다. 이를테면 국회의원(representative)들이 허세이다. 비선실세는 자유주의와 민주주의의 이름으로 국가권력을 장악하고 민중의 진정한 자유와 민주주의를 파괴하면서 세계사를 금권정치로 만들어 온 이들이다. 즉 자신들만의 자유와 인권을 위하여 자유와 인권을 외쳤던 자유 파시스트들이다. 이 파시스트들은 세실 로즈의 양팔로부터 파생된 모든 조직에 가담하고 있으며 미국의 월가와 공존한다. 미국이라는 나라는 금융 환경에 있어서는 세실 로즈의 앵글로색슨 제국주의가 충분하게 실현된 곳이다. 프랭클린 루스벨트의 부통령 헨리 월래스는 시장과 국가의 권력을 독점하려는 미국의 파시스트를 경계하자면서 1944년 4월 9일, 『뉴욕타임스(The New York Times)』에 다음처럼 기고했다.

"전후의 파시즘은 앵글로색슨 제국주의를 꾸준하게 밀어붙여 러시아와
전쟁까지 치를 것이다. 특정 인종, 정적, 계급들을 인정하지 않고 저주하는
미국의 파시스트들은 이미 러시아와의 충돌을 핑곗거리로 이야기하고
문서를 만들고 있다 …. 파시즘은 월가, 중산층과 빈민층을 만나게 될
것이다. 이미 워싱턴에서도 조짐이 보인다는 말도 있다."

월래스가 말하는 미국의 파시스트들은 세실 로즈가 구상했던 영미
합동 앵글로색슨 카르텔을 말한다. 비선실세이니 월래스도 뭐라 콕
집어 말을 못 했을 뿐이다. 이들은 독일을 넘어 러시아를 공격할
생각이었다. 물리적인 공격이 어려워지자 1946년 처칠을 시켜 냉전을
일으켰다. 1954년 2월 23일 상원의원 윌리엄 E. 제너는 미국이 완전
독재국가로 간다면서 다음과 같이 연설했다.

"지금 의회도 대통령도 국민도 모르는 사이 미국이 완전 독재체제로
가고 있습니다. 관료 엘리트가 정부 안에 하나의 정부를 더 만들어
헌법이 구태라면서 승승장구하고 있습니다. 각지에 자기들만의
정치조직을 가지고 있고, 압력단체, 이익단체, 홍보 전략을 마련하고
있습니다. 선량하고 평범한 시민처럼 보이는 이들이 어셈블리
라인으로 나뉘어 전체적인 혁명을 만들어 가는데요. 혁명 전략이
참으로 탁월합니다."

1950년대 이미 미국 방방곡곡에 비선실세의 어셈블리 라인이 심어

있었고, 이들은 종교단체나 시민단체, 노동단체라는 명목으로 각종 재단의 지원금을 받으며 활동해 왔다. 제너가 말했듯이 정부 안의 또 다른 정부와 그들의 또 다른 국민들이 일반 국민과 다른 방식으로 움직이고 있었다. 워싱턴의 행정부와 의회로서는 이들을 견뎌내기가 어려웠지만 인정하지 않을 수도 없는 처지에 있었다. 1961년 1월 17일 아이젠하워는 은행을 포함한 "군산복합체가 정부 뒤에 있다"면서 퇴임 회견에 임한 바 있었다. 퇴임하는 노정치인의 '버럭'이었다. 이들과 대항한 존 F. 케네디의 암살에 이들이 관련했다는 것은 오늘날 정설로 굳어졌다.

1980년대에 엘리트, 비선실세, 금융독재 등으로 불린 초국적 기업의 대주주들이 제 모습을 비로소 공개했다. 20세기 초 영국과 독일에 있던 은행의 본점들이 차례로 미국의 월 스트리트로 옮겨가면서 미국의 거대 산업자본을 관리했던 투자자 그룹이 그들이다. 세계화 작업의 선두에 섰던 금융회사 그리고 그들의 산하에서 움직이는 초국적 기업들이었다. 런던시티와 뉴욕 월가에서 활동하는 초국적 기업 및 은행 및 투자가 집단들이다. 350여 개의 가문, 6천여 명의 개인들이다. 이들은 250년 전후에 생겨나 서로 유대관계를 맺어 왔기 때문에 이익 관계로만 엮여있지 않는다. 근본에 있어, 혈연관계로 엮여있으며 혈연관계는 가족 사업으로 유명한 베니스 공화국과 유대 상인 네트워크 이래 지중해와 유럽 기업의 전통으로 내려오고 있다. 이들은 추가적으로 학연 및 지연 관계를 통하여 혈연관계를 강화해 왔다. 이를테면 골드만삭스의 경우, 특정 이의 소유라기보다는 이들이 회전문을 통해 돌아나가 다시 들어오는 금융 플랫폼이다.

혈연관계의 중심에는 앵글로-게르만계 귀족 혈통과 그 혈통
사이에 끼어든 로스차일드, 골드스미스, 살로몬, 레비, 모카타스,
코헨 같은 오랜 유대 혈통이 있다. 학연 관계의 중심에는 영국의
옥스퍼드 대학과 런던정경대학, 미국의 프린스턴, 하버드, 콜롬비아,
시카고 대학이 있다. 지연으로는 거의 대다수가 18세기의 프리메이슨
네트워크로 오늘날에도 여전히 뭉쳐 있지만, 더욱 행정적인
조직으로는 영국의 채텀하우스, 미국의 CFR과 록펠러재단,
카네기재단 그리고 포드 재단이 있다. 혈연, 학연, 지연으로 필터링
되어 있으니 소수 독재체제의 성격을 가질 수밖에 없으며, 이 집단이
1940년대 이래 각종의 구체적인 세계화 작업을 이끌어 온 것이다.
이제는 동네 서점에도 돌아다니는 금융, 세계화, 기업사 등 무수한
서적들이 이구동성으로 알려주듯이, 이들은 "세계를 움직이는 OOO"
들이다.

주요 세력을 설명한다면, 독일지역의 헤세-카셀, 덴마크, 영국
금융과 교류하던 프랑크푸르트의 로스차일드는 18세기에 성립된
금융 가문이다. 일찍이 미국독립전쟁, 워털루 전쟁에서 쌍방에 투자해
왔다. 19세기에는 산업혁명의 산물이자 동기인 석유, 철도, 석탄,
철강, 군수 등 대형산업에 직접 투자를 했다. 당연하지만 로스차일드
은행은 각 산업 부분을 거의 독과점화했던 석유의 록펠러, 철강의
카네기, 철도의 해리만 가문과 특별한 관계에 놓여 있다. 영국 정부가
수에즈운하를 사들이도록 했으며, 영국과 프랑스의 아프리카 식민지,
남아프리카 다이아몬드 광산에 투자했다. 로스차일드 가문은
오늘날에는 IMF와 세계은행 그리고 미국 내 6개의 연방준비제도를

통제하고 있다.

실상, 연방준비제도 치하에 있는 세계 모든 중앙은행이 이들과 록펠러, 모건 가문에 의해 움직인다고 볼 수 있다. 중앙은행 정부 대출금의 이자를 챙기는 미국의 국세청(Internal Revenue Service , IRS)도 이들의 소유다. 금융으로 특화된 로스차일드 가문의 뉴욕 연방준비제도(미국 중앙은행) 주식 지분율은 57%이다. Barclays Capital, Deutsche Bank, Scotiabank, HSBC, Société Générale 등의 은행을 움직이며, 뉴욕 증권시장을 운영하고 있다. 로스차일드사는 블랙록이나 뱅가드 같은 투자 자문을 통해 움직이지만, 로스차일드가가 최근 직접 움직이는 사업은 에너지 분야다. Air Products & Chemicals Inc, Duke Energy Corp, Xcel Energy, Electricite de France SA (EDF Group), Portland General Electric Co 등이 그것이다. 한편, 로스차일드 II라 볼 만큼 로스차일드 가문과 혈통을 밀착하여 일을 진행했던 와버그 가문은 유대 오펜하임 가문의 지류이다. 와버그 가문은 프랑크푸르트 영업소를 중심으로 활동했기에, 제 1, 2차 세계대전과 러시아 및 독일 혁명에 연관된 업무를 주로 담당했다.

스탠다드 오일(ExxonMobil, Chevron)로 유명한 록펠러 가문은 석유를 넘어 거의 대다수 산업에 참여했다. 록펠러 센터 같은 부동산, Citibank 같은 은행뿐 아니라, Chrysler Corporation, General Electric, McDonnell Aircraft Corporation, RCA를 움직이고 있다. 록펠러는 또한 GMO의 창시자였다. 현재에도 General Mills, Kellogg, Nestle, Bristol-Myers Squibb, Procter and Gamble,

Roche and Hoechst (Sanofi-Aventis) 등의 회사를 가지고 있다. 록펠러는 이데올로기 산업에 전면으로 나선 거의 유일한 회사이기도 하다. 그린 혁명을 그들이 만들었다. 이들은 Brookings Institution, Council on Foreign Relations, Johns Hopkins Bloomberg School of Public Health, Museum of Modern Art, University of Chicago 등을 소유하고 있다. 록펠러 가문은 석유산업 가문으로 정치적으로 가장 폭넓은 네트워크를 가지고 있으며, 주로 대학, 종교단체, 연구소, NGO 등 지적 단체를 움직이는 가문으로 유명하다. 이들은 또한 미국 정부의 정책을 구상하는 CFR이나 브루킹스 연구소를 장악하고 있다. 친척인 아스토 가문은 대영제국의 지휘부인 채텀하우스를 설립했고, BBC방송을 통제하고 있다.

록펠러와 함께 움직이는 Chase Manhattan Bank (now JP Morgan Chase)의 파트너, J. P. 모건은 1799년 성립되어 미국을 중심으로 금 시장을 통제해 왔다. 유럽계인 모건 가문은 보통의 유대인들처럼 가문의 사람을 데려와 쓰기보다는 지연과 학연에 따른 인재들을 주로 사용했다. 혈통을 말하기에 몸이 너무 컸기 때문에 거의 지연으로 묶인 네트워크이다. 이런 인재 채용 방식이 오히려 모건 가문 혹은 네트워크를 더욱 강하게 만들었다. 이 가문은 경제위기를 통해 가장 많은 돈을 벌었다. 19세기 말 프랑스 등 유럽의 크고 작은 공황, 1922년 독일발 공황, 1929년 뉴욕발 공황, 1987년 홍콩발 공황, 1997년 태국 및 한국발 공황, 2008년 비우량 주택담보대출에 이르기까지 대공황에는 어김없이 모건 가문과 네트워크가 나타나 움직였다.

유대 프리먼 가문은 캘리포니아 뉴 에이지 운동에 간여하면서 동시에 마약 밀매를 주로 담당해 왔기 때문에 공적 자리에는 거의 모습을 보이지 않는다. 프리먼 재단은 흑인운동과 커뮤니티 운동을 통해 마약의 합법화를 지향하고 있다. 재단이 강하게 밀어주는 이는 랜드 폴 의원이다. 감추어진 교역임에도 불구하고 석유와 곡물 뒤를 잇는 세계 제3위의 산업으로서 마약은 이제 물 위로 올라오려 하고 있다. 경제학자 프리먼(Milton Friedman)이 강하게 마약 합법화를 주장했는데 그의 혈통이 이 가문의 명칭과 실질적인 관계 있는지는 알려지지 않았다. 2010년대 골드만삭스, 뱅크오브아메리카, 메릴린치 등이 이 사업에 뛰어들면서 합법화가 가속화되고 있다.

앙투안 라부아지에의 조수가 만든 듀폰 가문은 거대 산업자본가 집안이다. 맨해튼 프로젝트를 이끌어 핵폭탄 유관 기업과 화학 산업을 장악했다. 아스토 가문과 친척이다. 여전히 화학 산업(DowDuPont)과 석탄과 철강 산업을 이끌고 있으며, 석유산업(Conoco, Inc.-Continental Oil)도 소유하고 있다. General Motors, Remington Arms Company, US Airways에 거대한 지분을 지니며 가문의 영향하에 있다. 부시 가문은 나치를 전쟁에 끌어들인 공로로 정치계에서 힘을 발휘했다. 번디 가문은 카네기재단과 미 대학 동창회를 움직이며 세계행정의 역할을 담당하고 있다. 쿤, 와버그, 아브람스, 오펜하임, 아스토, 콜린스, 케네디, 사순, 시프, 태프트, 반 된 등도 여전히 가문의 영향력을 행사하고 있다.

서구의 비선실세는 자식이나 친인척을 자기 소유의 기업들로 들여보내 경영을 배우게 했다. 이들이 경영일선에서 배웠던 것은 서구 엘리트의 오래된 명제인 '혼동 속의 질서'(E Pluribus Unum)다. 즉 혼돈을 어떻게 유발할 것인가 그리고 혼동을 어떻게 질서 지울 것인가 하는 변증법적 마케팅이다. 리스크관리뿐만 아니라 위험을 유발하는 법도 함께 배우는 것이다. '분리하여 통치한다'는 대영제국주의의 좌우명 또한 그로부터 기반한 것이다. 이는 자연스럽게 국가관리까지 이어진다. 물론 이들의 경영이 항상 성공하는 것도 아니고 모든 사안에 똑똑하게 처신하는 것도 아니다. 금융과 군산 복합기업들은 세계 유수 대학출신들 중 가장 천재적인 사람들만 뽑아 쓰고 지적 네트워크라면 타의 추종을 불허하게 확보해 왔다. 그러나 신규시장에 진출하거나 시장의 확대를 위한 프로젝트를 만들 때가 오면 자주 허둥대며, 전략 전술의 실패를 노출하기도 했다. 영업 실패와 실수를 숨기거나 폭력을 통해 전화위복으로 만들어 가다 보니 똑똑해 보일 뿐이다. 이들은 상품을 팔고 시장을 확보하기만 하면 모든 수단과 방법을 용인한다. 성공하면 하는 것이고 실패하면 밑 선을 자르면 되는 것이다. 이같이 영업이 투박하거나 손익계산에 치밀하지 못한 경우는, 얻어갈 이익이 거대하거나 미래 경영에 꼭 필요하다는 욕망으로 인해 시각이 흔들릴 때이다. 경험이 축적되어도 욕망이 크면 경험으로부터 별다른 교훈을 얻지 못한다는 고금의 진리이다.

은행, 군산기업 및 석유기업은 20세기 들어 미국을 세계 제국주의의 초석으로 만들고 미국을 축으로 지구를 360도 관리했다. 가장 강력하게 사용했던 도구는 세계전쟁과 기축통화인 달러였다. 예전에는 제국주의, 오늘날에는 세계 경영으로 알려진 세계화 작업이었다. 연방준비제도 혹은 FED라고 부르는 미국의 화폐 발행 및 유통 조절기관, IRS라 부르는 국세청, 그리고 FBI 경찰제도를 세금관리 차원에서 변경 확대했고, 유대인 보호 기관 ADL을 1913년 한 해에 몰아서 만들었다. 모두가 헌법을 어긴 탈법적 방식으로 만든 제도였다. FED는 대통령과 의원들을 매수하여 만들었고, IRS는 헌법에 없는 소득세를 강제한 것이며 FBI는 주 정부 중심의 경찰제도를 연방 중심으로 만들어 주 정부를 통제하도록 만든 에이전트였다. ADL은 국가기관보다 더 강력한 영향을 끼치는 인권통제 기관이었다. 이 신생 시스템을 통하여 단기간에 비선실세가 이끄는 경제체제를 만들어 냈다. 게 중 FED는 이들이 한데 모여 만든 최고의 작품이었으며 이를 통하여 미국 정부를 손아귀에 넣을 수 있었다. 20여 년이 지난, 1930년대 프랭클린 D. 루스벨트는 "70%의 미국산업을 100여 개 기업이 움직이고, 그 기업들을 다시 5명 정도의 개인이 움직인다."면서 FED의 작업 결과를 밝혔다.

극소수에 권력이 집중되도록 업무를 피라미드형으로 만들 수 있던 근간에는 감성팔이에 인생을 거는 대중이 있었다. 간단한 예로 페미니즘이 있다. "엄마처럼 살지 않을 것."이라며 여성에 접근했던 페미니즘은 시장에 값싼 여성 노동력을 끌어들이는 동시에, 남녀를 정서적으로 충돌시킴으로써 세금을 확대하는 가족해체를 끌어냈다. 생명공학기업은 인공수정으로 어마어마한 돈을 벌었다. 페미니즘 대중 전략이 상상 이외로 잘 먹히자, 제약회사들은 동성애로부터 에이즈 원인론을 걷어 냈다. 1999년을 기준으로, 동성애와 에이즈가 서로 필연적인 관계가 없다면서 에이즈 공략 지역을 아프리카로 한정시켰다. 성행위 자체에 책임이 돌려 더 많은 환자에 약을 공급할 수 있었다. 방법은 쉬웠다. 에이즈 판정을 의사 단독으로 가능하게 법제를 바꾼 것이다. 에이즈 아닌 에이즈가 엄청나게 불어나 아프리카 각국과 국제기구를 통한 아프리카 대출이 산더미처럼 불어났다. 제약회사와 금융계는 서로 얼싸안고 좋아했고, 정치인은 아프리카의 에이즈 지원이라는 도덕적 행위로 표를 얻었다.

군산 복합기업과 같은 산업자본 기업체와 국제금융기관이 정책을 두고 서로 갈등을 벌이는 경우는 드물다. 갈등이 있어 보인다면 그것은 대다수 조율일 뿐이다. 제2차 세계대전 이전, 포드같이 산업자본을 충분히 보유했던 군산기업 자본가들이 유럽에 진출해 있을 때, 로스차일드나 J. P. 모건 같은 금융계를 자주 비판했다. 성장하는 산업에 집중하지 않는다거나, 앉아서 돈을 번다는 것이 그 이유였다. 이 점에서는 포드의 반유대주의가 가장 유명하다. 하지만 이는 금융자본의 힘만큼 커졌던 산업자본이 금융의 세계에서 서로 조율되는 과도기 모습이었을 뿐이다. 더 나은 예라면, 1930년대 J. P. 모건 사가 공화당을 지지하고 군산기업 듀폰과 GM(General Motors)이 손을 잡아 민주당을 지지한 사례다. 하지만 민주당의 듀폰과 GM의 전담 은행은 다름 아닌 공화당의 J. P. 모건이었다.

제1차 세계대전 당시, 버나드 바루크가 이끈 전시위원회의 경험은 이들에 큰 도움을 주었다. 산업은 전장의 군인이고 금융은 병참의 역할을 한다는 것이다. 두 역할을 섞을 수 없다는 것이다. 실제로, 군산 복합기업은 의회의 승인이 있어야 하는 무기 판매 기관이다.

따라서 금융 자본가들보다는 적극적으로 정치적인 협상에 임한다. 그러나 전쟁예산이 아니라면 금융 자본가들이 정책을 들고 의회를 오가는 일은 많지 않다. 매년 발표되는 워싱턴의 로비스트 현황을 보아도, 금융 로비는 별로 없다. 즉 산업은 정치와 정부에 깊게 간여하지만, 금융은 비정치적, 비정부적으로 움직인다. 세계의 비정부 기구를 거의 은행들이 움직이는 이유도 여기에 있다. 체질과 역할이 그래서이다. 군산기업의 지분이 금융계와 서로 복잡하게 분배되어가던 제1차 세계대전 후, 주주와 경영이 지금처럼 완벽하게 분리(전문가 경영체제)되어 있지 않았다. 하지만 이는 조율의 문제였지, 갈등을 일으키는 수준은 아니었다.

1990년대 소련의 붕괴와 더불어 군산 복합기업들이 금융 네트워크 안으로 들어가거나 주주 중심제를 통해 상호 긴밀하고도 상시적인 협력을 통해 공존을 꾀했으며 그런 상태로 오늘날에 이르렀다. 오늘날의 초국적 기업들은 은행과의 내부 이익조정에 있어 탁월한 능력을 발휘한다. 마치 가족이 이익을 공유하는 방식으로 자리를 묶어 놓았기 때문이다. IMF나 세계은행의 구성원이 군산 복합기업 구성원들과 같거나 최소한 같은 편이라는 것은 잘 알려진 사실이다. 은행과 기업들이 국제기구와 세계 각국의 정부를 자신의 하청기업처럼 만들어 주권을 공유하는 이유가 또한 이것이다. 이들은 1960년대 이래, 세계 각국의 정치와 경제뿐만 아니라 법마저 공유함으로써 안으로부터 쿠데타를 일으켜왔다. 이것을 크리스토프 래슈는 "엘리트의 혁명"이라 불렀다. 오르테가 이 가세트의 대중 혁명에 대한 엘리트의 반응이었다. 1997년 한국이 외환위기를 맞아 미국 재무부와 IMF를 통해 동시 지원을 부탁했으나 모두 거절당했다. 한국 정부는 미국 재무부와 IMF가 창구를 일원화해 놓았다는 사실을 몰랐다. 최소한 서구 세계에서 기업, 국제기구, 정부는 이미 한 편이었다. 엘리트가 일으킨 쿠데타 즉 기업-국제기구-각국 정부 한 몸만들기 프로젝트를 아시아 및 동유럽으로 넓혀가기 시작한 때가 1990년대였다. 우리는 이 사실을 2011년 프랑수아 미테랑 부인 다니엘이 토로했듯이, "국회의원들은 자기들이 발의하지도 않고 위에서 내려온 법안에 꼭두각시처럼 표를 던져야 했다."는 증언을 통하여 재확인할 수 있다. 이들이 가장 무서워하는 것은 국가, 경제적 상대나 정치적 상대가 아니라 역시 문화적 상대다. 세계화에 저항하는 슬라브와 이슬람의 제반 문화가 이들의 골치를 썩이게 만든다. 탈이자, 은행 국유화, 자립경제, 반물질 정신문화, 가부장, 민중주의, 계몽주의, 혁명성 등이 그런 것이다.

대중과 여론을 관리해 온 비선실세의 기업들은 돌발적인 여론에는 민감하게 반응하는 편이지만, 이전부터 국가를 장악하고 정부와 결탁해 왔기 때문에 이들과 공동으로 돌발 상황을 손쉽게 처리하는 편이다. 돌발적인 신생기업이 나타나면, 커지기 전에 상대와 협력하거나 인수·합병 같은 절차를 통해 큰 소리 내지 않고 입수하거나 사라지게 한다. 그렇게 하면 기업은 오히려 커진다. 인기 있는 민족주의적 정당이 나타나면, 미디어를 통해 총공략했다. 이들 금융 비선실세에 반하는 금융정책을 쓰려 시도한 정치인은 아예 정치 일선에서 사라지기 마련이며, 제거가 어려울 때는 암살해 버렸다. 미국 존 F. 케네디가 그 사례이며 최근의 사례로는 네덜란드의 유력한 수상 후보

포르퇸(Pim Fortuyn)이 있다. 이들은 분명 비선실세의 제안을 받았겠지만 거부한 자들일 것이다. 초국적 기업은 이처럼 국가, 국민, 기업 안에 들어가 그들을 이용하여 살아갔으며 그래야만 몸집도 더 불릴 수 있었다. 이런 방식으로 국가와 세계를 기업의 통치 밑으로 가져왔다. 영국과 미국도 그렇지만 프랑스, 이탈리아, 독일, 네덜란드, 스페인, 포르투갈, 그리스, 벨기에, 스위스 등 유럽의 대표적인 국가에도 이들의 영향력이 무수히 발견된다.

제라르 뒤메닐과 도미니크 레비, 그리고 장 페이를레바드에 따르면, 비선실세들이 운영하는 세계화 네트워크에서 일하는 직원들이 전 세계 인구의 총 0.2%를 차지하는데 이들이 세계 주식 50% 이상을 차지하고 있다. 이들은 말 그대로 억만장자로서 현재 개인으로 보면 6만 3천 명 정도이다. 그런데도 세계 연간 GDP 총액인 40조 달러를 보유하고 있다. 그들 위로 비선실세 6천여 명이 세계 경제와 정치를 이끌어 간다. 이들 밑으로 금융 및 기업, 국가, 국제기구를 대변하는 6만 3천여 명의 수족들은 대통령, 총리, 국회의원, 사무총장, 총재, 위원장, 연구소장, 대학 총장, 교수, 방송국장, 대기자, 칼럼니스트의 타이틀을 지니고 있다. 이들이 세계무대에서 자신의 꼭두각시 행태를 끝내고 퇴임하면 비선실세가 운영하는 회사로 복귀한다. 몇 명의 예를 든다면, 빔 콕 네덜란드 총리는 ING로 귀향했고, 게르하르트 슈뢰더 독일 총리는 BP와 로스차일드 투자은행으로 귀향했다. 미국 재무부 장관 폴 볼커는 원래 고향 집인 J. P. 모건으로, 오스트리아의 총리 볼프강 쉬셀, 유엔 사무총장 코피 아난은 어깨동무하고 바레인의 인베스트코프 금융 트러스트로 귀향했다.

영국금융감독원장 어데어 터너는 스탠더드차더스 은행과 메릴 린치로, WTO 사무총장 피터 서덜랜드는 골드만삭스에서 일하다가 정치계로 들어와 다시 그리로 귀향했다. 앨런 그린스펀 연방준비제도 미국 중앙은행 총재는 폴슨앤드컴퍼니로 귀향했고, 골드만삭스의 영업국장이던 마리오 드라기 유럽중앙은행 총재, 고문인 마리오 몬티 이탈리아 총리, 연방준비제도 경제고문 루카스 파판데모스 그리스 총리 겸 유럽중앙은행 부총재, 호세 마뉴엘 바로소 유럽위원회 의장 등은 다시 골드만삭스의 협업 기관이나 하부 기관으로 귀향했거나 귀향을 남겨두고 있다. 바로 이런 이들이 세계 단일정부의 준비작업인 세계화를 완성한 것이다.

비선실세의 과거진행 업무, 달러의 세계화

1960년대 말, 베트남 전쟁에 거대한 돈을 쏟아부은 미국은 여기저기서 의심을 받았다. 금이 얼마나 있기에 그리 돈을 푸느냐는 의심이었다. 프랑스로부터는 아예 금 상환 요구를 받아, 이미 한차례 금을 건네주었다. 달러가 곧 금이라 해 놓고 보유금보다 더 많이 찍어 돌렸기 때문에, 프랑스식 금 태환 요구가 경제 강국 독일이나 일본에까지 이어지면 큰일 나는 것이었다. 미국은 솔직하거나 점잖은 방식으로 일을 하지 않았다. 베트남 전쟁과 그 유관 국가들에 돈을 더 풀어 가면서 자국 재정을 더욱 어렵게 (보이게) 만들었다. 이른바, 재정적자 자작극이었다. 이로써 달러는 전 세계로 충분히 뿌려져 있었다. 세계 교역의 90%-60%를 차지하고 있었다.

린든 존슨은 1968년, 달러를 진짜 은금으로 만드는 연금술의 첫 삽을 떴다. 국내에서는 가장 많이 쓰이고 있던 은화 교환증서가 은화로 교환이 안 된다는 선언을 했다. 종이를 그냥 쓰라 했다. 3년 뒤인 1971년 8월 15일, 닉슨은 전 세계 달러의 금 태환을 금지했다. 금 태환이 미국의 의무는 아니라는 사기꾼의 논조였다. 금 태환은 미국의 의무였다. 그는 이미 1969년 기자회견을 통해, 미국은 친선국에 군대를 보내 해당 국가를 지켜줄 의무가 없다면서 약한 척했다. 베트남 전쟁의 패배를 위한 강대국의 핑계이자, 2년 후 발표할 금 태환 정지의 기만에 가득한 핑계이기도 했다. 미국 달러는 미국이 지킬 것이니, 다른 나라 화폐도 당신들이 지키라는 허무맹랑한 제2의 닉슨 독트린이었다. 결국 미국뿐만 아니라 다른 나라가 달러를 가지고 와도 금으로 바꾸어 주지 않겠다는 것이었다. 분노에 찬 프랑스와 독일은 달러의 100% 가치 절하를 요구했다. 실제로 달러는 대 프랑, 마르크의 40% 정도 절하되어 돌아다니고 있었다. 금에 고정되어 있던 달러와 세계 각국의 화폐가 가치를 잃고 자유로이 널뛰었다. 시중에서 통용되던 세계의 금화는 불에 녹여져 골드바로 바뀐 후, 가정과 은행으로 되돌아갔다. 금과 작별했으면 달러는 기축통화의 지위도 놓아야 했는데 미국으로는 천부당만부당한 일이었다.

미국은 모라토리엄을 선언했음에도 당당했다. 1973년 그래도 차용증을 보증한다 했다. 그것이 중동과 미국의 석유였다. 이때부터 달러는 석유 달러라 불렸다. 물론 보증한다고 했지, 석유를 준다고는 하지 않았다. 이와 같은 2번의 막무가내 금융 폭력 사건이 1970년대 초 미국이 벌였다. 종이를 보증하려면 보증 물품이 가치가 있어야 했다. 먼저 한 일이 교수들을 시켜 킹 허버트의 '석유 고갈설'(Oil Peak)을 부풀리고 사회 이슈로 만들어 내는 것이었다. 헨리 키신저는 사우디아라비아로 여러 번 달려가 금에 묶어둔 석유 가격을 풀어서 달러에 묶어 달라고 요구했다. 금도 없이 달러의 가치를 붙잡으려면 다른 방법이 없었다. 자메이카에서 석유와 그 보증서를 화폐로 사용하는 것처럼, 미국 정부도 그렇게 하고자 했다. 하지만 금은 수량이 정해져 있지만, 땅속에 있는 원유는 수량을 알지 못한다. 무한하기 때문에 보증될 수 없는 것이다. 그러나 생산량을 관리하면 보증이 된다. 금을 제한된 석유로 대체하는 것까지 좋다 하더라도 석유국인 자메이카와 달리, 제 것도 아닌 남의 석유를 보증 품으로 잡는다는 것이 가능한 일인가? 가능한 일이었다. 그 땅을 그에 주면 되는 일이다. 중동은 미국에 조국을 넘겨주었다. 1945년 2월 14일 루스벨트는 수에즈운하의 USS Quincy 배 위에서 사우드(Abdul Aziz ibn Saud) 왕과 석유 독점의 이야기를 끝낸 바 있었다. 그 이후 미국은 사우디아라비아를 거점으로 사우드 왕들의 행동을 단속했다. 중동의 모든 국가에 사정을 설명하고 지지를 얻어갔다. 중동 왕가의 지류가 워낙 복잡해서 누구를 꾀어야 할지 미국 정부는 고통을 거듭했지만 결국 산유국은 석유회사들의 요구를 들어주었다. 달러는 금에서 벗어나 석유라는 자유로운 광물을 보증으로 모습을 바꾸었다.

1972년 5월 미국은 사우디아라비아에 석유 가격을 배럴당 4-5 달러로 2배 인상하도록 요구했는데, 이리되면 달러 가치도 2배 상승한다. 사우디아라비아의 왕 파이살은 0.5달러 전후의 인상만 고집했다. 가격 인상에 따른 석유 소비 저하가 두려웠기도 했지만,

이는 상식을 벗어난 요구였다. 파이살은 사우드 가문의 주권을 지키던 자주적인 인물이었다. 이에 키신저는 1973년 4월 미국 내 석유생산을 감축하고 이집트와 시리아를 부추겨 제4차 아랍전쟁(Yom Kippur War)을 유발했다. 미국의 CIA도 모르게 일을 만들었다. 승리할 줄 알았던 이스라엘이 패전의 모습을 보이는 등 전세가 매우 복잡하게 돌아가는 바람에 미국뿐 아니라 유럽 각국도 심한 외교전 혼란에 빠졌다. 그러나 OPEC은 이스라엘을 지지하는 국가들을 혼내 주겠다며 석유생산을 감축했고 결국 미국이 원했던 세계적인 석유폭등을 만들어 냈다. 미국의 금융 엘리트와 정부는 1975년 평화협정이랍시고, 이스라엘에 실상 필요치도 않은 시나이반도를 이집트에 주고 수에즈운하를 유엔 관리하에 넘겼다. 미국과 이스라엘이 서로 짠 이 시나리오에 넘어간 이집트는 원래 자기 땅인 시나이반도를 이스라엘로부터 넘겨받았다고 자족했다. 그것이 캠프 데이비드 협상이었다. 중동에 평화가 온 것이 아니라 이집트로 인해 아랍국가 사이의 분열이 촉진되었고, 이스라엘은 팔레스타인에 대한 관리를 더욱 강화했다.

키신저의 사기술은 여기서 그치지 않았다. 1974년 석유파동을 몰고 온 것이다. 록펠러와 그의 7공주 석유회사들은 석유 소비자 가격을 400% 올려 달러 가치를 끌어올리는 동시에 어마어마한 이득을 취했다. 100원이던 석유화학 제품이 400원이 되었다. 물가는 고공행진을 했다. 전 세계 수출품의 가격 경쟁력이 떨어지고 성장은 둔화하기 시작했다. 석유 가격 폭등을 두고 아랍 세계가 다시 독자적으로 움직일 듯한 모습을 보였지만, 이러한 정치적 위험은 잘 관리 되었다. 이를테면 사우디아라비아가 예이다. 사우디아라비아의 압둘 아지즈 사우드 왕가는 1920년대부터 영국에 이스라엘의 성립을 위한 약속을 해주고 왕가의 존속을 약속받은 왕가였다. 가족 명이 국가였지만 석유 주권을 지키려 했다. 1975년 키신저와 대등하게 협상했던 선왕 파이살은 CIA의 사주를 받은 조카 파이살 무자히드 왕자에 암살당했다. 미국은 압둘 아지즈의 여섯 형제 존속을 지켜주는 대신, 석유를 배럴당 11달러 이하로 그리고 오로지 달러로만 결제할 것을 약속받았다. 석유 달러가 이렇게 탄생했다.

전 세계의 공업이 멈추었다. 이에 힘을 받은 미국 행정부는 달러 평가절하를 요구했던 국가들에, '맛 좀 보라'며, 거품이 다시 시작된 달러 가치를 지키려 1979년 다시 한번 석유파동을 일으켰지만 미리 석유 고갈을 대비하던 국가들의 반항은 그리 크지 않았다. 그러자 록펠러맨이자 재무 담당 비서관이었으며 FRB 의장 볼커(Paul Volcker, 1979-)는 그렇지 않아도 11.2%까지 올리고 있던 연준 금리를 21.5% 까지 인상했다. 풀린 달러가 회수되면서 달러 가치가 상승했다. 빚을 진 동유럽과 제3세계 국가들은 높은 이자를 지급해야 했고 중남미 국가들은 불어난 외채로 인해 상당수 파산의 길을 걸었다. 미국산업도 흔들렸다. 세계의 달러가 계속 미국으로 다시 들어와 작두로 잘렸다. 세계든 미국이든 산업이 어찌 되든, 달러 가치만 유지하면 좋았던 월가였다. 산업 경쟁력을 잃은 미국의 공장들이 문을 닫기 시작했다. 미국 정부는 재정을 지출해야 했지만, 달러의 가치는 긴축을 요구했으니 달러 운영만 두고는 달러의 위상을 지킬 수 없었다. 다른 나라 돈의 가치를 올려, 달러 사용량을 유지해야 했다.

1985년 9월 22일 프랑스, 독일, 영국, 일본의 재무장관들이 뉴욕 플라자 호텔에 불려왔다. 달러 거품에도 불구하고 가치가 높으니 그 가치를 다른 나라 돈들이 좀 가져가서 달러가 유동적으로 돌아다니도록 만들고자 했다. 마르크와 엔화 가치가 서서히 올라가면서 30%–50%까지 상승했다. 일본 엔화는 더욱 심해서 1달러: 240 엔이 1달러: 120엔이 되었다. 내수를 위해 일본은 끝없이 돈을 풀었지만, 부동산 가격만 올랐고, 경쟁력이 떨어진 산업 부문에 한국이 치고 들어가 자본을 축적했으며, 1988년 올림픽마저 펼치는 일이 벌어졌다. 같은 일이 중국, 대만, 태국, 말레이시아, 인도네시아에서도 벌어졌다. 독일도 기우뚱거렸지만 유럽공동체와 마르크 대비 약세인 유로 통화에 독일 생산력의 가치를 걸쳐 조정이 가능했다. 독일에는 유로가 도움을 주었을는지 모르나, 그리스, 이탈리아, 스페인 등 다른 유럽국가들은 유로에 의해 손해를 보았는데, 이는 이미 계획된 일이었다. 유로가 기축통화가 되기에 내부 분열이 심할 뿐만 아니라, 유럽 집행위원회와 유럽중앙은행 사람들은 이미 달러 표시 자산에 목숨을 건 월가 사람들이었다. 유럽은 달러의 시장일 뿐이었다. 오히려 마르크와 같이 강한 화폐가 다시는 등장하지 않도록 유럽 화폐를 통합시킨 것이었다. 달러라는 종이돈은 석유를 떠나 국채, 회사채, 주식으로 보증을 갈아탔으며 나라의 빚 위에서 종이돈이 찍혀 나갔다. 이 종이돈은 통장 돈으로 통장 돈은 카드로 카드는 디지털 머니로 바뀌어 가는 것이다. 보증은 여전히 국채 즉 국민 세금, 나라의 빚이다. 달러가 떠안아야 할 빚(실은 11배의 위조지폐)의 용량을 전 세계 화폐들이 이런 식으로 나누어 분담했다. 즉 달러는 다른 화폐의 가치를 빼앗아옴으로써 자신을 이렇게 살렸다.

미국인들은 값싼 수입품을 허겁지겁 소비했다. 햄버거 가격이 1달러일 때, 다른 나라의 햄버거가 5달러인 것을 안 미국인들은 살기 좋은 미국이라는 자만심만 높여 갔다. 그 나라에서는 최소한 2.5달러여야 할 햄버거라는 것을 미국인들은 몰랐다. 즉 다른 나라의 국민들과 자원의 가치가 달러에 의해 깎여 미국의 물가를 낮게 유지해 주었다는 것을 몰랐다. FRB의 달러는 무한대로 찍혀 나왔다. 미국 정부는 이런 위조 달러를 소비시켜 주는 막강한 기관이 되었다. 1971년 이전 194년 동안의 미국 빚 총합이 1조 달러인데, 당해 년부터는 2년 거치로 1조 달러를 돌파한 적도 있었다. 오늘날의 미국 정부는 하루에 40억 달러씩 FRB로부터 빌리고 있다. 무려 10조 달러가 넘어가는 금액이다. 그런데도 정부는 뉴욕타임스 광장 전광판에 빚을 실시간으로 알려주는 뻔뻔함에 익숙해 있다. 달러 가치 거품은 초기보다 이미 100배가 불어 있다. 달러가 살아 숨 쉬는 날까지 몇 배가 더 늘어날지 정확하게 아는 사람은 없다. 하지만 가치를 계속 불리다가는 결국 거품이 붕괴하여 몰락한다는 것을 잘 아는 금융 엘리트는 미 국채를 최대한 전 세계로 분산시키는 방법으로 세계의 자산을 낚을 만큼 낚았다.

중동 석유를 기축으로 한 달러가 통장이나 현찰을 통해 무한정 찍혀 나오면 미국 중앙은행은 정부를 이용해 전 세계의 노동력과 자산을 공짜로 사들일 수 있었다. 공짜로 사들이는 메커니즘은 당연하지만, 국가, 개인, 기업에 빚을 지게 하는 것이다. 빚을 지게 하려면 미국뿐만 아니라 세계 각국의 정부를 계속 가난하게 해야한다. 전쟁, 대형공사, 무기 수입, 기업 감세, 국가보조금, 국가파산등이 그런 아이템들이다. 전통적으로 국가파산, 대형공사, 무기 수출등을 유도하는 전쟁이 가장 유효했던 아이템이었다. 나치를 키워준 은행의 역사가 좋은 본보기이다. 전쟁을 일으키거나 군사비를상승시키려면 정치적 통로를 뚫어야 한다. 일단 미국을 포함한각국 대통령이나 재무부를 장악해야 한다. 이를 위해 월가는국가의 곳간을 비운다는 조건으로 미국 대통령이나 재무부 장관을내정하고 정치자금을 퍼 주었다. 다른 국가에도 마찬가지 메커니즘을적용했다.

1980년대 이래 신자유주의 이론으로 무장한 미국의 초국적기업들은 전 세계 정부들을 빚쟁이로 만들어 가기 시작했다. 세금을잘 관리하여 국가의 살림살이를 해야 할 정부가 끝없이 중앙은행 및해외은행으로부터 대출을 받고 기업의 법인세를 감면해주고 기업에국가보조금을 쏟아부었다. 기업가들이 민영화의 이름으로 국가를장악해 나갔다. 전 세계가 무한 자유를 부르짖게 했으며 정부는빚쟁이이지만 그것은 대통령이나 정치인의 빚이 아니니 나 몰라라하며 개인 이익이나 챙기고 도망치는 습관 같은 정치문화가 이렇게세워졌다. 세계 시장은 수요공급의 법칙을 고전 모델로 만들어버렸다. 대신 조작과 투기가 그 자리를 대신했다. 미국의 월가는아예 중국을 열어젖히고 소련을 해체함으로써 달러를 소비할 장소를만들었다.

실질적인 첫 신호탄이 폴란드의 자유노조였고 이 흐름을 세계에 알린 첫 광고가 루마니아의 독재자 차우세스쿠의 사형 방송이었다. 한 나라의 독재자를 TV 방송을 통해 살해함으로써 이제 공산주의든 자본주의든 국가가 주도하는 계획된 정치와 경제의 시절은 끝났다는 것을 세계에 알린 것이다. 역시 신체의 제스처에 익숙한 루마니아다운 사건이었다. 민주화 운동은 전 아프리카, 아시아, 남미로 퍼져 나갔다. 게 중 차우세스쿠의 친구인 자이레의 모부투처럼 시민들에 죽임을 당할지 몰라 스스로 다당제와 민주화를 선언하는 등의 성과는 있었지만, 신자유주의의 신호탄이 향한 곳은 국가의 민영화였다. 영국, 미국, 프랑스 정부가 수십 년간 지지했던 제3세계의 독재자들은 민영화를 위해 자리를 내어 주어야 했다. 식민본국의 주인이 정치인으로부터 경제인으로 자리를 바꾸었기 때문이다.

서구의 경제인들은 더는 정치인의 눈치를 보기는커녕 그들을 짓밟고 세계를 직접 상대하기 시작했다. 이것이 플라자 합의 이후 벌어진 일련의 FTA 부류의 사건이었다. 1994년 지구의 FTA를 가능케 한 마라케시 협정과 1995년 WTO에 의해, 기업의 해외이전이 가능해졌다. 낮은 임금의 중국이 세계 공장이 되는 출발 지점이었다. 이는 1947년 GATT 협정과 1995년 WTO를 서로 비교함으로써 더 잘 이해할 수 있다. GATT는 23개 국가의 지엽적 협정이지만 WTO는 160개국이 넘는 글로벌 법규를 다룬다. GATT는 협정이지만 WTO는 운영조직이다. GATT의 당사국은 협정을 쌍방이 합의하여 바꿀 수 있는 임시지만, WTO는 협정을 범 회원 적이자 국제법으로 만든다. GATT는 제품교역에만 상관하지만, WTO는 서비스와 지식재산권도 다룬다. GATT의 규칙은 각국 법 밑에 있지만, WTO 규칙은 각국 법 위에 군림한다. 다시 말하면, 중국의 노동력과 생산력을 제공해 줄 나라가 160개국이 넘었으며, 서구의 공장들이 WTO의 국제법 우산에 의해 보호받으며 중국 등지에서 생산을 지속할 수 있었다. 물론 금융과 같은 서비스와 지식재산권을 중국에 일괄 적용했다.

유럽은 망조를 약속해 놓았다. 1986년 유럽 GDP 60%에 상응하는 기업을 합쳐 만든 ERT와 1999년에 만든 유로가 동시에 달러에 의해 조작당하는 운명을 맞았다. 이는 브레진스키가 말했듯이, 유럽 기업을 달러 빚으로 묶고 유로와 같은 통합화폐를 만들어 유럽연합을 통제하는 방법이었다. 1985년 존 록펠러가 직접 나서 에티엔 다비뇽을 시켜 유럽통합 기업기구와 법을 만들어 냈다. 유럽 각국의 기업과 중앙은행을 따로따로 취급할 필요 없이, 마치 WTO 법규처럼 한방에 합쳐 낸 사건이었다. 달러가 자유롭게 움직이는 데 더 나아가, 유로가 뒤를 든든하게 받쳐주었으며, 유럽중앙은행장은 당연하지만, 월가가 장악했다. 이에 미국의 CIA 가 전방위로 뛰어다녔으며, 프랑스의 68세대가 이에 적극적으로 동조했다. 키신저와 토니 블레어, 클린턴은 유럽통합을 성공시킨 공로로 국제샤를르마뉴 상을 받았다. 2022년 3월 유럽의회 의원 143명은 러시아와 교전을 시작한 우크라이나의 젤린스키에 이 상을 수여하도록 입을 모았다. 유럽의 가치를 지켰다는 것이 추천 이유인데, 민스크 협정 준수를 통해 대통령이 당선되었음에도 협정을 깨고 돈바스를 공격하여 러시아인을 학살하여 유럽에 전쟁을 몰고 왔으며, 미국의 대러 경제제재를 유발했으며, 결국

인플레이션과 에너지 위기를 몰고 왔으며 유럽이 미국의 에너지를 사고 그곳에 공장을 유치토록 힘쓴 공로 아닌가. 샤를마뉴상 수상자들은 한결같이 유럽에 위기를 몰고 온 자들이었으니 말이다. 낙태 합법화를 통해 저임금 노동력을 유럽에 끌어들여 다문화 사태를 조장한 시몬느 베유도 같은 상을 받았다. 미국의 유럽 정책에 적극적으로 동조한 로스차일드 사람 마크롱도 상을 받았다.

2008년 주택담보대출 사태는 제2의 베트남 전쟁이었다. 푼돈으로 사기를 치다가 걸리니까 다시 돈을 천문학적으로 풀어 그 돈을 다시 15년 이상 사기성 증권(파생상품, 비트코인, 브랜드형 주식, 거품 부동산 증권 등)에 70%를 돌렸다. 석유 달러 같은 것을 다시 만들어야 하는 상황에 직면했다. 하지만 이는 베트남 전쟁 같은 역사에 끌려간 것이 아니라, 일부러 유발된 사태였다. 달러는 풍선을 불다가 터질 듯하면 줄이고 터질 듯하면 줄이다가, 결국 고무가 손상되어 완전히 터질 때쯤 입에서 놓아 날아가 버리면 되는 그런 것이다. 달러는 어차피 죽어야 할 돈이었다. 그러니 양적 완화를 해도 좋았다.

죽어가는 달러를 살리는 길은 석유 달러 같은 꼼수가 아니라면, 세계 교역의 80% 이상 차지하는 달러의 금리 인상밖에 없다. FRB 의장 폴 볼커의 1979년–1981년 금리 인상이 그것이다. 이것은 FRB 로서도 하나의 인플레이션 대처 실험이었다. 0.5%부터 시작 15.5%, 21.5%까지 올라갔다. 부동산이 무너지고, 자동차, 건설 기업들이 줄도산했다. 실업률은 10%였다. 하지만 달러는 살아남았고, 세계 경제는 서서히 안정되기 시작했다. 하지만 기업 채산성은 떨어져,

중국의 개방을 유도할 수밖에 없었고 WTO를 통해 공장의 해외이전을 허용할 수밖에 없었다.

폴 볼커의 금리 인상 정책은 달러 빌려 쓰며 살아가던 폴란드, 불가리아, 루마니아, 헝가리, 유고슬라비아를 비롯한 동유럽 국가들에 외채 부담을 주어, 소련이 동유럽 관리를 못 하게 했다. 달러를 쓰던 친소련 동유럽과 남미 국가들이 들썩이고 소련과 이들과의 친선관계에 먹구름이 깔렸다. 카터 정부가 아프가니스탄에 소련을 유입시킨 이유도 동유럽 소련 잘라내기를 유도했다. 달러 풀기, 금리 인상, 금리 인상으로 망할 국가 표적화, 적성국인 소련 약화, 중국의 달러 시장 만들기의 순서가 바로 1980년대 월가의 정책이었다. 경제위기와 군사위기를 동시에 불러오는 것이 이들의 전략이었다. 특히 당시 바르샤바 조약기구의 친소 사령관 4명이 암살당한 이후라 나토를 등받이로 삼았다. 동유럽 붕괴, 유럽통합, 달러 연동, 소련 붕괴가 그 결과였다.

2010년대 1980년대의 시나리오가 유사하게 반복되었다. 달러 풀기, 금리 인상, 망할 국가 표적화, 러시아 약화, 중국과의 결제 시스템 협업, 세계 디지털 화폐 도입의 순서이다. 1979년 폴 볼커의 20% 금리 인상이 달러를 단기적으로 다시 살렸듯이, 이들도 달러를 다시 살려, 살아 있는 달러 가치를 기반으로 디지털 화폐로 넘어가려는 것이다. 달러의 장례식에 나타날 디지털 세계 화폐를 위한 포석이 바로 전염병이었다. 에너지도 곡물도 충분하지만, 문제는 오로지 유통에서 온다. 전염병은 석유, 가스 등 에너지와 종자와 곡물의 유통을 정지시킨다. 자원과 필수품 가격이 천정부지로

솟구치면 빈곤국은 일단 먹고 사는 데부터 위험하지만, 유럽과 같은 선진국은 산업활동을 정지하게 되어 있다. 즉 산업 후진국으로 떨어지게 되어 있다. 산업 자원을 가진데다가 유통마저 통제하는 미국에 구걸해야 한다. 실은 탄소배출 제약이나 그린 정책이라는 허황한 논리를 내세운 것도 석유와 에너지 유통(가격)을 통제하는 제스처에 불과했다. 석유 이외의 에너지로는 어떤 산업도 제대로 이끌 수 없는 데다가, 석유 보증한다는 달러를 쥔 미국이 이런 헛소리를 진심으로 했을 리가 없다. 곡물 산업마저 석유화학으로 만들어 놓았고 우루과이 라운드를 통해 법마저 석유화학 기반 종자와 생산체계를 만든 주제에, 석유화학의 산출물을 없애자거나 대체 에너지 설레발을 치는 것은 강아지도 웃을 일이다. 유럽 산업을 죽이는 월가의 정책일 뿐이다.

세계의 자원과 곡물의 유통 통제를 위해서는 물론 독자적인 자원 강국 러시아가 숟가락을 얹지 않도록 해야 하는데, 그것이 우크라이나를 이용하여 유럽 vs 러시아 전쟁을 유도하는 것이다. 유럽 각국의 국방부 장관을 무능한 이로만 선택해 놓고 CIA가 나토를 움직이게 했다. 전염병과 동시에 러시아 vs 유럽 전쟁을 유발했다. 러시아와의 자원 교역을 끊어 냄으로써 유럽을 금융적으로나, 경제 산업적으로나 약화하려는 것이다. 전염병은 달러의 가치를 보존할 물가상승과 금리 인상을 위한 핑계였고, 우크라이나는 유럽 각국이 경제위기를 피해 러시아로 달려가는 것을 막는 꼼수였다. 일의 진행이 거꾸로 된 것이 아니다. 이들은 러시아를 사분오열시킬 민족 분열 전략을 위해 2022년 5월 러시아 민족 자유 포럼을 만들었다.

러시아에 민족자결주의를 부르는 것이다. 그리하여 러시아를 갈기갈기
찢으려 하고 있다.

1979년에는 미국 통화정책의 승리라 했지만, 이는 미국 기업들이
여전히 살아 있었을 때다. 달러 교역 비율이 80%였을 때다. 당시
기업이 도산했다면 부실기업들이 주로 도산했다. WTO와 FTA
이후 미국산업은 제3세계 수준이며, 달러가 이전보다 십 수배가
풀렸지만 그런데도 타 화폐 교역 비율은 50%에 근접하고 있다. 중동
산유국 통제도 약해졌으며 러시아는 1980년대 경험을 통해 자체적인
금융시스템을 튼튼하게 하고 있다. 중국이 미국과 다시 협업을
할지도 미지수다. 사정이 이런 지금, 이런 꼼수 정책은 달러로부터
세계를 등 돌리게 하는 결과만 남게 할 것이다.

비선실세의 현재진행 업무, 세계정부

세계화 작업은 한 나라의 권력자가 국가를 만들어 가는 작업과
똑같았다. 국경선을 정하여 그곳에 사는 사람들을 나가지 못하게
국민의 범주로 묶고 나서, 그들에 일을 시킬 법을 세우고, 군대를
결성하고 화폐를 일률 화하는 일이다. 세계화에는 국경선이 없으니
당연히 전 세계시민을 상대로 법, 군대, 화폐 안으로 묶는 일이
된다. 중요한 것은 각 민족 국가의 동의를 얻는 일인데, 동의는
민주주의의 원칙에 따라 각국 국민과 의회를 통해 얻으면 된다.
이리하여 만들어진 첫 번째 세계화 작업이 유럽공동체였다. 두 번째,
세 번째 작업으로 북미, 아시아, 아프리카 등을 묶어 낸 다음 그것을

다시 묶으면 세계 단일정부가 세워지는 것이다.

세계정부를 만들려면 긴 시간과 많은 노력을 필요로 한다. 먼저 언어와 도량형을 통일해야 하고 물품, 노동, 금융 교역이 자유로워야 한다. 그러하니 국가 상호간 법규가 같아야 하며, 경제, 정치, 외교의 많은 경우에 있어서 국제법을 적용해야 한다. 1980년대부터 밀어닥친 영어 공용화와 물품과 서비스의 국제표준화 작업, FTA를 통한 각국 규제법의 폐지와 표준화, 국제공조를 빙자한 국제기구의 강제와 협박 등을 통하여 세계정부의 기초작업 즉 세계화가 어느 정도 성공에 이르렀다. 하나의 사례라면, 국제재판을 통하여 국가와 기업을 법적으로 평등화시킨 것이다. 국가가 자국 기업에 혜택을 주는 것이 불법이 되어 버렸다. 한편 금융결제 시스템을 정돈하는 일도 중요했다. 금융이 세계적인 차원에서 가치를 유동적으로 가져가려면 금융의 가치를 받쳐주는 상품과 서비스가 빠른 속도로 국경선을 넘나들어야 하니 FTA와 국제결제 시스템(SWIFT)은 당연한 조치였다. 디지털 화폐가 대안으로 등장했다. 노동시장 개방과 이민정책은 상품의 세계화에 따른 자연스러운 개방정책이었고, 민족주의는 악으로 규정되어 반민족 유랑문화를 만들어 냈다. 세계 각국의 대기업은 전기, 물, 가스 같은 공기업을 민영화하고 의료, 제약, 복지의 각 공공의 경제를 탈취하면서 공공의 영역에서조차 실업과 저임금을 일반적으로 만들어 버렸다. 이들은 자국민의 가계경제가 약해 기업의 물품을 직접 사주지 못해도 마냥 좋다고 했다. 수출하면 되기 때문이었다. 컴퓨터나 자동차 부품처럼 해외의 자재수입 기업에 수출하고, 백신처럼 세계 각국의 보건부에 일괄납품을 하고, 해외

노동자들에 국경을 풀어 새로운 소비자로 만들어 내었다. 그러니 당연히 소비를 부추겨 가계와 국가의 대출을 끝없이 늘렸다. 이런 방식으로 자국의 노동자를 소비자로만 남겨 놓아도 문제가 없었다. FTA가 있기 때문이다. 게다가 빚을 내서라도 신종 스마트 폰을 사려는 젊은이들이 세계에 가득할 뿐만 아니라, 세계 각국의 줏대 없는 공무원들이 빚을 내서 국제기구가 수입을 권유하는 백신, 종자, 비료, 곡물, 서비스를 무턱대고 사주기도 했다. 그러하니, 기업은 실업자들이 양산되어 혹시나 기업 물품을 못 사주는 상황이 오면 어찌하나 하는 그런 걱정은 하지 않게 되었다. 사업영역을 세계와 세계의 공공영역까지 넓힌 데다가, 세계 각국의 젊은이와 공무원들을 소비자로 만들어 놓았으니 문제가 될 것이 없었다. 의료 및 제약도 영리화되었다. 교육이나 의료는 비영리단체로서 교육과 의료에만 재투자하여 운영한다는 오랜 전통을 부수었다. 교육계와 의료계에서 발생한 이윤들이 다른 곳으로 흘러 들어갔다.

세계정부의 기초작업인 세계화를 위해서는 인간과 사회의 정체성 (우리는 하나)을 강조해야 하는데 이는 유엔과 유네스코가 잘 이끌어 왔다. 다양성의 합일(Unity in Diversity)이 그것이다. 다양성 속에서 우리를 함께 묶어주는 단결을 찾자는 것이 아니다. 다양성을 그냥 없애는 것이다. 차별금지라는 슬로건으로 벌이는 개체의 차이를 없애는 움직임이다. 유기적인 자연이 스스로 만들어 가는 자연적 다양성을 없애고, 그 자리에 인간이 일부러 만든 유사 자연물(GMO)을 자연물로 인정한다는 생물학적 다양성이다. 이로써 유전자 변형 및 돌연변이, 신체의 장기 및 정액 교환이 가능하게 만들었다. 자연의 미네랄과 인간

신체의 미네랄 사이에 석유화학 제품과 돌연변이 세포를 주입하는 것이다. 생물학적으로 다양하다는 말이 바로 이런 것이다.

그뿐만 아니다. 다문화 운동을 통해 인종 간 혼혈정책이 먹혀가고 있다. 페미니즘을 통해 남자와 여자의 차이도 금지했다. 남녀 적대 및 안전의 이데올로기를 페미니즘에 심어 사회 곳곳에 감시망을 일상화했으며 생물학적 구분도 없애는 작업을 본격화했다. LGBT와 소아성애 운동을 통해 인간의 장기를 남녀노소 구분 없이 자유무역 시키는 생명공학의 윤리를 홍보하고, 더 나아가 인구축소라는 오랜 엘리트의 희망을 거기에 실었다. 환경운동을 통해 동물과 인간의 구분도 지웠다. 환경 및 공해 문제는 이미 국제화되어 탄소세나 기후변화문제처럼 누가 언제 무슨 이유로 만들었는지도 모르게 위로부터 내려오는 막무가내 의제에 세계인들이 발맞추어 동참하는 어병한 환경을 만들었다. 이들 대다수의 의제가 중국이나 인도 같은 개발도상국의 사다리를 걷어차는 차별적인 것들이며, 자신들이 파헤친 남미와 아프리카의 자연환경에 규제를 가하는 주권 침해의 내용으로 일관되어 있다.

정보와 지식도 표준화도 세계화의 아이템이다. 이는 정보이론과 구글과 같은 커뮤니케이션 매체의 제반 DB 작업, 볼로냐 프로세스 대학 표준화 정책에 의해 거의 완성되었다. 특히 표준화된 DB 체제는 21세기부터 세계 감시 시스템을 가동했다. 빅 데이터와 사회감시망이라 부르는 시스템이다. 이들은 위로부터 감시망을 내려보내기도 했지만, 밑으로부터도 그리했다. 즉 시민 저 스스로 자신과 타인의 정보를 쏟아내어 데이터를 스스로 구축하여 중앙서버로 보내도록 SNS를 관리했다. 오프라인 작업으로는 예를 들어, 볼로냐 프로세스를 통하여 세계 어느 대학, 어느 고등학교 하나도 표준평가 기준에서 벗어나지 못하게 만들어 놓았다. 형식만 그런 것이 아니라 지식의 내용도 비판 없는 일방통행식의 정의를 산출해 왔다. 이를테면 "기업이 살아야 일자리가 생긴다"는 합의 아닌 합의가 있다. 사회의 소비체계와 가계 경기가 살지 못하면 기업은 결코 일자리를 만들지 못한다. 순서상으로나 논리상으로, 기업이 살아야 일자리가 만들어지는 것이 아니라, 유관 기업이나 일반 소비자들이 돈을 써 주어야 기업이 일자리를 만드는 것이다. 소비자가 기업의 물품을 사주는 한에 있어서만 일자리를 만드는 것이다. 소비자가 돈이 없어 소비하지 못하면 기업은 직원을 해고하며 더 나아가 망한다. 각국 정부는 실제로는 돈을 풀어 경기를 부양했음에도 불구하고, 자금을 밑이 아니라, 위로만 쏟아부었다. 이는 정부의 기만이기도 하고, 멍청함의 산물이기도 하다.

특히 AI와 정보기술이 탈 지식화, 친 정보화에 큰 역할을 했다. 미국교육의 경우 정보기술에 의해 STEM 공학교육으로 집중되었다. 인간의 창의성이 아예 없어야 가능한 교육의 공학화였다. 대학은 지식을 탐구, 비판하는 것이 아니라 지식의 공통분모만 가르치는 정보처리 기관으로 변했고, 학생들은 작은 인공지능 기계의 추론 능력에도 미치지 못하는 무능력자들로 변해갔다. 지식과 사유가 아니라, 미디어 정보에 의해 이끌어진 바보들로서, '편이성'이라는 핑계로 자신의 일과도 챙기지 못해 로봇 프로그램에 일정을 입력하고,

먹을 음식 하나 선택하지 못해 날씨에 적절한 배달 음식에 대한 정보를 얻는 이들로 변한 것이다. 표준화되고 정보화된 세계인은 허드렛일에 적합한 지식만 입수하고 위에서 시키는 대로 일하면 되도록 만든 것이다. 인공지능은 위의 모든 세계화 작업을 가장 마지막에 틀어잡는 시스템으로 성장해 가고 있다.

이런 준비작업과 함께 국제법은 끝없이 영역을 확대해 가고 있으며 나토가 잘 보여주듯이, 군사행동을 위한 공조 체계가 세계 권역별로 연습 되고 있다. 한편 화폐 단일화를 위해 벌이는 작업은 더욱더 구체적이다. 비선실세는 이미 세계 각국 금융이 지닌 통화조절 기능, 저축과 대출의 양과 이자율, 산업과 금융자본의 상호조율, 자본 해외유출 및 국내 유입 조절 등에 관한 국가 간 규제를 철폐하거나 자기들의 입맛에 맞게 맞추어 놓았다. 전염병 같은 두려움을 주는 사태 몇 가지만 벌려 놓으면 기존의 준비작업들이 한 곳으로 수렴될 것이다. 실제로 유대 제국주의자이자 로스차일드 은행의 하수인인 자크 아탈리는 2009년 다음처럼 말했다.

"인간이란 겁나게 한번 당해 보아야만 진화한다는 것이 역사의 교훈이다. 방어기제가 작동하기 때문이다. 가끔은 견딜 수 없는 인질극이나 독재도 좋고, 가끔은 하찮은 장난 거리 혹은 철 지난 도덕 규범을 모두 부숴 버리는 정신요법도 좋다. 그렇게 한번 겁나게 당하고 나면, 인류는 마음을 바꾸어 깔끔한 민주주의의 정치술에 자기 개인의 자유를 끼워 맞추게 된다. 전염병은 이런 공포를 구조적으로 만드는 시도가 될 것이다 …. 인도적이거나 환경보호 몇

번 말하는 것보다 전염병이야말로 타인을 위한 의식의 필요, 최소한 관심이라도 깨우게 할 것이다. 전염병 때문에 경제위기가 오겠지만 대단치는 않을 것이다. 잊지 말 것은 경제위기와 마찬가지로 교훈을 얻는 것이다. 앞으로 분명 닥칠 전염병에 대한 예방과 관리 체계를 준비한다 ⋯. 이를 위해 세계적 정책, 세계적 약품, 백신 보유, 세계적 재정을 준비해야 한다. 경제적인 이유만 생각하기에 앞서, 그리해야 진정한 세계정부의 초석을 놓게 된다. 17세기 프랑스에서도 병원이 세워지면서 진정한 국가가 세워졌다."

전염병과 방역을 구실로 세계정부를 세우자는 것이 아탈리의 제안이었다. 타인을 위한 의식과 배려가 전염병과 같은 공포의 본성에 의해 생겨난다고 말하고 있다. 그리고 이런 공포를 일으키는 전염병은 국가가 국민건강을 빌미로 사회를 감시하게 만들고, 국제법을 강제할 수 있게 하며 군사 공조와 더불어 금융 공조를 극단으로 밀어붙이게 만든다. 즉 세계정부의 초석을 놓는 방법이다. 이런 논리와 실제 모두는 자연적인 역사가 아니라 비선실세가 오래전부터 계획한 프로그램들이다. 이처럼 비선실세에는 모든 사안이 변증법적이고 적반하장이다. 변증법과 적반하장의 모든 과정에는 모순이 있으며, 모순이 있기에 자연스럽게 그리 이름 붙여진다. 모순을 만들어 내는 능력도 놀랍지만, 모순을 견디기 어려워하는 보통 인간을 훌쩍 뛰어넘어, 모순을 해결하는 능력마저도 참으로 놀라울 뿐이다.

Part 2 강도들의 나와바리

　　1970년대 콩고라 하면 사람들은 악어와 정글을 떠올렸고, 우간다라 하면 이디 아민을 떠올렸다. 프랑스라 하면 장 폴 사르트르와 에펠탑을 떠올렸고, 미국이라 하면 뉴욕 맨하튼과 하버드의 공부벌레를 떠올렸다. 50년이 지난 지금, 달라진 것은 거의 없다. 베트남이라 하면 여전히, 낮게 나르는 헬리콥터에 록 & 롤을 떠올린다. 50년 동안 되풀이되고 재생산된 이미지는 넘쳐나지만, 세대를 거치면서 얻은 정보들 사이의 차이는 없다. 어찌 이럴 수가 있는가? 50년이 지난 후에도 불구하고 한 나라, 한 역사, 한 지역이의 의미에 어찌 그리 변화가 없는가? 비아컴(Viacom), 타임워너(Time Warner) 등 세계의 정보유통을 장악한 대형미디어가 일부러 정보를 막아서인가? 시카고, 예일, 하버드, 옥스퍼드 대학 교수들이 왜곡된 역사를 고수해서인가? 미디어와 학계 사람들이 모두 서구 문명을 높게 지키고, 다른 문명을 낮게 누르려고 음모를 꾸몄다는 말인가? 이들 모두가 세계 엘리트의 의도된 꼭두각시인가? 즉 뉴욕의 유대 제국주의자들이 이끄는 전 세계 4만여 명의 유대 조력자 사야님(Sayanim, Helpers, 정보원)이나 이스라엘의 모사드처럼 특수 목적하에 움직이는가? 그렇지 않다. 시오니즘처럼 역사가 수백 년 된데다가 구심점도 명료한 조직의 음모 문화가 아니라면 그런 경우는 없다.

한때, 부르주아가 사회의 주체인 양 했지만, 누가 부르주아인지 알지도 못했다. 물론 지금도 모른다. 사정이 이런데 무슨 부르주아의 음모가 있는가. 그런 것 없다. 그렇다면 도대체 무슨 이유로, 현실은 그토록 변했음에도 세계에 대한 이미지와 의미에 변화가 없는가? 모두 역사를 정체시키려고 작정했다는 소리인가? 그렇지 않다. 즉 대형미디어도, 학술계도, 정부도, 세계 기구도 의도적으로 서구를 높이고 비서구를 낮추려 한 바 없다. 오래전부터 생각의 틀을 그리 만들었을 뿐이다. 근대철학은 세상이 물질적으로 진보한다고 했다. 정신은 물질에 따라온다고도 했다. 개인은 자연에 우선한다고 했다. 인간의 진보는 백인이 이끈다고 했으며, 농촌은 미개하고 도시는 세련되었다고 했다. 공업은 농업보다 생산력이 높다고 했고, 소비는 미덕이라고 했다. 그러하니 부자가 선비보다 잘 낫고, 출세가 곧 효도가 되며, 백인이 흑인보다 우등하며, 서울이 지방보다 좋으며 농민보다 회사원이 더 좋다고 한 것이다. 이런 우열의 정서가 바로 우열의 기준을 만든 서구와 서구의 온갖 말들을 존중하게 만든 것이다. 즉 근대성(돈이 최고, 물질 우위, 직능 논리, 인종주의, 도시화, 경제발전 등)이 바로 현실을 변혁할 인간 정신의 에너지를 없앤다. 근대인은 근대가 마치 필연적인 역사인 듯 생각하기 때문에, 명칭도 '근대인'으로 붙여진 것이다. 철두철미하게 근대성으로 세뇌되었기 때문에, 세뇌된 것을 모른다. 이 세상은 의도만 가지고 되는 일이 거의 없다. 하지만 세뇌만 시키면, 세상에 안 되는 일이 거의 없다. 근대를 만든 자들 즉 자본가들은 자유로운 인간을 근대인으로 만들었다. 즉, 근대를 만든 자신의 노예로 만들었다.

자신들이 가장 근대적이라 자신하는 마르크스주의자들이야말로, 노예의 사례로서 적절한 대상이 없다. 사회학자 피에르 부르디외는 "마르크스주의는 마르크스가 말한 것밖에는 생각할 줄 모른다."했다. 자신들 스스로 넘을 수 없는 주어진 문제(생산관계와 생산력) 안에 갇혀 무지의 시절을 보내는 이들이라 했다. 유일신교와 똑같다. 지식을 행사할 선을 머리 위로 미리 그어 놓았으니 사고가 항상 제 머리 밑으로 내려갈 수밖에 없었다. 1960년 이후 마르크스주의의 신좌파적, 지식사회학적 참사는 그렇게 벌어진 것이다. 1979년 장 프랑소와 리오타르는 당대 반지성주의의 대학생들을 부추기던 포스트모던 교육을 "행정조치와 더불어 멋대로 생겨 나오는 사용자들의 사회적 요구에 의해 끌려진... 직업적 지식과 기술적 지식이다."라 했다. 행정기관이 교육의 조타를 잡고 학생과 시민이 그에 따라 지식을 한번 사용하고 나서 자신의 직업과 기술에 적절한지 선택하거나 버린다는 것이다. 이른바, 사용가 평가 혹은 사용자 경험에 따른 소비사회의 지식이다. 이런 지식은 물론 지식이라는 단어부터 잘못된 것이다. 이는 지식이 아니라 정보이다. 지식은 사용자 평가나 경험과는 독립적이라서 사용자의 눈치를 볼 필요가 없다.

반면, 정보는 개인적인 요구에 따라 처리가 가능한 데이터이기 때문에 선호도 문제가 자리한다. 마음에 들면 취하고 아니면 폐기처리되는 것이 정보인데 포스트모던의 지식이란 것이 바로 그런 것이다. SNS의 좋아요처럼 인용횟수가 논문의 질을 보장한다. 즉 인용문으로써 먹도록 처리된 논문이 상을 받고 그렇지 않으면 사라진다. 쉽게 말하면 이 시대의 지식이란 것은 개인의 욕구, 평가, 경험에 목을 맨 입발린소리 이상도 이하도 아니다. 논리, 객관, 사회적 의미가 개인의 정보처리 과정에 의해 이미 걸러져, 누구나 가진 욕구, 평가, 경험에 활용가능한 표준 데이터가 되어 사방팔방을 돌아다니는 것이다. 이것이 어찌 축적 가능한 지식인가. 보다 더 넓은 차원의 사례를 참고하기 위해서 정보데이터가 필요하지만, 그것으로 깊이 들어갈 수는 없다. 지성은 뇌의 깊이에 있지 넓이에 있는 것이 아니기 때문에 정보 그 자체를 가지고는 학문의 세계로 들어갈 수는 없는 것이다. 그러나 포스트모던 국가와 대학은 그렇게 했다.

Chapter 4 강도들의 나와바리

세계 유대 금융의 허브

변증법적 모순을 견디어 내고 결국 그 모순을 극복해 내는 것이 인간의 능력 중 하나라면, 유대인은 그런 능력을 지닐 수밖에 없었다. 자신을 견제하는 환경 속에서 부를 일구는데 마다할 일이 없었으며, 이른바 바깥으로는 남을 속이고 안으로는 정신적으로 단결하는 이중생활에 익숙했다. 서구가 그들을 그 모양으로 만드는 데에 일조했으니 누구를 비난할 것도 못 된다. 그들의 모델이 바로 콘베르소라는 유대 조상이다. 유대인들의 우상 중 한 사람인 조제프 나지(Joseph Nasi-Mendez, 1505-)가 그런 이였다. 그는 스페인에서 태어났다. 은행 가문으로 15세기 후반 유럽 금융계를 장악했던 리스본과 안트워프의 멘데스 은행(Mendes Bank)의 소유주, 프란치스코와 디오고 형제가 가문을 이끌고 있었다. 이들은 영국,

스페인, 포르투갈, 플랑드르 왕실에 대출과 재정지원을 해주었다. 이런 네트워크를 가질 때까지 이들의 생활력이 어떠했을지 짐작이 간다. 이들은 바스쿠 다가마에 배를 빌려주었으며, 수수료와 지분, 그리고 선박 소유주라는 특별한 권력에 힘입어 유럽과 인도와의 후추 무역을 장악하고 있었다. 워낙 부자였고 수단까지 좋았던지라, 오스만제국에서도 명성이 있었다.

가문에 악재가 닥친 때가 1492년이었다. 당해 1월 이사벨라 여왕에 의해 이슬람 왕국 안달루시아가 패배하면서 나라가 뒤집어졌다. 이슬람 왕은 여왕에 궁의 열쇠를 건네주고 수도 그라나다를 떠났다. 스페인의 신설 가톨릭 정부는 구 이슬람 정부의 고위직에 분포되어 있던 유대인들에 6개월 만에 나라를 떠나거나, 개종하라고 강요했다. 부유하거나 정부 고위직의 많은 유대인이 개종했다. 크리스토퍼 콜럼버스 같은 이는 개종을 한 동시에, 여왕으로부터 신대륙 발견을 위한 자금과 미래의 식민통치권도 얻어 갔다. 하지만 그 같은 뜨내기 유대인은 드물었다. 금융이나 유통업에 종사했던 대다수 유대인은 개종하면 정치적인 자유는 얻지만, 스페인 이외의 유대 네트워크를 이용하기 어려웠다. 더 나아가 가톨릭 관습법에 걸려 상업과 금융업을 지속하기 힘든 면이 있었다. 결국 개종과 상관없이 스페인 유대인 10만 명이 포르투갈로 옮겨갔다. 스페인을 떠난 유대인 30만 명의 1/3 이었다. 포르투갈에는 해상유대 네트워크가 살아 있었기 때문이었다.

스페인에서 그럭저럭 견디던 나지 집안도 포르투갈로 이주했다. 조제프 나지도 두 명의 삼촌과 함께 이주했으나, 포르투갈에서도 스페인과 똑같은 정책이 취해지자 이베리아반도와는 다른 거처를 찾아야 했다. 두 삼촌이 죽은 뒤 숙모이자 장모인 베아트리스 드 루나(Gracia Mendes Nasi)와 함께 베니스 공화국을 거쳐 오스만제국으로 이주했다. 유대인들을 편안하게 놓아준 나라는 이베리아와 베니스의 두 기독 세계가 아니라, 역시 이슬람 세계인 선진국 오스만 튀르크였다. 유대교 활동에 완전한 자유를 보장한 관용의 나라로서 근대 미국 같은 존재였다. 공존을 지향했던 비잔틴 문명이 여전히 잔재한 오스만이었다. 1554년 나지는 술탄 술레이만(셀림 2세)의 총애를 받아 팔레스타인과 갈릴리 지역을 통치하면서 유럽의 유대인들이 정착하도록 계획을 세웠다. 그가 보기에, 팔레스타인 지역은 지중해와 중앙아시아 무역의 교두보라서 유대인의 상업 활동과 정서에 걸맞았다. 이슬람 정부가 유대인을 보호해 주었으니 정치 환경도 유럽보다는 훨씬 나았다. 하지만 16세기 유럽에서는 신·구교 갈등 속에서 유대인에 대한 집합적인 추방정책이 거의 사라졌다. 유대 네트워크도 유럽 각지의 환경에 맞게 재편된 이상, 유럽의 안정된 살림살이를 버리고 험한 갈릴리로 갈 유대인이 별로 없었다. 이민자 200명 정도의 가난한 이탈리아 유대인들이 모였지만 후사를 도모하기 어려워 결국 실패했다. 나지의 이 시도는 19세기 후반에 나타난 유대 제국주의가 맹아의 모습을 보인 것이다.

한편 그는 지중해 한복판의 낙소스(Naxos)섬의 제후였으며 포르투갈과 네덜란드, 프랑스, 이탈리아, 오스만제국과 베니스와 사이프러스까지 걸쳐진 유대 상업 및 금융 네트워크 속에서 움직였다. 두 삼촌 이상으로 수완이 좋았다. 이를테면, 오스만에 들어 온 유럽 국가의 상선이나 무역센터의 자산을 담보 삼아, 유럽 국가에 돈을 꾸어 주었다. 오스만의 프랑스 자산을 담보로 돈을 빌려주고 프랑스 왕이 돈을 갚지 않으면 오스만 술탄에 자산을 동결하게 했다. 동결된 자산의 몇 %를 술탄과 나누었는지는 알 바 없으나, 두 국가의 충돌을 예상하면서도 대출업무를 진행했을 만큼 위기를 자초하고 동시에 극복했던 자였다. 그는 술탄 셀림 2세를 부추겨 1571년 레판토 해전을 일으켰다. 베니스, 스페인, 교황청, 제노아 공화국, 몰타 기사단, 토스카나 제후국, 사부아와 우르비노 제후국 등이 참여한 16세기 최대의 전쟁이었다. 오스만의 금융계가 들썩였고 베니스 공화국의 유대인들이 이 전쟁에 뛰어들었다. 쌍방을 조율했던 나지는 오스만제국의 유럽 외교관으로서 사이프러스와 베니스의 유대인들과 함께 전쟁에 따른 금융이익에 대하여 논의했으며 전후에는 베니스 금융과 오스만 금융의 큰 부분을 관리하게 되었다. 가히 유럽 최고의 국제 금융가이자 명실상부 드러난 세계화주의자였다. 그는 나라 사이를 오가는 증권을 만질 줄 알았으며, 유통망을 통해 부와 권력이 이동한다는 것도 알았으며, 경제와 정치는 궁극적으로 하나라는 사실도 알았다. 무엇보다 두 적대국을 함께 움직이는 법을 알았다.

그는 이미 지중해 무역과 금융의 한계를 깨닫고 있었다. 가문의 뿌리가 남아있는 네덜란드의 안트워프를 주축으로 대서양에 진출하기를 원했다. 이것이 결국 대서양 진출의 교두보인 런던을 향하게 된다. 나지가 네덜란드 독립에 눈을 돌린 이유는 네덜란드를 먼저 장악해야 런던을 공격할 수 있었기 때문이었다. 네덜란드

시민들은 1568년부터 스페인으로부터 독립전쟁을 벌이고 있었다. 그는 레판토에서 얻은 이익을 가지고 와서 당시 네덜란드의 해상 유대인들을 지원했다. 그와 네덜란드의 유대 상인들은 동인도와 아프리카, 남미에서도 스페인과 포르투갈군에 대항하여 전투를 벌였다. 네덜란드와 스페인은 정치적으로는 명실상부한 적이었다. 그러나 사업에서는 상황이 달랐다. 당대 네덜란드 지역에 기반한 기업들이 스페인과 나눈 교역이 영국과 프랑스와의 교역량보다 많았다. 나지와 같은 유대 은행 및 상인들에 의해 네덜란드의 해외결제대금 절반이 스페인에 지급되고 있었다. 함께 살아가는 공동체 성원들이 무기를 들고 나가 싸우고 있을 때, 네덜란드의 유대 기업들은 겉으로는 전쟁을 하고 뒤로는 적과 교역을 했던 것이다. 지중해와 대서양 해상무역의 대다수를 유대인이 장악하고 있었던 만큼, 전쟁에 들어가는 물자도 이들이 통제했다. 병참을 장악하고 있었기 때문에 이 전쟁은 결국 유대인의 판단에 따라 기울어지기 마련이었다. 지는 게임에 투자할 상인은 없다. 정착민에 땅은 부의 마지막 보루지만, 나지와 같은 유대 상인에는 차라리 바다가 조국이었다. 이런 이유로 애국심은 유대인의 미덕이 아니라는 것이다.

1581년 네덜란드(United Provinces, Dutch Republic)가 독립했다. 유럽과 터키에서 지중해 상업과 금융에 종사했던 유대-개신교 연합체가 안트워프, 브뤼헤, 로테르담, 암스테르담 등지로 몰려들었다. 네덜란드 독립전쟁의 전체 시기(1568-)가 네덜란드 경제의 황금기가 되는 기현상이 발생한 것은 이들 덕택이었다. 레판토 해전처럼 전쟁을 영업활동으로 이해한 유대인들이었다. 보통 15% 이상이었던 이자율도 2-3%로 크게 낮추어 여기저기서 나타나는 자금 요구에 대응했다. 유대인들이 자유롭게 해외에 투자를 할 수 있게 했다. 당시의 가톨릭 금융이나 보통의 부호들과는 달랐다. 소심한 투자가 아니라 공격적인 투자였다. 나지를 비롯한 유대 네트워크는 결국 스페인으로부터 네덜란드를 독립시키고, 그곳을 켈빈주의 개신교이자, 유대 금융 마라노들의 자유지구로 만들어 버렸다. 이로써, 나지가 실패한 팔레스타인의 유대인 정착 프로젝트를 부분적으로나마 네덜란드에서 만든 셈이 되었다. 이런 이유로 당시 네덜란드를 '유럽의 이스라엘'(New Great Jerusalem)이라 불렀다. 네덜란드 유대 상인들과 은행의 특징은 현금이 아니라 신용증권을 통해 결제를 신속하게 만들었으며 무엇보다 애국, 애향심 자체가 없었다는 점이다.

독립을 쟁취했어도 여전히 불안정했던 네덜란드의 정치 상황을 틈타 개신교도와 마라노 유대 금융가들은 암스테르담을 장악하고 네덜란드를 세계 교역의 중심지로 키워나갔다. 란샷(Lanschots), 보르키(Borski), 알(Halls), 퍼슨(Pearsons), 미에(Mies) 등의 가문이 터줏대감처럼 네덜란드에 자리를 잡았다. 주식회사와 주식거래소와 같이, 인간 욕심을 부추기는 기구를 잘 이용한 덕분이었다. 모카타(Mocatta), 몬테피오레(Montefiore) 가문은 금융 아닌 교역을 했지만, 금융을 하지 않았다는 증거는 없다. 이제 바다 건너 영국의 런던만 장악하면 대서양이 장악되는 것이었다. 이들은 영국 런던시티의 동업조합 안으로 들어가 그곳의 금융 네트워크부터 장악해 갔다. 런던시티는 이미 오래전부터 유대인의 비밀주의에 걸맞은 치외법권 지역이었기도 하거니와, 영국 왕실과 의회 의원들의 재정문제를 해결해 주던 곳이기 때문이다. 이 역사에 올리버 크롬웰이 결정적인 역할을 했다. 찰스 1세의 군대를 물리치고 그를 처형한 뒤 권좌에 오른 크롬웰이 호국경을 지내던 의회 정권 시기(1653-) 유대인이 런던으로 대거 몰려왔다. 1290년 이래 350년 동안 입국이 금지된 유대인들을 크롬웰이 암스테르담으로부터 불러들였다. 크롬웰은 영국연방의 힘을 확대한다고 생각했지만, 조국이 없는 유대인들의 생각은 달랐다.

네덜란드의 유대인들은 크롬웰이 항해조례를 만들자, 1652년부터 그와 전쟁을 벌이는 척을 했다. 적성국 한 쪽에 다리를 얹고, 두 쪽을 충돌시킨 후 다른 쪽에서도 동시에 이익을 얻어 가는 탁월한 마케팅 현상이 이전의 네덜란드 독립전쟁뿐만 아니라, 영국과 네덜란드의 대서양 장악 전쟁에도 적용된 것이다. 영란전쟁은 네덜란드의 유대인들이 대서양 항해 중심지인 런던으로 옮겨 오는 도구에 불과했다. 아놀드 토인비류의 문명 전환론에 익숙한 역사가들은 해양 무역 주도권 쟁탈전이라 불렀다. 1658년 그의 사망 후, 찰스 1세의 아들 찰스 2세가 1661년 왕정복고를 일으켰다. 죽은 크롬웰의 무덤을 부관참시하고 그의 해골을 걸어 웨스트민스터 의사당 로비에 25년간 걸어두었다. 이런 정치 환경이었지만 유대 네트워크는 멀쩡했다. 유대인 이민 중개상이라 할 크롬웰은 죽어서 300년간 구천을 떠돌았지만, 그가 영국에 이민시켜 준 유대 금융인들은 손끝 하나 다치지 않고 번성을 거듭했다. 영국 재정과 영국 재정에 필요한 상업을 틀어쥐고 있었기 때문이다. 올리버 크롬웰의 항해조례로 인해 벌어졌다는 3차례의 영국과 네덜란드 전쟁은 두 국가의 주권을 함께 괴멸시켜 두 국가를 모두 통제하려는 암스테르담/안트워프/로테르담-런던시티 유대 금융가들의 농간이었다. 결국 1688년 네덜란드의 오렌지 공이 영국 왕으로 등극하여, 두 나라의 금융은 하나가 될 수 있었다. 변증법적 전략이란 이런 것이다. 충돌 없이는 합병도 없었다.

크롬웰의 머리가 의사당 로비에 아직 걸려 있던 1666년, 암스테르담 출신 런던의 유대인들이 동인도 회사를 설립했다. 인도네시아까지 갈만한 물적, 법적, 정치적 조건이 되니까 설립한 회사라서 이들은 거침없이 개척적인 행보를 거듭했다. 종교는 언제나처럼 좋은 구실로 작용했다. 찰스 2세와 그의 동생 제임스 2세와 달리, 의회와 유대 사회는 이미 개신교로 굳어 있었다. 영국의 가톨릭교도는 1%였다. 찰스 2세가 아무리 종교 관용 정책을 피웠어도, 왕실의 가톨릭적 정치 논리는 소유권, 자유무역, 개인주의에 매몰된 유대 영국 사회에 더는 맞지 않았다. 30년 동안 유대 네트워크와 함께 움직이던 의회 의원, 상인, 변호사 등 휘그당 자유주의자들은 1683년 찰스 2세와 제임스 2세를 암살하려 시도했다. 런던시티의 사법관 코니시 (Henry Cornish)까지 참여했으며, 존 로크 같은 84명의 지명수배자가 네덜란드로 도망을 쳤다. 낭트 관용 칙령을 거부한 1685년 프랑스의 루이 14세에 의해 4만의 프랑스 개신교도가 런던에 몰려들었지만 추방되었다. 영국, 네덜란드, 프랑스 각지에서 가톨릭과 개신교의 긴장도가 극도로 높았다. 그러나 영국 의회든 사회든 제임스 2세의 가톨릭 영국이 되기에 왕은 돈도, 시민대표도 지니지 못했다. 스코틀랜드와 아일랜드가 자신을 지지했고 자신이 키운 군대도

있었지만, 암스테르담 유대인들의 조직력을 이길 수는 없었다. 굼페츠
(Gumperz) 가문이 잘 보여주듯이, 유대 은행 가문은 유대인이 관여해온
무기중개업, 면직업을 통해 금융과 병참 산업을 함께 움직이는 전통이
있었다.

네덜란드의 은행 강도들

1688년 11월 5일, 암스테르담의 유대 은행 가문의 수아쏘(Francisco
Lopez Suasso)는 페레이라(Jacob Pereira)와 함께 200만 달러에 상당하는
금화를 모아 네덜란드의 윌리엄 오렌지 공에 주고 부인과 함께
영국 원정을 보냈다. 4,000명의 위그노 기마병, 11,000명의 군사,
48척의 전함과 260척의 수송선이 유대 은행의 돈으로 모여,
영국에 도착했다. 영국 의회는 이들을 환영하기로 작정해 놓은
상태였다. 영국 전역이 떠들썩했다. 하지만 제임스 2세는 자신의
사위와 딸에 자리를 내어 주어야 했다. 1689년 윌리엄 오렌지 공(
윌리엄 3세)의 두 부부가 공동 왕이 되는 협잡이 만들어졌다. 명분도
세웠다. 네덜란드를 세운 오렌지 공은 찰스 1세의 외손자로서
영국의 스튜어트 왕실과 모계 혈통이 같았다. 매리는 영국의 직계
직통이었다. 오렌지 공을 통해 네덜란드를 대표하고, 부인 매리를
통해 영국을 대표 시켰다. 영국이라는 골치 아픈 상자를 십자 형태로
묶듯이, 혹은 기우뚱하는 네덜란드 탁자를 X자형 철제 다리로
받치듯이 영국과 네덜란드 네트워크를 공고히 하는데 이만큼 좋은
커플이 없었다. 이로써 금융가들은 네덜란드는 말할 것도 없고 런던에

자신들의 네트워크를 토착화했다. 권리장전은 귀족 부르주아 유대 금융 도당의 권리를 대서양에 성 문법화 한 것이었다. 대서양 건너 미국 뉴잉글랜드도 이를 따르게 하면 대서양은 장악되는 것이었다.

1689년 왕권이 시민으로부터 이양받은 권리라는 토마스 홉스의 사회계약론을 거꾸로 뒤집어 쓴 존 로크는 왕의 정치, 군사, 금융 관리권을 탈취하려는 홍보에 들어갔다. 왕권이 원래 시민의 것이니 돌려달라 할 권리가 시민에 있다는 것이었다. 시민은 당연히 의회가 대표했고 의회는 귀족 부르주아 도당의 것이었다. 돈 문제는 암스테르담의 수아쏘, 핀토(Pinto), 페레이라(Pereira) 세파라딤 콘베르소 연합 가문들이 해결 보았다. 먼저 금융관리권을 따오기 위해서는 영란 국왕 윌리엄 3세가 전쟁만 하면 되었다. 돈이 필요하니 돈을 대 주고 화폐발권의 권리를 가지고 오는 일이었다. 게다가 영국에 개신교 왕을 들였으니 당연히 가톨릭 아일랜드, 스코틀랜드와의 전쟁은 필연이었다. 윌리엄 3세는 전쟁을 치루면서 왕실의 재정을 스스로 고갈시켰다. 그는 유대 금융가들로부터 9년 동안 금을 차용하여 프랑스와도 전쟁을 치루었다. 이자는 8%였으나 원금상환은 하지 않았다. 단지, 조폐권만 넘기면 되었다.

1694년 수아쏘, 핀토, 모카타(Mokatta), 라파엘(Raphael) 유대 은행 가문들이 연합하여 영란은행을 설립했다. 왕에 꿔 준 금을 지폐로 바꾸어 3배를 찍어내기로 약정했다. 그러나 1694년까지 영국 정부가 은행에 빌린 돈이 150만 파운드였는데, 다음 해 찍은 돈은 8억 4천 8백만 파운드였다. 565배를 찍은 것이다. 그렇다면 국가가 빌린 돈

150만 파운드가 모두 전쟁자금이었다 해도 은행이 가진 금의 3배(450만)를 찍는다고 했으니 빌려준 전쟁자금의 188배의 금을 은행이 가지고 있었다는 소리다. 믿거나 말거나지만 금 가격 조작에다가 이자 계산법까지 귀신같이 움직여 만들어 낸 결과였다. 1697년 영국 정부는 결국 이들에 화폐를 찍을 권리를 통째로 넘기고 말았다. 왕이 찍은 국정 화폐는 국채이거나 금화였지만 이들이 찍은 화폐는 국왕의 도장이 찍힌 지폐였으니 마음만 먹으면 언제라도 인플레이션을 만들어 낼 수 있었고 만들어 내었다. 실상, 왕이 자기들 사람이니 거칠 것도 없었다. 사설 은행이 조폐권을 가지고 화폐를 찍어 돌리면 국가가 그들에 바로 그 돈을 꾸며, 국가는 그렇게 진 빚을 국민의 세금으로 갚는 방식이었다. 이리하여 1692년 기준 영국 GDP의 5% 정도에 불과했던 영란은행의 대 정부 빚이 워털루 전쟁이 끝나던 1815년까지 GDP의 200%까지 올라갔다.

암스테르담에서 건너온 페레이라 가문의 모세스(Moses Lopez Pereira)는 영국 제일의 부자가 되었다. 네덜란드에는 핀토, 호프(Hope) 가문이 왕실의 금고를 쥐고 있었고 수아쏘 가문은 동인도 회사와 미국의 사업을 통해 이들과 항상 함께 움직였다. 돈에 미쳤던 14세기 프랑스의 필립 4세마저 금화의 중량은 속였을지언정 지폐를 찍어 돌릴 생각은 하지 못했지만 결국 런던시티 유대 금융인들은 이를 해냈다. 이에 많은 유대 은행 가문들이 18세기 동안 런던으로 자리를 옮겨왔다. 런던시티가 진정한 유대 금융의 요람이 될 때가 18세기 말이었다. 아시케나지 골드스미스(Goldsmiths)는 독일과 금융사업을 연계했고, 살로몬(Salomon)과 비쇼프샤임(Bischofsheim), 클리포드(Cliffords)

가문은 네덜란드와 벨기에 지방을 연계했다. 특히 클리포드와 호프 가문은 덴마크, 러시아 등 유럽 각지를 전방위로 뛰어다녔다. 네덜란드의 경제력과 영향력이 영국에 의해 빼앗겼다는 뜻은 다름 아니라, 네덜란드 유대 금융인들이 영국에서 자리를 잡았다는 것이다.

핀토의 아이삭(Isaac de Pinto, 1717)은 정밀한 주식매매 이론을 들고나와 유대 금융의 입지를 더욱 강화해 주었다. 호프 가문은 애덤 스미스의 국부론을 출간시켜 주었다. 이 약탈적 경제를 네덜란드와 영국의 유대 금융가들이 함께 이루어 냈으며, 이를 자유경제, 민주주의로 포장해 버렸다. 의회주의자 크롬웰의 잘린 머리는 350년간 영국 왕실이 별로 신경 쓰지 않는 전시물로 남았지만, 크롬웰의 유대인 친구들 후손은 영국 민중과 왕실을 쥐락펴락하는 왕실의 친구가 된 것이다. 18세기 말부터 시작되는 대영제국은 금 은 귀금속의 모카타 & 골드스미스(Mocatta & Goldsmid), 주식시장의 라파엘(R. Raphael & Sons), 유대 제국주의와 영국 왕실 수호자 이자 보험의 몬테피오레(Montefiore Brothers, Allianz), 영국정치부터 장악한 로스차일드(NM Rothschild & Sons, , 칼 마르크스의 외가 혈통으로 알려진 런던시티의 코헨(Barent-Coens), 몬테규(Samuel Montagu & Co.), 프랑크푸르트의 스턴(Stern Brothers), Shell과 수에즈 동양 무역의 사무엘(M. Samuel & Co.) 런던시티의 살로몬(London and Westminster Bank, NatWest), 터키-바그다드 출신의 인도-중국 아편 무역의 사순 (David Sassoon and Co.), 다이아몬드와 금 그리고 영국 정보부의 산실 레비 (Levite, Hambros) 등 결혼을 통해 한 사족처럼 모인 유대 금융인들이 만들어 준 것이다.

16세기 이래 네덜란드와 영국 그리고 유럽의 수없이 많은 유대 금융 가문들이 서로 혈통을 맺어 명멸해 갔지만, 그것은 사라진 것이 아니었다. 영국의 왕족과 귀족, 네덜란드, 덴마크 왕실, 유럽 유수의 자본가들의 핏속으로 녹아든 것이었다. 확산 혈통의 대표적인 가문이 레비(Levite)이다. 덴마크에서 영국으로 넘어와 함브로 은행(Bank Hambro)을 설립했다. 이 가문은 스칸디나비아 왕실과 영국 왕실을 오가며 런던시티에 자리를 잡았다. 로스차일드뿐 아니라 바링(Baring) 가문과 교류했다. 중국과 인도에 아편 무역을 했으며, 20세기 들어서 J. P. 모건의 동업자로서 찰스(Charles Eric Hambro)가 처칠 가문의 금융 고문을 지냈다. 영국 정보부를 세워 Mi-6로 발전시켰다. 가문의 여자가 스웨덴 금융 권력 발렌베리(Wallenberg)로 시집을 갔다. 조슬린(Charles Jocelyn Hambro)은 30세에 영란 은행장을 했다. 물론 게 중 가장 오래 독립적인 핏줄을 이어간 가문이 로스차일드였다. 로스차일드는 1913년 이 영란은행 시스템을 그대로 미국으로 가지고 갔다.

이처럼, 영국도 네덜란드도 유대인들에 의해 위로부터 장악당했다. 큰 그림을 그려 본다면, 두 나라가 입헌군주제이든 대의민주제이든 공화국이나 의회 국가라 불리든 17세기 중반부터 이미 베니스와 터키의 유대 금융 세력에 의해 선택된 국가라고 볼 수 있다. 나지 가문이 몇 개국을 돌아다니면서 살았고 시시때때로 족보를 바꾸었듯이, 유대 은행가 및 거대상인들 또한 마찬가지였다. 때문에 이들의 발자취를 정밀하게 추적하기는 쉽지 않다. 그러나 포르투갈과 스페인에서 쫓겨난 유대 마라노들이 장기간에 걸쳐 지중해 각 지역과 터키, 대서양 무역하면서 네덜란드와 영국에 혈통과 업무의 네트워크를 가지고 있었던 것은 사실이다. 17세기 말 네덜란드와 런던의 금융을 장악함으로써 앵글로색슨의 이름을 앞세워, 대서양의 세계로 들어 올 수 있었다. 이들이 오늘날 앵글로색슨이라 불리는 자본+개신교 연합 문화적 주체다.

강도들이 만든 사회, 네덜란드의 기둥 사회

앵글로색슨은 영국과 미국의 영국적 민족 구성이나 문화를 말하는 것이 아니다. 실제의 앵글로색슨은 유대인과 (개종) 개신교도들, 그리고 그들의 금융 활동에 근거한 영국과 네덜란드의 근대 자본주의 문화와 자본가들을 지칭한다. 근대의 앵글로색슨 즉, 유대 개신교 연합체는 14-15세기 콘스탄티노플의 4만 유대인을 비롯한 오스만 튀르크와 베니스 유대 네트워크가 첫 번째로 움직여 만들어진 네트워크이다. 두 번째는 네덜란드 독립전쟁과 영국의 명예혁명에서 거대한 역할을 했던 개신교 집단과 유대 상인 및 금융가들의 네트워크이다. 오늘날 네덜란드의 특산품으로 알려진 담배, 설탕, 다이아몬드, 출판 산업을 장악한 이들이 여전히 유대인이라는 사실은 보면 이 사실은 부정할 수 없다. 런던시티의 로스차일드 권력이 시간이 갈수록 커졌다는 사실, 영국 왕실의 금고지기 로스차일드의 지령에 따라 덴마크, 스웨덴 왕실도 일률적으로 움직인다는 사실도 이를 증명한다.

유대 개신교 연합체는 440년 동안 단 한 번도 네덜란드라는 나와바리의 정권을 놓아 본 적이 없다. 바다 건너 영국의 영란은행까지

만들어 수백 년간 영국을 지배한 세력이 본토인 네덜란드의 지배권도 놓칠 리가 없다. 국제 금융가와 상인들이 한 나라의 꼭대기에서 움직이는 독특한 체제를 가진 영국과 네덜란드 사람들은 그렇다면 그들의 사회를 어떻게 운영했을까.

1581년 이전부터 네덜란드는 기둥사회(Pillarisation, Verzuiling)라 불리는 독특한 사회를 만들어왔다. 영국도 이와 같다. 보통의 고딕 건물을 상상하면 바로 이해가 가는 사회이다. 국가와 사회라는 건물을 떠받치는 기둥이 여러 개다. 즉 첫 보기에는 다양해 보인다. 벽돌이나 지붕과 달리, 기둥은 서로 연결되어 있지 않다. 2층, 3층, 4층으로 올라가도 기둥은 굳건하게 상호 균형을 잡는다. 하지만 기둥끼리는 서로 대화하지 않는다. 마지막까지 올라가면 여러 기둥과 벽돌을 지지대로 하여 하나의 기둥이 꼭대기에 서 있다. 서로에 무관심한 기둥들이 꼭대기에서는 하나로 합일되는 사회로서, 분열과 단일한 질서가 공존하는 사회다. 종교, 정치, 경제, 문화적으로 분열된 수평적인(평등한) 계층들이 종교, 정치, 경제, 문화적으로 서로 그리 교차하는 일도, 경쟁하는 일도 없이 마치 독립연방제처럼 유지된다. 이런 사회에서 개인은 자기 것을 빼앗기면서도 빼앗기는 것을 모른다. 프랑스처럼 공화주의와 세속주의 같은 한때의 이데올로기를 국민에 일제히 강요하는 법도 없다. 미국처럼 개인주의적인 국민들에 억지 애국심을 강요하는 법도 없으며, 독일처럼 연방 공동체의 전통이 만든 국민들 삶의 디테일에 매몰되는 일도 없다. 그렇다고 해서 국민이 국가에 의해 줄기차게 방치되는 일도 없다. 16세기 유럽과 터키 각지에서 몰려온 상인과 금융인들이 종교, 인종, 민족,

정치적으로 뒤섞인 채 모여 살던 곳이었기 때문에 나타날 수밖에 없는 기둥들이었다.

네덜란드의 경우, 독립된 기둥이 꼭대기에서 한데 모이는 국가체제를 만들어 낼 때까지 긴 시간이 지나야 했다. 스페인 식민령으로서 자치제를 취하기도 하다가, 연방제를 취하기도 했다. 공화제를 운영한 적도 있었고 몇 지역을 떼어 내어 왕을 옹립한 적도 있었다. 결국 네덜란드가 최종적으로 안착한 것이 엘리트와 왕정이 서로 어깨동무하고 그 밑으로 각종 경제, 정치, 종교 세력들이 같이 공존토록 한 입헌군주제였다. 정치체제를 골고루 돌아가면서 경험해 보았기 때문에 가장 유효하게 운영된 체제가 그것이었다. 물론 금융가와 기업인들에 그렇다는 것이다. 이를테면 네덜란드의 수뇌부 중 하나인 왕은 절대 국민을 만나지 않는다. 각 기둥 사회의 대표자인 총리와 각료, 의원 등 국가의 고위 직책에 있는 사람들만 국민과 어깨동무를 한다. 그들은 수뇌부가 아니기 때문이다. 서로 평등해 보이지만 표준화되어 있고, 행복해 보이지만 자족감에 휩싸이며 권력이 오로지 수평적으로 시민 서로에만 행사되는 포스트모던한 인권사회이다. 이 사회는 어느 정도 일본에서도 발견된다. 영국은 약간 보수적이지만 네덜란드의 기둥 사회를 구성한다. 런던시티와 왕실, 초국적 기업 등 윗선에서 모든 것이 결정되고 아랫선의 국민은 결정 사항들을 왕조적 감수성을 통해 입수하고 따른다. 기둥의 첨탑이 제대로 서 있으려면 기둥이 움직이지 않아야 하므로 국민을 수평적으로 평균화, 평등화시킨 것이다.

네덜란드 그리고 이를 따라간 영국의 기둥 사회는 20세기 세계 분열 통치의 기본 틀이자, 유엔의 슬로건인 '다양성 속의 합일'(Unity in Diversity)의 원형이다. 피통치자인 국민의 관점에서 보면, 사회가 마치 평등하고 자유로우며 그런데도 사회가 질서 있게 흘러가는 듯이 보인다. 하지만 통치자의 측면에서 본다면 이처럼 완벽하게 부리기 쉬운 노예사회가 없다. 사회계층을 정치적 이념과 종교로 분열시킬 만큼 분열시킨(자유) 후, 이들이 서로 넘나들지 못하도록 기둥처럼 견제시키고(인권), 기둥 위의 기둥인 상류층을 누구도 넘보지 못하도록(정치적 정당성) 아래로 법적, 종교적, 정치적, 문화적 경계선을 치는 사회이다. 수직적이고 사회적인 비판이 있다 해도 오로지 자기가 속한 기둥의 상단부만 비판할 뿐이다. 상류층은 제스처만 서민인 양 취하면 그뿐이다. 그러하니 국민 개개인의 여러 노력에도 불구하고 정치는 "시민의 적극적인 참여 없이 따분하고", "노동자는 분열되어 집단행동을 할 기회를 잃으며", 각자가 자기 처지에 얽매인 삶에 만족하기 때문에, 구태여 "부르주아 계급이니 노동계급이니 하며 계급을 말한다는 것이 부적절한" 네덜란드와 영국 특유의 사회가 만들어진 것이다.

이 사회는 복지법에 근거하여 돈과 정보, 의식주를 정부가 수평적으로 국민에 나누어 주는 사회민주주의와 유사점이 많다. 보통 사람들은 사회민주주의를 이념으로 알고 있지만, 위에서 볼 때 이는 보다 안정적으로 권력을 확대, 유지하는 통치전략에 불과하다. 19 세기 마르크스주의의 수정과정을 보면 알다시피, 비선실세가 정부안에 심어 놓은 정치 네트워크가 잘 작동할 때는 사회민주주의를 외쳤고 작동하지 않을 때는 혁명을 외친 것뿐이다. 사회민주주의뿐만이 아니다. 이른바, '민중 속으로', '전략적 제휴'를 내세우는 모든 사회주의 세력은 정부안으로 들어가기 위한 포석이었으며, 여기에 끼지 못하면 계속 급진파로 남았다. 정부안에 이미 사회민주주의 네트워크가 깊게 심어진 네덜란드에서는 급진파가 있을 필요가 없었다. 대처 이전의 영국도 그랬다. 특히 나라 이름도 없던 16세기 지방연합(United Provinces) 때부터 네덜란드는 사회민주주의의 모습을 지니고 있었다. 사회의 틀이 변혁되기를 기대할 수 없었다.

거츠 호프스테드의 유명한 연구에 따르면, 사회민주주의 사회일수록 개인주의가 발달해 있으며 질투심으로 인해 사회적 연대감이 적다. 사회민주주의는 모두가 낮은 차원에서라도 평등하기를 원하는 민족이나 그러한 조직 체계를 가진 사회에 걸맞다. 겉으로는 함께 잘살자는 의식처럼 보이지만 실은 남 잘되는 꼴을 못 보는 사회이다. 네덜란드와 영국은 제국주의의 오랜 역사를 지녔음에도 국내적으로는 그러한 성향을 가진다. 스위스, 덴마크, 북유럽 등도 그렇다. 국가조직 내부의 전복적 운동을 쿠데타(State Revolution)라 하고, 사회조직 내부의 그것을 사회혁명(Social Revolution)이라 하는데, 이런 사회에서는 어떤 혁명이든 일어날 수가 없다. 엘리트는 꼭대기 기둥처럼 단결하지만, 민중이 이끄는 사회는 기둥이나 벽돌들만큼이나 분열했기 때문이다. 분열한 만큼 자유롭지만, 엘리트에로의 충성도는 높다. 정신세계의 다양성은 아예 없다. 사회학자 미셀 크로지에가 기술한 "꽉 막힌 사회"이다. 계층이 서로 대화하지 않고, 가족도 대화하지 않지만 그렇다고, 사회로서나 개인으로서 다른 대안도 찾지 못하는 사회로서 사회와 역사에 대한 울분도 없고, 분노도 없으며, 기쁨도 없는 사회이다.

물론, 1990년대 포스트모더니즘과 신자유주의의 광풍 이후 서구 국민 누구나 영국과 네덜란드 사회를 닮아 왔다. 수평적인 권위(체격, 직업, 지식, 외모, 젠더 등)에는 도전하지만, 국민 중 누구도 수직적인 권위(체제, 질서, 이념 등)에는 잘 도전하지 못한다. 현대 네덜란드의 경우, 도전의 밀도가 더 심하다. 권위의 수평적인 차원에는 강하게 저항하지만, 수직적인 권위에는 꼼짝하지 못한다. 건방진 직장 상사에는 언제나 대들 수 있지만, 고정된 체제, 도덕적 질서, 강요된 이념에는 전혀 도전하지 않는다. 이것들이 기둥을 더욱 튼튼하게 만든다. 만약 기둥을 건드리면 첨탑의 수뇌부 즉 금융과 초국적 기업 및 왕실이 위험해진다.

최근의 사례를 들어 보자. 빔 콕(1994-)은 8년간 네덜란드의 수장이었다. 그는 로스차일드가 최대 주주인 셸(Royal Dutch Shell)의 이사이자, 조지 소로스의 테러 유발단체 위기 그룹(Crisis Group) 회원이었다. 엘리트의 하수인으로서 충분했다. 그는 임기 말에 정적을 만났는데, 반세계화 민족주의 성향의 핌 포르튄이었다. 포르튄은 동성애자이며 환경주의자로서 일종의 좌파적 기둥에 있던 사람이었다. 그리고는 기둥 사회 꼭대기의 엘리트에 저항했다. 이에 콕은 그가 총리 후보에 오르지 못하도록 네덜란드 정보부(AIVD) 요원들을 시켜 위협과 공격을 가했다. 포르튄이 생명의 위협을 느낀다고 공개적으로 항의했을 때도, 콕은 물론 정부, 의회, 왕실 누구도 아랑곳하지 않았다. 국민도 조용했다. 2002년 그는 소아성애자이며 동물보호단체 회원 볼케르트 반 데어 흐라프에 암살당했다. 같은 기둥 사람이 그를 해친 것이다. 반 데어 흐라프는 록펠러의 '지구의 친구들'(Friend of the Earth)이라는 에코 파시즘 단체로부터 총 15만 유로의 활동비를 받아 일하던 급진 시민운동가였다. 1996년에는 환경운동가를 개인적인 이유로 살해하기도 했지만, 기소도 되지 않았다. 페미니즘이나 환경주의 등 세계 NGO에서 '급진'이라는 명칭을 얻으면 그것은 네오콘과 가장 가까운 조직이다. 반 데어 흐라프는 그런 꼭두각시였다. 엘리트의 정책 그 어느 하나에도 생각을 달리 가지면, 살해까지 당하는 그런 사회가 네덜란드이다.

핌 포르튄은 영국과 네덜란드를 장악한 세계화주의 진보세력과 화해하고 설득하려 노력했지만, 그들로부터 극우라고 비난받으며 생을 마감해야 했던 미래형 정치인이었다. 스스로 동성애자로서 탈규제와 자유주의, 작은 정부를 옹호했고 보통의 네덜란드인이 그렇듯이 환경주의자이며 동성애자 인권 보호를 주장했다. 주변을 잘 살폈다. 특히 이스라엘을 지지했다. 반면 세계화에는 반대했으며 직접 민주주의자이자 민족주의자였으며 유럽연합으로부터 거리를 취하고자 했다. 페미니즘을 거부하고 여권주의를 주장했다. 유럽의 기독교를 지키고자 했으며 유럽의 이슬람화를 반대했지만, 이슬람의 독자적인 권리를 지켜야 한다고 했다. 누가 보아도 보통의 상식을 가진 사람이었다. 그런데도 정적과 세뇌된 소수 국민에 욕을 먹었다. 그는 네덜란드 중앙은행을 정부가 직접 챙기는 데에 관심이 있었다. 무엇보다도 이것이 수뇌부의 심기를 크게 건드렸고 결국 암살당한 것이다. 살인자 반 데어 흐라프는 포르튄이 사는 곳을 일부러 탐문하고 그가 선거유세를 끝내고 집으로 돌아오는 길을 기다렸으며 머리에 정확하게 5발을 쏘았다. 이는 분노의 행위라기보다 정확하게 죽여야 한다는 임무를 띤 행위였다. 그는 포르튄의 이슬람 이민 반대정책에 불만을 품었다고 했지만, 2002년 체포된 뒤 침묵으로 일관했다. 한편 2015년에는 마라톤 대회에 참가할 만큼 자유로운 몸이 되었다.

포르튄의 절친한 친구이자 영화감독 테오 반 고흐도 친구와 같은 운명을 걸었다. 고흐는 진보를 가장한 관료들이 넘쳐나는 네덜란드 정치에 신물을 낸 극좌적인 인물이었다. 그는 빈센트 반 고흐의 동생, 테오 반 고흐의 증손자로서 할아버지와 이름도 같은 네덜란드의 자랑이기도 했다. 이슬람 원리주의를 비판했던 아이안 허쉬 알리의 지지자였고 2004년 반이슬람 단편영화 '복종'(Submission)을 만들어 그녀를 영화에 출연시켰다. 영화가 나오자 그는 모로코 출신 청년 모하메드 부에리에 길거리에서 암살당했다. 고흐의 머리에 7발의 총을 쏘았으며 칼로 난도질까지 하고 다음은 주연배우 알리를 죽이겠다는 경고의 편지까지 시체 위에 남겨 놓았다. 그런데도 그는 재판 내내 침묵으로 일관했다. 그의 소속 단체는 호프스테드회 (Hofstad Group)로, 네덜란드 정보부 하위기관이었다. 국가의 경고성 암살이었다. 여배우 알리는 미국으로 도망치듯 건너가서 네오콘의 산실인 미국기업연구소(American Enterprise Institute) 초빙연구원으로 자리를 잡았다. 네덜란드인 모두가 어리둥절했지만 실은 그녀는 고흐를 암살하기 위한 꽃뱀이었다. 그녀는 로스차일드가의 허먼

필립스의 사주를 받아 네덜란드의 고흐를 만났고, 그를 부추겨 영화에 출연했으며 결국 그가 암살당하도록 배경을 조종한 것이었다. 그녀는 연이어 로스차일드가의 대변인이자 하버드의 유명한 네오콘, 니알 퍼거슨 교수와 결혼했다. 2011년에는 포르투 몬테네그로에서 열린 내다니얼 로스차일드의 40살 생일파티에 참석했다.

수직적 권위에 반항하면 유력한 총리 후보이든 고흐 집안 같은 인간문화재 격의 사람이든 가차 없이 제거했던 네덜란드의 수뇌부였다. 매우 잘 알려진 공공 인물을 엘리트 세력이 암살할 때는 자기 세력의 뿌리가 흔들릴 것이라 믿거나 그런 사태를 불러올 가능성이 있을 경우이다. 그러나 네덜란드의 포르튄이나 고흐는 그 정도는 아니었다. 단지 휴머니스트이자 민족주의자였다. 물론 중앙은행을 독립적으로 관리하고 싶어 했던 포르튄이었지만, 그를 위한 어떤 행동도 하지 않았으며 그런 권력도 가지고 있지도 못했다. 하지만 네덜란드는 그런 곳이었다. 포르튄처럼 제아무리 신자유주의를 신봉하고 이스라엘을 지지한다 해도 관점이 민족적이면 그는 의심받고 탈사회적으로 범주화되어 배제된다. 이런 경향은 스칸디나비아에서도 흔히 보이는 모습으로 정치적 정당성을 철저하게 지키는 지역이다. 포르튄의 암살사건은 세계화 세력의 반민족, 국제공조, 아이템이 하나의 신앙처럼 작동하는 북유럽 국민의 세뇌 정도를 보여주며, 더 나아가 소아성애, 동물보호단체와 같은 진보적 NGO가 얼마나 세계화 세력에 의해 관리되고 있는가도 알려준다.

강조컨대, 누가 보아도 네덜란드는 사회의 각 계층이 자기주장을 하며 행동도 자유로우며 민주주의적 환경이 조성된 것처럼 보인다. 하지만 이들의 모든 외침은 자기 기둥 옆 벽돌에서만 반향을 보일 뿐이다. 옆의 기둥과 위쪽 기둥에는 전혀 전달되지 않는다. 철저하게 분열된 만큼 수직적인 연대는커녕 수평적인 연대성조차 없다. 기둥 사회는 민족 국가의 이론적 사회와는 정반대로, 자신을 낮은 차원에서 위아래로 위계화시키며, 일치된 하나의 목소리를 낼 수도 없고 위에서 내려온 지시에도 급진적으로 반항할 수 없는 사회다. 지붕 위의 기업 수뇌부와 왕실 밑으로 모두 평등하게 흐트러트려 놓았기 때문에 서로서로 감시한다. 네덜란드 정부가 앞서서 국민에 낙태와 안락사를 허용하고 마약을 먹이며 전 국민을 축구광으로 만들며 섹스와 성매매, 동성애 및 소아성애에 탐닉하도록 정부가 나서서 이른바 '진보 아이템'을 강제한 이유가 여기에 있다. 이와 유사한 구조를 영국, 네덜란드뿐만 아니라 스칸디나비아에서도 같이 발견할 수 있다. 표준과 평등에 익숙한 곳이다. 겉으로는 자유와 민주주의, 속으로는 파시즘의 구조를 지닌 유엔의 정책, 즉 다양성 속의 합일에 부합하는 체제와 문화이다.

이런 자유 파시즘 체제는 실은 네덜란드, 영국뿐만 아니라 민주공화국 체제의 본 모습이라 볼 수도 있다. 공화국이란 민중이 주인이라는 민주주의 성격보다는, 권력을 분산시킨다는 상호 견제의 의미가 더 크다. 법과 제도를 통해 권력이 분산되는 것이 먼저이고, 민중이 주인이 되는 것은 나중에 생각해 보는 것이 민주공화국이다. 이런 이유로 민주공화국이라 해서 공화국 앞에 민주라는 단어를 역사상 가장 마지막으로 넣은 것이다. 서로 고만고만 잘 사는 공동체들을 서로 연방으로 묶어서 화합한다는 핑계로 독재하지 말고, 공동체들이 서로 견제하면서 독립성을 지켜보자는 것인 토머스 제퍼슨의 아나키즘적 공화주의 개념이었다. 제퍼슨의 자치주의적, 인민주의적 논리는 그러나 중앙정부를 견제한다는 견제의 논리에 너무나 매몰되어 있었다. 중앙정부의 힘을 견제한다는 것은 미국의 특수 상황이었지 누구나 공유하는 공리가 아니었다. 중앙정부가 얼마나 인민 중심적이냐에 따라 중앙의 의미는 다르다. 사회적으로 민족이 단결해본 적이 없는 유대-앵글로색슨 문화에서 중앙정부는 그냥 독재로 보였을 뿐이다. 그래서 선택한 것이 견제였을 뿐이다. 이것이 영국과 미국의 전통문화였다. 단순하게 말해서, 앵글로색슨 공화주의자에는 견제가 우선이고 그렇지 않으면 독재였다. 이 독특하고도 오로지 앵글로색슨만의 이데올로기가 바로 현대 공화국의 개념 속에 독극물처럼 남았다.

역대 공화국은 물론 견제의 특징을 가지고 있다. 견제의식이 없다면 원로원 vs 호민관 체제를 만들지 않았을 것이다. 로마는 또한 종족 공동체(colony) 사이의 견제도 있었다. 베니스는 계층과 사회역할(Doge-Senate-Counsil) 간의 견제가 있었고, 독립 이전의 네덜란드는 지방(provinces) 간의 견제가 있었고, 스위스는 자치제(cantons) 간의 견제가 있었다. 하지만 이 모든 견제는 공동체 행정의 효율을 위한 선택이었지 현대와 같은 공리가 아니었다. 그러나 앵글로색슨은 삼권분립을 포함한 나머지 정치, 경제, 사회, 문화의 견제적 논리를 마치 공리인 듯이 이데올로기를 퍼뜨렸다. 행정-입법-사법의 분권은 말할 것도 없고 감사, 이사회, 임기제, 경쟁, 성과 등이 그런 논리에서 나왔다.

네덜란드, 영국이 보여주는 앵글로색슨 문화는 국민과 행정의 화합을 강조하는 독일, 러시아, 아시아의 가족 공동체적 국가나 종교 국가와 다르다. 견제 논리만 가진 앵글로색슨 국가는 이런 국가를 독재나 권위주의라고 비난하지만, 안에 들어가 보면 그들보다 훨씬 다양한 면모를 가지고 있다. 이를테면 비스마르크의 독일이 있다. 비스마르크는 "공화국은 민중을 분열시키는 것으로 끝나는 체제"라면서 견제의 논리가 공동체를 분열시킨다고 믿었다. 그러하니 타국과 경쟁을 할 때를 제외하면 이들에 애향심마저도 없다고 보았다. 실제로, 신성로마제국 아래에서 제후국이나 왕국, 자치국에서 자라난 독일인들에 있어서 다양성은 민족성의 근본이었다. 영국과 네덜란드의 스피노자, 로크류의 유대 철학처럼, 국민에 새로이 주입할 이데올로기가 아니었다. 독일인에 다양성은 현실이었다. 독일의 애향심은 네덜란드와 영국과 달랐다. 독일인의 애국심은 영란 사회의 각 계층 기둥들 혹은, 미국의 주 정부처럼 상호 분열하는 것이 아니라, "삶의 안정을 만들어주는 국가 제도에로의 믿음"에서 왔다. 따라서 독일통일국가 제도를 공동체에 다양하게 맞추고, 공동체를 연방화하면 독일은 그대로 갈등 없는 민족 국가가 되는 것이었다.

반면 영국과 네덜란드는 소수의 지배 밑에서 정치체제가 구상되었기 때문에 각 지역의 자치 공동체가 아니라, 소수가 제공하는 의제에 맞추어 각 공동체의 정치활동이 종속되는 결과를 내었다. 그러하니 16세기부터 유대 귀족-부르주아 도당이 혁명적인 안건을 모두 소유했다. 이것이 영국과 네덜란드에 민중 혁명이 없는 이유다. 탈 가톨릭, 친 개신교, 금융 자유, 자유무역, 증권화, 노예무역, 미디어 문화, 인종 융합, 페미니즘, LGBT 등 소수 지배 세계화의 대표적인 좌우 합작의 의제를 영국과 네덜란드 정치인들이 꼼꼼히 수행해왔다. 자유롭다는 민중은 서로에만 자유로우며, 수직적으로 엘리트의 의제를 수행하는 충실한 양 떼가 된 것이다. 스칸디나비아도 마찬가지이다.

영미 커넥션

세계 유대 금융의 교역 루트

16-17세기 대서양의 삼각무역 250여 년 동안, "프랑스, 영국, 네덜란드, 유대 상인들이 대서양을 지배"했다. 삼각무역은 다음과 같다. 런던에서 총, 옷, 철, 맥주를 싣고 서부 아프리카로 간다. 아랍인이나 흑인에 물건을 팔아 노예로 교환한다. 노예를 무역선에 싣고 서인도 제도에다 판다. 그곳에서 설탕과 목재를 사서 영국으로 내다 판다. 서인도에서 노예를 싣고 미국 남동부에 가져다 판다. 흑인 노예들이 생산한 고래기름, 목재, 가죽, 쌀, 비단, 담배를 다시 영국으로 수출한다. 생산은 흑인 노예가 하고 소비는 백인 영국과 미국인이 하며, 유통은 데이비드 리카도 같은 유대인이 맡았던 체계이다.

삼각무역 양식을 오래 가져가는 통에, 이들은 유럽과 신대륙 미국을 잇는 런던의 지정학적이고도 금융 유통의 중요성을 누구보다도 잘 알고 있었다. 이런 이유로 네덜란드의 유대인들이 앞장서서 치외법권의 런던시티를 접수했다. 물론 이들은 주로 스페인에서 개종한 가톨릭교도의 자손들 즉, 마라노였다. 런던과 북미를 오가던 노예무역 선주의 75%가 유대인들이었다. 이들은 노예해방이나 민주주의, 인권 등의 정치 논리에 따르던 서구인들과 달리, 법적으로 노예가 해방되거나 수출품의 목록이 거의 제조품으로 바뀌던 1860년까지 꾸준히 노예무역을 했다. 미국의 대표적인 노예상 또한 남캐롤라이나의 유대 가문 찰스턴(Charlestons)이었다. 이처럼, 네덜란드를 독립시켜 유럽 땅으로 가는 길을 확보한 베니스와 터키 출신의 유대인들과 이들의 무역에 숟가락을 얹은 영국, 네덜란드 그리고 프랑스인들이 런던을 확보하여 미국으로 가는 길을 확보했다. 이것이 16세기의 대서양 네트워크이다. 17세기 프랜시스 베이컨의 대서양 제국(Atlantis)과 19세기 세실 로즈의 앵글로색슨 제국주의는 이미 성립되어 있던 유대 앵글로색슨의 대서양 네트워크 위에 중복적으로 펼쳐진 프로젝트였을 뿐이다.

무역은 제품생산과 금융 결제(유통) 2가지 축에서 벌어지는데, 제품은 각국에서 만들어져 선적되었지만, 금융결제는 암스테르담과 런던의 몫이었고 지배적인 은행은 유대계였다. 이들이 18세기부터 유럽 대륙으로 들어와 독일과 스웨덴의 금융계를 장악했으니 앵글로색슨 네트워크를 확대한다면 네덜란드, 영국과 미국뿐만 아니라 파리와 같은 프랑스 북부, 밀라노와 같은 이탈리아 북부, 스위스의 제네바,

독일의 프랑크푸르트와 뮌헨까지 이어진다. 런던과 프랑크푸르트의 금융가들은 19세기부터 뉴욕의 금융가들과 함께 활동했다. 큰 차원에서는 아니지만 뉴욕에 대리, 대표부를 세우거나 지점, 혹은 협력 은행을 운영했다. 물론 유럽의 금융 및 산업시장이 미국보다 더 컸기 때문에 뉴욕의 은행가들이 오히려 유럽을 더 자주 오갔다.

1848년 이후부터 환경이 조금씩 달라졌다. 파리에서 큰 폭동이 일어나고 바덴, 빈, 베를린 등 독일 각지, 영국의 런던, 밀라노, 파르마, 베니스, 나폴리 등 이탈리아에서 유대인들과 프리메이슨의 혁명과 폭동이 벌어졌다. 이 거사들이 차례로 실패한 후, 미국에 이민 온 독일 유대인들과 런던, 이탈리아인들이 독자적인 금융 활동을 시작했고 이들이 금융가로서 월가를 본격으로 형성하게 된다. 독일 바이에른의 골드만삭스, 영국 런던 피바디 금융의 J. P. 모건, 이탈리아의 뱅크 오브 아메리카, 그리고 가장 오래된 미국 본토의 씨티은행과 웰스 파고 등이 월가에서 상당한 차원의 독자성을 유지했다. 본점을 런던에 둔 바클레이 은행, 스위스에 둔 USB 등도 유럽이 아니라 미국 현지의 법에 맞추어 영업해 나갔다. 미국에 일찍 자리를 잡았든 늦게 왔든 모두 이민자였다. 이들이 독자적으로 월가에서 터를 잡기까지 영국, 독일 자본가들의 영향이 클 수밖에 없었다. 따라서 월가의 금융 세력은 20세기 초까지도 '월스트리트 사람'의 미국적 정체성을 채 굳히지 못했고, 독일과 영국의 금융 사이에서 등거리 외교를 취하고 있었다. 이는 미국 정부의 영·독 등거리 외교와 겹치는 사실이다.

미국의 남북전쟁(1861-) 이후 본토의 금융가들로부터 산업자금을 받은 미국의 기업들이 무럭무럭 성장해 갔다. 몸집이 커진 이들은 대영제국을 모방하여 미국제국을 세우기를 원했다. 캐나다를 공격하고 서부를 개척해 나갔다. 이른바, '안으로는 민족주의, 바깥으로는 제국주의'라는 제국주의의 원칙에 충실했다. 이들이 벤저민 프랭클린, 알렉산더 해밀턴, 조지 워싱턴, 매슈 캐어리, 존 퀸시 애덤스, 헨리 캐어리 그리고 에이브러햄 링컨으로 이어지는 반(탈)영국 민족주의 라인이었다. 19세기 중반부터 캐나다와 멕시코, 중앙아메리카로 진출한 미국의 기업들은 북군을 만들어 대영제국의 지원을 받는 남군을 무찌르고 미국 시장 전체를 장악하고자 했다. 남북전쟁은 독자적인 남북전쟁이 아니었다. 독립전쟁 때부터 남부(사우스캐롤라이나, 조지아, 알라바마, 미시시피, 루이지애나, 플로리다)를 자유무역지대이자, 무관세 식민지로 묶어두고자 했던 영국 유대 금융의 대리전쟁이었다. 영국의 유대 금융 및 산업가들은 아프리카에서 노예를 실어 미국 남부에 제공하고, 거기서 면화를 싼값에 수입하여 의류를 만들어 영국의 전 식민지와 인도에 수출하는 삼각무역을 지속하고 싶었다. 인도에서 옷을 판 돈을 조금 떼어, 마약을 재배시킨 후 이를 중국에 팔 수 있었다. 마약도 상품이라는 애덤 스미스의 국부론이 그런 것이었다. 남부는 대영제국이라 불리던 유대 금융 체제의 필수 지역이었다.

이들을 인맥으로 묶어주던 프리메이슨 단체들도 친미-북부 프리메이슨과 친영-남부 프리메이슨으로 갈렸다. 산업생산을 중시할 것인가, 아니면 늘 해오던 제국주의 자유무역을 중시할 것인가

하는 프리메이슨 내부의 갈등이 미국에서도 펼쳐졌다. 유대인들은 안팎으로 이런 갈등을 유발하는 동시에 이용했다. 어차피, 프리메이슨 내부의 여러 정치론이나 경제론이란 것 자체가 돈벌이를 위한 자본가들의 논리들이었다. 어느 방법을 통해야 자본 이익을 더 얻을 수 있는가 하는 생각들이었다. 그러하니, 이런 탐욕의 사고를 역이용하는 유대인의 탐욕이 서구 자본가들보다 더 탐욕적이라 볼 수도 없는 것이다. 이를테면, 로스차일드 은행은 유대인 벤야민(Judah P. Benjamin)을 남부연맹 국무부 장관으로 보내 남군을 지지했다. 하지만 실제로는 북군과 남군에 동시에 분산투자를 했다. 1861년 파리 로스차일드 본점의 살로몬은 런던 본점의 내다니엘에 다음의 편지를 썼다.

"미국 같은 자유국가에 노예가 있으면 안 되고, 계급의 완전한 평등이 우선이라는 거야. 물론 헛소리지. 노예 폐지 운동가들이 노예들 사이에서 폭동을 일으키고, 주인으로부터 도망치게 만드는 데 수백만 달러를 썼어. 도망을 치긴 쳤는데, 어찌 살 바를 몰라 이 노예들이 자유롭게 굶어 죽었지. 그래도 명목적으로 평등은 좋은 거니까 사회혁명의 씨앗이 된 거야 …. 민주당이 분열되는 바람에 링컨이라는 도둑놈이 어부지리로 얻었어. 남부는 원자재를 생산하고 소비를 하지. 북부는 공장이지. 남부에 사는 사람들은 자유무역이 아니라면 최소한 낮은 관세를 바라고, 북부는 보호무역을 원하지. 수입금지까지 원하는걸? 공화당 행정부가 들어서자 관세를 유례없이 높였어. 그럼 남부의 누가 북부의 철을 사려 하겠어? 유럽에서

사거나 서부의 주 정부에 가서 사겠지. 북부에는 이제 남부 지지자도 없어. 공화당이든 민주당이든 애국심 같은 구태의연한 생각을 가지고 한데 모이고 있어. 자 이제 날 믿어봐. 움직일 때가 왔어."

로스차일드 가문이 보는 정치적 논리로서 노예해방이든 평등이든 애국심이든 모두 빈말이었다. 누가 이기든 상관이 없었다. 북부가 이기면, 투자금이 그만큼 수익이 되어 돌아올 것이고 나중에라도 북부의 공장에 대출하면 더 큰 이익이 되었다. 남부가 이기면, 기존의 노예무역과 영국의 기업과 정부에 대출을 하여 벌어들이는 수익을 고수하면 되는 일이었다. 단지 남북의 지도자들이 링컨처럼 민족주의 정책을 쓴답시고 대출이자에 손을 대려 하거나, 혹은 화폐 발행을 독자적으로 하든가, 금융에도 관세를 붙이려 하지만 않으면 만사가 잘 굴러가는 일이었다. 로스차일드는 실제로 영국(남부)으로 붙을지, 미국(북부)으로 붙을지 무려 1946년 브레턴우즈 실행 때까지 마음의 결정을 못 하고 불편하게 살아왔다. 런던과 프랑크푸르트의 금융가들의 자세가 이처럼 세상사와 달랐다. 그리고 확실하게 양쪽에 모두 붙었다가, 1944년-1946년 영국을 버리고 미국에 찰싹 붙어버렸다.

유대 금융가들의 기회주의는 러시아 정치와 비교할 때 극명하게 대비된다. 독립전쟁 때부터 영국을 견제했던 프랑스가 남북전쟁 때 북군을 지지했다. 특히 러시아는 북군에 진심 어린 지지를 보냈다. 1862년 러시아 외교부는 전쟁에서 밀리고 있던 북군의 링컨에 다음과 같이 서한을 보냈다.

> "귀국은 강대국 친구가 없다는 것을 아실 겁니다. 영국은 미국이
> 무너지기를 학수고대하고 있습니다. 프랑스는 그렇지 않죠. 하지만
> 전쟁이 자기 나라에 영향을 주지 않기만 바랄 뿐입니다. 생각대로
> 되지 않을 것입니다만, 결국 프랑스는 귀국의 우방국이 아닌 겁니다.
> 귀국의 전황이 점점 악화하고 있습니다. 북부 미국을 유지하기에
> 절망적이지요. 이 무시무시한 전쟁을 막을 길은 없을까요? 통일은
> 점점 멀어집니다. 그래도 명심하실 것이 있습니다. 러시아는
> 미국에 분단이 온다면 이를 엄청난 불행으로 생각한다는 것입니다.
> 러시아만이 귀하의 옆에서 귀국을 지켜줄 것입니다."

미국이 힘들 때, 우정을 지켜준 러시아였다. 영국의 조지 3세가 군대 2만을 파병해 달라고 했을 때 러시아는 이를 거절했다. 오히려 1863년 미국에 함선을 보내 영국과 7개월 동안 대치했다. 러시아의 이런 진솔한 정치와 영국과의 외교적 갈등 뒤에서, 유대 금융가들은 소리 없이 양쪽을 모두 배신했다. 물론 이런 배신행위를 유대 계열 은행만이 한 것은 아니다. 하지만 확실한 사실은, 국제금융으로부터 떨어진 러시아만이 링컨의 주권 행사를 지지해 주었다는 점이다.

1865년부터 1901년까지 35년 동안 3명의 미국 민족주의자 대통령이 연속으로 암살당했다. 유례가 없던 일이었다. 1901년 윌리엄 D. 뱅크로프트는 3명의 대통령 암살이 국제 금융가들의 소행이라 자세히

밝혀내었다. 국제 금융가라 하면 당시 런던시티의 은행가들을 대표로 지칭했는데 다름 아니라 로스차일드 집단이다. 이들은 월가에 대표부 정도를 두면서 활동했으며 미국 토착 은행과 연대도 했다. 이들은 과거 암스테르담 유대 은행가들이 영국에서 그랬듯이, 미국에 자신들의 독자적인 무역 규제법을 시행하려 했고 중앙은행을 사유화하려 했던 공통점이 있었다. 하지만 중앙은행 문제는 미국 정가의 오랜 논쟁거리였던 동시에, 자신의 태도를 정확하게 취할 경우 비난에 직면하거나 생명이 위험에 처할 수 있다는 것을 미국인이라면 모두 알고 있었다. 만사를 음모적으로 처리해야 했다. 수익의 많은 부분을 영국에 기대고 있던 유대 및 개신교 은행들 그리고 화폐 발권을 정부가 독점하려는 시도를 막으려는 미국 국내 대형은행들이 대통령들을 암살한 것은 당연했다. 영국, 독일, 미국을 잇는 유대 금융가들이 볼 때, 국제적이지 못한 '미국 촌놈'들은 사라져 주어야 했다.

　오두막집 출신 미국 촌놈, 에이브러햄 링컨은 1865년 남북전쟁의 북군 승전 5일 후 암살당했다. 영국 금융 및 산업가들의 놀이터였던 남부를 장악했으니 링컨은 영국에 끔찍한 악당이었다. 브리티시 캐나다에 거점을 둔 영국의 팔머스톤 내각의 정보부에 의해 저질러진 암살이었다. 또한 남북 양축에 모두 투자했던 로스차일드 은행으로부터 고리의 융자(이자율 24%-36%)를 받지 않고 독립 화폐를 찍어 전쟁에 임했기 때문이기도 했다. 물론 링컨의 이런 행동은 로스차일드뿐 아니라 은행이라면 모두가 싫어했던 행동이었다. 미국 정부가 지폐를 직접 찍으면 은행의 영업이 크게 제한되기 때문이다. 이것이 또한 영국, 프랑스, 스페인, 벨기에, 오스트리아의 한편의 금융가들이 남군에 붙은 이유이기도 했다.

제임스 A. 가필드 대통령은 "한 민족의 통화를 통제하는 자가 민족을 통제한다."는 무모한 발언을 했다. 민족 국가라면 당연히 국가가 통화를 통제해야 한다는 자세를 가졌다가 1881년 암살당했다. 보호무역의 열렬한 지지자이자 지폐 대신 금은화 같은 경화를 발행하겠다고 공언했던 윌리엄 매킨리 대통령이 1901년에 마지막으로 암살당했다. 매킨리의 암살범은 폴란드 출신 유대인으로 영국 전통을 잇는 예술비평가 마이클 로제티의 런던 사무실에서 키워진 반제 아나키스트 레온 졸고츠였다. 반제국주의자인 그는 민족주의가 곧 제국주의라는 단기적인 눈앞의 현상만 믿었고 그 범위 안에서만 생각했지, 자신의 반민족주의가 곧 국가가 아닌 소수 금융기업의 제국주의 마케팅 안에서 움직인다는 사실을 몰랐다. 영국 기업의 자유무역에 의해 고통받았던 미국은 통일되자마자, '개방정책'을 펼치면서 영국식 자유무역으로 캐나다와 중남미, 아시아 태평양을 공략했으니 두 제국주의의 본질은 이처럼 같았다. 반민족주의적 기업이 제국주의의 주체였고 제국은 그 수단이었다.

19세기의 제국주의는 이처럼 민족 국가 내부의 자본과 기업이 주체로 움직였다. 그러하니 국가 내부와 영국, 독일 등 외부의 세력과 서로 갈등 상황에 놓이기도 했고 충돌도 했다. 즉 국가 단위가 금융 활동의 터였다. 금융가들이 이끈 제국주의라 해도, 나와바리 반경은 돈이 많이 쌓여 있던 유럽 정도였다. 그러나 19세기 후반부터 달라졌다. 세계화가 시작되었다. 금융관리를 국가가 하려 했던 민족주의자 대통령이 암살되는 현상을 상징적으로 이해한다면, 20세기에 일이 어찌 바뀌어 갈 것인가를 알 수 있다. 앵글로색슨 민족주의에 기반한 영미 공동제국주의가 바로 세계화로서, 세실 로즈가 사망한 1902년을 기점으로 잡을 수 있다. 매킨리의 암살 후 정권을 잡은 시어도르 루스벨트의 역할이 컸다. 그는 J. P. 모건 사람으로서 정치적으로 친영이었다. 친영국 정치인이란 뜻은, 산업적으로는 친금융, 정치적으로는 친 유대 국제주의자라는 것이다. 보통 공화국의 경제정책은 비스마르크의 독일처럼, 정경분리의 상태를 유지한 채 국가에 주도권을 주는 것이다. 그러나 세실 로즈의 영국은 달랐다. 친영국적이란 다름 아니라, 정경분리의 상태를 유지한 채 민간금융에 주도권을 주는 것이었다.

20세기 세계화 정책은 정경유착의 상태를 유지한 채 민간금융에 국가의 주도권을 주는 영국식이다. 세실 로즈, 런던시티와 월가의 미국 자본가들이 원했던 것은 바로 이것이었다. 이는 명백한 파시즘이다. 민간주도 파시즘의 경제정책을 완성하는 데 국가의 역할이 중요했다. 19세기 비스마르크가 움직인 독일 창과 방패의 경제정책은 국가를 이용하여 자국민을 보호하고 타국민에 대항하는 것이었다. 하지만, 런던시티와 월가의 창과 방패는 바로 국가를 이용하여 민간은행을 보호하고 민족주의에 대항하는 것이었다. 이 정책은 실은 20세기 서구를 관통하는 정치적 기조가 되어 왔다. 19세기 영국의 자본이 유럽에 퍼졌듯이, 20세기 미국에서 축적된 자본이 유럽뿐만 아니라 세계적으로 퍼져나갔다. 금융 활동이 국가 단위를 벗어나려면, 무엇보다 금융관리의 초석인 화폐 표준화를 고려해야 했다. 20세기 영미 앵글로색슨 혹은 미국 제국주의의 진정한 초석이 기축통화를 통해 세워진 것은 이런 이유이다. 1944년 브레튼우즈체제에 대한 이해는 영미 관계뿐만 아니라 미국 제국주의를 이해하는 데 필수 불가결한 사항이 된다.

강도들의 무기, 기축 화폐

화폐는 물건과 노동의 가치를 교환하는 비율표시물이다. 화폐를 관리하는 각국의 중앙은행은, '원칙에 있어서' 돈을 만드는 곳도, 금리관리를 하는 곳도 아니다. 제조, 유통, 노동 등 경제활동을 하는 국민 노동의 양과 화폐의 양 사이의 비율을 잡아주는 곳이다. 그 이상의 할 일이 없다. 과거에 이런 일은 길드의 상공회의소에서 했다. 물건도 없는데 화폐를 먼저 주고받는 것은 투기일 뿐, 거래가 아니었고 원칙에 있어서 지금도 아니다. 가치 도둑질일 뿐이다. 화폐는 경제활동의 산출량과 그 교환이 안정되게 만드는 것으로, 금화가 제격이었다. 금화는 중앙은행의 원칙을 자체적으로 품고 있다. 금화를 없애고 종잇조각을 화폐로 만들어 대량 발행하려, 꼼수를 부리는 사람들만이 중앙은행이라는 음흉한 아이디어를 만든 것이다.

화폐 이전에 제품이 있고, 제품 이전에 노동이 있는 법이다. 절차를 본다면, 일하니까 월급을 주는 것과 같다. 월급 먼저 주고 일을 시키는 경우는 없다. 이것이 경제의 원칙이다. 일이 없으면 제품도 없고, 화폐도, 화폐의 질서도 잡을 이유가 없다. 간단히 말해서, 그

나라 GDP가 100이면 화폐도 100을 찍어야 한다. 이 순서만 잘 따른다면 실상 금화도 필요가 없다. 종이 위에 일한 대가가 얼마라고 적어 주면 된다. 피에르 조제프 프루동은 "돈은 단지 사회적 수단이며 윤리적으로 민중에 속한 것이다. 돈은 부를 표시한 것 즉, 제품과 서비스를 표시하기 위해 공공이 상시 인정하는 보완책이라서 금이 필요 없다."라 했다. 이는 상식이다. 화폐 발행은 정부가 한다 해도 그 화폐를 사용하고 그것을 통해 부를 표시할 모든 권리와 행동은 국민이 가진다. 그래야만 민중의 노동으로 생산된 부를 민중 스스로 제 가격을 주고 얻어 갈 수 있다.

올바른 정부가 있어, 자국민들의 경제 활동량에 맞추어 지폐를 발행할 경우, 화폐 유통이 자연스레 빨라져서 경제발전에 상응한다. 나라가 안정되게 발전해 나갈 수 있다. 하지만 국민이 정부를 믿지 않을 정도로 화폐를 남발하거나 해외의 권력에 자국의 지폐가 휘둘릴 경우, 환율과 정부의 부패양상으로 인해 나라가 망할 수도 있다. 그러나 월급을 먼저 주는 사장이 없듯이, 화폐를 먼저 풀지 않는 권력은 이 세상에 없다. 이런 이유로 아나키스트 푸르동이 그런 정부는 없으니, 전통적인 의미에서 권력으로서의 정부를 아예 없애자는 것이었다. 그러나 그의 사후, 그런 정부가 하나 있었다. 바로 나치 독일이었다. 나치는 영국이나 미국과 달리, 화폐를 강제하지 않고 인플레이션을 일으키지도 않았다. 생산과 소비의 균형을 잡았다. 소비가 많아지면 생산이 늘어나고 생산이 늘어나면 소비가 활성화되어 자연스럽게 화폐가 늘어나게 했다. 몇 가지 불가피한 과잉성 화폐가 있긴 했지만, 금융의 농간은 없었다. (참고. '나와바리 3.)

노동에 맞추어 화폐를 나중에 풀고자 하는 권력이 거의 없듯이, 월급을 먼저 준다고 싫어하는 사람도 거의 없다. 일단 눈앞에 쏟아지는 돈을 가지고 싶어 하지 않은 사람이 없다. 권력이나 보통 사람이나, 돈을 먼저 그리고 많이 가지고 싶어 하는 마음은 똑같다. 하지만, 돈을 많이 가지겠다고 해서 가져지는 것이 아니다. 권력이나 국민이나 모두 욕심만 있을 뿐, 이를 구체적으로 실행하지도 못했고, 오히려 눈앞의 돈이 자기 돈인 양 착각만 해 왔던 국가와 국민, 두 바보 주권자들이었다. 19세기 이래, 금융가들은 두 바보를 이용하였다. 즉 정부가 주권을 갖든 국민이 주권을 갖든, 주권의 소재를 금융가들 사이에 놓았다. 화폐를 통해 그리했다. 정치 권력, 국민, 금융가들이 어떻게 돈을 벌어왔는지 보자.

첫째, 화폐를 발행하려는 정치 권력, 정부의 태도를 보자. 사장이 월급을 먼저 줄 때는 이유가 있다. 국민에 급료 100을 먼저 주고 일은 200을 시키는 것이다. 그러면 나머지 100은 자기 것이 된다. 즉 화폐를 이미 200을 찍어 놓고 100의 GDP에 맞추려면 화폐의 가치를 1/2 떨어뜨려야 한다. 국가가 "돈을 풀겠다"는 말은 바로 선지급을 하겠다는 말과 같다. 나중에 보면 제조, 유통, 노동의 가치가 1/2 로 똑같이 떨어져야 아귀가 맞는다. 나머지 100은 돈을 선지급하여 노동을 시킨 경제주체에 간다. 돈을 풀면 사람들 주머니에 돈이 들어와 기분이 좋다. 정치인으로서는 꿩 먹고 알 먹기다. 자기도 좋고 선심 쓰는 것 같아 표도 얻을 수 있다. 그러나 나중에 일을 2 배 해야 한다는 것을 당시에는 알지 못한다. 이것이 인플레이션이다. 인플레이션은 재룻값이 올라서 생길 수도 있고 주변 나라들 사이의 교역에 문제가 생겨서 벌어질 수도 있다. 그러나 대다수의 경우, 지엽적인 일이다. 국가 전체적으로 인플레이션이 벌어진다는 것은, 부당한 권력이 화폐를 100 선지급하고 제조, 유통, 노동 등 경제 활동량을 선지급한 돈보다 200 더 많이 강제하여 나머지 100을 가져가 썼기 때문에 벌어진 것이다. "임금은 적게 주고 물가는 올랐다."라는 말의 뜻이 바로 그것이다. 나머지 100은 노동하지 않은 선 지급자의 품에서 축적된다. 즉 그는 부자가 된다.

반면 금화를 쓰면 이런 일이 벌어지지 않는다. 일만 열심히 하면 누구나 부자가 될 가능성이 있다. 금화나 금을 보증하는 화폐라 할지라도 인간의 욕심으로 인해 남발 기운이 없지는 않다. 하지만 현저하게 기운이 약하다; 그러하니 민중이 아직도 금을 선호하는 것이다. 지폐는 쉽게 남발되지만 금은 그렇지 않기 때문이다. 그러나 이는 한 나라에서 모두가 금화를 쓸 때 통하는 이야기지, 현대처럼 금화가 사라지고 지폐가 통용되는 환경에서 금이라는 것은 지폐와 똑같이 널뛰기한다.

둘째, 돈을 많이 가지고 싶어 하는 보통 사람의 심리를 보자. 욕심 없는 사람은 거의 없다. 자본주의 사회에서는 특히 양적으로 많이 가지고 싶어 한다. 이런 이유로 통화에 양적 원칙이 있다. 주머니 안에 가진 화폐의 가치가 올라 예전에는 1달러로 햄버거 1개를 살 수 있었던 것이 지금 2개를 살 수 있다면 그는 돈을 두 배를 번 것이다. 주식이 오른 것과 같다. 사람들은 가진 화폐의 가치가 오르면 기쁘지만, 욕심이 거기에 머물지 않고 더 가지려 한다. 2달러를 더 벌어 햄버거 4개를 사겠다고 덤비는 심보다. 사람들의 이런 심리가 통화를 계속 남발시키게 만든다. 그러다가 결국 1달러로 햄버거 0.5개밖에 사지 못하는 인플레이션을 만드는 것이다. 화폐를 보존하여 내적 가치를 키우기보다, 널브러진 가치를 더 많이 쓸어 담으려는 인간의 심성이다. 그것이 양적 원칙이다. 보리죽을 10그릇 먹을까, 아니면 고급 소고기 50g을 먹을까의 문제를 벗어나, 누구나 고급 소고기 50g을 선택하고 싶어 하고 남의 소고기도 마저 빼앗아 먹겠다는 심리적인 원칙이, 스스로 발등을 찍어 결국 소고기는커녕 보리죽도 1그릇밖에 먹지 못하는 인플레이션의 환경을 만든다. 이것은 궁극적으로 Too Big To Fail(대마불사)이라는 양적 전략을 자본주의의 도덕으로 만들었다.

그러나 이것이 과연 '인간'의 심리학적 원칙인가. 양적 원칙(욕심)이 인간이 가진 본성 중 하나라 할지라도, 무엇보다 영미 앵글로색슨 은행과 기업의 실존 마인드가 아닌가. 금화를 거부하는 양적 원칙에 대한 여러 말들을 가만히 들어 보면, 인간의 본성을 말하는 것 같아서 설득력이 있으나, 금융정책의 관점에서 보면 사기꾼의 사고다. 널브러진 지폐를 통해 민중이 가진 화폐의 가치를 계속 떨어뜨려 노동을 더 하게 만들고 그로부터 잉여가치를 얻어 가려는 것이다. 양적 원칙이라는 것을 자본주의 경제의 밑바탕에 깔아 놓으면 착취는 운명이 된다. 이런 이유로 미국의 FRB 의장 그리스펀(Alan Greenspan)은 "금본위가 없으면 인플레이션을 이용한 착취를 벗어날 길이 없다."고한 것이다. 그가 말한 금본위제란 금화를 쓰는 질적 논리를 지닌 경제를 말한다. 이 질적인 논리를 없애고 양적 논리만 강조하기 위해 첫 번째 한 일은 민중에 화폐에로의 양적 욕망을 심는 일이었다.
1857년 벵골총독부의 쇼어(Frederick John Shore)는 영국 하원에 나와
보고하면서 다음처럼 말했다.

> "영국의 기본원칙은 갖은 수단을 써, 인도인 모두가 자신들의
> 이익과 편익을 취하도록 만드는 것입니다. (우리는) 그들의 이익과
> 편익에 극도의 세금을 부과하죠. 우리는 그렇게 꿀물을 뽑아
> 먹었지요. 인도의 지방관리들이 인도인들로부터 갈취한 것을 크게
> 잘라가지는, 기가 찬 것입니다. 자랑스러웠습니다."

실상, 자본주의 그 자체가 바로 양적 원칙이며, 이 원칙을 인간의
기본권(소유권)으로 만든 이유는 국민을 착취하는 방법이었다. 국민
스스로 타인의 노동 가치를 빼앗는 것을 당연한 경제생활로 알고
있는 이상, 그의 노동도 자산도 그보다 더 화폐를 많이 가진 자에
빼앗기는 것이다.

셋째, 금융인이 바라보는 화폐는 물질세계를 소유하고 움직이게
만드는 도구이다. 미국 내 공공의 금화를 없애고 사설 지폐를
만들고자 했던 런던시티와 월가의 거대한 기획 하에 20세기 전체가
움직였다. 먼저 금본위제하에서 지폐 발행을 민간은행이 맡는
네덜란드—영국 시스템을 미국으로 가져오는 것이다. 국가가 아니라
민간은행이 국정 지폐를 발행한다면, 상상만 해도 이만한 불로소득이
없다. 물론 은행이 소유한 금의 가치보다 더 많은 지폐를 찍는

전제하에서 그렇다. 실상, 자기가 소유한 금보다 더 많은 양의 지폐를 찍지 않으려면 발권에 관심을 가질 이유가 없다. 금본위제를 특별히 주장할 이유도 없다. 금본위제하에서 발권 설레발이 나오는 이유는, 금융가가 금본위를 최대한 벗어나 자신에 대한 믿음에 근거한 지폐를 찍으려 하기 때문이다. 링컨은 실제로 잠시 그렇게 했는데, 이들이 바라본 링컨은 국민의 전폭적인 신뢰를 받은 예수와 같은 존재였다. 오로지 대통령 신용만으로 그린 백이라는 지폐를 찍어 널리 돈으로 사용했기 때문이다. 후대에도 히틀러 시대 이외에 금이든, 석유이든 보증 없이 지폐가 쓰인 적은 없었다.

그러나 런던시티와 월가는 무에서 유를 창조하는 지폐의 세상을 꿈꾸었다. 이들의 앞잡이 시어도르 루스벨트는 미국의 민간금융을 크게 키워주었다. 수없이 많은 영국의 금융가들이 뉴욕으로 건너갔으며 런던과 일체가 되는 핫라인을 형성했다. 루스벨트는 독점금지법, 누진 소득제, 상속세를 밀어붙였다. 겉으로 보면 국가가 돈 많은 자본가들을 옥죄는 듯이 보였지만, 실은 독점이 풀어져 증가한 기업체들, 누진된 산업자본, 기업 상속으로부터 나오는 세금은 민간은행을 키워주고 이들에 지급할 공공부채의 이자로 들어갔다. 독점을 금지하여 산업자본을 분산시킨 후 법인세를 높여 사설 은행의 이자로 넘기는 한편, 거대 산업자본가들에는 공제 혜택을 주었다. 이들이 은행의 고객이었기 때문이다. 특히 석유산업의 공제 혜택이 제일 컸다. 루스벨트가 이 기만에 찬 경제기획을 세웠고, 실제 실행은 우드로 윌슨이 했다. 월가가 보았을 때는, 시어도르 루스벨트처럼 강하고 전통 있는 가문 사람보다는 대학교수 샌님 출신 우드로 윌슨이 일을 시키기에 더 나았을 것이다.

1913년 환상이 현실이 되고 말았다, 최소한 6개 사설 은행이 운영하는 국가중앙은행이 만들어졌다. 거대 민간은행들은 국가의 지폐를 통해 돈을 만들고 법인세와 소득세, 간접세 등을 통해 정부에 대출된 돈의 이자를 체계적으로 챙기는 국민수탈의 시대를 활짝 열었다. 시어도르 루스벨트부터 우드로 윌슨 그리고 오늘날의 각종 미국 대통령까지 모두 국가, 민주, 자유, 인권이라는 평계 하에 국가 운영을 민간은행이 통제하는 관례를 굳혔다. 이로써 월가는 경화(금화)를 쓰는 독일의 은행들과는 국제결제 문제 이외에는 크게 협력할 이유가 없어졌다. 단지 독일을 자신들의 화폐를 써 주는 한정된 금융시장으로만 인식하고 접근했다. 하지만 경화를 쓰는 한, 결국 독일의 경제문화는 제거되어야 했다. 경화를 고집하는 미국의 대통령도 제거되어야 했다. 그래서 3명의 대통령이 미리 제거된 것이다.

런던시티와 월가는 독일을 제거할 기회를 보다가 제1차 세계대전을 통해 미국을 연합국으로 끌어들여 경화를 쓰던 독일을 패하게 했다. 동시에 금융뿐만 아니라 유럽의 산업 또한 실질적으로 미국으로 넘어갔다. 계획이 그렇지도 않았지만, 만약 독일이 이겼다면 독일과 어떤 방식으로든 금융협상을 했을 것이다. 영국이 이긴 이상, 미국의 금융은 당시의 기축통화라 볼 수 있는 파운드의 영국과 함께 조율되어야 했다. 세실 로즈의 앵글로색슨 제국 프로젝트가 시작된 것이다. 세실 로즈의 영미 공동제국주의는 데이비드 로이드-조지에 희망을 건네주었고, 이를 또한 윈스턴 처칠이 다시 건네받았다.

이들은 모두 대영제국의 금융 및 산업적 유산을 미국과 함께 이어가고자 했다.

그러나 영국과 미국이 제국으로서 서로 융합할지, 미국의 독자적인 제국을 이끌지 방법론은 채 결정되지 않았다. 특히 월가 사람들은 마음을 정하지도 드러내지도 않았다. 실상, 영국의 금융을 장악한 미국의 금융-군산 복합 세력에 있어서 대영제국의 영향력은 가만있어도 따라오는 것이었다. 따라서 결정을 서두를 이유가 없었다. 투츠(Adam Tooze)가 반복적으로 지적했듯이, 미국의 월가가 원했던 것은 영국을 이용해 유럽을 하나의 시장으로 묶는 것이며 아울러 영, 불, 독, 이, 오 구 제국과 그 식민지를 해방해 월가 쪽으로 당기는 것이었다. 전쟁은 각국의 금을 미국으로 가지고 오게 했고, 그도 모자라 월가로부터 융자까지 받게 했다. 승전국이든 패전국이든 전쟁 당사국이 모두 빚쟁이가 되어 버렸으며, 전후 금본위제를 이끈 미국 중앙은행(연방준비제도, FED)의 휘하로 들어가 버렸다. 게다가 전쟁으로 인해 도농 간 교역이 파괴되어 도시는 도시대로 농촌은 농촌대로 피폐해져 갔으니 러시아를 필두로 하여 내란과 혁명이 유럽의 일상이 되어 버렸다.

미국의 국무부는 전쟁 말기, 민족자결주의를 공개적으로 주창하여 유럽인들에 식민지를 해방하라 강요했다. 과거 제국들의 식민지를 자기들이 가져가겠다는 속내를 그리 숨기지도 않았다. 그것이 미국과 영국의 원탁회의 멤버들이 모였던 파리강화회의(Paris Peace Conference, 1919년)의 면모이다. 파리와 뉴욕에서는 로스차일드(Nathaniel Rothschild),

맨델 하우스(Edward Mandel House), 리프먼(Walter Lippmann) 같은 소수의 엘리트가 현존하는 식민지와 앞으로 해방될 식민지를 영국과 미국이 어떻게 통치하고 관리할 것인가를 논의하고 있던 반면, 제국의 대다수 식민지는 아무것도 모른 채 민족해방 운동에 나서고 있었다. 식민국가의 독립운동가들은 자유와 독립의 희망을 위해 목숨을 바쳤지만, 엘리트에 민족해방이란 다름 아니라 구 강대국 입에서 빠져나와 자기 입으로 들어가는 것뿐이었다. 즉, 미 제국주의의 출발점이 바로 민족자결을 구실로 한 식민지 독립운동이었다. 미국이 남미와 아시아, 지중해, 아프리카까지 뛰어다니면서 독립운동을 지원했던 이유도 이것이다. 이처럼, 19세기부터 스페인, 포르투갈로부터 해방되기 시작했던 남미의 국가들이 독일과 영국의 금융지배 안으로 들어 왔다가, 제1차 세계대전을 통해 가장 먼저 미국 금융의 손아귀로 들어갔다.

1920년대-1930년대 남미와 아시아에 침투한 미국의 공무원과 민간인들은 직업에 상관없이 현지에 투자했으며, 자신들의 정보활동을 자랑했다. 남미와 아시아의 YMCA가 미국인으로 들어찼으며, 자신들이 침투한 곳에는 여지없이 프리메이슨 단체를 조직했다. 펄 벅 같은 이가 중국, 조선, 인도, 싱가포르, 홍콩을 돌아다니면서 미국에 정보를 실어 나른 활동도 그 범주 안에서 이해할 수 있다. 이들은 여행기, 탐사보고서, 소설, 기간 리포트, 활동 보고 등 미국의 언론과 기관에 끝없이 자신들의 활동을 보고했다. 윈스턴 처칠이 갈리폴리 전투를 기획하기 위해 공부했던 정보 소스가 오스만 튀르크 여행 책자였던 시절이었다. 이런 시절에, 미국 기업인들의 해외 네트워크로부터 들어오는 정보는 그들에는 알짜였다.

미국의 중앙은행이 통솔하고자 했던 식민 정책은 영국이나 프랑스식의 고전적인 식민지 수탈 방법 즉, 총독부의 폭력과 자유무역의 약탈이 아니었다. 해당 국가의 금융 체제를 자국 은행거래 네트워크에 묶어서 해당 국가와 기업을 빚의 영원한 구렁텅이로 떨어지게 하는 유태적인 방법이었다. 화폐를 일원화하고 식민 세계에 직간접 투자를 한 다음, 환율과 금리를 조작하여 해당 지역의 자원과 자산을 가져오는 방법이었다. 16세기 조제프 나지 집안이 유럽 국가에 행했던 방법과 같다. 물론, 투자자를 보호한다는 핑계로 국가 폭력이 직접 행사되는 만큼, 군사력의 우위도 보장되어야 했다. 요약하면, 식민 각국이 금융 결제 방법을 금이나 달러로 하고, 투자자에 문호를 개방만 하면 총독부를 둘 필요가 없다. 각국의 거대 수익 산업이 달러 결제 시스템 안에서 움직이니, 달러를 남발하면 빚을 지게 하고 긴축을 하면 자산을 빼앗아 오는 것이다. 해당 국가가 자국의 제조업을 잘 관리한다면, 식민지의 경제적인 목적은 꼭 식민을 하지 않아도 성취되는 것이다. 이런 의미에서 인공적인 기축통화를 만드는 일이 미 제국주의의 핵심사업이 될 수밖에 없었다. 로스차일드와 J. P. 모건 같이 경험 많은 이들이 이 새로운 제국주의의 방법을 제공했다.

영국의 런던시티에서부터 뉴욕의 은행들과 사업을 조율하여, 1913 년 결국 미국 중앙은행을 동료들과 접수한 로스차일드 가문은 오래전부터 금본위제이든 신용 본위제이든 어떤 방식으로로든 신용 창출 권력, 즉 화폐 남발권을 가지고자 했다. 금본위제라 해도 금화만 돌리지 않고, 지급 증명서를 이용하면 화폐 남발이 가능했기 때문에 양쪽을 모두 이용했다. 양적 논리를 느슨하게 산업의 철학으로 만들어 놓으면, 질적인 논리를 가진 금본위제 사회라 하더라도 통화가 늘어나는 관성을 가진다. 금의 중량과 순도를 속이거나 금의 소유량보다 금본위 지폐, 즉 지급 증명서를 더 많이 찍는 농간이다.

특히 전쟁 때 이런 일들이 부지기수로 일어난다. 전시에는 금을 많이 소유한 은행과 정부가 금본위제를 금지하여 지폐를 마구 발행하고, 전쟁이 끝나면 금본위제를 다시 회복한다. 그리하면 금(금을 표시하는 기축적인 통화 포함)의 가치가 올라가고 지폐의 가치는 떨어져 금을 보유한 은행은 더욱 부자가 된다. 물론 금화를 그냥 쓰지 않고 금을 보증한다는 종이를 쓰는 대의 금본위제 때 그렇다. 이를테면, 제1차 세계대전 전인 1914년 영국 정부의 은행 빚은 40억 파운드였으나, 전후 1925년 금본위제를 시행하자 금의 가격이 올라 정부 빚이 80억 파운드가 되었다. 영국인들은 정부가 빌린 은행 빚을 갚기 위해 세금을 2배 더 내야 했다. 전쟁 때 금을 써야 했던 정부와 달리, 은행들이 금을 확보하려 노력한 이유가 여기에 있다. 전쟁에 쓸 돈이랍시고 금을 중요시한 것이 아니다. 나중에 금 가치의 비율을 올리려고 금을 미리 보유한 것이다. 이런 이유로 아서 키츤이 "금본위제는 불가피하게 전쟁을 일으킨다."고 했다. 금본위제하에서는 지폐를 남발할 기회를 거의 전쟁을 통해 잡기 때문이다. 은행가들이 부자라는 것은 바로 이런 것을 말한다. 금이나 화폐를 많이 가진 사람은 부자라 불리지 않는다. 금과 화폐를 실물자산으로 교환하는 비율의 메커니즘(금융)을 이용하는 자가 부자이다. 보리죽을 10그릇 먹을까, 아니면 고급 소고기 50g을 먹을까의 문제를 벗어나, 은행은 고급 소고기 50g을 선택하고 남의 소고기도 마저 빼앗아 먹는다. 민중은 보리죽마저도 먹지 못한다. 은행가나 경제학자들이 민중에 보리죽을 10그릇 먹을래 아니면, 고급 소고기 50g을 먹겠느냐며 선택의 자유라도 줄 줄 안다면 이는 오산이다. 선택의 조건을 빼앗아 놓고 말의 잔치만 벌이는 것이다.

대의 금본위제는 한편으로는 대형 전쟁을 일으키고, 다른 한편으로는 금을 소진한 정부를 불안하게 만든다. 1849-1850년 디플레이션에 처한 영국 정부가 통화 안정을 위해 캘리포니아, 호주 등지에서 줄기차게 금을 캐어 낸 이유가 이것이다. 나중에 남아프리카 공화국에서 캐어 낸 금으로 인해 보불전쟁이 있었지만, 안정된 경제 상태를 꾸준히 유지할 수 있었다. 로스차일드와 같은 은행과 기업이 주도하는 앵글로색슨 제국주의 또한 이런 금본위 화폐 금융을 장악함으로써 가능했지, 국가별 경제구역이 나누어진 실물경제로는 불가능한 것이었다. 금융통제의 중앙에 각국의 중앙은행이 있으니, 그 은행들만 강력한 국제기구를 통하여 통제하면 제국주의는 완성되는 것이다. 로스차일드가 미국 정부의 중앙은행을 가져오다 못해 최종적으로 원했던 것이 바로 세계통화를 통제할 국제기구였다. '화폐를 은행과 기업에 선지급하고 노동(물가)을 나중에 강제' 하는 금융 기구이다. 금을 보증하는 척하다가 종국에는 지폐만 발행하는 메커니즘을 만들면 세계가 진정 장악된다.

그 시도가 앞서 말한 제1차 세계대전과 1925년 영국의 금본위제 복귀였다. 전쟁을 통해 마음껏 지폐를 찍어 돌린 후, 전쟁이 끝나고 금본위제를 시행하면 지폐의 가치가 원하는 만큼 떨어질 수 있다. 파운드라는 기축통화를 제1차 세계대전에 쏟아버린 영국의 재무부에는 실거래가 금이 1억 5천만 파운드 정도밖에 없었다. 그런데도 영국은 1914년에 폐지한 금본위 법(Gold Standard Act)을 1925년 다시 실시했다. 경화라 불리는 실제 금화를 정지시키고, 1928년 영란은행을 시켜 2억 6천 파운드의 대의 금본위 지폐를 찍었다. 게다가 국제연맹이라는 것까지 만들어서 세계가 영국을 보조해주기를 바랐다. 세계 금의 8%만 가진 영국의 파운드 주제에 기축통화의 위상을 유지하려 했다. 다른 나라 통화의 가치를 파운드(대의 금화)에 묶어 다른 나라의 통화가치를 떨어뜨리려 했다. 그리하면 영국의 전쟁 빚을 수월하게 갚을 수 있지만, 다른 나라의 빚은 더욱 늘어나게 된다.

제1차 세계대전 후 독일과 러시아가 그렇게 당했다. 바이마르 공화국은 외국자본에 문도 열고, 금도 없고 산업도 망가진 상태에서 통화를 늘렸다. 그런 휴지와 같은 화폐를 받을 나라는 없다. 단지 자국 내 기업인들에 진 빚만 갚을 수 있을 뿐이다. 기업으로서는 같은 편인 정부가 주는 돈을 받을 수밖에 없었다. 이는 자국 기업인의 산업 가치를 착취하는 일이다. 볼셰비키 러시아의 경우, 부르주아 기업인들이 가진 돈의 가치를 떨어뜨리려고 일부러 인플레이션을 유발했다. 볼셰비키 러시아는 로마노프의 금마저도 영국과 미국에 수입대금으로 지급했다. 인플레이션은 산업자본가들을 약하게 만드는 힘으로 작동하므로, 산업의 틀을 금융 밑으로 들여보내고자 했던 볼셰비키에 있어서나, 정적으로서 자본가를 제거하고 싶어 하는 순진무구한 공산주의자들의 전략이 되기도 한다. 19세기 아나키스트들의 인플레이션 전술이 대표적이었다.

금을 어딘가 최후 무기로 비축해 놓고, 금 없는 대의 기축통화에 다른 나라의 통화를 연동시켜 가치를 조종하는 작업을 맡은 기관이 바로 국제결제은행이었다. 1930년 독일의 샤흐트(Hjalmar Schacht)는 J. P. 모건, 록펠러, 영란 은행장 몬테규 노먼 등 프랑스, 이탈리아, 벨기에 등 19개 유럽의 중앙은행과 64개국의 거대 민간은행장들을 모아놓고 국제결제은행(BIS)을 만들었다. 미국의 FRB처럼 사설 은행으로서 독일 배상금 문제와 외환관리 그리고 금본위제 하의 금 유통을 담당했다. 즉, 세계은행을 지배하는 기관이 된 것이다. 미국의 록펠러 사와 모건 그룹이 BIS를 오가며 은행장을 맡아 거래를 이끌었는데 본부는 스위스 바젤에 두었다. 정치적으로 서로 치고받고 싸우는 와중에도(척하면서) 경제적으로는 BIS를 중심으로 독일, 일본, 이탈리아, 미국, 영국이 함께 모여 거래를 논의했다. 금이 부족한 남의 나라의 노동과 자산을 함부로 평가하겠다는 것으로, 이는 공개된 주권 침해 기관이다.

이런 국제은행의 횡포를 막는 유일한 길은 관세를 올려 자국의 노동과 자산의 가치를 보존하는 수밖에 없다. 금이라는 창이 없다면 주권이라는 방패라도 무장해야 하는 법이다. 당시, 금이라는 창과 금융 결제라는 방패를 모두 가진 유일한 나라는 미국밖에 없었다.

미국은 과거 영국에 진 빚을 군수물자로 모두 갚아 버렸다. 이런 미국이 파운드를 기축통화로 계속 인정할 리 만무하였다. 영국이 1931년, 금본위제를 견디어 내지 못하고 철폐하자, BIS를 포함한 모든 금융 권력이 미국으로 안착했다. 우리가 현대라고 부르는 시기는 영역별로 다르지만, 최소한 금융을 중심으로 본다면 1697년 영란은행을 통해 금융가들이 모두 영국에 안착한 것을 근대 자본주의의 출발로 볼 수 있듯이, 국제자본이 세계적인 차원에서 안착한 1931년을 현대 자본주의의 시작으로 볼 수 있다. 이는 또한, 말로만 듣던 미 제국주의가 본격화 한때이다. 뒤에서 설명하겠지만, 미국의 프랭클린 D. 루스벨트는 1933년부터 대영제국을 미 제국주의로 옮겨 놓는 역할을 맡게 된다. 그는 1933년 미국을 금본위제로부터 탈퇴시켜 버렸다. 즉 금과 같이 돌려쓰던 파운드도, 금도 완전히 무시한 것이다. 은행이 국가의 뒤에 숨어 어정쩡하게 금과 지폐를 서로 주고받으며 협력해 왔던 영국식 금본위제 정책을 벗어나, 기업이 화폐의 탄력성을 이끄는 미국식으로 바꾸는 것이다. 정부와 기업을 앞세워 은행이 국가를 전반적으로 지배하는 프리메이슨의 이원적 조직 체계 혹은, 영국의 세실 로즈가 제안했던 '비밀단체가 운영하는 국가체제'가 미국에서 본격적으로 가동한 것이다.

한편, 1929년 월가는 자신들이 일으킨 주식거품을 스스로 폭발시켰다. 4,000여 미국 전역의 은행을 파산시키고, 은행들의 물적 자산을 헐값에 사서 금융의 전권을 장악했다. 영국과 미국은 이런 경제위기를 틈타 금본위제를 순차적으로 폐지했다. 국제연맹도 사실상, 해체되었다. 유럽 각국은 자력갱생의 환경에 놓였다. 강력한 화폐인 파운드와 달러가 금본위제를 떠났으니, 기축통화의 위상도 모호해졌다. 대영제국이 그렇게 몰락의 단추를 눌렀다. 이를 대신할 국가와 화폐가 나올 때까지 과도기가 흘렀다. 그때가 1933년–1944년이었다. 거꾸로 말하면, 국제 기축통화가 실제로 사라졌다면, 자국의 이익이 달러와 파운드(금) 세력에 의해 착취당하지 않을 수 있었다. 민족이 일한 만큼 돈을 벌 기회였다. 어떤 스타 국가가 나타나, 일도 잘하고 빚도 제대로 갚으면 그 국가의 통화도 기축화 될 수도 있던 환경이었다. 이 뛰어난 실력을 발휘한 국가가, 다름 아니라 대영제국이 파괴하려 노력했던 러시아와 독일이었다. 1930년대 금본위제 폐지와 함께 나타난 국제금융 과도기에 보여준 러시아와 독일의 경제적 부상은 19세기와 20세기를 걸쳐 영국 금융가들이 무슨 이유로 그토록 러시아와 독일을 싫어했는지 속내가 만천하에 드러난 사건이었다. 또한 국제금융의 네트워크를 벗어난 나치 독일과 스탈린의 러시아가 앞으로 벌어질 제2차 세계대전에 끌려 들어간 것도 우연이 아니었다.

제1차 세계대전은 미국 금융계가 미국을 기축 화폐의 제국으로 만든 첫 번째 단계였다. 제2차 세계대전은 미국 금융계가 미국의 달러 자본을 세계화하는 두 번째 절차였다. 루스벨트와 록펠러는 유럽을 달러화했을 뿐만 아니라, 윌리엄 J. 도노반이라는 걸출한 인물에 일을 맡겨 아시아까지 달러화해 나갔다. 이를테면 변방 베트남의 호찌민 군대와 조선 광복군의 독립운동도 달러로 지원해줌으로써 전후 달러 세계화의 밑밥을 깔았을 정도였다. 호찌민은 미국이 자신을 지원한 사실을 스스로 견제했지만, 독립전쟁을 위해서는 미국을 이용할 수밖에 없었다. 조선 광복군과 같이 해방의 순진한 목적을 가진 식민지 원주민 대다수는 미국의 지원을 순수하게만 받아들였다. 영국, 프랑스, 일본 제국주의를 거쳐 미국 제국주의 치하로 넘어가는 자국의 운명을 눈치채지 못했다. 유럽인들 또한 미국의 세계사 개입과정이 미국이라는 신생 식민제국에 자신의 권력을 넘기는 과정이라는 사실을 몰랐다.

승전을 자신했던 윈스턴 처칠 같은 베테랑 정치인들마저 몰랐다. 미국을 핵심지역으로 삼아 함께 모인 자본가들이 영국과 독일을 이용하여 유럽을 장악하는 이른바, '헤쳤다 모여!'의 의도를 읽지 못했다. 처칠은 이를 제2차 세계대전 도중에 알게 된다. 반서구주의자 세르주 라투슈는 이를 다음처럼 회고했다.

"전쟁이 끝나자 유엔이 성립되고 탈식민 운동이 벌어졌다. 서구는 소련과 함께 민족 전통도 없고 국가도 없던 나라들에 국가를 선사했다. 물론 독립국인 것은 맞다. 그러나, 동시에 강력한 초국적 기업들이 나타나 국가를 약화할 준비를 하고 있었다. 신생 국가들은 이 모순된 강제에 저항할 방법이 없었다. 경제 지상주의적인 엔트로피가 이들 나라에 강하게 닥쳐 와, 제대로 된 민족제도를 세울 수가 없었다. 지구상의 거대한 지역들이 처음부터 완벽한 무질서 속에서 살게 되었다. 마약 유통과 마피아에 빠져 버린 남미의 상당수 지역, 아프리카 전체가 그런 상황에 부닥쳤다. 텅 비고 비참함만 가득한 남미와 아프리카에 민주주의와 인권의 껍데기를 던져 놓았다. 안정되고 균형된 정치 질서에서나 가능한 민주주의와

인권이란 것은 이 새로운 세계질서의 이데올로기(모순) 속에서는 불가능했다."

　제1차 세계대전 시작부터 미국 정부는 달러의 제국주의를 실행하는 초국적 기업의 하수인이 되었다. 아메리카 퍼스트의 오랜 전통이 최소한 정치, 경제계에서 사라져 버렸다. 20세기는 영국과 미국의 금융가와 군산 복합기업체들의 '나와바리' 전쟁으로 물든 시대다. 전후 유럽은 그들의 구 식민지와 함께 미국의 초국적 기업 즉 금융 및 기업 제국주의자들에 도매금으로 넘어갔다. 실행의 첫 단추가 마셜 계획이었고 마지막 단추가 유럽연합이었다. 물론 일이 계획대로만 흘러가지는 않았다. 무엇보다 소련과 소련을 따르는 지구의 반쪽이 달러화 계획을 무산시키고 있었다.

　1945년 이후 동부유럽과 북한, 외몽고는 모두 공산주의 체제를 통해 미국과의 통로를 닫았으며 1960년대까지 미국과 친했던 쿠바, 헝가리, 북베트남, 티베트가 돌아섰다. 인도는 파키스탄과 분리하여 독립했어도 두 국가가 모두 영 연방의 성격을 유지하기를 원했다. 미국은 영국과 공동으로 파키스탄을 끌어안는 것으로 족했다. 인도네시아는 수권자를 잘못 선택하는 바람에 미국에 고민거리였다. 베트남은 손을 쓰려 했지만 결국 자력으로 독립했다. 중앙아시아의 요충지 아프가니스탄, 이라크, 시리아, 아프리카의 기아나, 가나, 콩고, 이집트, 튀니지아, 예멘, 아시아의 캄보디아, 인도네시아, 유럽의 아이슬란드 그리고 믿었던 남미의 베네수엘라가 미국의 제국주의에 반기를 들었다.

미국의 월가와 초국적 기업들이 제1차 세계대전을 통해 TKO 승을 거두었지만, 영국은 오랫동안 이를 인정하지 않으려 했다. 1930년대 영국의 정치인들이 보기에 히틀러는 문제가 아니었다. 히틀러가 권좌에 오른 1933년, 미국의 대통령이 된 루스벨트가 더 문제였다. 히틀러는 영국 정부에 끝없이 우호를 기대했던 친영 인물이었던 반면, 루스벨트는 반영 인물이었기 때문이다. 영국의 정치인들은 루스벨트의 민족주의와 등거리 외교를 두려워했다. 이전처럼 미국의 대통령이 암살될 가능성도 없었다. 영국의 위세가 예전 같지 않았다. 영국이 독일에서 얻어 갈 이익보다 미국이 가져갈 것이 비교 불가능하게 컸다. 국내의 금융을 영국 자본으로 지배할 것인가 아니면, 미국 본토 자본으로 지배할 것인가 문제로 싸우던 19세기의 약소국 미국이 더는 아니었다. 제1차 세계대전 발발 시기부터 이미 영란은행을 비롯한 영국의 거대자본을 미국에서 움직이고 있었다. 단순히 말해, 단 30여 년 만에 사정이 돌변한 1930년대, 영국의 경제 정치계는 미국의 관대한 처분만 바랄 뿐이었다. 관대한 처분이라는 것은 영국이 미국과 함께하는 앵글로색슨 제국주의였다.

그러나 제2차 세계대전을 마지막으로 대영제국이 완벽하게 미국 앞에 무릎을 꿇었다. 세상 물정 모르는 영국의 몇 정치인들은 1956년 수에즈운하 사태에 이르기까지 영국이 독자적인 제국주의를 이끈다는 착각에 빠져 있었다. 수에즈운하를 국유화한 이집트에 반발하여 폭격기를 보냈지만, 이집트와 사전조율을 마친 미국은 영국의 행동을 용납하지 않았다. 영국 정치인들이 자신의 초라한 위치를 진정 깨달은 때가 수에즈운하 사건 이후부터였다.

미국이 독자적으로 제국을 이끄는 오늘날에도, 영국 대중의 머릿속에는 제국의 망상이 남아있다. 물론 미국에서도 반영 정서가 아직도 남아있다. 유명한 반영 단체로 실러 연구소(Schiller Institute)가 있다. 이 연구소는 미국의 독자적인 제국주의를 완성한 자로 프랭클린 루스벨트를 뽑고 있다. 반면, 헨리 키신저는 영국과 미국의 조화로운 제국주의를 원한다고 밝힌 바 있다. 미국의 독자적인 제국주의이든 세실 로즈의 영미연합 앵글로색슨 제국주의이든 용어는 실제와 상관없다. 국가가 아니라 월가와 런던시티가 연합하여 이끌어가는 금융 제국주의인 이상, 록펠러처럼 침례교 미국인이든 J. P. 모건처럼 앵글로색슨이든 로스차일드처럼 유대인이든 '그놈이 그놈'인 것이다. 영국과 미국의 대서양 네트워크와 유럽연합의 거대한 두 나와바리를 장악한 이들이 소수 민간인 비선실세라는 점만 중요하다.

독일 커넥션

독일 약탈 1924-1933

프랑스, 영국, 미국 등 제1차 세계대전의 승전국들은 1919년 독일에 330억 달러(현 시세, 4,500억 달러)를 내어놓으라 했다. 자기들이 사용한 무기, 공격당한 지역의 복구 비용, 민간인 피해보상, 사망 및 부상군인 가족 생활비, 노병의 연금 등을 모두 포함한 액수였다. 패전국 독일이 감당할 수 없는 것으로, 당시 독일 GDP의 83%, 일 년 치 세수의 350%, 당해 수출수익의 500%에 상당하는 금액이었다. 1919년부터 독일 GDP의 10%가 전쟁 배상금으로 지급되었고 이자는 6%씩 붙었다. 독일은 보유한 상선 전체(혹은 85% 이상)와 22만 5천의 철도 차량, 8천 개의 트럭 등의 국가재산을 승전국 측에 넘겼고, 국민 10%가 사는 땅 알자스로렌, 루르 그리고 실레지아의 75%의 철과 68%의 아연, 26%의 석탄을 프랑스로 넘겼다. 국가가 처분할 권리가 있는 공적 자산의 대다수를 내어놓았다.

존 M. 케인스가 비난했던 그대로 "지나친" 배상 요구였다. 하지만 베르사유 조약의 프랑스 대표 앙드레 타르디유는 "케인스 씨는 현실과 다른 소리를 하고 있다. 바다 건너에 살다 보니 프랑스 같은 대륙 사정을 모르는 모양인데, 50년 동안 2번 당해 보지 않아서 그렇다 …. 독일은 십 원까지 털어(pay to the last farthing) 지급하게 될 것이다."라 했다. 케인스는 독일이 돈을 갚지 못할까 보아, 그리고 타르디유는 단지 억하심정에 토로한 말들이었다. 미국과 영국의 유대 금융가들과 기업인들은 베르사유 조약 이후 끝없이 독일을 조롱해 왔다. 이들이 한 일은 당대의 한 잡지 사설이 말하듯이 "독일 민족의 콧대를 꺾고 독일 민족이 받드는 것이라면 모두 깔아뭉개는" 것이었다.

실상 미국, 영국, 프랑스 은행과 기업들은 장기적으로 갚는 배상금에는 큰 관심이 없었다. 독일의 공적 자산을 빼앗는 일은 게다가, '더러운 일'이라서 정부에 일을 시켜 면피했다. 은행과 기업은 독일을 부강하게 만든 민간 기업과 그들의 사유 자산에 눈독을 들였다. 방법은 언제나처럼 단순했다. 과도한 배상금 요구를 통하여 독일 화폐 마르크 시장에 초인플레이션을 일으키는 일이었다. 배상금 지급을 구실로 독일에 적당한 융자를 해주고, 상환을 불가능하게 하여 독일의 실물자산을 탈취하는 일도 병행했다. 독일 스스로 돈을 벌어 오는 수출마저 봉쇄한 이유가 여기에 있었다. 돈을 갚으라 요구하면서, 생산과 장사를 못 하게 했다. 그래야 초인플레이션 이후 독일의 자산을 가지고 올 수 있었다.

승전국이든 패전국이든 전쟁이 끝나면 자원을 얻기가 힘들다. 국력이 약해져 재건하는 데도 시간이 오래 걸린다. 살아남은 사람들은 날마다 의식주를 해결해야 한다. 승전국이나 패전국 모두 인플레이션을 겪지 않을 수가 없다. 이때 정부가 중앙은행을 조금만 건드려 돈을 쏟으면, 시중은행들은 쉽게 거품을 만들어 버린다. 전쟁이 끝난 1920년, 독일의 인플레이션은 급격하지는 않았다. 1915년 골드 마르크가 사라지기 전, 0.4g의 금이 1 골드 마르크였고, 1920년 빵이 0.5 마르크였다. 배상금 조정 후인 1921년부터 물가가 오르기 시작했다. 1922년에 3배로 올랐다. 독일 정부로서는 국가의 자산이 사라지니 돈이라도 더 찍어야 했다. 초인플레이션은 필연이었다. 해외은행과 기업들의 본격적인 독일 사냥이 시작되었다. 막스 와버그가 말한 그대로 "글로벌 약탈"이었다.

미국의 해운회사 HAPAG(Hamburg-America Line)가 선도적으로 움직였다. 이 회사의 금융담당 이사는 함부르크와 뉴욕의 막스 & 폴 와버그 형제였다. 막스는 도이치뱅크 소유주이자, 폴은 1914년 금융회사 웰스 파고를 사돈인 자콥 시프에 넘긴 후 미국 FRB 부총재를 지냈다. 형제이자 독일 및 미국의 최대 은행장들이 독일 금융을 직접 움직이겠다고 나선 것이다. 이들이 독일로 함께 끌고 들어간 투자대행사가 유럽투자종합회사(United European Investors, Ltd.)였다. 사장은 프랭클린 D. 루스벨트였다. 와버그와 루스벨트는 HAPAG 사무국장 빌헬름 쿠노를 1922년 독일 총리로 만들었다. 그는 독일의 인플레이션을 가속화하고 월가의 해외투자를 원활하게 하기 선택되었다. 이들의 '독일 요리'를 지켜보던 독일인들은 분노했다.

돈을 갚지 못해 수모를 당한다고 생각하는 나약한 이들도 있었지만, 대다수는 승전국의 금융가와 기업들이 일부러 돈을 갚지 못하도록 만들어 독일의 자산을 탈취한다고 생각하고 있었다. 독일인들의 생각은 정당했다.

1923년 여름 물가가 8배 올랐다. 인플레이션의 발동이 본격적으로 걸려, 당해 10월 빵 가격이 50억 마르크였다. 100억 배가 올랐다. 물가 평균은 800만 배였다. 당해 11월, 미국의 1달러가 4조 2천억 마르크였다. 달러나 파운드를 조금만 가지고 있어도 독일의 자산을 쉽게 사들일 수 있었고, 베를린에서는 왕처럼 대접을 받을 수 있었다. 1921년 런던 계획(London Schedule of Payments), 1924년 도우 계획(Dawes Plan), 1927-29년 영 계획(Young Plan) 등 세 차례의 굵직한 배상금 조정이 있었다. 1924년부터 1929년까지 J. P. 모건과 GE는 25억 달러의 배상금을 깎아주었다. 영국은 15억 달러를 깎았다. 반면 융자는 늘렸다. 총 배상금이 330억 달러이니 앞에서는 작게 40억을 깎아주고 뒤에서는 빚을 늘려 준 것이다. 미국은 또한 독일에 배상금을 갚도록 돈을 꾸어 주었는데 이 돈들은 미국에 빚을 진 프랑스와 영국을 거쳐 미국으로 다시 돌아간 빚잔치를 만들어 냈다. 그동안의 이자는 미국의 월가가 가지고 갔다. 배상금을 내지 못한 1923년, 프랑스는 루르(Ruhr)를 침공했다. 프랑스 군인은 루르 시민에게 매질도 했다. 같은 해 11월 독일 마르크는 '진짜로' 휴지가 되었다. 사람들은 마르크를 땔감으로 썼다. 독일은 국가는커녕 사람들이 살아갈 나라가 더는 아니었다. 희망을 잃은 베를린은 조직폭력배와 창부로 넘쳐났고, 동성애자 천국이었으며 사람들은 베를린을 현대의 바빌론이라 불렀다.

　루스벨트의 유럽 투자 종합회사는 독일의 각종 자산을 헐값에 사들였다. 다행히도 토지와 같은 부동산이나 금, 일반 주택은 팔자 주문이 없었다. 반면 독일의 원유 및 석탄 정제 공장을 이미 록펠러가 획득했다. IG Farben(Interessen Gemeinschaft Farben)으로 유명한 화학 산업은 록펠러의 금융관리 은행인 J. P. 모건 그룹의 관리하에 있었다. 1927년 Standard Oil-IG Farben 창립자는 미국 중앙은행 부총재 폴 와버그의 프랑크푸르트 동생, 막스(Max Warburg)였다. 나치 독일의 대표적인 기업이 되는 IG Farben의 실질적인 소유주가 미국 록펠러의 스탠더드 오일이었던 것이다. 미국의 ITT는 독일 전화국의 40%를 가져왔다. AEG, Siemens, Osram은 GE와 J. P. 모건의 것이었고, 폴크스바겐의 주식 100%는 포드사의 소유였다. 이들의 허락 없이는 독일의 산업을 일으키는 일 자체가 불가능했다. 독일의 정치와 공공경제 부문, 군사 부문, 금융 부문은 모두 영국과 미국의 금융 및 석유업체 카르텔의 손아귀에 있게 되었다. 미국 개인회사의 사무국장을 독일 총리로 만들 만큼 정부는 말할 나위도 없었다.

　히틀러 이전의 독일은 초인플레이션으로 고통받았다. 하지만 초인플레이션은 국제금융이 바라볼 때만 실제가 되는 현상이다. 자국 화폐가 국제여신에 깊게 관여하지 않아 국제적으로 고립된다 해도, 국민이 일치단결하여 자급을 위해 경제를 이끌고 빈곤을 사회적으로 해결하며 자립적인 산업을 이끌 수만 있다면, 정부는 화폐개혁을 통해 단박에 해결할 수 있는 간단한 문제가 초인플레이션이다.

당시 기축통화 체계도 느슨했고 국제여신을 따질 정도의 정세가 안정되지도 않았다. 바이마르 정부는 초인플레이션으로 고통의 2-3년을 보내다가, 1924년에 와서야 비로소 화폐개혁을 단행했다. 금본위가 아니라 부동산 본위로 화폐를 찍었다. 가치가 24억 마르크 수준이었는데 발행량을 고정함으로써 더 이상의 인플레이션을 막았다. 이를테면 국정 화폐가 곧 부동산 담보 증권이었다. 발행량이 고정된 금화와 같은 효과를 내었다. 물론 이런 경제라 하더라도, 실업이 해결되지 않고 기업 생산성, 농업의 자급 수준이 미약하면 언제라도 미국과 영국으로부터 오는 자본공격에 무너질 수 있었다. 바이마르 독일의 문제는 결국 자본의 국제이동을 제한시키고, 자급형 보호경제로 돌아가는 것에 있었다. 국제자본에 종속된 독일을 건져 내는 방법은 자급과 내수를 충실히 하는 것이었고, 이를 위해서는 국제자본 네트워크를 제동하는 일은 필수정책이었다. 게다가 사정을 알던 당시의 많은 지식인도 국제자본과 유대 자본에 대한 제한은 필연적인 것으로 이해하고 있었다. 이런 자급 네트워크 경제는 1933년 이후 히틀러의 노동 중심이자 민족주의 경제론과 결부하여 거대한 효과를 내게 된다. 그리고 제한을 받은 금융의 상당수를 유대인들이 지배하고 있었으므로 유대인들이 겉으로 두드러지어 불이익을 받는 것처럼 보였던 것뿐이다.

독일의 재무장

민족주의를 통해 국제자본의 움직임을 막는 것까지는 국가 대사지만, 전쟁을 통해 제동을 푸는 일은 국제대사이다. 독일의 나치에 의해 국제자본이 잠시 축소되거나 멈추었다고 해서 진정 그렇게 되는 것이 아니었다. 월가의 유대인들은 히틀러라는 인물이 대단한 민족주의자이기 때문에, 분명 유대 자본을 봉쇄하리라 판단했다. "다른 국가는 단 한 번도 하지 못했고, 그 이후로도 하지 못한 유대 자본에 대한 규제를 독일만이 했다."는 것이 히틀러를 이용한 전술이었다. 유대 기업 스스로 이 사실을 잘 알고 있었다. 따라서 1933년 1월 민족주의자 히틀러가 총리에 오르자마자 독일과의 일대 전쟁을 예상했으며, 성급하게 암스테르담에 모여 후속책을 논의했다. 독일과 유럽에 전쟁이 날 것이라 예견한 이들은 오로지 유대 은행과 기업인들밖에는 없었다. 소심한 유대 기업인들은 스위스로 계좌를 옮기기도 했다. 1933년 4월 6일과 7일 자 프랑스의 조간 일보(Le Matin)에 따르면, 3개월간 스위스로 넘어간 유대 자본이 10억 프랑의 금화였으며 도미에, 코로, 고갱, 르누아르의 그림도 함께 스위스로 택배 되었다고 전하고 있다. 팔레스타인으로 이주하거나 이주센터로 들어간 중산층 유대인의 재산은 스위스 은행이 보관해주었는데, 이는 유대인들이 독일 내부의 미국 기업에 투자하거나 해외로 넘긴 자산의 새 발의 피도 되지 않는 것이었다. 유대인들의 이런 호들갑은 전쟁을 예견했다기보다, 전쟁이 기획되고 있었다는 사실을 보여준다.

독일 정부를 좌지우지하던 미국의 비선실세 즉, 런던시티와 월가의 금융계, 그리고 군산 복합기업들은 1931년 아돌프 히틀러를 권좌에 올리는 작업을 시작했다. 독일 중앙은행장 얄마르 샤흐트(재직 1923-1930, 1933-)가 일찍이 움직였다. 그는 영란 은행장 몬테규 노먼(재직 1922-)의 절친한 친구였다. 월가는 두 사람을 통해 바이마르 독일 금융을 장악했고, 1930년에 BIS를 만들어 내었다. 1926년부터 샤흐트는 히틀러의 독일 민족사회주의 노동당(후일, 나치)을 지지했고 독일의 각 은행에 히틀러의 지지를 부탁하며 돌아다녔다. 샤흐트는 1932년 결국 17개 대형은행을 포함한 Krupp, Siemens, Thyssen, Bosch 등 대기업 회장들로부터 히틀러를 지지한다는 동의를 얻어내었다. 힌덴부르그 대통령에 히틀러를 수상으로 점지해 달라는 합의를 끌어냈다. 1930년 히틀러의 선거자금 중 45%를 미국의 스탠더드 오일이 대 주었는데 이는 샤흐트의 부탁에 따른 것이었다. 실상, 나치와 상관없이 독일과 미국 기업의 협업은 실은 오래된 일이었다.

월가와 미국의 군산기업체들은 독일의 군수산업에 직접 투자를 했다. 덜레스(John Foster Dulles), 해리만(Averill Harriman)이 몬테규 노먼과 함께 독일의 군 산업을 관리했다. 그들의 미국 하청기업들도 독일 땅으로 뛰어들었다. 1933년 10억 달러의 덜레스 론(Dulles Loan)을 필두로, 1939년까지 미국 정부는 독일 나치에 꾸준하게 대출을 해주었다. 특히 나치를 재무장시킨 거대 중화학 기업 IG Farben에 간접적으로 천문학적인 자금을 대어 주어 제2차 대전을 준비시켰다. 군 산업을 미국이 틀어쥐고 있던 만큼, 미래 전쟁 여부는 미국이 결정할 수 있었다. 그리고 전쟁은 벌어졌다. 록펠러의 스텐더드 오일은 제2차 대전 도중에도 아르헨티나 등 남미를 거쳐 프랑코의 파시스트 국가 스페인을 경유, 독일 나치에 석유를 공급해 주었다. Standard Oil-IG Farben의 초대 CEO, 파리시(William Farish) 2세는 다음처럼 말했다.

"IG Farben과의 계약은 1929년부터 1947년까지입니다. 두 나라가 전쟁 중이라 해서 문제가 될 수는 없습니다. 사업이 계속되도록 두 나라가 방법을 찾아 주셔야 합니다."

한편, 1933년 와버그 가문은 샤흐트를 미국 FRB 이사로 선임하여 1938년까지 월가와 관계를 깊게 가져가게 했다. 샤흐트는 1933년 나치 독일의 중앙은행장이었고 후임 풍크(Walther Funk, 1939-)와 함께 나치 군수산업의 선봉에 섰다. 샤흐트는 미국의 정보통, 존 포스터와 앨런 덜레스 형제를 만나 독미 무역에 미국 기업들이 더욱 적극적으로 참여해 달라고 요구했다. 두 형제는 애브릴 해리만 미국철도 회장과 함께 미국의 150개 대기업을 끌어모아 독일과의 무역을 강도 높게 만들어주었다. 네덜란드의 Royal Dutch Shell, 독일의 무기회사 Krupp, Vogler, 철강의 Thyssen, 자동차 OPEL, 석탄의 Kirdorf, 화학의 I.G. Farben, 금융의 von Schroder, Deutsche Bank 그리고 미국 월가의 Warburg. Ilgner, Bush, J. P. Morgan, 전기, 석유, 자동차 산업계의 General Electric, Standard Oil, Ford, 알루미늄의

ALCOA, 화학의 DOW Chemical, DuPont, 항공사 Bendix, 미국 철강의 시멘스(SIEMENS) 등이 나치를 공개적으로 지지한 기업들이었다. 연합국 국민들이 독일이 재무장할까 전전긍긍하던 1923년에 비하면 천지개벽한 일이었다.

그러나 앞서 말했듯이, 경제공황 시기인 1923년부터 히틀러 집권 1933년까지 독일의 석유 및 석유화학, 자동차, 전기, 전신전화, 중기계 등 독일 대기업 278개가 미국과 영국의 소유였다. 독일을 대표하는 도이치뱅크, 드레스덴 은행 그리고 도나트 은행도 월가가 관리했다. 독일 재무장은 독일이 한 것이 아니라 영국과 미국이 했다. 독일 배상금 문제를 처리하겠다던 BIS는 오히려 독일에 돈을 꾸어 주었다. 나치는 정권을 잡자마자 배상금을 내지 않겠다고 했지만, 누구도 뭐라 하지 않았다. 오히려 존 포스터 덜레스의 로펌이자 세계투자를 위한 월가의 대표 투자금융 자문회사 Sullivan & Cromwell은 1933년 5월 나치에 10억 달러를 대출해주었다. 영란은행은 같은 해 6월에 20억 대출을 승인했다. 정상적인 이성을 가진 자라면 도무지 이해할 수 없는 투자들이었다. 더 이해가 가지 않는 사실은 1934년 6월, 히틀러에 이어, 샤흐트가 배상금을 포함한 모든 종류의 공적 사적인 빚을 갚지 않겠다고 선언했던 일이다. 히틀러 같은 정치인이 아니라, 돈을 실제로 움직이는 중앙은행장의 말이었음에도 미국, 영국, 프랑스는 별 반응이 없었다.

1930년대를 통틀어 포드와 듀폰 등 "미국 13대 대기업 중 3개 정도만 제외하면 모두 나치와 협력했다." 1924년부터 독일에

터를 잡은 미국 기업들은 1941년까지 투자를 멈추지 않았다. 제너럴모터스는 독일 사업에 3,500만 달러를 투자했고, 스탠더드 오일은 4억 7,500만 달러를, ITT는 3,000만 달러, 포드사는 1,750만 달러를 투자했다. ITT는 독일군에 전화, 레이더, 경보기 등을 제공했다. 무엇보다 연합국의 통신 메시지가 독일의 손에 넘어가도록 해저케이블을 그대로 방치했다. 히틀러는 미국 제너럴모터스의 독일 지사장 무니(James Mooney)에 최고 철십자훈장을 수여하며 투자를 독려했다. 미국과 독일이 한 몸인 듯이 움직여 갔다. 나치 독일은 이처럼 미국과 유대 은행들의 강력한 지원에 힘입어 탄생했으며 번성했다. 물론 독일인들의 민족적인 능력이 없었다면 이들의 지원도 없었을 것이고 나치 경제가 번성하지도 못했을 것이다.

독일의 산업과 금융 능력

바이마르와 나치 치하의 독일인들은 산업의 내성을 가지고 있었다. 독일지역은 원래부터 공업 길드가 가장 넓게 발달한 곳이었다. 자원이 충분하지 않은 대신 예전부터 일을 잘해 왔다. 독일인들은 폴크스바겐 자동차와 IG Farben 등의 화학, 티센의 철강이 보여주듯이, 오스트리아, 체코의 하청기업들과 함께 제품을 경쟁력 있게 잘 만들었다. 각종 대형 및 소형 트럭을 고속도로에 내보내 물류 경제를 원활하게 만들었다. 사회 기간시설이 잘 되어 있으니 농촌이 근대화될 수밖에 없었다. 전후 독일경제는 월가의 금융지원과 미국 산업계의 참여를 통해 되살아났지만, 독일 국민이 정부에 주었던 신뢰와 성실한 산업적 자세, 그리고 갱신의 의지에 기반하여 경제가 성장했다. 이들에는 금융위기의 긴 경험도 있었다. 무엇보다 중요한 것은 독일인의 자존심을 지키고자 했던 국민의 의지였다. 아무리 중소기업이라 해도 미국의 투자자, 그리고 독일 내 협업 대기업에 수동적으로 끌려가지 않았다. 기업 자체의 발명품과 제품도 많이 만들었다. 국가 경제의 원칙은 아더 키츤이 말한 대로이다. "그 어떤 국가도 수입품에 근거하여 자국 경제를 부흥시키거나 독립적으로 만든 적이 없다. 국가 경제의 안전은 오로지 자급에서 온다."는 것이다. 나치정부는 경제의 자급 원칙에 충실했다. 자국 기업을 지원하여 수입대체 물품을 생산하도록 유도했다. 수입대체산업은 일종의 자급산업으로, 쓸데없이 비싼 외국물품을 사용하지 않아 외화를 절약했다. 더욱이 물품 공급량이 수요량에 맞도록 조종하여 견실한 산업구조를 가질 수 있게 했다.

미국 금융의 치하에 있었어도 독일만의 창의력을 발휘했다. 미국 링컨의 남북전쟁이 국가 주도 화폐인 그린 백의 실험장이었듯이, 나치 독일도 국가 주도 금융의 실험장이었다. 1932년 오스트리아와 독일에는 국제 여·수신용 마르크와는 다른 화폐가 있었다. 실링과 마르크를 대체하고자 만든 노동토큰(Öffa bills: job-creation bills)이다. 당시의 마르크는 이를테면 녹슨 큰 칼이었다. 큰 칼을 다시 갈아 쓰기 어려우니 국민에 휴대용 칼을 나누어 주었다. 노동토큰은 국채상환이나 수출대금 결재같이 큰 고기는 썰지 못해도, 사람이 먹고살 만한 수준의 내수경제는 썰 수 있는 화폐였다. 달러나 파운드에 연동된 화폐가 아니기 때문에 환율과 자본이동에 의해 영향을 받지 않았다. 국가의 통제가 상시 가능했다. 독일의 건설업체, 제조품 공장, 유통업계는 노동자들에 마르크 대신 노동토큰을 나누어주고, 주변의 가게들은 이것을 돈처럼 받아 서로 교환했다. 지역 화폐의 국가화라 할 것이다. 마르크보다 신뢰를 가진 채 쓰였다. 노동 현장에서 쓰다가 다시 유관 기업과 소비자들이 받아썼다. 마르크와 바꾸고 싶으면 중앙은행이 할인해 주었다. 마르크로 교환된 토큰의 수만큼 토큰을 재발행하여 임시적인 인플레이션이 발생했지만 우려할 정도는 아니었다. 1937년까지 16억 골드 마르크 정도가 발행되어 유통되다가 지급이 정지되고, 새로이 만들어진 다른 토큰으로 기능이 넘어갔는데 그것이 메포(Mefo Bill)였다.

1933년 샤흐트는 크루프(Krupp), 지멘스(Siemens), **GHH AG**(Gutehofn ungshütte), 라인 철강(Rheinmetall)의 4개 철강 및 군산 복합기업을 설득하여 10억 골드 마르크를 출자하게 했다. 이 돈으로 메포을 초기 보증했다. 사용하면 할수록 스스로 물품과 서비스의 가치를 보증하는 시스템을 만들려면 무엇보다, 강한 철강, 군수회사가 적격이었다. 금이나 마르크는커녕 현물상환도 불가능한 화폐가 보증서처럼 쓰이려면 거대한 수의 사람들이 동의해야 한다. 거대기업이나 국가가 써도 되지만 이들 거래의 상당 부분이 내수가 아닌 국제 여·수신에 걸려 있기 때문에 유통에 한계가 있다. 결국 믿을 사람은 화폐를 믿는 국민밖에 없다. 이것이 앞서 말한 피에르 조제프 프루동의 금융론과 같다. 샤흐트는 독일 국민을 믿었고 국민은 서로를 믿었다.

그럼에도 나치 독일 정부는 5년간의 토큰 보증기한을 두어 혹시 모를 위기에 대처했다. 더 나아가, 마르크와 할인교환을 해준다 했다. 기업과 국민은 5년 안에 이 토큰을 어떤 방식으로든 자금화하거나, 시민들 서로 간에 믿고 계속 쓰는 화폐로 인정받아야 했다. 독일기업 간 거래 또한 메포로 하고 월급을 주고, 국민은 메포로 세금도 내었다. 외국자본과는 독립적으로 경제가 돌아갔다. 자재를 수입하거나 해외투자의 이익금을 처리할 때만 다른 국가 돈과 연관된 마르크를 썼다. 나치는 군사 무기와 철강, 중화학, 건설 기업도 부분적으로 메포를 받도록 유도했다. 어차피 노동자는 독일 국민이었기 때문이다.

5년간 경제를 움직일 토큰이기 때문에 정부는 5년이 지나면, 4개의 초기출자 기업들에 보증금과 이자를 돌려주어야 했다. 경제가 급성장하자 정부는 20%였던 법인세를 점차 40%로 올렸다. 달러와 같은 외국자본 표시증권과는 별개로 사용하니 메포의 잉여가치가 해외로 나갈 일도 없었다. 기업 생산력이 향상되니 법인세를 올려도 무리가 없었다. 기업으로부터 들어오는 메포 토큰을 4% 어음 할인하여, 해외결재용 마르크를 내어 주었다. 할인으로 인하여 기업이 4% 손해를 보고 정부나 소비시장은 4%의 이익을 얻었다. 물론, 인플레이션이 일어나면 불가능한 어음할인이었다. 그러나 메포는 국민과 기업이 생산한 만큼 찍은 국정 어음이었다. 생산량에 맞추어 신용을 조절하는 도구였다. 유관 기업 및 은행 간의 신용화폐로도 쓰이면서, 어음뿐만 아니라 마르크의 인플레이션을 강하시켰다. 즉 기업 간 중간재 및 자재 유통시장에서 재할인율과 이자율을 자연스레 만들게 하여 굳이 중앙은행에 나서서 마르크와 교환할 필요 없이 시장 자체 내부에서 어음이 투자되고 유통되는 화폐로서 기능했다. 1938년까지 이 토큰은 120억 마르크 상당 유통되었다. 정부는 토큰 관리자이기도 하지만 시장에 적극 참여하는 기업정책조정실의 역할을 했다. 다시 말하면, 국가가 기업, 무역, 계약, 협업, 시장을 큰 그림 속에 그려 놓고 관리했고 국민이 이를 잘 이해하고 따라준 금융정책이었다. 국민이 자신을 스스로 믿으니 해외도 그들을 믿었다. 메포는 놀랍게도 해외신용 어음으로도 쓰였다. 독일 내수경제에 대한 믿음을 가진 나라와 기업이 여기저기 있었다는 뜻이다.

독일의 토큰 경제는 월가와 런던시티 금융가가 침범할 수 없는 것이었다. 월가의 세뇌에 매몰된 이들로서는 위험한 화폐로 보였지만 신선한 충격이기도 했다. 실비오 게젤의 화폐론 처럼, 중요한 금융 지식으로서 주도면밀하게 관찰해야 할 것이었다. 금도 아니고 국제여신도 불가능한 화폐인 메포, 국가가 발행한 우표와 같은 것이 돈으로 쓰인다면 경제의 어느 부분(투자, 임금, 대출, 상환, 저축), 어느 정도까지 유효할까 하는 점을 실험한 것이다. 이를 다른 화폐 시스템과 비교하여 표로 정리하면 다음과 같다.

	금	지폐
정부	로마 시대	크린 백, FRB
민영 은행	금본위제	
사회	필요 없음	메포

메포는 화폐의 교환가치보다 화폐에 내재한 노동 가치의 발전 가능성을 보여주었다. 산업의 노동량에 맞추어 화폐를 찍었던 노동토큰처럼 메포 또한, 자산 매매, 대출, 저축, 투자에도 사용되었다. 국민이 열심히 일하면 돈을 벌어 부자가 되는 경제정책이었다. 인플레이션이 없기 때문이다. 이 상태가 지속되면 완전고용 상태에 이르게 된다. 물론 디플레이션이 일어날 수도 있으나 이는 통화조절을 통해 해결 볼 수 있는 일이었다. 메포 유통 기한을 5년 동안 잡은 것도 그 때문이다. 파운드와 달러처럼 중앙은행이 금과 신용의 원칙을 버리고, 화폐를 과잉발행하여 자국뿐만 아니라 외국의 중앙은행과 민간은행들에 거짓 신용을 창출시키는 야바위 금융경제가 아니었다. 파운드와 달러에 연동되는 한, 어떤 화폐도 인플레이션을 벗어날 수 없었지만 메포는 벗어났다. 샤흐트가 실험한 메포는 미국의 **FRB**에 크나큰 경험과 위기의식을 심어 주었다. 전쟁이 끝나기 전 그리고 다른 나라가 따라 하기 전에, 달러 기축통화 정책(브레튼우즈체제)을 급하게 밀어붙여야 했다. 메포와 같은 신용화폐가 다시는 나타나지 않도록 한 것이다.

메포를 유통한 나치 정부가 국가의 차원에서 할 수 있던 일은, 은행의 신용 창출을 관리하여 메포의 가치를 보증하는 것과 국가 간 무역을 위해 외환관리를 돕는 것이었다. 정부는 재무부를 통해 중앙은행을 관리했으며, 민간은행의 창구를 지도했다. 어떤 산업에 우선 투자하고 비중 있게 투자할까를 결정했다. 은행과 기업 간의 쓸데없는 경쟁을 없애, 투자와 생산의 효율성을 부추겼다. 이는 전후 일본 은행이 했던 창구지도(Window Guidance)와 같은 은행 운영

방식이었다. 일본 은행의 창구 뒤에는 미국이 있었지만 독일의 창구 뒤에는 독일 국민이 있었다는 것이 달랐을 뿐이다.

나치는 또한, 신생 산업을 창출하여 국민이 일할 종류를 만들어 주거나 기업들로 하여금 신규 및 재투자를 독려했다. 원자재를 싸게 제공하는 동남부 유럽의 저개발국과 교역하여 비용을 낮추었다. 해외투자자의 경우, 가지고 나갈 이익금을 총수익의 6%로 제한했다. 금리도 6%-4.5%를 넘기지 않았다. 나머지 이익금을 재투자하도록 유도했다. 실업은 급격하게 낮아졌고 세금은 늘어만 갔다. 누진세로서 세금은 다시 일자리를 만드는 데에 쓰였다. 이는 1970 년대 남덕우의 한국 같은 급성장 국가가 부분적으로 가져다 썼던 정책이기도 했다. 무엇보다 보호무역 하에 노동력을 대량 소비해주는 군수 및 철강, 건설 등 대기업을 수입품으로부터 보호해 주고, 대기업 대출을 늘렸다. 소비자물가와 핵심 소비 품목을 국가가 통제하여 담배와 같은 비생산부문의 소비가 벌어지지 않도록 유도했다. 외국자본을 통제했으며 인구정책도 경제정책안으로 포함했다. 건강보험과 실업보험을 전국으로 확대했다. 1939년부터 1943년 전쟁 중임에도 불구하고 베를린 주식시장의 주가지수는 103에서 153으로 올라갔다.

나치독일은 국민이 재산을 사적으로 소유하되 생산에 있어서는 공공의 이익을 추구했던 길드 체제의 전통을 이었다. 즉 반자본-반사회주의 체제였다. 사적 소유물을 함부로 건드리지 않았다. 생산의 효율성을 보아도 그럴 수 없었다. 오히려 거꾸로였다.

프로이센 시절부터 국토의 반 이상이 국유지였고, 39개의 각 연방 지역들이 자신만의 공공은행과 산업조직체를 소유하고 있었다. 가스, 물, 전기, 철도 등의 공공영역이 모두 지자체의 공공 관리하에 있었다. 사회적으로 무정부-사회주의 같았다. 게다가, 경제공황으로 인하여 1932년에 이미 큰 사업체인 은행의 70%, 철강의 40%를 연방정부가 떠안고 있었다. 이런 환경에서 나치는 철도, 전신전화, 공공사업체 등을 제외한 은행, 철강, 선박 등 대기업의 민영화를 추진했다. 땅과 가축을 80만 농민들에 무료로 나누어 주었다. 1938년에 이르면, 나치의 공공자산은 독일 전체의 10% 수준으로 떨어졌다. 국가자산의 효율적인 민영화가 달성되었다. 경제적으로 말하면, 자본주의이자 반공주의였다.

나치는 한편, 당대 독일경제를 지탱하던 유대 기업과 은행을 보호해 주었다. 경제를 재건하는데 이들이 필요했으며 그들 밑에 독일 하청기업과 노동자들이 가득 있었기 때문이다. 내치정부 하에서 멘델스존(Mendelsohn), 블라이흐뢰더(Bleichröder), 아르놀트(Arnhold), 드레퓌스(Dreyfuss), 슈트라우스(Straus), 와버그(Warburg), 아우프하우저(Aufhäuser), 바링스(Behrens) 같은 유대 금융과 대기업이 흔들림 없이 잘 굴러갔다. 주식시장의 유대 기업 주가에 어떤 변동도 없었다. 하지만 나치 정부는 유대 자본을 포함한 외국자본을 동시에 감시했다. 외국자본은 국부유출의 문제를 달고 있었기 때문이다. 나치 정부는 유대 자본과 자산을 토종이 아닌 국제자본으로 보았기 때문에 그들의 땅과 독점기업을 보상 기준에 맞추어 국유화했다. 독일 자본이 섞여 있으면, 사적 소유를 그대로 인정했다. 투기가 심한 토지나 부동산 가격은 시장에 맡기지 않고 공시지가로 처리했다. 다른 한편, 히틀러는 뉴욕의 월가 및 유대 제국주의자들과 협정을 맺었다. 독일의 유대인을 팔레스타인으로 이주시킨다는 것이었다. 따라서 유대인들을 자유롭게 풀어놓을 수가 없었다. 반면 유대 지도자들은 독일 전역에 30여 개 이주센터를 지어, 자민족 유대인들에 팔레스타인 이민을 권유했다. 수만의 독일 유대인들이 팔레스타인에 이민을 떠났다. 이처럼 히틀러는 경제에 있어서 유대인을 조심스럽게 처리했던 반면, 교육과 문화의 차원에서 유대인을 공개적으로 차별했다.

후대의 사이비 경제학자들은 국가로 창구를 일원화한 나치의 경제를 전시 경제체제라 불렀다. 그렇다면 국가에 강력한 창구를 두었던 루스벨트의 미국, 일본, 한국 경제 또한 전시경제 체제다. 국제무역 시장은 전쟁과 다를 바 없다. 이에 국가가 참여하는 경제체제를 특별히 전시경제라고 부른다는 것 자체가 신자유주의적 무한 시장경제가 아닌, 여타 계획경제를 비하하고 협박하는 행동과 다를 바 없다. 그러나 이들이 비난하는 이른바, 독일의 전시 경제체제로 인하여 독일은 번성했다. 나치 경제는 도로, 철도사업, 징병제를 통하여 6백만(30%)의 실업자를 56만 명(1.9%)으로 축소했다. 1933년부터 1939년까지 단 5년 만에 독일 노동자 월급이 150%로 올랐으며 자동차 생산은 200%, 수출 800%를 이루어 냈다. 1만 7천 업체가 도산했던 1932년과 달리 독일계 회사들의 평균 매출은 400%, 이익은 50% 성장을 이루었다. GDP에 걸맞지 않게 정부와 기업, 가계에 빚을 지게 하여 안정한 경제와 통화의 흐름을 어지럽히던 미국과 영국의 자유시장 경제를 거부한 결과였다. 독일은 국가를 통해 안정적인 내수경제를 키우고 나서, 민간 수출 경제를 만들어 낸 것이다. 어머니가 아이들에 젖을 모두 주고 기진맥진하듯이, 이에 따른 정부의 재정적자는 어쩔 수 없었다. 1939년 정부의 수입은 170억 골드 마르크였지만, 공공지출은 370억이었다. 민간 경제가 충분히 살았다면 이 정도 정부의 빚은 천천히 갚아 나갈 수 있었다. 서방경제학자들은 200%의 재정적자로 인해 나치가 전쟁에 돌입했다고 거짓말을 했다. 빚 때문에 침략전쟁을 생각했다면, 차라리 전쟁 비용으로 적자를 메꾸는 데 쓰면 훨씬 이익이었을 것이다. 그 정도 빚으로 전쟁을 한다면, 오늘날의 세계는 전쟁으로 남아날 국가가 없다.

영국과 미국 금융의 다리 역할을 했던 중앙은행장 샤흐트가 이끈 경제정책의 성과에 대하여 당대의 케인스는 히틀러의 경제를 칭송했다. 사무엘슨(Paul Samuelson) 또한, "대공황이 오니 전문가 너도나도 공공사업을 말렸다. 하지만, 히틀러 전에도 그랬지만 이번에도 이기지 않았나. 정부가 어떻게 하느냐에 달린 문제다. 현대 정부는 다시는 이런 (공공사업을 말리는) 실수를 하면 안 된다."고 했다. 갤브레이스(John Kenneth Galbraith)는 나치 경제가 산업 세계 초유의 경제성과를 이루었다고 놀라워했다. 유대 경제학자 그륀버거(Richard Grunberger)조차 독일 국민이 단 3년 만에 50년의 성장을 이루었다면서 나치 경제를 칭송했다. 독일 대중이 극단적인 상황에 몰려서 히틀러를 선택한 것도 아니었고, 나치의 선전 선동에 넘어간 것도 아니었다. 극단의 상황이나 선전 선동을 구실로 삼아 나치를 비난한 것은 나치 집권 후, 25만 독일 공산주의자 및 사회주의자들과 대결하면서 나타난 현상이었다. 경제적, 외교적 비참함에 시달리던 독일 국민으로서, 자국 경제를 유럽 최고로 성장시킨 나치에 동조하는 것은 당연한 일이었다. 나치의 경제는 한편, 히틀러를 통해 유럽공동체를 만들고자 했던 BIS와 월가 그리고 샤흐트의 공작이 만들 결과이기도 했다. 이 성과가 영국과 미국의 금융가들에 의해 의도된 것이었다 해도 히틀러의 노동 및 내수 중심의 경제철학이 없었으면 실행 불가능했던 것이었다.

독일 나치 경제가 전쟁 준비 단계였다는 식으로 말하는 사람도 많다. 나치의 경제정책을 제2차 세계대전과 직접 연관시키는 논리다. 그러나 진솔한 경제학자라면 인정할 주장이 아니다. 반나치 정치적 속내를 가진 자나 혹은 공부하기에 게으른 결과론자들의 말이다. 하물며 준비를 시켰다면 월가가 시켰다. 영국과 프랑스 그리고 폴란드와 항상 협상 테이블을 준비했던 히틀러의 나치 정부는 자신의 경제정책이 전쟁 준비라 추호도 생각한 적이 없었다. 독일은 외교적으로 강해야 했기 때문에 군사적 위용을 보여주었고 무엇보다, 산업발전에는 군수산업이 가장 효과적이었기 때문에, 영국, 프랑스, 이탈리아 등 당시 군국적 혹은 중공업적 상식에 따랐을 뿐이다. 결국 결과가 그렇게 전쟁으로 이어졌으니, 이런 주장에 설득되는 이들이 없지 않았다. 설득이 그런 방식으로 이루어진다면, 히틀러 정부와 거의 유사한 경제정책을 썼던 루스벨트의 뉴딜정책도 전쟁 준비를 위한 정책이 된다.

독일의 붕괴 시나리오

한나 아렌트에 따르면, 독일의 나치즘과 유럽의 파시즘은 제1차 세계대전의 불평등한 외교 관계와 1900년대부터 독점화되기 시작한 대기업 간 수익경쟁과 협잡의 산물이었다. 또한 대중의 동의에 의해 만들어진 것도 사실이다. 제1차 세계대전의 승전국에 의해 피폐해진 독일경제 및 외교 상황에서, 제2차 세계대전이 그려졌다. 베르사유 조약은 새로운 전쟁의 불씨를 낳았고, 그 사실을 유럽 대중 누구나 알고 있었다. 따라서 제2차 세계대전에서도, 나치와 독일 대중의 동의만 특별히 문제 삼을 이유는 없다. 게다가 대전의 선전포고는 영국과 프랑스가 했다. 더 정확하게 말한다면, 대기업 간 수익경쟁의 산물로서 나치를 무찌르자는 연합국의 은행과 기업들 그리고 국민마저 그들이 상상하는 나치 같았다. 각국이 서로를 물고 뜯으면서, 각국 정부를 지배하는 엘리트의 이익에 총력을 다했던 총체적 파시스트의 시대였으니만큼, 진흙탕에서 싸운 아이들의 편을 가르는 듯이 하는 유럽 현대사는 말 그대로 엉터리로 기술된 것이다. 영국, 프랑스, 미국, 러시아를 포함하여 전쟁에 참여하기로 작정한 국가는 모두 금융 및 군산 복합기업의 파시스트 문화에 동참한 것이었다. 히틀러는 앵글로색슨 금융계에 의해 선택된 자였고, 그들에 의해 전쟁에 휘말렸으며 결과적으로 독일을 유대 앵글로색슨 네트워크 안으로 완전하게 속박시켰다.

히틀러가 업무를 막 시작하는 때, 런던과 뉴욕의 유대인들은 히틀러를 뜬금없이 독재자라고 불렀다. 그만큼 정직하게 선출된 국가

수장이 유럽에서는 없었다. 영국은 상원의 밀실에서 총리를 뽑았고, 미국은 CFR과 로비를 통해 대통령 선거를 치렀다. 프랑스의 경우 샤를 드골을 제외하면, 프리메이슨과 국립행정학교(ENA) 네트워크가 대통령을 지목해 왔다. 독일의 히틀러는 얄마르 샤흐트와 기업의 지지를 받았지만, 그는 서민 출신이었으며 그만큼 민중의 시대정신을 타고 등극한 인물이었다. 영국과 유대 네트워크의 적반하장과 거짓의 선전 선동은 이미 제1차 세계대전에서 그 본 모습을 보인 바 있다. 현대 신문방송학의 아버지 해럴드 라스웰은 이미 1927년 영국의 선전 선동을 그대로 기록하여 선전 선동의 기본원칙을 세웠다.

1933년 3월 1일과 3일, 런던의 매일신문(Daily Herald)은 히틀러가 25만 명의 나치를 시켜 유대인을 체포 구금할 것이라는 가짜뉴스를 내보냈다. 영국 정보부가 제1차 세계대전 때 유행시킨, "고위 관계자의 정보에 따르면" 으로 시작하여 기사를 내보내면서 60만의 유대인이 폭력과 파괴의 위험에 처했다면서 신문의 전면을 장식했다. 이 가짜뉴스는 미국으로 넘어가 전국의 신문 지상을 수놓았다. 미국 신문의 상당수를 유대 기업들이 소유하고 있었으니, 가짜뉴스에 상상을 더한 기사가 넘쳐날 수밖에 없었다. 3월 34일 이들은 실제로 "히틀러의 독일 국민에 대항하는 성전이다 …. 독일은 지금 무역, 금융, 산업의 국제 보이콧을 당하고 있다. 런던, 뉴욕, 파리, 바르샤바에서 유대 기업인이 뭉쳐 경제 십자군 전쟁으로 가고 있다."며 예방전쟁을 선포했다. 히틀러 집권 초임에도 참으로 희한한 미디어 조작들이 이렇게 행해졌다. 체임벌린 영국 총리도 히틀러를 좋아했고 미국의 프랭클린 루스벨트도 나치 독일과의 경협에 박차를 가하던 때에 이런 호들갑은 오로지 유대인의 몫이었다. 실제 정치나 경제, 사회교류와 거꾸로, 1933년 이후 미국과 영국 신문 머리기사는 히틀러를 악마로 묘사했으며 전쟁을 통해 독일인을 모두 죽여야 한다는 방식으로 기사를 뽑아내었다.

전쟁이 시작되자 수준이 더 높아졌다. "War To Death Against All German People."(독일 민족 전체를 말살하는 전쟁)라는 식이었다. 1939년 네덜란드의 유대인들은 "미국, 영국, 프랑스, 북아프리카에 사는 수백만의 유대인이 팔레스타인을 잊지 않는다. 이들은 독일과 끝까지 전쟁하기로 했다. 이것은 (독일인) 학살 전쟁이 될 것이다."라고 했다. 전쟁이 시작되자, 하버드 대학교수 테오도르 노이만 카우프만은 3억 명의 문명인들이 고통받는데 고작 1천 5백만의 독일인들이 무슨 대수냐며, 이들을 불임 수술해서 없애버리자 했다. 60세 이하의 독일 남성과 45세 이하의 독일 여성을 불임시키면 60년 내로 독일 민족은 사라진다는 것인데, 이에 최소 2만 명의 외과 의사가 있어야 한다고 진지하게 설파했다. 출간 서적 제목조차, 독일인은 멸종되어야 한다였다. 저명한 유대인 판사 루이스 니제는 노르망디 상륙작전이 채 시작되지도 않았고 나치 수용소가 발견되지도 않은 1944년 초, 유대인을 몰살했다면서 독일인을 사이코패스로 규정했다. 독일인들을 어떻게 몰살시킬 것인가에 대하여 완전 몰살과 불임수술, 멘델의 법칙에 따른 인공사육, 정치적 해체, 강제 이주 중에 골라 볼 수 있다고 했다. 나치의 유대인 학살 문제가 거론되기 훨씬 전에, 이미 유대인들이 취했던 자세가 이러한 살인마적 인종주의였다. 카우프만의 서적에 분노한 나치 정부도 유대인 2-3백만을 불임시술시키겠다면서 잠시 소동을 피웠다. 하지만 이런 무작위적인 대응은 유대인의 유도에 걸려드는 꼴이 되는 것이었다. 그런 일은 독일인에도 유대인에도 없었다. 단지 양 민족의 골을 깊게만 하는 효과를 내었다는 점에서 월가의 유대 금융가들의 전술이 성공했다고 볼 수 있는 것이다.

독일은 히틀러 집권부터 1938년까지 독일 유대인에 어떤 위협도 가하지 않았다. 제1차 세계대전 당시, 돈을 빼돌려 독일경제에 타격을 주고 산업 현장에 폭동을 일으키면서 조국을 배신했다는 히틀러의 언사에도 불구하고 이들의 안위를 보장했다. 앞서 말했듯이, 더 나아가 팔레스타인 이민을 위한 협상마저 진행했다. 경제적 강제가 있었다면, 그것은 외국 자본가들에도 동일하게 적용한 제재였다. 조용히 업무에 매진하는 히틀러에 뜬금없이 야단법석을 피운 유대인들의 설레발은 실상 뉴욕 유대 제국주의자의 미디어 전략이었다. 하지만, 개인적으로는 자신들이 제1차 세계대전 이후 독일에 가한 경제적 만행에 대한 제 발 저림이기도 했다. 유대인의 야단법석에는 이유가 있었다. 경제적으로 성공을 거두어 가는 독일을 서서히 전쟁으로 몰아넣어 러시아와 함께 공멸시켜야 했기 때문이다. 미국의 월가는 달러의 세계 기축통화화가 절실했다. 하지만 전쟁이 끝난 지 20년이 지나도, 그리고 1931년 금본위제를 없앴음에도 파운드가 여전히 기축 행세를 하고 있었다. 그 사이 유럽 각국이 금을 모아놓고 있었으며, 러시아는 소련으로 분리되어 독자적인 경제블록을 형성해가고 있었다. 이 상태로는 달러의 기축화가 불가능하다는 것을 월가는 이미 알고 있었다. 전쟁이 한 번 더 일어나야 했다. 영국의 파운드를 무너뜨리고, 독일경제를 월가의 치하로 완전히 데리고 오며, 소련과 유럽을 초토화하여 과거의 경화 중심의 금본위가 아닌 종이돈 달러로 유럽과 세계 시장을 장악해야 했다. 이것이 월가를 장악한 유대 금융가들의 생각이었다.

유대 기업인들은 히틀러가 폭력을 써 주어야만 자신들의 목적이 달성된다는 피해자 마케팅의 큰 틀을 잊지 않았다. 스스로 피해자인 척해서 대중의 공감을 유발한다는 것이 유대 제국주의의 창시자인 헤르츨(Theodor Herzl)의 변치 않는 전략이었다. 그는 "유럽 어디서나 유대인은 안전하지 않다. 유대 국가가 필요하다. 늦어도 50년 후에는 그렇게 될 것이다. 반유대주의 국가가 그래서 필요하다. 유대인들의 자산을 빼앗고 추방할 국가 말이다."라 했다. 독일 내부에 반유대주의를 더욱 깊게 조장하여 전쟁을 일으킨 후, 금융의 세를 키우고 그로부터 이스라엘 건국을 앞당기려는 변증법적 전략이었다. 유대인들은 전쟁 설레발로 세계 미디어를 흥분시켰다. 뒤에서는 미국의 은행과 기업들이 나치를 군사 무장시켜 주었다. 영국 정부는 치고 빠지는 전략을 외교적으로 조율했다. 이스라엘의 유대 제국주의자들이 나중에, "나치가 제2차 세계대전을 유대인들이 일으켰다고들 속닥이는 모양인데, 실은 그 말이 맞는다."고 스스로 자평하듯이, 제2차 세계대전은 진정한 파시스트인 유대 제국주의자의 전쟁이었다. 저 스스로 파시스트인 이들이 파시스트라 부른 나치에 모든 죄를 뒤집어씌웠다. 제2차 세계대전을 이용하여 이스라엘을 성립시킨 유대 제국주의자들은 나치를 만사의 악으로 규정하면서 나치 탄생의 원인을 숨기고 전쟁의 원인도 숨겼다. 그 결과도 왜곡하여 거짓 현실을 만들어 내었다. 이리 본다면 아렌트는 저 스스로 승자인 유대 제국주의자의 거짓 현실을 만든 파시스트가 된다.

자신의 집권 초기부터 벌어진 뉴욕과 런던 유대인의 전쟁 설레발을 지켜본 히틀러는 영국 정치인들에 승부수를 걸고 전쟁을 피하려 애를 썼다. 두 동강이 난 독일 땅을 가져오기 위해 폴란드를 침공했을 때도, 영불의 연합국인 소련과 동시 침공하는 전략을 사용하여 영국과 프랑스를 곤경에 빠뜨리려 했다. 하지만 영국과 프랑스 정부는 뻔뻔했다. 폴란드에 똑같은 침략을 감행한 소련과는 친화를 유지했지만, 독일에만 선전포고하는 이중성을 보여주었다. 게다가 프랑스는 상하 의회도 거치지 않고 선전포고를 했다. 히틀러는 놀랐다. 독일이 단독으로 폴란드를 침공한다면 이를 구실삼아 영국과 프랑스가 선전포고할 것이라서 소련을 이용한 것인데, 소련까지 끼어든 폴란드 침공에 영국과 프랑스가 이처럼 뻔뻔하게 대응할지는 몰랐다. 전쟁도 사리에 맞게 외교적으로 했던 히틀러가 순진했다. 조제프 괴벨스가 한탄했듯이, 정해진 일이라면 "맹목적으로 돌진하는 것이 영국식"이라는 것을 나치는 나중에야 알았다.

히틀러는 유대 매판 금융이며, 민족경제며 독일의 경제와 정치를 논하면서 금융가들을 비판했지만, 앵글로색슨 금융 네트워크 속에서 자신이 어떤 역할을 맡았는지는 전혀 몰랐다. 그들로서 바라는 것은 하나였다. 히틀러가 전쟁만 크게 일으켜 주는 것이었다. 히틀러는 나치의 홍보 아이템, '유대 볼셰비키 음모론'을 통해 자신을 정당화할 줄은 알았다. 하지만 전쟁 이후 달러를 통해 세계 금융의 패권을 가져오려는 월가의 큰 그림은 상상하지 못했다.

말로는 국제금융을 비난했지만, 1930년대 미국 월가로 집중하던 국제금융의 흐름을 놓친 것이다. 따라서 유럽의 독일문제를 다루는 데 있어 히틀러는 영국이 아니라 미국과 협상을 해야 했다. 그러나 그는 무작정 영국만 상대하려 했다. 미국 유대 시온주의자 연맹과 자신이 함께 맺은 유대인 이민 협정도 순진하게 믿었다. 꼴 보기 싫은 유대인들을 팔레스타인이나 마다카스카르로 보내 버리면, 그들도 좋고 독일인도 좋을 것이라 믿은 것이다. 런던에 앉아 있던 로스차일드 은행 가문을 중심으로 하는 미국의 유대 기업인들이 이스라엘을 세워 중동의 석유를 관리하려 한다는 상상력도 그에는 없었다. 1917년 발푸어 협정으로 인해 상식이 되어 있던 내용임에도 그는 이를 무시했다. 영국은 미국과 동등한 주권을 가지고 외교를 펼치는 듯했지만, 런던의 금융은 이미 뉴욕으로 넘어간 뒤였다. 영국에 남은 것이라고는 독일에도 뒤지는 산업과 정치적 선전 선동뿐이었다.

세상 물정을 몰랐던 것은 독일 국민도 매한가지였다. 대다수 독일인은 나치의 전쟁을 애국심의 발로라 생각했다. 나치에 반대한 자유주의자들과 사회주의자들은 한술 더 떠, 나치 정부의 독재적 면모만 주목했다. 모두가 낭만적이었다. 예를 들어, 루터교 목사 본회퍼(Dietrich Bonhoeffer)는 히틀러를 비난하며 "오늘 유대 교당이 불타면 내일은 기독교회가 불탈 것이다."라며 개신교도 특유의 순진함과 정치성을 드러냈다. 기독교와 유대교의 화합을 주장했다. 그는 뉴욕과 제네바의 교회 일치주의 조직들 사이만 오갔던 순진한 목사였다. 종교 문제에 전혀 관심이 없던 히틀러를 두고 유대교를 물고 늘어진 것도 어리석은 행동이었다. "유대인을 유럽에서 추방하는 일은 예수를 추방하는 일과 같다."면서 결국 나치에 직접 행동으로 대항했다. 히틀러를 암살하려다가 결국 교수형에 처해졌다. 핀트를 맞추지 못한 착한 사마리아인 혹은 순진한 바보였다.

대다수의 반나치 지식인은 본회퍼처럼 정치적으로만 옳았다. 1930년대 유대교와 유대 금융 및 산업 체제의 내연관계도 몰랐고, 독일의 유대교가 경제와 정치적 수단으로 활용되고 있다는 나치 정부의 상식적인 판단마저도 이해하지 못했다. 나치 정부와 미국 유대 시온주의자 연맹 사이의 유대인 이민 밀약이 무엇을 의미하는지 알지도 못했다. 독일 전역에 세워진 유대인의 팔레스타인 이민중개소가 무슨 일을 하는지 알지 못했다. 이들이 현실을 조금만 알아보았다면, 반나치가 아니라 아예 반전운동을 했을 것이다. 본회퍼와 같은 자유주의자와 사회주의자의 사고는 20세기 내내 현실과 초점이 안 맞았다. 그만큼 이용당했다는 뜻이다. 그의 친 유대교적 제스처는 그가 소속한 루터교의 불만을 샀지만, 교회 일치주의(wcc) 교회들과 더불어 복음주의 기독교에서도 대대적이고 긴 환영을 받았다. 1950년 4월 27일 나치에 충성했던 독일 복음교회는 자세를 바꾸어, "우리는 모든 크리스천이 반유대주의로부터 멀어질 것, 그리고 이에 진정으로 대항하기를 요구한다. 우리는 이런 일이 있을 때마다 유대인과 유대 기독교인들을 형제처럼 대할 것이다 …. 성취의 그 날, 예수님의 승리와 이스라엘의 회복을 칭송할 것이다."는 착한 척 바른 척 강령을 공표했다. 유럽의 종교단체로는 첫 번째 유대 제국주의 지지 선언이었다. 본회퍼가 원했든 원치 않았든, 그는 유대 제국주의의 오랜 친구이자 기독 유대 제국주의의 참고사항으로 여겨졌다.

똑똑하지 못한 착한 사마리아인의 말로는 언제나 이런 식이었다.

1939년, 나치 독일은 항상 치고 빠지는 영국과의 협상을 뒤로 물리고 전쟁을 작정했다. 나치는 체코의 독일인 주거지역 주데텐란트를 합병한 후, 1918년 러시아 황실의 백군으로부터 체코인들이 훔친 것으로 알려진 골드바 27t을 BIS의 독일 은행 계정에 넣었다. 영란은행은 체코의 골드바 가격을 나치에 지불하고 그 금을 영국으로 이송했다. 영국이 대독 전쟁 선포하기 3개월 전이었다. 영국은 프랑스와 함께 9월 3일 대독 선전포고를 했다. 영국의 전쟁 선포는 이미 4월 6일 의회의 유사시 인정을 받아 놓은 상태였으나, 프랑스는 의회의 결정 없이 반헌법적으로 전쟁을 선포했다. 전쟁이 시작되자 독일은 체코, 폴란드를 비롯하여 점령지역의 금반지, 목걸이, 금니 등 귀금속들을 BIS에 차곡차곡 쌓았고, BIS는 이것들을 골드바로 만들어 보관해주었다. 3억 7천 8백만 달러가 독일 금고에 모였다. BIS에서는 독일, 영국, 미국, 프랑스, 스위스, 이탈리아 은행가들이 한데 모여 일을 했으며, 스위스 중앙은행보다 금을 싸게 팔면서 전쟁 양측에 모두 자금을 제공해 주었다. 영국 런던시티와 BIS 덕택에 전쟁자금이 충분하게 확보되어 돌아다녔다. 와중에 스위스 프랑은 기축통화화되었으니 스위스인들은 유럽의 비참 위에서 행복했다.

미국

월가의 쿠데타

강단의 역사가들은 프랭클린 루스벨트를 두고 상반된 평가를
한다. 평가의 내용을 보면 그러나, 루스벨트의 실제와는 전혀
동떨어진 부분들로 구성되어 있다. 그만큼 그의 정치적 위치와
엘리트 네트워크 내부의 역할이 교묘했다는 것이다. 국제금융을
지지해온 민주당의 루스벨트는 집권 전부터, "소수 민간의 손에
경제생활을 맡길 수 없다."면서 월가를 비난했다. 1929년에 일어난
대공황의 원인으로 J. P. 모건을 지목했다. 1933년 대통령이 되자
시티뱅크, 체이스맨해튼 같은 대형금융사들을 불러 모아 개최한
1932년의 청문회(Pecora Commission)를 더 밀어붙였다. 감히 범접하지
못할 회장님들이 청문회에 불려 나와 곤욕을 치렀다. 그는 향후
대형은행의 업무가 재무부와의 서로 조율을 통해 이루어지도록

했다. 금산분리법을 만들어 은행들이 투기하지 못하도록 막았다. 재무부가 중앙은행을 통제하는 강력한 대통령제를 구현하는 것 같았다. 또한 루스벨트는 월가에 대항하여 미국의 이익을 지키려는 민족주의자로 보였다. 1933년, 은행이 발행해 왔던 금 표시 채권을 금지했다. 대신, 이전에 발행된 채권을 금으로 바꾸지 않고 새로운 국정 지폐로 갚도록 했다. 금 표시 채권자인 은행들이 분노할만한 일이었다. 그는 더 나아가, J. P. 모건의 오랜 수익처였던 전력산업에 끼어들어 전기를 서민에게 싼값으로 공급(Tennessee Valley Authority)했고, 관세장벽을 올리고 수입대체산업에 투자를 강화했다. 국가 주도형 경제였다. 루스벨트의 뉴딜정책은 그렇게 월가에 대항하고 국민의 지지를 받으며 첫 삽을 뜨고 있었다.

1934년, 의회에서 맥코마크-딕스타인 위원회(McCormack-Dickstein Committee)의 청문회가 있었다. 미 해병대의 퇴역 소장 스메들리 버틀러가 나와, "기업들이 작년에 제안하기를, 제1차 세계대전에서 보너스 수당을 받지 못한 재향군인 50만 명을 모아 정부를 전복하고, 루스벨트를 쫓아내라더군요. 내가 실무 총괄을 맡아 파시스트 국가를 만들라고 했습니다. 쿠데타 자금은 3백만 달러였고요."라고 증언했다. 이 엄청난 증언이 11월 21일자 『뉴욕타임스』에 실렸다. 쿠데타 음모의 배경은 다음과 같다. 1932년 여름, 정부가 약속한 보너스를 달라면서 1만 7천의 재향군인과 가족들이 워싱턴에서 텐트 농성을 벌였다. 퇴역장군 버틀러는 이들을 지지하면서 혹시 있을 경거망동을 막았다. 그러나 참모총장 더글러스 맥아더는 이들을 공산주의자라면서 폭력 진압하면서 1백 명이 다치고 2명이 사망했다.

미디어는 이들을 보너스 군대라며 조롱했다. 재향군인의 불만이 하늘을 찔렀다. 이들은 영웅이자 보기 드문 인격을 가졌던 버틀러 장군만 바라보고 있었다.

노병들의 분노가 극에 달했던 1933년, 재향군인이자 채권 브로커 제럴드 G. 맥과이어가 버틀러에 접근했다. "버틀러 정도라면 한밤중에 백만 대군을 모을 수 있는 인물"이라면서 쿠데타를 제안했다. 애국자인 버틀러는 쿠데타를 상의하는 척하면서 맥과이어로부터 정보를 모았고, 이를 청문회에서 폭로한 것이었다. 맥과이어는 듀폰을 비롯한 여러 기업의 채권을 다루던 자였다. 루스벨트의 행정부에서 뉴딜 기획을 맡았던 휴그 S. 존슨으로부터 버틀러에 접근하라는 지령을 받은 것으로 알려졌다. 맥과이어는 쿠데타 준비에 대한 직접적인 지시는 미국자유연맹(American Liberty League)의 그레이슨 머피로부터 받았다고 둘러댔다. 한편 위원회는 쿠데타에 무기를 조달하기로 한 총기회사 레밍턴, 듀폰, J. P. 모건, 앤드루 멜론, 체이스은행, 스탠더드 오일, US 스틸, 제너럴모터스, 굿이어 타이어 등 당대 최대의 미국 기업이자 독일 나치 협업기업들이 공작했다고 밝혔다. 미국자유연맹을 내세워 쿠데타를 진행하고 독일 나치와 연합하려 했다는 것이었다. 계획을 총괄적으로 주도한 인물은, 1942년까지 해운회사 함부르크-미국 라인(Hamburg-America Line, HAPAG)의 미국 지점장을 지낸 프레스컷 부시였다. HAPAG은 독일을 약탈한 와버그 가문에 장악된 회사였으며, FRB와도 무관하지 않은 회사였다. 그러나 언론이든 위원회든, 이 사건을 더는 이슈로 만들지 않고 덮어 버렸다.

비즈니스 쿠데타라 불리던 이런 모의는 미국 역사상 엄청난 사건으로, 이전에는 한 번도 존재한 적이 없었다. 참으로 이상한 쿠데타였다. 사람 하나 없애겠다고 미국의 대표 기업들이 한데 모였다는 것부터 말이 되지 않았다. 루스벨트는 대통령 선거에 나서기 전부터 자신들을 비판했으니, 로비가 손쉽고 대표성도 모호한 미국 대선판에 돈을 갖다주면 낙선시키기는 쉬웠다. 이미 당선된 사람을 두고 기업 회장들이 나중에 허겁지겁 모여 쿠데타를 일으키자고 했다는 것은 현실보다 소설에 가깝다. 또 이상한 것은, 19세기 말부터 30년 동안 3명의 대통령을 연달아, 그리고 손쉽게 암살했던 미국의 고위공무원, 월가, 군산기업체, 나치 협업 주도 기업인들이 한데 모였음에도, 루스벨트 하나를 제거하지 못하고 들켜서 청문회까지 열게 했다는 것이다. 지난 대통령 암살 건에는 매번 흐지부지 대처했던 미국의 의회와 미디어가 청문회를 개최하고 대중 미디어에 사건을 알렸다. 게다가 사람 하나 없애는 일에 쓸 사람들도 복잡하게 꾸며 놓았다. 맥을 어디서 집고 들어갈지를 모르게 만들어 놓았다. 도대체 어떤 일이었을까.

세계 어디를 보나, 대다수 무관이 문관에 의해 이용당한다. 그 이유는 무관들이 문관보다 비할 수 없을 만큼 솔직하고 단순하기 때문이다. 무관은 잔인함으로 욕을 먹을지언정, 비열함으로 욕을 먹는 경우는 없다. 대다수 문관은 거꾸로이다. 스메들리 버틀러는 특별히 강직하기로 유명한 인물이었다. 군에서 일찍 은퇴하여 미국을 돌아다니면서 연설을 할 만큼 적극적인 사람으로 그를 모르는 미국인이 없었다. 그는 반전 평화주의자이기 때문에 "파시스트 국가를 만들자.”는 맥과이어의 제안이 통할 인물이 결코 아니었다. 이는 마치 추기경에게 조폭이 되라는 제안과 같은 것이었다. 맥과이어는 버틀러가 순순하게 따라 주었을 것이라 과연 믿었을까. 유럽과 미국을 움직이는 비선실세의 모임인 대형은행과 군산업체들이 일개 은행원 출신 루스벨트의 권력 앞에서 벌벌 떨며, 청문회에 나와 진실선서를 하고 와신상담 복수의 칼을 갈면서 인물을 잘못 골라 쿠데타를 꾸미다가 탄로되어 무기력하게 물러나는 과연 그런 존재였을까. 루스벨트가 대통령에 당선된 1933년 2월 16일, 주세페 장가라라는 이탈리아 노병이 그를 암살하려 한 적이 있었다. 그는 권총을 쥐고 루스벨트에 무려 5-6발을 쏘았다. 군인 출신임에도 한 발도 맞추지 못했다. 어떤 아줌마에도 총을 든 팔목을 잡히며 허둥대다가 주변 인물들만 중상을 입혔다. 이전의 대통령들이 한두 발의 총알로 정확하게 암살당한 것에 비하면, 엉터리 사격 실력이었다. 장가라는 그의 암살 동기가 ‘가난한 자들을 위한 선택’이라 했는데, 루스벨트가 바로 가난한 자들이 선택한 자라며 유세 활동을 하고 다녔다. 장가라는 사건 발생 40일 만에 전격 사형당했으며 언론은 곧바로 입을 닫았고 현재까지도 사건의 원인이나 전모에 대하여 입을 닫고 있다. 루스벨트 가문처럼 미국 최고 가문이, 정치적인 일을 적당히 처리할 리 없는 법이다. 누군가의 기획이긴 하지만, 장가라 사건은 약간 엉터리였지만 대선후보에 대한 감성마케팅으로는 적절했다고 볼 수 있다. 버틀러의 쿠데타 시도는 장가라의 암살 시도만큼 엉터리였지만 대중의 마음을 뒤흔드는 감성마케팅으로서는 성공이라 볼 수 있다.

1920년대 프랭클린 D. 루스벨트는 금융인으로서 채권과 주식을 만지던 자였다. 직책만 11개를 가졌던 월가 출신이었다. 자기보다 24세 위의 12촌 형, 시어도르 루스벨트 대통령과 똑같이 무한한 금융 자유를 원했다. 루스벨트 가문은 원래부터 대를 이은 월 스트리트 맨 이였으며 금융독재의 성향을 지녔다. 시어도르 루스벨트의 손자인 커미트(Kermit Roosevelt Jr.)는 1953년 석유를 국유화해서 자국 금융을 관리하려 했던 이란의 모사데크 대통령을 축출하는 쿠데타를 두 번이나 일으킨 가문이었다. 아작스 작전(Operation Ajax)이 그것이다. 팔레비 국왕을 왕좌로 올려 이란의 석유를 월가 밑으로 가지고 왔다. 루스벨트 가족은 이처럼 집안 대대로 금융계와 정치계의 연합 네트워크 속에 있었다. 다만 사촌 형이 친영 인물인 데 반해, 프랭클린은 반영 인물이었을 뿐이다. 경제공황의 여파가 컸던 1932년 대통령 선거에서도 독점적 금융 자유를 추구하는 월가의 지지를 받았다. 그들의 프리메이슨 하부조직 KKK단의 친영 남부 루스벨트 모임(Southern Roosevelt Clubs)으로부터도 전폭적인 지지를 받았다. 간단하게 말해서, 루스벨트는 친영/반영, 친자본/반자본, 민족/국제, 민주/공화 따위의 이분법에 걸려드는 인물이 아니었다. 그는 그런 이분법 위에 있었다. 1933년 11월 21일, 그는 월가의 실력자 맨델 하우스에게 다음처럼 토로했다.

> "당신도 알고 나도 알지만 실상 진실은, 선도 센터들의 금융이
> 언제나 정부를 소유하고 있었잖아요. 앤드루 잭슨 때부터 말입니다.
> 나도 완전히 예외는 아닙니다. 나도 우드로 윌슨 집행부에 있잖아요.

이 나라는 미국 은행과 잭슨의 싸움을 반복하고 있습니다. 단지 훨씬 크고 넓은 터에서 싸우는 거죠."*

미국 건국 때부터 정부가 주도하는 중앙은행을 만들자는 앤드루 잭슨과, 이를 거부하는 민영 은행들 사이의 싸움이 있었다. 국가가 중앙은행을 만들어 운영하느냐, 아니면 은행 업무를 민간에 맡겨 두느냐 하는 은행 운영에 관한 건국 시절의 논쟁이었다. 하지만 논쟁은 논쟁대로 있었을 뿐, 소수 민영 금융가가 항상 미국의 금융을 운영해왔다. 그러나 1913년, 맨델 하우스의 하수인 우드로 월슨의 서명으로 민간주도 중앙은행이 설립되었다. 루스벨트도 그 일원이었고, 민간 것인 만큼 중앙은행 논쟁은 이미 끝난 것이었다. 새로운 논쟁이라면 민간은행인 미국의 중앙은행(FRB)이 국가의 사업에 얼마나 간여할 것인가 하는 수위 조절에 있었다.

루스벨트 자신은 우드로 월슨이 인준한 민간 중앙은행, 즉 월가 편이며 월가의 영역을 넓히겠다는 의견을 개진한 것이다. 그의 가문도 FRB 설립에 참여했으며 이를 정치적으로 이끌게 되는 달러 세계화 선도 센터, CFR의 회원인 자신도 예외가 아니었다. 더군다나 그는 FRB를 이끈 버나드 바루크와 GE(General Electric)의 뉴욕 브로드웨이 120번지의 같은 건물에서 일했다. 당대, 적당한 지적 능력을 갖춘 미국인이라면 다들 알고 있던 민간 금융독재의 사정을 모르기는커녕, 그는 세부적인 내용도 시시콜콜하게 알고 있었다. 레밍턴, 듀폰, J. P. 모건, 앤드루 멜론, 체이스은행, 스탠더드 오일, US 스틸,

제너럴모터스, 굿이어 타이어 등 월가와 군산 복합기업 사람들이 월가에 충실한 대통령을 쫓아낸다는 것은 어불성설이다.

월가는 러시아혁명과 볼세비키 쿠데타를 지원했다. 마르크스주의를 편들면서 영국, 프랑스, 미국 정부들에게 혁명의 성공과 동시에 볼세비키 정부를 승인하도록 했다. 한 나라가 수백 년 동안 고수해 왔던 정치체제를 쿠데타로 뒤바꾼 지경에, 국가승인을 그리 빨리할 수는 없는 법이었다. 동시에 나치의 "국가사회주의는 산업 시대의 완벽한 민주주의 혹은 공산주의로 가기 위한 이전 단계"라 입이 마르도록 칭송했다. 이들이 파시즘과 공산주의를 동시에 지원했던 이유는 이 두 체제가 국가와 국제관계를 통해 들어오는 부를 정부로 집중시키는 역할을 하기 때문이었다. 국부가 국민들에 분배되기 전에 정부를 낚아채면 되는 체제가 바로 공산주의와 파시즘이었다.

은행과 초국적 기업들이 쫓아내려 했다는 대통령 프랭클린 D. 루스벨트는 파시즘 체제와 유사한 뉴딜 정책을 생각하고 있었으니, 쫓아낼 이유가 없는 사람이었다. 희한한 사실은 또한, 쿠데타 모의가 사안의 중요성에 비하여 잠시 언론을 스치고 지나갔을 뿐만 아니라, 청문회도 일찍 문을 닫고 함구했다는 점이다. 게다가 버틀러 장군은 강직하기로 유명해서, 도무지 설득될 수 없는 인격을 가진 자라는 것을 전 미국인이 알고 있었다. 이런 그에 접근했다는 것 자체가 바보가 아니면 할 수 없는 행동이었다. 게다가 버틀러는 루스벨트의 정책을 칭송했는데, 그를 쿠데타의 주인공으로 만들려 했다니 이는 도무지 앞뒤가 맞지 않는 코미디였다. 결론적으로, 불가능한 쿠데타

모의를 일부러 꾸민 것이었다. 향후 월가가 벌일 진짜 경제 쿠데타를 숨기기 위한 연극일 가능성이 매우 높다. 미국 국민 전체의 욕을 먹고 있던 은행들이 쫓아내고자 했던 사람이라면, 그는 국민 편일 것이고 그가 바로 루스벨트이니 그의 모든 정책을 믿게 하려는 변증법적 방책이었을 것이다.

1929년 대공황 이후, 미국인은 월가의 은행들에 적대적이었다. 은행이 돈을 풀어 투기를 일으키고 거품이 터지자 쪽박을 찬 시민들이 은행을 좋아할 리 없었다. 미국인에 월가가 추가로 자행했던 악행은, 풀려나간 돈을 다시 거대하게 흡수하여 디플레이션을 선사한 것이었다. 시중의 돈 30% 이상이 어디론가 사라졌다. 미국인은 재산도 잃고 직장도 잃었다. 먹을 것도 찾기 힘든 비참의 구렁텅이에 빠져들었다. 주식시장에 발을 디딘 자신을 탓하기도 했지만, 무엇보다 무모하기 이를 데 없는 행태를 자행한 금융계를 저주했고, 야바위 같은 시장경제에 대한 두려움으로 가득 차 있었다. 당시로는 어떤 사람이 대통령이 되어도 은행을 욕해야 했고 내수를 살려야 했다. 월가도 이를 모르지 않았다. 반월가의 미국 여론은 월가를 고민에 빠뜨렸다. 한편으로, 의회는 은행들에 국가와 일심동체가 되어 나라를 살릴 애국심을 요구했다.

1929년 공황 이후, 미국 정치계가 경제위기를 타계할 정책이라 내세운 것들이 예외 없이 대형건설사업 같은 국가 주도의 계획에 근거한 것들이었다. 경제계에서는 루트비히 폰 미제스만이 홀로 자유방임정책을 고수했다. 그러나 자유 지상주의 월가마저도 그의 말을 듣지 않았을 정도였다. 자유주의는 전술적으로 부정적이었기 때문이다. 보나파르트 나폴레옹의 격언은 절대로 흔들리지 않았다. 애국심을 발휘하는 은행은 은행이 아니었다. 월가는 과거 시어도르 루스벨트나 우드로 윌슨, 허버트 후버가 그랬듯이 국민 앞에서는 적당히 월가를 비판하고, '미국을 위하여'라 국민의 혼을 빼놓고 나서, 자기들에 충성하는 미국민 간첩을 다시금 원했다. 월가는 '역시 은행'이라는 비난을 감수하면서 뉴딜정책 반대 집회를 기획했다. 루스벨트와 싸우는 척했다. 인플레이션을 막으려 하면 그를 비난했고, 재무부를 통해 사업을 벌이면 파시스트라고 욕을 했다. 그러나 인플레이션은 은행이 만든 것이며, 재무부에 돈을 대는 자들이 바로 자신들이었다.

쿠데타가 탄로 난 다음, 루스벨트는 뉴딜 정책을 강하게 밀어붙일 명분을 얻었다. 노병과 국민의 인기가 매우 높았던 버틀러는 '쿠데타 의뢰를 받았다.'는 사실 하나만으로 강직성에 흠집이 났기 때문에 뒤로 물러날 수밖에 없었다. 이로써 제1차 세계대전의 노병들이 엄청난 영향력을 행사하는 주 방위군 및 현역 미군을 연방정부의 통제하에 묶어둘 수 있었다. 즉 월가 사람인 루스벨트가 월가 사람이 아니라는 기만전술을 성공시켰을 뿐만 아니라, 정부에 독단적인 힘을 실어 주었으니 월가에는 일거양득인 쿠데타 탄로 전술이었다. 크리스토프 래쉬는 엘리트의 자가 혁명이 1980년대 이후 나타났다지만, 그렇지 않았다. 20세기 초부터 모든 혁명은 엘리트가 벌여 왔다. 1956년 미국 상원의원 윌리엄 E. 제너는 "1933년 이후 미국의 모든 대통령은 정부 안의 엘리트에 의해 포획당했다."라며 엘리트에 포획당한 첫 번째 대통령으로 프랭클린 루스벨트를 지목했다. 엘리트에 의해 가짜 쿠데타를 당한 루스벨트는 자신을 포획한 엘리트와 함께 어떤 진짜 쿠데타를 벌였을까. 혹은 루스벨트 혁명이라고 불렀던 뉴딜의 목표는 무엇이었을까.

넘버 3. 프랭클린 D. 루스벨트

은행은 금본위제도 하에서 금 가격을 조정함으로서 짭짤한 이익을 얻어갔고, 금을 소유함으로써 19세기처럼 전쟁이나 대형사업 같은 국가의 대사를 통제하고 이자와 원금을 얻어 갈 수 있었다. 그러나 금본위제의 거대한 단점은 은행이 자신이 보유한 금의 수량 이상으로 권력을 행사할 수 없게 만든다는 것이다. 그러하니 매사를 의회와 국가 수장에게 매달려 로비를 해야 했고, 1929년 대공황 때처럼, 인플레이션으로 인해 경제위기가 생기면 자신들이 고스란히 책임과 비난을 떠안았다. 루스벨트로 인해 소수의 엘리트가 장악한 상원을 비롯하여 민주와 공화 양당을 모두 움직여 제 입맛에 맞는 수장을 뽑아 왔던 비선실세의 네트워크가 정부 안에 강력하게 자리를 잡았다. 그러나 충분하지 못했던 부분이 바로 금융과 산업계였다. 루스벨트는 뉴딜을 통하여 이 부분을 비선실세에 선사하고자 했다.

루스벨트는 FRB를 재무부 산하로 가지고 들어왔다. 강단 역사가들은 이를 두고, 소수 민간인이 중앙은행을 장악하지 못 하게 한 조치라 아직도 믿고 있다. 루스벨트 같은 중앙은행 사람이 중앙은행을 끌고 와 국가의 재무부와 엮는 일이 국민을 위한 일이었다는 망상이다. 1930년대 미국의 중앙은행이나 런던시티의 투자가들은 중앙은행을 장악했지만, 그 운영기구로서 재무부를 포함한 국가체제를 장악하지는 못했다. 필요할 때마다 로비를 벌이는 방법 이외에, 국가를 은행이 운영할 다른 방법을 찾지 못했다. 루스벨트는 이 일을 해낸 것이었다. 국가의 재무부를 FRB 안으로 끌어들이는 것이 아니라, FRB를 국가 안으로 끌어들여 단결시키고 재무부를 이들의 손아귀에 혁명적으로 넘긴 것이다. 루스벨트의 사회주의적 제스처는 민간은행들에 더 큰 권력을 행사토록 만드는 기만술이었을 뿐이다. 1945년 루스벨트는 결국 보자기에 싸인 국가를 은행에 고스란히 건네주었다. 그 보자기 안에는 영국 금융도 함께 들어가 있었다.

더 자세히 살펴보자. 대통령 출마를 계획하던 루스벨트의 월가는 1932년, 다음처럼 절차를 밟았다. 버나드 바루크가 대변하는 월가의 FRB, 군산 복합기업 GE가 같이 모여 미국산업재건기획서(Swope Plan)를 만들었다. 이를 기반으로 민간은행들이 금융재건회사(Reconstruction Finance Corporation, RFC) 밑으로 모였다. 이는 제1차 세계대전 당시 전시산업위원회를 본뜬 것이었다. 즉 거대금융을 산업 체제 안으로 들여보내 산업을 금융자본의 네트워크에 엮은 다음, 산업생산력을 높여 금융지배를 한층 공고히 하는 것이었다. 전쟁처럼 공장이 마구 돌아가고 돈이 많이 투여되는 대형공사가 이 역할의 핵심이었다. 연이어 거대 자금을 조달할 채권을 발행하여 여신통로를 확보하고 나면, 이제 금본위제를 빗겨 화폐를 과잉 발행하는 절차가 필요했다. 즉 사회주의적 은행 국가가 필요했으며, 루스벨트는 이 단계를

밝은 하수인이었다. 루스벨트는 민간금융과 산업체가 이끄는 RFC
가 미국 재무부와 산업부의 역할을 동시에 맡아 산업과 금융지원의
계획을 짜고 실행한다는 기획을 공개했다. 허버트 후버 대통령은
이를 "파시스트 법"이라면서 두려워했지만 결국 안건을 인준했다.
월가의 제안을 거부할 대통령은 없었다. 도장은 후버가 찍고 실행은
루스벨트가 맡은 것이다.

　RFC는 초기 자금 5억 달러의 국채를 재무부에 넘기고, 재무부의
돈을 얻어 댐이나 다리를 만드는 데 선지급으로 냈다. 완공 후
거기서 나오는 수익으로 원금과 이자를 벌충하겠다는 계획이었다.
이리하여 원금의 2배 반, 12억 5천만 달러의 신용이 창출되었다.
이리하여 망해가는 은행은 살리고 풀려나간 5억 달러가 미국 각
지역의 산업과 금융 지역을 돌고 돌아 12억 5천이 되어 들어오면, 그
돈을 RFC가 가지면 되는 것이었다. 실업을 해소하겠다는 방안치고는
수치상, 250%의 고리대금과 같은 것이었다. RFC는 또한 부실
은행을 살리겠다면서 1932년 한 해 16억 달러를 추가로 조달했다.
갑자기 들어 온 돈을 받은 은행들은 RFC의 사업에 돈을 투자하기도
했고, 과거의 습관을 버리지 못해 증권투기를 하기도 했다. 6천 개의
은행이 RFC의 돈을 받아 이런 구태의 만행을 저지르다가 파산했다.
예금 대량인출이 난무했고 은행이 업무를 중단하다 못해 50개 주의
은행이 모두 잠정 폐쇄했다. 이것이 루스벨트가 대통령으로 당선되던
1932년 11월부터 1933년 봄까지의 뉴딜정책의 모습이었다.

　1933년 3월에 긴급은행법(Emergency Banking Act, EBA)이 통과되고

루스벨트의 의회는 은행의 법정 관리법 그리고 부실 은행을
퇴출하는 법안을 연달아 통과시켰다. 고객의 돈을 횡령했던 파산
직전의 은행들이 다시 살아났다. 1만 8,400개 은행 중 70%가 문을
열었다. 6월에는 뉴딜의 초법적인 행정본부인 국가재건청(National
Recovery Administration, NRA)이 세워졌다. 공공을 가장한 사익추구의
전통에 따라 명칭은 공무 행정부인 양했지만, 실제의 모든 일은
민간 하청업체인 RFC가 도맡았다. NRA는 고객의 예금을 받는
은행과 자기자본으로 투자만 하는 은행을 구분했다. 금산분리법－
글래스－스티걸법(Glass-Steagall Act)이 그것이다. 은행들이 고객의 돈을
가지고 함부로 여기저기 투자하다가 경제공황이 왔다는 연구 결과에
따라, 예금과 투자라는 두 종류의 역할이 서로 교차하지 않도록
은행을 둘로 쪼개어 선을 그었다는 것이 경제학계의 설명이다. 그러나
경제학자들은 이 선을 누가 그었는가에 대해서는 여지없이 함구한다.
오히려 고객의 예금을 보호하고 투기를 막고자 법을 만들었다는
근거 없는 말까지 했다. 은행이 소비자를 보호한다는 어불성설도
우습지만, 탐욕적인 은행들이 저축과 대출이자의 차액으로만 먹고
산다고 보는 사람은 없다.

금산분리법을 만든 카터 글래스와 헨리 스티걸은 증권 및
투자전문가이자 FRB 사람들이었다. 즉 민간은행인 FRB가 법의
이름을 빌려 상업은행과 투자은행을 분리한 것이다. 상업은행과
투자은행을 분리해 보았자, 대형은행들은 어떤 방식으로든 두
사업을 병행할 수 있었다. 물론 현재도 그렇다. 은행이 소유하거나
대주주로서 통제하는 투자금융회사가 모기업인 은행 옆에서

투자사업을 한다. 게다가 적용대상으로 외국은행을 제외했는데, 미국 내에서 일하는 외국계 은행은 이미 FRB의 주 고객이거나 자신이 지분을 가진 런던, 독일, 이탈리아의 은행들이었다. 오로지 미국 각 지방의 중소은행과 보험사들, 미국 내 주주가 약소한 외국계 은행만이 영업 제한에 걸렸다. 금산분리법은 향후 긍정적인 양상을 약간 보여주기는 했어도, 당시로는 전혀 긍정적인 면이 없었다. 법은 미국의 은행 전체를 장악하지 못했던 FRB가 군소은행을 장악하는 동시에 산업자본마저 통제하는 결과를 내었다. 앤서니 서튼이 정확하게 이해했듯이, 금산분리법은 1929년 대공황으로 순식간에 부를 거머쥔 FRB의 구성원들이 투자의 통로를 국가로 일원화하기 위한 사다리 걷어차기였다. 아울러, 아직 전권을 쥐지 못한 미국 정부를 지배하기 위한 포석이었다. 그것이 NRA(; 뉴딜)의 핵심기구인 RFC의 목적이었다.

법정관리와 퇴출을 통해 다른 은행들의 발목을 잡아 놓은 환경에서, RFC는 재무부로부터 들어오는 FRB의 돈을 받아 본격적인 영업을 시작했다. 재무부로부터 돈을 얻어 가는 은행의 주식을 담보로 잡았다. 1만 3천 미국 은행들이 융자를 얻어 갔다. RFC는 1935년까지 미국 전체 은행의 30% 주식을 보유했다. 이 주식은 FRB 를 포함, FRB의 주주들인 대형은행으로 흘러 들어갔다. 이리저리 분산되어 있던 미국의 은행들이 FRB의 여신 장부 위에 일목요연하게 줄을 섰다. 건설 사업에도 마찬가지 방법이 적용되었다. RFC는 은행 위의 은행, 기업 위의 기업이었다. RFC의 주식과 채권을 대형은행과 초국적 기업들이 매입했고, RFC는 그들의 돈을 받아 다시 사업에 투자하고 중소기업에 융자하는 브로커 행동을 계속했다. 미국의 부가 소수 대형은행과 초국적 기업의 수챗구멍으로 빨려 들어갔고 중소기업은 씨가 말라갔다. 이런 국가 주도의 양적 완화는 정상적인 정당이나 국가가 할 수 있는 일이 아니었고 정상적인 금본위제도를 통해서도 불가능한 일이었다. 불황과 실업, 불안한 사회와 같이 환경을 비정상으로 만들어 놓고 행한 비정상적인 만행이었다.

RFC는 1970년대 한국의 새마을운동 같은 일을 추진했다. 상품신용조합(Commodity Credit Corporation, CCC)을 만들어 미국의 농가 땅을 담보 삼아 돈을 꾸어 주고 농기계를 들이게 했고, 전기와 가스를 싸게 공급했다. 곡물의 매수·매도 가격을 정부가 정했으며, 유통망과 종자 및 배급로를 장악했다. 기계로 인해 농업생산력이 올라갔고 수출 길도 터주었지만, 혜택은 유통망과 종자를 장악한 곡물 대기업에 넘어갔다. 무너진 중소 제조업과 마찬가지로 중소농 또한 설 자리를 잃었다. 농업지원 정책에 손실이 발생하면 세금인 의회의 예산으로 메웠다. 이익은 RFC와 대기업이 가져가고 비용과 손실은 국민 세금으로 충당했다. 여기에 머물지 않았다. 당시 미국에서는 주택보증 융자의 40%가 상업은행으로 회수되지 않은 채 남아있었다. 수없이 많은 미국인이 집에서 쫓겨났다. 이에 2억 달러를 풀어 서민의 융자금을 갚아주고 장기저리 융자로 바꾸어 20억 달러의 주택채권을 발행했다. 서민들은 집에서 쫓겨나지 않는 대신, 20억 달러의 원금과 이자를 RFC에 갚아야 했다.

금본위제 국가임에도 NRA의 프로그램 밑에서 엄청난 양의 달러가 금에 상관없이 인쇄되어 나왔다. 그 많은 돈이 정상적인 루트를 통해 만들어졌을 수가 없었다. 비유적으로 이해한다면, 금본위제 하의 인플레이션은 금이라는 밀가루에 지폐라는 소다 용액을 얼마나 더 넣어 빵을 구울 것인가 하는 빵 요리와 같다. 소다 용액이 거의 들어가지 않은 딱딱한 금 빵을 먹던 사람들은 소다 용액이 많이 들어간 시중은행 빵이 부드럽다고 좋아하다가, 먹고 나서 탈이 나거나 자꾸 배가 고파지는 바람에, '이것은 빵이 아니구나.' 라 깨닫게 된다. 1920년대 이런 일이 미국민과 시중은행 사이에서 벌어졌다. 시중은행이야, 중앙은행 FRB로부터 밀가루+소다 용액을 얻어와 자기들 소다 용액을 더 섞은 것뿐이다. 시중의 부드러운 빵을 먹다가 체력을 잃은 국민은 이들을 더는 믿지 않았다. 루스벨트는 소다 용액 금 빵에 대한 국민의 신용을 살려야 했다. 밀가루와 소다 용액을 자유자재로 섞을 권리를 시중의 금 빵 가게로부터 빼앗아 정부 요리사에 주면 더욱 권위가 있어 보인다.

1933년 6월 5일 루스벨트는 시중은행의 빵 요리를 국유화했다. 금보유법(Gold Reserve Act)이 그것이었다. 시중은행들은 금 빵을 만들지 못했다. 정부만이 만들었다. 밀가루 1온스당 20.67$의 소다 용액을 섞어 왔던 미국 시중은행 빵에 물을 35$ 넣어 팬케이크 달러를 만들었다. 나머지 금 밀가루는 정부가 빼앗았다. 즉 미국인들이 보유한 금을 온스 당 20.67$에 매입하여 거두어들인 후, 35$로 가격을 올려 다시 시중에 내놓았다. 금에 합금을 넣어 순도마저 속였다. 인플레이션을 해결하는 기막힌 방법이었다. 미국인은 1934 년부터 35$ 팬케이크를 20.67$ 빵으로 알고 먹기 시작했다.

RFC는 금 보유법이 성립, 공표되기 전인 1933년에 엄청난 금을 싼값에 매입해 놓았다. 국민의 임금을 온스 당 최소 15달러(41%)를 빼앗은 것이다. 낮은 순도 때문에 국민이 금화를 들고 해외에 나가 환전할 경우 가치를 추가로 더 잃었다. 이처럼 금본위제 금빵 제조 기계를 정지시키고, 팬케이크 금본위제로 넘어가게 해준 이가 루스벨트였고, 이것이 또한 FRB의 목적이기도 했다. FRB의 주주은행들이 시중은행의 채무자들로부터 돌려받지 못한 금 표시 채권은 루스벨트로부터 얻어 갈 이익에 비하면 껌값 정도였다.

노숙자에 밥을 먹여 앵벌이를 시키려는 사람처럼, 루스벨트의 뉴딜정책은 돈도 풀고 일자리도 풀었기 때문에 국민에 당장은 고맙게 여겨졌다. 미국 22개 주에 45개의 댐 공사가 이루어졌다. 250개의 전력소도 세워졌다. 다리, 도로, 하수도, 병원, 학교가 증축되었다. 대기업이 건설하고 총괄 운영하게 될 이 모든 공공사업의 마중물을 RFC가 부어 주었다. 뉴딜은 이처럼 월가만의 잔치가 아니었다. 대형 산업체를 위한 잔치이기도 했다. 잔치는 전쟁 산업까지 이어져 초국적 기업의 페스티벌이 이어져 갔다. 거대 공공사업을 통한 신용 창출과 실업, 금 가격상승을 통한 신용안정과 자산가치 하락은 20세기 금융정책의 핵심인데, 이것이 프랭클린 루스벨트로부터 가동했다. 그로부터 50년 후 로널드 레이건(1980-)이 원했던 신자유주의 그대로의 모습이었다. 즉 "좋은 비즈니스가 되려면 공공서비스여야 하고, 질 높은 공공서비스는 민영기업의 세계를 통하는 것"이었다. 이로써 정부가 운영하는 공공사업이 미국에서 완전히 사라지고 공기업도 없어졌다. 그 계기가 바로 뉴딜이었다. 루스벨트는 미국의 역사를 새롭게 만들었다. 국가 민영화가 그것이다.

RFC가 1933년~1939년 동안 250억 달러의 마중물을 쏟아 낸 결과, 미국은 산업생산력의 33%를 잃어버렸다. 견실했던 미국의 중소기업을 파괴하고 전문성도 지니지 못한 대기업이 한쪽 발은 국채대형사업에 얹어 놓고, 다른 한쪽 발은 금융투기에 올려놓은 결과였다. 루스벨트 집권 이전의 대공황 기간(1929-)에 감소한 산업생산력이 19%였는데 그는 뉴딜을 통해 미국산업의 생산력을 14%나 더 떨어뜨렸다. 뉴딜정책이 제시한 농민의 공업 예비군화(RA: Resettlement Administration), 그린벨트, 음식/제약/화장품 조약(F.D.A.) 등을 집행한 수뇌부(Brain Trust)의 수장, 렉스포드 G. 터그웰은 뉴딜정책은 "망했다."고 했다.

1941년 여전히 실업자는 6백만이었고 전쟁물자 생산의 최고조가 되는 1943년 와서야 실업률이 낮아지기 시작했다. 루스벨트 집권 10년 동안 벌어졌던 국가 민영화와 산업생산력 저하에도 불구하고 전쟁이 정치적으로 그를 살린 것이다. 결과적으로 볼 때, 대형 국책산업과 금융지원을 대기업에 몰아줌으로로써 산업생산력을 떨어뜨렸던 뉴딜정책은 오로지 대기업만 할 수 있는 군수산업의 밑바탕을 만들어주었다. 투자와 산업활동, 노동시장, 먹거리, 유통산업을 국가기관으로 일원화했던 뉴딜은 앞서 말했듯이, 전시경제의 틀을 그대로 가져온 것이다. 독일의 나치 기관지, '민족 논평'(V lkischer Beobachter; National Observer)은 "루스벨트의 경제, 사회 정책이 지닌 국가 사회주의적 사고의 흐름은 히틀러의 총통주의(F hrerprinzip)와 유사하다."고 했다. 단지 루스벨트는 경제를 일으키는 데 실패했고,

히틀러는 성공했을 뿐이다. 그러나 누구를 위한 실패이고 성공인가. 미국의 금융과 군산 복합기업들에는 대성공이었지만, 미국인에는 실패였을 뿐이다.

정치와 사회가 깊숙하게 연결된 독일의 공동체적 문화 혹은 정신(총체적, 집단적, 낭만적)이 없는 개인주의 미국에서 뉴딜은 적용하기 어려운 정책이었다. 미국은 정치와 사회가 분리되어 있어, 지도자가 아무리 국민을 움직이려 해도 한계가 있다. 하지만 이런 개인주의 문화라는 것도 먹고사는 문제에 연결되는 한, 정책과 조율을 통해 언제나 움직일 수 있다는 것을 뉴딜이 보여주었다. 나치 독일처럼 국민에 솔직하게 다가간 것이 아니라, 기만을 통해 미국 국민을 움직였고 국민은 그런 기만전술에 넘어갔다. 그러하니 루스벨트를 무려 4선이나 대통령으로 만들어 준 것이다. 미국문화가 개인주의적이라서 뉴딜과 같은 사회주의적 정책이 성공하기 어려웠다고 불평하면서 루스벨트의 편을 들어 주는 것은 어불성설이다. 뉴딜이 루스벨트의 눈물 어린 국민 사랑의 결과라 보는 것과 같은 바보 의식이다. 앞서 기술했듯이, 사실은 정반대이다.

'실패했다'는 루스벨트의 뉴딜이 추진했던 모든 공공 사업 부문이 초국적 민영기업에 넘어갔다. 50개 주 2만 개의 은행도 월가의 손아귀로 들어갔다. 국민 대다수는 단기적인 노동에 목숨을 거는 일용직 노동자에 머물렀다. 엘리트를 위한 성공적 뉴딜. 이것이 월가가 기획하고 루스벨트가 실행한 뉴딜정책이었다, 자유주의 정책이 실패해서 뉴딜이 생긴 것이 아니라, 자유주의의 극단으로

가기 위해 뉴딜이 선택된 것이다. 천재들이 모여 머리를 맞대고
상의한다 해도, 자유주의가 최종적으로 도달하는 지점이 무엇인가를
추적하면 그것은, 독점세계 즉 파시즘과 공산주의 체제로 결론을
맺기 마련이다. 1990년대 신자유주의의 동력을 모두 유럽의 사회당과
미국의 민주당 사람들이 이끌었으며 이들이 세계의 비참을 만들어 낼
때 주장했던 것이 인권, 평등, 자유였다. 인권, 평등, 자유의 결말은
결국 소수의 인권, 평등, 자유만 보장하는 양극화였다. 뉴딜도
마찬가지였다. 뉴딜은 신자유주의의 원조이다.

금융의 신세계

미국을 자신의 나와바리로 만든 월가 사람들은 강단의 경제학자나
정치인들 혹은 재야의 혁명가들처럼 순진한 바보가 아니었다.
루스벨트의 뉴딜로 인하여, 미국은 비선실세의 완벽한 노예국가가
되었다. 미국 제국주의라는 세계화 정책도 본격화되었다. 20세기 초
이미, 영국 런던시티의 금융과 미국 월가의 금융은 서로의 반목을
끝냈다. 로스차일드, J. P. 모건 등이 1913년 미국 중앙은행을
장악하자, 영미 두 금융 세력은 공동전선을 펴면서 더욱 절친하게
지냈다. 큰 틀에서 보면, 영국 런던시티의 영향력이 더욱더 커 보였다.
영국이 미국을 등에 업고 앵글로색슨 제국주의를 이루어가자던 세실
로즈 재단의 취지에 부합하는 듯했다. 영국에서 구상된 각종 조직이
미국에 이식되었다. 재단의 왕립 국제관계연구소(RIIA: Chatham House)
가 미국으로 건너가 1921년 미국 국제관계연구소(AIIA: CFR)가 된

경우와 같다.

이랬던 영국과 미국의 관계가 뿌리부터 뒤바뀌기 시작한 때가 금융적으로는 1920년대, 정치적으로는 1940년대였다. 영국으로부터 이식된 경제, 국제관계, 정치, 문화재단의 조직들이 그사이 명칭을 바꾸었다. 1930년대 전후로, 영국으로부터 건너오던 정보의 흐름이 약해지고, 조직의 정책과 운영방침이 미국화되고 있었다. 월가를 지배하던 영국의 색채도 미국화되었다. 뉴욕 월가에서 영국색채란 곧 유대인 색채이다. 이를테면, 로스차일드의 런던시티 금융이 지녔던 유대 제국주의자 혹은 유대인의 색채가 뉴욕에 와서는 개신교와 교차적으로 흐트러져 있었다. 미국 국내 유대인 인구는 총인구의 3%였다. 뉴욕에는 리먼 브러더스, 골드만삭스, 살로몬, 쿤 & 롭 등 유대계 은행들이 소심하게 진을 치고 있었다. 건너편에는 개신교도인 거대은행 J. P. 모건이 있었고 가톨릭인 메릴 린치도 있었다.

J. P. 모건은 1996년에야 비로소 이스라엘과 거래를 텄을 정도로 유대계 은행을 멀리했다. 1930년대 미국은 산업자본이 거대하게 자라났지만, 여전히 금융자본에 종속된 대표적인 국가였다. J. P. 모건은 군산 복합기업 등 초국적 기업 167개를 거느리던 투자은행이었다. 모건이 융자하던 자동차, 철강, 철도, 석유의 거대 2차 산업 분야에서 유대계 은행들이 거의 자리를 잡지 못했다. 이들은 주로 유통과 의류, 식료품 산업체와 거래했다. 뉴욕에서는 아예 유대 금융인에 대한 경시마저 있을 정도였다. 산업자본의 면모를 본다면, 미국 대기업 가문의 많은 수가 본토 출신이었다. 이들은 융자의

차원에서 유대 금융기관과 비교적 독립적으로 존재했다. 1917년 기준 미국의 200대 대기업 CEO의 종교를 본다면, 60% 이상이 성공회와 장로교였다. 7%가 가톨릭, 4.6%가 유대교였다.

종교가 유대인의 활약상을 그대로 표현하지는 않는다고 해도 종교적 자기 표명은 사업에 영향을 줄 수 있다. 이를테면 금융기관을 쥐고 흔들었던 자동차 왕 헨리 포드는 유대인을 체질적으로 싫어했다. 그가 독일 나치와 적극적으로 협력한 것은 경제적인 이유 이외에도, 반유대주의의 영향이 있었다. 비즈니스 쿠데타를 일으킨 미국자유연맹은 전국경제인연합회 같은 단체로서, 한쪽 다리를 비선실세의 네트워크에 올리고 있었지만, 유대 금융의 영향력을 달가워하지 않았다. 이외에 카네기 가문은 장로교, 석유왕 존 D. 록펠러는 침례교 가문으로서, 영국의 로스차일드 은행과 협력관계에 있었지만 뉴욕의 유대계 은행과는 일정한 거리를 두고 있었다. 유대계 은행들이 1950년대 서비스업으로 진출하여 몸집을 불리고, 더 나아가 1990년대부터 금융상품을 적극적으로 개발하면서부터 미국 본토 출신과 유대 출신(구, 영국 출신) 사이의 갈등은 거의 사라지고 협력 정도가 깊어졌다. 다시 말하면, 금융에 있어서 유대인과 앵글로색슨이 함께 하는 금융 제국주의가 영국이 아니라 미국에서 완성된 것이다.

우드로 윌슨처럼 루스벨트 또한 월가가 시키는 대로, "반식민주의"를 부르짖었다. 영국과 프랑스, 독일, 이탈리아의 식민지를 완전히 해방하자고 했다. 우드로 윌슨처럼 유럽 식민지를 미국 정부의 휘하로 끌고 오는 선전 선동이었다. 루스벨트의 이런 민족주의적 행보는 20세기 초 영국 런던시티가 원하는 영미 통합 앵글로색슨 제국주의 모습에 그리 부합하지 않았다. 루스벨트도 이를 알고 있었다. 또한 월가를 반으로 나누는 런던시티 출신과 미 본토 출신 금융계의 이중 구도를 잘 알고 있었다. 영국과의 관계는 자신의 12촌 형, 시어도르 루스벨트가 마무리 지어 놓았다. 반면 그는 미국과 독일의 양대 정부를 교류시켰다.

루스벨트는 1933년 자신과 히틀러가 동시에 집권하던 해, 독일에 융자의 길을 터주었다. 융자에는 융자금의 쓰임새에 관한 조건이 붙는데, 이 조건은 알려진 바 없다. 단지 독일이 재무장하게끔 미국의 군수업체와 월가가 독일 공공부문으로 수월하게 들어가도록 길을 터주었다. 이 사실과 결과만으로도 미 독 관계의 본질을 알 수 있다. 뉴딜로 인해 미국에서 몸집을 키운 군산복합체 기업들이 독일로 들어가 무한 자유를 누리며 일을 했고, 월가의 금융가들은 뒤에서 자금을 쏟아부었다. 루스벨트는 자신의 공무일지에, "영국과 독일 은행가들이 세계무역을 자기들 호주머니에 넣고 살았지. 이제 미국에는 안 통해!" 라 적어 놓기도 했다. FRB로 인해 장악된 미국 금융계로서는, 영국을 빼고 단독으로 세계를 지배하는 것이 지배를 위해 효율적이라 믿었다. 루스벨트의 대외정책이 영국과 독일을 오가며 "어정쩡했던"(non-committal) 이유가 여기에 있었다. 두 나라를 충돌시키려 했기 때문이다. 독일을 키워 영국을 제압하고 영국을 부추겨 독일을 견제하는 이이제이 정책이었다. 월가는 경쟁 관계에 놓여 있던 영국과 독일이 함께 무너지기를 바랐다. 미국의 금융과 군산 복합기업의 몸집을 불려 놓고 두 나라의 전쟁에 연관시킨 후, 월가 단독의 제국주의를 만들려 했다. 월가는 나치독일을 위해 자금을 쏟았고, 영국 등 외국계 은행을 규제했으며, 뉴딜정책을 통해 미국 특유의 중소기업 중심의 공업 및 농촌 경제를 망쳐 놓은 이유가 이것이다. 루스벨트의 미국은 과연 독일을 얼마나 무장시켰을까.

1933년 독일은 항공기 4만기를 만들었다. 미국의 5천 기보다 8배나 많았다. 질 좋은 1만의 탱크와 1십 3만 5천 군용트럭, 6만 개의 지프를 생산해 냈다. 독일군은 잘 훈련된 70만 대군이었다. 미국은 단지 500개의 저질 탱크와 37만의 오합지졸 정규군을 가지고 있었다. 뉴딜정책은 미국 군산기업의 생산체제를 유기적으로 만들어주었다. 수요가 생기면 바로 돌아가도록 했다. 독일에 진출한 미국 기업은 기술을 오히려 배우면서 물품을 생산했다. 그렇게 1938년까지 준비를 했다. 독일과 영국이 서로 전쟁만 일으키면 미국의 질 낮은 군사 산업이 힘차게 돌아갈 것이었다. 루스벨트는 영국과 프랑스가 독일에 전쟁을 선포하던 1939년 9월 3일, "미국은 중립국으로 남아있을 것입니다. 하지만 모든 미국인이 중립하라고 부탁드릴 수는 없습니다 …. 중립을 지키더라도 양심을 버리라 할 수는 없습니다."라는 알쏭달쏭한 연설을 했다. 뉴딜의 발길이 전쟁 산업으로 넘어가는 길목에서 보여준 대국민 기만 연설이었다.

RFC에는 이미 군사 자금이 들어가 있었다. 1940년 8월 국방보급본부(Defense Supplies Corporation, DSC)와 국방 공사본부(Defense Plant Corporation, DPC)를 세웠다. 1940년 45억 달러가 항공기 제작에, 20억 달러가 무기 생산 도구에, 15억 달러가 알루미늄/마그네슘에, 12억 달러가 강철생산에, 7억 달러가 고무, 2억 5천만 달러가 항공 주유에 초기 투자되었다. 전쟁이 터진 유럽에 납품했던 이 분야의 사업은 24시간 공장을 가동했다. 세계대전에 미국이 참전을 결정하기 1년 3개월 전이었다. 그러나 1940년 프랑스에 들어온 독일은 휴전을 고려하고 있었고, 영국도 프랑스도 전투하지 않았다. 미국의 대다수 국민은 미 정부가 행여 참전할까 두려워 손사래를 치고 있었다. 유럽도 조용했고 미국도 조용했던 때, RFC만 혼자 전쟁 준비를 하고 있었다. 1941년 전쟁 불참 분위기 속에서 군산 복합기업들이 가동되었다. 당해 3월 무기대여법(Lend Lease Act)을 통해 유럽 납품이 시작되었기 때문이다. 영국이 쓰다 남은 무기는 감가상각 후, 돌려 달라는 듣지도 보지도 못한 법이었다. 그러나 산업은 돌아가, 9만 6천 대의 항공기가 제작되었다.

뉴딜정책으로 인해 잃어버린 생산력이 1941년부터 달라졌다. 1945년까지 미국의 생산력은 기존의 50%를 넘었다. 전쟁하는 동안 매년 GDP의 10%가 증가했다. 뉴딜은 국내에서는 민영기업에 공공업무를 맡겼고, 해외에서는 국가와 기업 간의 거래인 독일과는 또 다른 뉴딜(독일 군수산업 협동)을 만들어 냈다. 독일과의 뉴딜 또한 당연하지만, 민중의 생활경제와 관계없었다. 미디어 종사자들은 교묘하게 독일과의 전쟁을 부추기면서, 미국과 독일의 대립 관계를 유발해 갔다. 적국의 산업에 참여하는 동시에 적국과의 갈등을 조장하는 것이었다. 뉴욕 유대 제국주의자들이 독일과의 전쟁을 주장한 동시에 독일과 유대인 이민 협정을 맺은 바 있듯이, 이런 이중적 외교는 비선실세의 오랜 전술로서, 적국인 소련과 경협을 하고, 적국인 베트민에 트럭을 만들어주던 냉전 시대에도 어김없이 이어졌다.

1941년 8월 9일-12일, 캐나다의 뉴펀들랜드로 가는 영국 함선 George V의 갑판 위에서 루스벨트와 처칠이 만났다. 루스벨트는 대서양헌장(Atlantic Charter)을 들이밀었다. 제3장에 "전 세계의 민족자주권과 독립"라 적혀 있었다. 우드로 윌슨의 민족자결 선언이 무슨 의미인지 알았던 처칠이었다. 이 헌장은 법적 효력은 없었지만, 대영제국의 몰락을 의미했다. 처칠로서는, 독일의 막강한 공격을 막아낼 국가로서는 미국밖에 없었다. 처칠과 의회는 헌장을 승인했다. 승인의 대가는 없었다. 하지만 당연히 미국의 참전을 기대한 것이다. 이 헌장을 승인했던 소련 등 30여 개국이 있었다. 독일 또한 이를 전쟁 선포로 이해했다. 4개월 후 벌어진 일본의 진주만 폭격은 우연이 아니었다. 루스벨트의 기만적이고도 파시스트적인 행태는 전쟁 도중에도 나타났다. 그는 자유 프랑스군의 드골과 유럽 각지의 레지스탕스를 도와주기는커녕, 그들을 군사작전에서 배제했다. 반면 나치의 비시정부에 돈을 대주며 프랑스를 손아귀에 넣고자 했다. 프랑스 레지스탕스가 비시정부의 프랑수아 다를랑 북아프리카 사령관을 암살하자, 루스벨트는 이를 1급 살인이라 비난하며 비시정부에게 레지스탕스를 처형하라 요구했다. 처칠까지 놀라게 한 루스벨트의 이런 친독일 외교에 대하여, 그는 강을 건널 때까지만은 악마와도 손을 잡는다는 저급한 언사로 자신을 정당화했다.

제2차 세계대전을 통해 대영제국은 무너졌다. 대영제국을 고스란히 미국의 휘하로 가져오는 일이 이제야 달성되었다. 대영제국이 침략하지 않은 나라가 세계에서 22개 밖에 없었으니, 영국만 잡으면 되는 일이었다. 더군다나 소련은 독일의 침략으로 인해 국력이 약화하였고 독일은 아예 자멸했다. 루스벨트만큼이나 유럽의 제국주의를 우습게 알았던 존 F. 덜레스가 입버릇처럼 말했듯이, 미국의 비선실세들은 제2차 세계대전을 통하여 "대영제국의 완벽한 몰락과 종속"을 원했다. 영국이 유지했던 제국무역 특혜조항(Imperial Preference) 같은 것은 쓰레기통에 버려야 했다. 1944년 루스벨트는 처칠에 다음처럼 말했다.

> "미국은 대영제국을 무너뜨리려고 세계대전에 참전한 것이 아닙니다 …. 전후 평화를 유지하는 예비조건은 최대한의 자유무역입니다. 인공적인 국경이 없는 무역. 가능한 한 특혜가 거의 없는 경제 말입니다. 자유시장을 확대할 기회입니다. 건강한 경쟁을 위해 시장이 열리는 겁니다."

루스벨트는 경쟁국들을 모두 물리쳐 놓고, "건강한 경쟁을 위한 자유무역 시장"을 말했다. 영국이 식민지로 쳐들어가면서 말했던 비교우위론과도 같은 것으로, 빅토리아 여왕이 아편을 팔아 온 중국에 말한 그대로였다. 중국에 교역 특혜는 없고 영국에는 있다는 것이었다. 또한 미국이 캐나다를 공격할 때도 똑같은 말을 했다. 20세기 말 FTA 최혜국 조항도 이런 전통에 의해 만들어진 것이다. 강대국만이 할 수 있는 말을 이제 영국이 들어야 했다. 처칠은 비로소 미국이 단독 제국주의를 원한다는 것을 깨달았다. 그는 그런데도 금융 권력만은 살리기 위해 적극적으로 미국에 달라붙기 시작했다.

미국과 영국의 노르망디 상륙작전은 해상과 공중폭격을 통해 프랑스 시민 2만 명을 죽이고 시작했다. 우연의 일치인지 몰라도, 6월 6일 아침 6시에 시작된 악마적 침공이었다. 이들의 진군 루트는 프랑스가 아니라, 곧장 독일로 가는 길이었다. 독일의 V1, V2가 생산되던 앤트워프와 독일의 군사지역인 루르강(The Ruhr)을 먼저 공략한 후, 베를린으로 진격하는 것이었다. 따라서 순서상, 독일과 독일 휘하의 동부지역을 모두 점령하는 12월경이나 프랑스로 들어갈 생각이었다. 그러나 계획이 틀어졌다. 미국의 유럽 장악 의도를 눈치챈 프랑스 비시정부가 영미의 점령통치를 거부하는 의사를 보였다. 미국은 프랑스 점령을 신속하게 진행할 수밖에 없었다. 필립 페탕의 비시정부는 프랑스인들에 의해 독일의 괴뢰 정부라고 비난받았지만, 실은 나치와 협력하여 영미 제국주의를 견제하려 했던 민족주의 정부였다. 독일은 식민 침략자가 아니라, 단지 점령군으로 들어왔고 남프랑스 정부에 주권을 주었다.

미국의 심사는 전혀 그렇지 않았다. 프랑스를 식민지로 보고 있었다. 페탕도 이 사실을 알고 있었다. 과거 그의 참모였던 샤를 드골 장군도 같은 의식을 공유했다. 전후, 정적으로서 페탕을 배신자 낙인을 찍어 밀어냈지만, 드골의 반미 노선은 대전 때 보여준 미국의 제국주의에 대한 저항이었다. 실제로, 미국은 이탈리아든 프랑스든 모든 점령국을 마치 독일을 상대하듯 했다. 대전 도중에 종전을 선언한 이탈리아는 자발적으로 미국의 속국처럼 행동했다. 프랑스 임시정부 수장 사를르 드골의 저항에도 불구하고, 노르망디 상륙작전 이래 프랑스는 미국의 거대한 지배력 아래에 놓였다. 미군은 프랑스에서 사용할 돈을 미국에서 찍어 가지고 들어와 사용했다. 명백한 지폐위조 범죄였다. 이들은 한술 더 떠, 위조지폐를 은행에 예금해 달라 강제했다. 이것을 달러와 연동시키는 즉시 프랑스는 미국의 금융 속국이 되는 것이었다. 미군의 위조지폐 사건은, 미국이 프랑스 그리고 더 나아가 유럽 전 지역을 어떤 방식으로 처리하려 했는지 움직일 수 없는 증거가 된다. 이에 격분한 드골은 지폐의 사용을 금지했다. 이 사건은 또한, 드골 대통령이 1964년 6월 6일, 노르망디 상륙작전 20주년 기념식마저 거부하면서 미국에 프랑스의 금을 돌려 달라 요구한 배경이 되었다.

제2차 세계대전 후, 미국의 은행과 초국적 기업들은 독일과 유럽의 기업을 투자관리 하에 가져왔다. 주요 기업을 인수 합병하면서 유럽에서의 재건사업을 독점적으로 확대했다. 미 법무부 전쟁지원과장이자, 전후반카르텔 기구에서 일했던 제임스 S. 마틴은 전후의 미국 기업들이 어떻게 집중화했는가를 밝혔다.

"독일의 6대 금융기업이 미국 경제의 지배속으로 들어갔다. 당대 서로 상응하는 권력을 지닌 미국 8대 금융 조직은 다음과 같다. 모건은 US Steel, GE, Kennecott Copper, ATT, ITT을, 록펠러는 Standard Oil과 Chase National Bank를, 쿤롭은 가스, 전기, 상수도를, 멜론은 Aluminium Co, Gulf Oil, Koppers, Westinghouse Electrics를, 시카고 그룹은 International Harvester 와 통조림 산업을, 듀폰은 GM, EI du Pont de Nemours, United

*States Rubber*를, 크리블랜드 그룹은 *Republic Steel, Goodyear*을, 보스턴 그룹은 *United Fruit, Stone & Webster Utilities First National Bank of Boston*을 소유했다."

결과는 이렇게 나왔다. 무솔리니를 추앙하고 히틀러를 도와주었던 루스벨트의 뉴딜과 제2차 세계대전 사업은, 미국에 자리를 잡은 금융 및 군산 복합기업들이 러시아를 제외하고 최소한 유럽 대륙의 경제를 장악하는 기획이었다. 전 세계 인구의 2%밖에 안되는 대영제국민들이 세계의 철과 석탄 50%를 주무르며 러시아보다 155배나 에너지를 소비하던 1850년의 세계를 완전히 미국 것으로 만들었다. 기껏 면화 생산량에서 두각을 나타내던 미국의 은행과 기업들이 전후 세계 생산량의 40% 이상을 달성해 버렸다. 세계 무역의 25%를 차지하던 대영제국을 훌쩍 뛰어 넘었다. 루스벨트의 중얼거림 그대로, "영국과 독일 맘대로" 세상을 놓아두지 않았다. 그가 사망한 1945년, 미국은 이미 독일과 프랑스를 점령함으로써 서유럽 시장을 실질적으로 평정했고, 1947년 GATT를 세워 무역장벽을 없앴고 1949년 나토를 세워 유럽 정치와 외교, 군사 분야까지 장악하는 냉전의 포문을 열게 된다.

유럽

월가의 적벽대전, 유럽공동체 성립 전쟁

유도의 많은 기술은 상대의 힘을 역으로 이용하는 지혜를 품고 있다. 세상사도 마찬가지이다. 자신의 목적이 달성되려면 주변을 변화시켜야 하는데 맨땅에서 변화는 일어나지 않는다. 억지로 일을 만들어서는 목적을 달성하기 어렵다. 기존에 일어나고 있는 변화가 있으면, 이를 최대한 자신에 유리하게 끌어와서 일을 처리하는 것이 변화를 손쉽게 통제하는 동시에 목적을 달성하는 방법이다.

1930년대의 프로젝트인 유럽연합의 움직임을 타고 들어가서 유럽을 장악하는 법, 나토와 이스라엘에 의하여 벌어져 왔던 1970년대의 테러를 역이용하는 법, 북극과 몽고 및 중국 지역 등에서 벌어지는 자연파괴 현상을 기후온난화라면서 역으로 이용하는 법 등이 그런 사례다. 변화의 진행 방향을 유도만 하면 되는 것이지, 스스로 진행하기에 위험이 크다. 유럽연합은 달러에 연동된 유럽

화폐통합의 방향으로 유도되었다. 테러의 흐름은 이슬람 쪽으로
유도되어, 미국이 아니라면 누구도 중동에 손을 대지 못하게
유도되었다. 기후 온난화는 탄소세를 비롯한 각종 산업규제를
만드는 방향으로 유도되어, 중국 및 인도를 통한 산업관리와 조절,
방목 가축에 대한 경고, 그리고 유류 조절과 신생 에너지 추구
쪽으로 유도되었다. 남극이 녹든 말든 그것은 이들의 관심사가
아니었다. 남극이 녹는다고 말함으로써 얻어 낼 자신들만의 이익이
소중할 뿐이다. 이 모든 전략은 브레진스키(Zbigniew Brezinski)가 한데
묶어 다음처럼 말했다.

> "유라시아 장악을 위해 첫 번째 단계는 유럽연합 성립과 통제.
> 유럽 엘리트들을 포섭한다. 영국, 프랑스, 독일을 중심축으로 한다.
> 중앙아시아 장악은 지정학적 필수요건이고 … 서구세계의 통제는 "
> 테러와의 전쟁"과 "기후 온난화"를 이용한다."

　테러와의 전쟁, 기후 온난화는 1970년대 유도된 전략이지만,
유럽통합은 19세기 말부터 논의되던 기획이었다. 언론인 에번스-
프리차드(Ambrose Evans-Pritchard)는 2000년, "미국 정보기관들이
1950년대와 1960년대에 유럽통합에 유리한 운동을 이끌었다는
것을 알 수 있다. 기관은 유럽 연방 운동에 돈을 대주고 조직을
이끌었다."고 밝혔다. 유럽연합을 만들려면 유럽 각국의 민족주의,
무역장벽, 중앙은행 시스템, 국경선을 파괴해야 했다. 모든 종류의

차별적인 경계선을 무너뜨리는 것이다. 전후 각자도생의 길을 걷는 유럽 각국의 보수적인 규제 감각을 무너뜨리기 위해서 개인의 자유와 해방을 내세워야 했다. 미국식 개인주의 문화를 불러 와 민족 문화적 잔재도 척결해야 했다. 마셜 계획은 미국식 삶을 강제했다. 전 유럽 아이들이 미군의 초콜릿을 받아먹었다. 게 중 가장 큰 두 나라 중 하나인 독일은 이미 반으로 갈렸고, 프랑스는 유럽통합의 도구로 이용되기 시작했다.

슈만(Robert Schman)과 더불어 미국의 간첩 논란에 휩싸였던 유럽공동체 설립자 모네(Jean Monnet)는, 독일이 프랑스를 점령하던 1940년 여름, 영국과 함께 독일에 맞서자면서 뜬금없이 영불연맹국을 만들어 나라를 합치자고 했다. 처칠도 찬성했다. 내각 합의 문서에 'indissoluble' (불가분의 관계)이라 적혔지만, 드골은 이것이 영국과 프랑스의 단순한 연합이라고 생각하고 지지했다. 하지만 처칠과 모네의 생각은 달랐다. 영국과 프랑스를 아예 단일국가를 만들려고 했다. 독일의 괴뢰 정부라고 알려진 비시정부의 페탕이 독일의 히틀러와 함께 공동 정부를 구상하려 했던 것 이상의 주권 파괴적인 행보였다. 그러나 전후 드골은 이를 거부했다. 그는 미국 대통령 트루먼(Harry Truman)으로부터 '마녀 새끼'라 욕을 먹었다.

드골은 만만한 인물이 아니었다. 그는 제2차 세계대전 때, 독일에 넘어간 프랑스 비시 군대를 떠나, 영국에서 레지스탕스들을 모아 자유 프랑스군을 조직했다. 미천한 레지스탕스 광복군이 강력한 나치 군대에게 승리한다는 것은 상상하지 못 할 일이었다. 현실적으로 보면 필립 페탕의 비시정부처럼 협상하는 것이 프랑스를 불바다로 만들지 않는 방법이었다. 그러나 레지스탕스 광복군의 진정한 역할은 적과의 전투 자체가 아니었다. 전후 나라가 해방될 때, 점령군에 대하여 주권을 주장할 명분을 쌓기 위한 선택이었다. 비시정부처럼 협상을 먼저 해버리면, 독일이 이기든 미국이 기기든 나중에 쳐들어올 승자의 또 다른 종속국가가 될 수 있었다. 그는 광복군을 끌고 파리로 입성함으로써, 미국의 주권 침탈을 막았다. 드골은 주권을 주고받는 전쟁의 메커니즘을 잘 알고 있었다. 드골은 대독 선전 중에도 프랑스 식민지령까지 자유 프랑스 해군을 보냈으며, 태평양 전쟁의 일본 항목문서 조인식에도 프랑스의 대표를 보내 사인을 했다. 인도차이나는 프랑스가 여전히 주인이라는 제스처인 동시에 미 제국주의에 대한 저항의 제스처였다.

전후 드골은 프랑스에 주둔하던 2만 6천의 미군을 추방했다. 유럽의 군사 통제기관 나토를 탈퇴했고 핵을 개발했다. 핵탄두 방향을 동쪽 소련뿐만 아니라 미국 쪽으로도 돌려놓았다. 그는 영국의 처칠이 지지하고 독일의 아데나워가 진행하던 유럽연합 계획의 출발부터 의심했다. 방법은 극적으로 달랐지만, 페탕 장군만큼이나 주권 지킴이였다. 1950년대부터 포드 재단은 미국 기업들로부터 회비를 각출하여 유럽 각지에 자유문화회의(Congress for Cultural Freedom)를 세웠다. 문화적 마셜 플랜이었다. 미국은 유럽 각국에 수입 영화 할당제를 폐지했다. 미국문화를 세계로 퍼트리는 유일한 대중 미디어로는 영화가 대표적이었기 때문이었다. 세상만사가 개인의 동기에 의해 발생한다는 할리우드 영화가 유럽을 물들였다.

유럽경제가 부흥하던 1960년대, 미국 정보기관은 학생과 여성을 변화의 지렛대로 삼았다. 이들은 그들의 부모처럼 전쟁의 아픔과 나라에 대한 희생에 익숙하지 않았다. 취업이나 물질적인 고통도 겪지 않았으며 미래에 대한 희망을 품고 있었다. 때문에 "날 좀 내버려 둬!"라는 자유사상에 심취할 수밖에 없었다. 미래의 희망을 지닌 학생과 여성들이 '가부장 족쇄 풀기 운동'을 벌인 것이 1968년 학생운동과 여성운동이었다. 이들은 구체적으로 가부장적인(민족주의적인) 정치인을 코너에 몰아야 했는데 대표적인 인물이 드골 프랑스 대통령이었다.

미국의 미디어와 영화, 대학은 마셜 플랜을 등에 없고 일제히 드골의 프랑스를 공격했다. 영어로 물어보면 불어로 대답하는 불친절한 프랑스인, 샤워하지 않고 향수만 뿌려대는 스컹크 같은 민족, 여자 꽁무니를 쫓아다니는 바람둥이, 싸움하지 않고 도망치는 겁쟁이, 길거리 남자 아무하고 침대에 드는 창부 같은 프랑스 여성 등의 이미지가 조작되어 미국민의 뇌 속에 자리했다. 마셜 플랜의 미국문화를 동경했던 프랑스 대학생들은 미국의 이런 탈 드골적, 탈 프랑스적 문화에 휩쓸려갔다. 1968년 좌파적 색채를 가진 사회단체라면 모두 움직였다. 그러나 도대체 무엇을 목적으로 움직이는지 스스로 몰랐다. 이들이 외쳤던 슬로건은 다음과 같았다. '현실을 보고 불가능에 도전하라', '자유란 참여하는 것이다', '덜 읽고 더 오래 살자', '우리는 요구하지도 바라지도 않는다. 점거하여 차지할 뿐이다', '자본가는 우리를 필요로 한다. 하지만 우리는 그가 필요 없다', '신도 주인도 없는 세상', '금지를 금지한다',

'부분적인 해방은 해방이 아니다', '동지여 앞으로 달려라. 구세계가 뒤에 있나니', '행동은 감정을 누른다', '섹스를 많이 할수록 혁명을 바라게 된다', '세계의 노동자여! 즐겨라.' 참으로 개인적이고 철부지같이 모호하고 자족적인 주장들이었다. 자기계발서에나 나올 내용을 들고, 혁명이랍시고 나섰다. 드골은 결국 사임했다. 미국과 서유럽 각지에서 학생운동이 있었지만, 정부가 전복된 곳은 오로지 프랑스 하나였다. 1973년 프랑스 중앙은행은 민영화되었다.

드골은 회고에서 CIA, 중국 및 이스라엘에서 출발한 학생운동 자금이 스위스로부터 건너왔다고 밝혔다. 미국을 견제하는데 강한 방어막이었던 드골을 지지한 소련은 그러나 학생운동에 거의 관여하지 않았다. 이는 모스크바와 텍사스를 오고 가면서 1968년 프랑스 학생운동에 소련과 미국이 얼마나 관여 했는지를 조사한 조베르(Vincent Jauvert), 누벨 옵제르바터 기자의 기술과 일치하고 있다. 이를테면, 1968년 학생운동의 지도자 콘벤디티(Daniel Cohn-Bendit)는 반 드골을 외쳤는데, "CIA 연관 언론사와 기관이 우리 학생운동에 큰돈을 대주겠다는데, 우리가 해준 일에 비하면 뭐 고마워할 필요가 없다"고 했다. 미국의 페미니스트 운동가 글로리아 스타이넘은 CIA가 페미니즘에 돈을 대준 것을 자랑했는데 프랑스의 그도 마찬가지였다. 콘벤디티는 혁명잡지도, 진보 신문도 아닌 기업 미디어 대중잡지 파리마치(Paris Match)에 의해 대중의 스타가 되었다. 스타이넘은 포르노 잡지 플레이보이(Playboy)의 버니걸 출신이었다.

이처럼, 프랑스의 학생운동도 미국과 똑같이 저질 시나리오를 통해 만들어졌다. 그렇지 않아도 프랑스인들을 나치독일의 부역자로만 바라보려는 미국의 유대 언론들이 보기에 프랑스 학생운동은 궁극적으로 프랑스가 미국의 부역자로 변하기 시작한 역사일 뿐이었다. 드브레(Regis Debray) 또한 1960년대부터 운동을 명료하게 바라보았다. 그가 관찰한 서구의 학생운동과 자유 운동은 치졸한 사이비였다. 포드 재단의 자유 문화 회의를 거쳐 이끌어진 문화전략으로, 자유와 해방의 이념을 이용하여 유럽의 민족 중심적 생산체제를 흔들고, 주권에 기반한 정치와 외교이념을 제거하고, 국경을 풀어 세계화 시장을 달성하려 이들을 이용했다. 그리고 실제로 그렇게 되었다. NAFTA와 유럽공동체, TTP 등 각종 FTA는 그 결과였다. 몇 진보 지식인들은 당시 운동에 긍정적인 면이 있다면서 고집을 피우지만, 학생 및 여성의 자유운동이 금융자본주의의 마지막 방해물인 민족과 노동 가치를 파괴한 진실에는 변함이 없다. 영국을 붕괴시키고 독일을 패퇴시켰으며 마지막 남은 대국 프랑스의 금융을 접수한 앵글로색슨 비선실세(즉 월가)는 유럽연합이라는 통합시장을 향하여 순탄하게 노를 저어갔다.

제2차 세계대전 후 미국의 현대사는 유럽을 통해 비선실세의 영향력을 강력하게 보여주었다. 유럽연합주의자라 불리는 유럽의 수장과 친미 국회의원들은 1970년대부터 유럽통합을 위한 국민 의견 모으기에 들어갔다. 산업의 차원에서 이미 상당한 수준에서 통합이 된 이후라서, 유럽 국민의 정치적 의견만 모으면 나머지 일을 일사천리로 진행할 수 있었다. 통합하기 싫다는 북유럽, 덴마크나 아일랜드 같은 나라도 있었고, 대다수 유럽인도 찬반 5 대 5 정도의 비율로 나뉘어 있었다. 유럽의 대중은 유럽연합주의자들의 미디어 공세에 끝없이 시달렸다. 위르겐 하버마스, 베르나르 앙리-레비 등 유명한 꼭두각시의 말에도 설득당했다. 그러나 유럽 국민 대다수는 유럽통합을 거의 이미지로만 이해했다. 이 때문에 찬성 50% 정도라도 가능했다. 유럽연합주의자들은 반대를 예견하여, 조약을 여러 가지로 잘라 투표에 부쳤다. 마치 살라미 썰 듯이 상황에 맞추어 끝없이 유럽통합을 홍보했다. 결국 1983년 유럽단일통화시스템, 1986년 단일유럽의정서가 통과되었다. 1993년 마스트리흐트 조약으로 1997년 유럽은 통합되었고 연이어 국무부 역할을 하는 유럽 집행위원회, 유럽중앙은행의 단일화폐 유로와 의회가 탄생했다.

유럽을 통합시킨 포드 재단과 미국 기업들은 유럽의 국제 사회주의자들을 십분 활용했다. 복지 비용을 통해 정부의 재정을 약화했다. 은행은 국제기구를 통해서나 단독으로 국가에 끝없이 대출해주었고, 기업은 납세를 구실삼아 보조금을 요구했다. 이는 국가를 긴축으로 몰아갔다. 복지 체제를 지키기 위해서는 더 성장해야 하고, 다른 방법 없이 유럽단일시장을 통하여 교역을 빠르게 하자고 사회주의자들을 꼬셨다. 멍청한 사회당원들은 노동자의 국제성을 강조했던 만큼, 유럽통합은 불편했던 경제 현실을 타개할 방도일 뿐만 아니라, 사회주의에도 걸 맞는다고 보았다. 시장이 통합되어 노동자가 국제적인 단결을 하는 것이 아니라 국제적으로 팔리고 사들였을 뿐이다. 거꾸로 자본은 국제적으로 단결하여 통합되었다. 이것이 1960년대 이후, 사회주의와 사회주의 인터내셔날의 현실이었다. 노동의 입장만 고려했지, 자본가의 전략은 전혀 고려하지 못하는 사회주의의 고질병인 근시안이 다시금 드러난 사건이었다. 빌리 브란트, 피에르 모로아, 안토니오 구테레스, 게오르그 파판드레우 등 1960년대 이래 사회주의 인터네셔널 대표는 모두 세계화주의자들이다.

　재야의 사회주의자들은 문제가 생길 때마다, "아직은 통합이 완전하지 않은 과도기이니 통합을 더욱 깊고 넓게 만들면 유토피아가 올 것"이라는 마르크스의 단계적 메시아주의를 반복했다. 이들은 국가 중심의 유럽통합과 초국적 통합을 주장하는 양대 파로 갈렸다. 스탈린의 일국사회주의와 트로츠키의 국제주의처럼 파가 갈린 것이다. 마르크스가 살던 시절과 그 이전 중세 스페인이든 이탈리아이든, 인간들 사이의 국제적 단결은 오로지 왕족과 귀족, 무역상 유대인과 국제 금융가들의 이슈였지 부르주아의 이슈도, 노동자의 이슈도 아니었다. 특히 노동자의 이슈는 전혀 아니었다. 노동자는 국제무역의 기준이 되는 국가의 경계선 안에서 제 이익을 제대로 찾을 수 있고 변혁도 이루어 낼 수 있었다. 신자유주의 경제가 명료하게 보여주듯이, 국제무역의 기준이 되는 국가의 경계선을 넘나드는 이들은 자본과 자본가밖에는 없다. 외국인 노동자의 현실이 또한 극명하게 보여주듯이 국제성이 각국 노동자들에 남겨준 것은 국제적 연대나 이익은커녕, 연대의식의 분열과 시장자유화에 따른 임금삭감과 실업이었다. 실상 스탈린이 마르크스주의에 대하여 알고 있던 유일한 진실이 바로 이것이었다. 노동자의 국제적 연대는 공산주의의 꿈이라기보다는, 유대인들의 국제적 연대를 숨겨주는 이미지 장치였다는 진실이다. 스탈린은 공산당이 국가를 직접 챙기는 노동자 독재의 위험성을 깊게 깨닫고, 레닌과 트로츠키의 전통을 장기간에 걸쳐 없애려 했다. 전후에도 국가 운영의 제반 장치를 노동자 위원회(소비에트)에 넘겨주는 작업을 지속하다가 사망했다. 레닌이 죽은 1924년부터 1953년 그의 사후까지 엄청난 경제발전과 번영을 누린 소련은 노동자 독재가 아니라, 스탈린적 국민 중심주의에 기인한 결과이다. 그의 사망을 암살로 이해하는 러시아 사람들이 여전히 많은 이유가 바로 이것이다.

2012년 유럽연합이 60%가량의 유럽인들로부터 '신뢰 없음'의 평가를 받았을 때, 유럽집행위원회는 이를 극우 포퓰리즘과 민족주의의 부활이라 헛소리를 해댔다. 반포퓰리즘, 직접적 민주주의와 민족적 가치를 살리겠다는 것이 이들에는 극우적으로 보였다. 포퓰리즘에 대한 어떤 정치적 규정도 없이 유행시킨 언어 조작과 더불어, 끝없이 통계를 조작했다. 독립기관의 조사에 따르면, 2018년 기준, 유럽연합의 평균 지지율은 30% 전후이다. 이 정도의 낮은 지지율임에도 불구하고, 각국에서 들려오는 유럽연합 탈퇴의 목소리를 성공적으로 제어하는 유럽집행위원회의 전술이 놀라울 따름이다.

유럽연합은 인류가 처음 경험한 마피아 스타일의 국가간 조직이며 독재체제이다. 유럽연합의 입법권을 골드만삭스 같은 은행 경영진들이 모인 유럽 집행위원회가 가지고 있다. 유럽 집행위원회 위원은 비선출직이다. 유럽의회는 거수기 역할만 할 뿐이다. 언어가 다르고 서로의 이익이 상충하는 28개 국가에서 열차를 타고 온 의원들이 한데 모여 법안을 짜거나 동의를 얻는다는 것 자체가 상상하기 힘든 일이다. 그러하니 웬만한 법안은 집행위가 내놓고, 의원들에는 단지 높은 월급과 수당을 주고 거수기 역할을 맡겨 놓았다. 사설 은행원들이 제안하는 공공법안이 유럽 28개국을 움직이며 법안 70% 이상을 해마다 비선출직 유럽위원회가 처리한다. 유럽위원회 위원장이 유럽의 대통령이자 국회의장의 역할을 하는 것이다. 각국 대통령이나 총리는 단지 도지사 정도의 역할밖에는 하지 못한다.

의회를 민주주의 전부라고 생각하는 앵글로색슨의 정치문화에서 볼 때, 의회마저 꼭두각시로 만들어 놓았다는 것은 놀라운 일이다. 그러나 유럽연합을 만든 비선실세에 이는 전혀 놀랍지 않다. 자신들의 독재 전통을 그대로 유럽연합으로 가져온 것뿐이다. 이전에도 그랬지만, 이들에 국가와 유럽의 의회는 꼭두각시이다. 국민을 안정시키고 그들을 대표하는 기관인 양 행세하는 것처럼 보이도록 조작하는 형식이다. 통화정책 같은 중요한 일은 비밀리에 해야 한다고 공공연하게 말하는 유럽집행위원장 장 클로드 융커는, 유럽의회를 눈앞에 놓고 마치 어린아이 장난하듯이 행세했다. 그는 1997년 마스트리흐트 조약을 발효시킨 후 다음처럼 말했다.

"우리가 뭘 결정할 때는, 그것을 한번 던져 놓고 무슨 일이 일어나나 봅니다. 사람들이 그것을 잘 몰라 별 반응이 없으면, 이제 하나씩 일을 처리합니다. 되돌리지 못하게요."

유럽 집행위원들과 타국 수장의 뺨을 툭툭 치는 습관을 지닌

장 클로드 융커와 같은 건달이 유럽의 수장이 되는 유럽연합이다. 물론 저질 건달로 평가받았던 당대 실비오 베를루스코니, 니콜라 사르코지, 게르하르트 슈뢰더, 데이비드 캐머런 등 유럽 각국의 수장들도 이미 대표성 없는 이들로 구성되어 있었다. 그러하니 '융커 현상'이다. 이를테면 가수 출신 실비오 베를루스코니는 자신의 이탈리아 총리 직무가 부업이고, 본업은 기업 활동이라 했다. 그와 똑같이, 총리이자 기업인이던 100년 전의 세실 로즈도 그런 뻔뻔한 말은 하지 않았다. 대통령 당선과 동시에 이혼을 당했던 니콜라 사르코지는 전처로부터 '막무가내 카우보이'라는 말을 들었다. 국민으로부터 "때 묻는다"며 악수마저 거부당했다. 그는 악수를 거절하는 국민에 "그럼 꺼져, 이 자식아!"라고 응답했다. 그나마 정상으로 보이는 이는 게르하르트 슈뢰더밖에 없었다. 그런데도 그는 자동차광에다가 가부장적인 위세를 즐기던 자로 4번에 걸쳐 결혼과 이혼을 반복하면서 로스차일드 은행과 거대 자동차 회사들을 오고 갔다. 데이비드 캐머런은 "낙하산 인사가 뭐가 문제냐. 지금은 모두 낙하산이다."라면서 실업자와 청년들의 마음을 후벼 팠다. 이들 행실 중 만의 하나의 예가 이런 것이다. 유럽의 수장들은 이처럼 저질이었다. 그뿐만 아니라, 무엇보다 국민 대표자들이 국민을 대표하지 않기로 한 것이 21세기의 자명한 유럽의 정치 현상이다.

군사적인 측면에서도 유럽연합은 참사였다. 유럽을 하나로 묶은 1997년 마스트리흐트 조약부터, 나토는 유럽 대륙의 점령군이 되었다. 나토 총사령관은 전통적으로 미국인이며, 다른 국적으로 바꿀 때는 철저한 하수인을 쓴다. 군사 계획의 전체를 미국이 짜는 무늬만 미국 & 유럽연합군이다. 1991년에 사라진 소련과 동유럽의 바르샤바 조약기구와 달리 나토는 더욱 확대되었다. 공산 소련군에 대항하는 유럽연합군이라는 핑계는 자취를 감추고 말았다. 나토는 냉전의 도구가 아니라 유럽통합시장을 유지하기 위한 월가의 도구였을 뿐이다. 실제로, 나토의 상대는 처음부터 공산국가 블록이 아니라 유럽 그 자체였다. 즈비그뉴 브레진스키의 군사고문이자 전 미국안보국(NSA) 국장 윌리엄 E. 오돔(1985-) 소장은 다음처럼 진술했다.

> "나토는 소련과의 균형을 맞추려고 만든 점도 있지만, 실제로는 정치적으로 독일의 파워를 약화하려는 목적을 가지고 있었다. 1940년대 말 미국이나 영국의 소수가 소련 위협을 말했다. 하지만 그런 소수를 제외하면, 프랑스나 다른 모든 유럽 대륙의 국가들에 소련의 위협은 거의 논의 거리가 되지 않았다."

나토는 설립목적부터 독일의 정치, 군산, 경제를 통제하기 위해 세워진 조직이며, 이는 유럽통합의 발판이 되는 길이었다. 이는 또한 나토의 초대 사무총장 헤스팅스 L. 이즈메이(1952-)가 분명하게 규정한 바와 같다. "유럽에 소련이 발을 못 붙이게 하고, 미국을 들여보내 독일을 잠재우는 것"("keep the Soviet Union out, the Americans in, and the Germans down")이었다. 1960년 12월 15일, 미국 상원의원 러셀 롱은, "러시아가 미국을 공격한다 해도, 나토의 어떤 국가도 전쟁에 참여하지 않을 것이다. 이들 국가는 협정에 그냥 맞추어 주는 것일 뿐이다. 실제 우리와 러시아가 전쟁하면 이들은 러시아와 협상 테이블에 앉을 것이다. 전혀 놀랍지 않은 일이다."고 했다. 나토는 미국 스스로 인정했듯이, 냉전의 순간적 도구인 동시에 유럽통치의 장기적인 수단이었다. 그것을 회원국 모두가 알고 있었다. 소련을 핑계로 한 미국의 유럽 및 제3세계 국가관리라는 것이다. 그것이 또한, 냉전이라는 연극이었다. 마피아를 오랫동안 연구하고 판결도 수없이 내려왔던 이탈리아 명예대법원장 임포시마토(Ferdinando Imposimato) 는 유럽 테러를 나토가 저질러왔다고 밝혔다. "나토는 세계의 평화와 안전을 위협하는 조직이다 …. 나 또한 나토가 세계평화와 안전을 위한 방어적인 조직으로만 알아 왔다. 아니었다. 내가 착각을 했다. 문제는 진실을 대중에 감추는 미디어 왜곡과 침묵이다."

1997년 이래 유럽 각국의 국방부는 나토 점령군의 휘하 부대로 자리를 굳혔다. 미국이 시키는 데로 따르는 관례를 지녀 보스니아, 코소보를 비롯하여 아프가니스탄, 이라크, 리비아, 시리아, 예멘의 유럽 바깥의 전쟁에도 참여했다. 이런 이유로 비서학을 전공한 여성 정치인이 국방부 장관이 되어도 별일이 아니게 되어 버렸다. 유럽 국방부는 나토로 인하여 역할이 없는 공석이 되어 버렸기 때문에 비서학전공이든 문학전공이든 남성이든 여성이든 30대 철부지든 누가 자리에 앉아 있어도 아무런 문제가 없는 것이다. 물론 세계 각국의 국방부서와 군인들을 여성화하는 것은 금융독재의 근본전략이다. 나토와 그 휘하의 유럽의 경우, 각국 정부가 참여적으로 이런 행태를 벌이고 있다는 점에서 유럽은 헤어날 수 없을 만큼 미국의 영향에 종속되어 버렸다. 즈비그뉴 브레진스키가 입버릇처럼 말하듯이, 미국의 노비국가 즉 사우디아라비아 혹은 일본처럼 유럽도 노비가 되었다. 21세기의 흐름을 보면, 세실 로즈와 대영제국이 원했던 대서양 제국주의(Pax Anglo-Americana)라기보다는 미국 단독의 유대 제국주의(Pax JudeoAmericana)였다. 아시아의 작은 나라 한국은 이를 위한 큰 역할을 했다.

한국

남한이 져야 했던 한국전쟁

제2차 세계대전 당시 미국 국무부 보좌관으로 일했던 오언 래티모어(1942-의 독특한 위치와 시각을 통해 금융 및 기업사로서의 전쟁을 재확인할 수 있다. 그는 1941년 중국 장개석의 고문이었고, 1942년부터 1944년까지 미국 국방성(OWI: Office of War Information)의 태평양작전 사령 본부장을 지냈다. 또한 록펠러와 카네기재단 산하 태평양관계연구소(IPR. Institute of Pacific Relations)로부터 돈을 받던 대학교수였다. 연구소는 소련과 친선을 표방했다. 이 때문에 그는 나중에 매카시즘의 희생양이 되었다. 1949년 그는, "우리가 할 일은 우리가 한 것처럼 보이지 않게 남한을 (북한에) 패하게 만드는 일"이라 말했다.

"트루먼 행정부와 국무부가 한국 정책으로 홍역을 치르고 있다는 것은 이미 아는 일이다. 의회의 공화당도 민주당과 더불어 미국의 대아시아 정책에 비판적이다. 이번에는 남한의 이승만 대통령에 '재건 비용' 1억 5천만 달러를 공여하는 일을 두고 날을 세워 공격하고 있다. 기록을 보면, 딘 애치슨 국무부 장관이 외교위원회 회기 마감까지 1억 5천만 달러를 원조하자고 강하게 어필했다고 한다. 남한이 돈을 못 받으면, 3개월 만에 무너질 거라고 경고하면서 말이다.

이리 급히 서두르는 것을 보면, 일본과의 전쟁이 끝난 후로 남한에 계속 주둔해 왔던 미군의 철수가 완료되었다고 볼 수 있다. 반공 반소 군대를 훈련 시킨다면서, 고작 200여 명의 장교와 사병을 남겨 놓고 암울하고 가망 없는 일을 시키고 있다. 불길하다. 중국의 군사고문단(MAGIC)과 비교해 보면 된다. 장개석의 부패한 중국 개인 군벌주의를 보고는 황당해 얼이 빠졌던 고문단 말이다.

행동을 적극적으로 취할 논리가 아직 애치슨 국무부에 있다. 게다가 아주 설득력 있는 논리다. 국무부 사람들은 자기들이 이해를 못 하면 그것이 마치 미국의 정책 논리가 아닌 것처럼 군다. 종족의 규범처럼, 경직된 협약규칙 밑에서 정책이 이끌어지는 것도 사실이다.

중국의 슬픈 전례로 돌아가 보면, 다음의 논리를 찾을 수 있다. 1946년 국무부 장관이 되기 전에 조지 마셜 장군이 임무 차 중국에 갔을 때다. 불쾌했지만 확신했던 몇 가지로서, 미국 내부의 정치적 분위기 때문에 말을 공개적으로 하지 못했던 진실이다. 그는 첫째로, 미국의 조력 없이는 국민당이 중국 공산당을 이길 수 없다고 확신했다. 둘째로, 정치적으로나 군사적으로나 미국이 국민당의 목덜미를 잡아 즉각 굴복시키려 해서는 중국의 상황을 통제할 수

없다고 확신했다. 그는 공무원이었기 때문에, 장군으로서 민감한
사안에 대하여 조언할 수 없었다. 미국이 그런 불안한 위치에서 뒤로
빠지거나 해서 중국을 포기해 버릴까 보아서였다.

절충안으로서 당시 미국은 비교적 무대응으로 일관했다. 장개석과
국민당이 운이 다했을 때 비로소 미국의 정책이 세련되어져 갔다.
여기서 문제는 미국이 밀어 떨어뜨리지 않은 것처럼 해서 어떻게
그들(cf. 장개석과 국민당)을 몰락시키느냐에 있었다. 이 정책은 그리
성공하지 못했다. 정적마저 나서서, 미국이 장개석과 국민당을 벼랑
끝으로 몰았다고 대중이 믿도록 온갖 노력을 다했으니 말이다.

한국은 이 불행한 이야기 속의 다른 한 편이다. 나는 이 모든 사실을
아는 미국인이나, 혹은 남한의 이승만이 인기가 있다거나 능력
있는 대통령이라고 믿는 미국인을 한 사람도 만나 본 적이 없다.
현재 선거가 임박했는데도, 이승만에게 대항하기에 의회는 과거
장개석의 중국보다 더 심하게 분열되어 있다. 여기서 할 일은 남한을
몰락시키는 일이다. 그러나 우리가 그렇게 만들지 않은 것처럼
보이게 말이다. 그리고 작별 보상금으로 1억 5천을 주든 생각해 볼
일이다. "

위의 글을 요약하면 다음과 같다. 일부러 "밀어 떨어뜨리지 않은
것처럼 해서" 모택동의 공산당을 미래의 파트너로 선택한 미국은,
국민당을 몰락시키려 했다. 국민당은 계획대로 몰락했다. 하지만
미국의 의도가 들통났다. 남한의 경우도 국민당 몰락 시나리오와
같다. 이제는 확실히 해 보자. 즉 남한에서 "미군의 철수가 이미

완료"되었고, 남한은 "이승만과 의회가 엉망이니" 이 기회에 "남한을 몰락(fall)"시키고 약속한 돈을 나중에 주든 말든 하자는 것이다. 몰락이라는 뜻은 패전을 뜻한다. 레티모어는 한국전쟁을 예상하였다. 패전도 예상했다. 나중에 미국 의회에서 그의 발언 거론되었을 때, 패전 예상에 대한 반론은 없었다. 미국은 남한을 몰락시켜 무엇을 어쩌자는 것이었을까. 중국의 모택동을 미래 파트너로 점지했듯이, 미국은 김일성을 미래의 파트너로 보려 했을까.

한국전쟁 5년 전, 미국 국무조정위원회 보좌관 존 J. 맥클로이가 한반도의 정책을 움직이고 있었다. 그는 외교 관계 위원회(CFR) 회원이자 뉘른베르크 재판 및 유엔의 미국 대표였다. 당시로는 무소불위의 권력을 가진 자로서, 1,600명의 독일 과학자와 기업인을 미국으로 끌고 간 '종이 집게 작전'(Operation Paperclip)의 주모자가 또한 바로 그였다. 1945년 8월 10일 밤 12시, 그는 서울에 있던 딘 러스크 중령과 찰스 H. 본스틸 3세 대령에 한반도를 38도선에서 그어보고, 지리를 파악하여 30분 이내에 보고하라 명령했다. 2명의 부하 모두 영국의 세실 로즈 협회의 장학생이자 미국 CFR 회원이었다. 즉 미국 정부 내부에 있는 앵글로색슨 제국주의 조직의 후배들이었다. 20일 전, 포츠담에서 회의가 벌어져 한반도를 38도선에서 적당히 나누어 신탁통치를 한다 했지만, 선을 확정하지는 않았다. 황해도 남부(옹진, 개성)부터 경기도 북부(파주, 포천)까지 걸려 있는 38선의 몇 분 어디를 어떻게 나누는지 이들도 소련도 알지 못했다. 일본은 아예 한반도 분할점령 자체를 알지 못했던 시기였다. 이들 미군 장교는 38도선으로 분할을 잡고 선을 위아래로 조정할 수도 있었다. 서울은

38선 이남에 있었지만, 이들은, "38선 이남에 서울을 놓아두어야 평양의 김일성이 여기 와서 무릎을 꿇고 우리 군화를 핥을 것 아니냐 …. 서울을 북쪽에 남기면 서울을 자기 수도로 알고 있는 이승만 얼굴이 만신창이가 될 것"이라며 웃어댔다. 메시지는 맥클로이에 전달되었다.

소련군은 일본군을 소탕하면서 만주를 지나 한반도로 내려왔다. 진군 도중 허겁지겁 날아 온 한 대의 비행기에서 떨어진 38도선 이하 진군 금지명령을 받고는 개성까지 왔다가 되돌아갔다. 맥클로이의 제안이 소련 측에 늦게 전달된 것이었다. 당시 소련은 아무래도 좋았다. 스탈린에 한반도는 전략적으로나 경제적으로 요충지가 아니었다. 단지 정치적으로, 공산국가를 하나 더 늘리고자 하는 희망만 가지고 있었다. 소련으로서는 동유럽 챙기기에 바빴다. 포츠담 회의를 통해 일본이 미국에 의해 장악되었으니, 태평양 진출의 희망을 이미 잃어버렸다. 더욱이, 1949년 10월 중국이 공산국이 되었기 때문에, 동북아 안보에도 문제가 없었다. 김일성을 지원하다가 안 되면 그만인 나라가 북한이며 한반도였다. 인천상륙작전 후, 미군이 북으로 치고 올라오자 스탈린은, "이제 미국이 우리 이웃이 되는 거냐?"며 패전을 받아들이며 농담을 할 정도였다. 중국군이 개입하자 자신도 본격적으로 개입했지만, 연해주 한국인들을 카자크 지역으로 이주시킬 만큼 동유럽 농업 및 공업 챙기기에 바빴던 스탈린에 동북아는 큰 흥미가 없던 곳이었다.

한편, 미국이 한반도를 나누어 38선 이남을 전략적으로나마 사용하고 싶었다면 행동을 그리할 수 없었다. 즉 그리도 불성실하게 38선을 긋고, 친일파 한국인들을 공무에 앉히며, 능력 없다는 이승만을 굳이 대통령으로 지지하고, 미군을 철수시키고, 방위비도 주지 않아 결국 한국전쟁이 벌어지도록 방치할 수는 없는 법이었다. 즉, 소련에 있어서나 미국에 있어서나 한반도는 군사적 전략 지역으로서의 대접받지 못했다. 미국이 남한에 조금만이라도 더 신경을 썼다면, 북한 김일성의 해방전쟁 의욕도 한풀 꺾였을 것이다. 그러나 미국은 그리하지 않았다. 다른 한편, 1949년 3월 5일 김일성은 스탈린을 만나 남침의 조언과 지원을 구했지만 거절당했다. 스탈린은 확전을 우려했다. 스탈린은 그런데도, 남북통일을 위해 건배를 했다. 같은 해 8월 29일 소련이 원자폭탄을 만들고 같은 해, 10월 1일 중화인민공화국이 성립했다. 스탈린은 누그러져 남침에 동조하기 시작했다. 동북아가 공산 위협에 처했다고 보기에 충분했다. 미국이 전략 지역으로 여겨 온 대만도 위험했다.

이처럼, 공산주의가 거대하게 자라난 극동 아시아의 환경에서 미국이 진정 방위해야 할 곳은 공산 북한의 위협 하에 놓인 남한과 공산 중국의 위협 하에 놓인 대만이었다. 미국 시민도 서구의 언론도 같은 의견이었다. 그러나 1950년 1월 12일, 미국의 애치슨 국무장관은 미국이 통치하는 일본과 필리핀은 미국의 극동 방위(defensive perimeter) 선 안에 포함했지만, 한국과 대만을 제외했다. 남한을 경제적으로 안정시킨다면서 1억 5천만 달러의 원조를 주장했던 반면, 일은 거꾸로 처리했다. 1950년 1월 19일 김일성은 소련과 중국 대표를 만나 소련의 지원을 다시 요청했고, 2월 14일 스탈린과 모택동

그리고 주은래가 모여 한반도와 대만 해방을 위한 중소 우호 동맹 상호원조 조약(Sino-Soviet Treaty of Friendship, Alliance and Mutual Assistance)을 체결했다. 이리하여 미국은 간접적으로, 그러나 명백하게 한국전쟁을 유도했다. 왜 그랬을까.

나토를 위한 한국전쟁

애치슨의 말을 기억할 필요가 있다. "내가 대통령에 한국전쟁에 나가라고 말한 유일한 이유는 나토를 살리기(validate) 위해서였다." 는 것이다. 전후 미국은 유럽의 군대를 나토 즉, 북대서양조약기구 안으로 묶어, 유럽과 세계에 데리고 다니고자 했다. 이를 위해서는 유엔을 움직여야 했고, 무엇보다 전통 강대국 독일을 나토 안으로 데리고 와야 했다. 미국과 영국이 관리하는 나토 초창기 멤버인 벨기에, 덴마크, 프랑스, 아이슬란드, 이탈리아, 룩셈부르크, 네덜란드, 노르웨이, 포르투갈 모두를 합쳐 보았자, 제2차 세계대전 당시의 독일군에 비교가 되지 않는 초라한 군사력을 지녔다. 이래서는 유럽을 군사 통합적으로 관리할 수 없었다. 독일군은 해체되었지만, 최강의 군사력을 보여준 독일을 나토 안으로 끌어들여 재재개시키는 일, 즉 미국의 손아귀에 넣는 일이 전후 유럽 정책의 최우선이었다. 이를테면 전후 독일 과학자들을 미국으로 끌고 와 재 기능시켰던, 종이 집게 작전의 군사용 버전이었다. 유럽의 산업, 금융에서 우위를 차지한 미국으로서 마지막으로 군사 즉 독일 단추(German Matter)만 끼우면 성공하는 제국주의였다.

그러나 문제는, 독일을 나토에 데리고 들어와서 유럽과 유엔을 한데 뭉치게 할 구실이 없다는 점이었다. 제2차 세계대전 막바지에 곧바로 소련에 핵 공격을 가했다면 좋았을지 모르나, 이는 실패한 역사다. 월레스 타이스가 지적한 것처럼, "전쟁이 끝난 마당에, 소련이 미국과 유럽을 핵 공격하기 전에 먼저 공격한다고 말하기에 명분이 없었다." 게다가 전후 유럽의 공산당과 소련은 파시즘을 물리친 영웅으로서 추앙받고 있었다. 공산 침략을 방어한다는 구실로 나토를 결집한다는 것은 한마디로 웃기는 소리였다. 이는 앞서 윌리엄 오돔이 말했듯이, 오로지 미국과 영국 수뇌부만의 꿈이었다. 따라서 공산주의자들의 침략을 막아야 한다는 구실을 만들어 줄 지역전쟁이 하나 있으면, 나토를 통한 미 제국주의를 정당화할 수 있었다. 유엔을 통해 기존의 나토 회원국을 움직이고, 또 그렇게 되면 소련을 남쪽으로부터 방위할 그리스, 터키, 그리고 동쪽으로 방위할 서독을 포함한 미군의 해외 주둔과 나토의 미래 업무의 첫 단추를 끼울 수 있었다.

결국 한반도에서 기다리던 기회가 왔다. 한반도 북쪽의 김일성이 소련을 오가며 해방 운운하고 있었고, 남쪽의 이승만은 북침해방 운운하고 있었다. 이를 놓칠 미 국무부가 아니었다. 한반도를 전쟁 안으로 끌어들이면, 목적이 손쉽게 달성되는 일이었다. 이제 애치슨의 마지막 말도 기억해 본다면, "한국이 와서 우리를 살렸다."(Korea came along and saved us)는 것이다. "나토를 위하여"라는 애치슨의 첫 말과 "한국이 우리를 살렸다"는 마지막 말 사이에 "남한을 망하게 한다."는 레티모어의 언급을 넣어보면 이해의 끈이 이어진다.

"공산 침략으로 망한 남한의 사례가 유럽에서도 가능하다. 나토를 결집하자."라는 것이다. 이는 조지프 매카시의 의회 증언에서 사실로 나타난다.

> "한국전쟁이 터지기 일 년 전, 의회가 남한에 1천 3십만 달러의 군사원조를 가결했다는 사실을 먼저 지적하고자 합니다. 의회는 국무부의 허락을 받을 필요 없이 이를 챙겨 볼 권리가 있습니다. 의회는 남한에 비행기, 탱크, 총을 사주는데 1천 3십만 달러가 어김없이 쓰였을 거라고 보는데 말입니다. 그런데, 본 의원이 이 돈이 어떻게 쓰였냐고 국무부와 국방부에 질문할 때마다 '보안 사항이라 대답 못 한다'는 겁니다. 한국에서 전쟁이 시작된 뒤 노랜드(William F. Knowland) 상원의원이 의회에 넘긴 의사 기록(1950년 8월 16일 p.)을 보았더니, 미국 국무부가 남한을 무장시키는데 단돈 2백 달러를 썼더군요. 그것도 한국에 닻 한번을 내린 적이 없는 서해안 어느 함선에 전화선을 연결하는 데 쓴 돈이었어요. 국무부는 공산주의자들 손아귀에 "남한을 떨어뜨리는" 계획을 이렇게 짰습니다. 의회와 국민이 "우리가 한 짓인지" 모르도록 말입니다."

매카시 의원이 반공주의자라서 그리 말했든, 실제로 미 국무부가 계획을 짰든 결과는, "망한 남한"이었다. 망한 남한을 살려주기 위해 전쟁이 벌어졌고 유엔이 성립된 이래 처음으로, '공산주의 침략야욕을 분쇄하기 위해' 안보리가 움직였다. 미국으로서 중요한 사실로, 유럽에서 나토가 유엔에 따라 크게 움직였다는 것이다. 공산 위협을 유럽과 세계만방에 홍보함으로써 독일을 움직였으며, 나토를 미국의 용병으로 만드는 일이 성공리에 마감되었다. CFR의 에버럴 해리만은 한국전쟁의 의미를 다음처럼 결론지었다. "한국전쟁은 나토에 'O'를 집어 놓은 사건이었다."

남한과 북한의 한국은 이렇게 이용당했다. 그리고는 한 번 더 이용당했다. 중국군의 작전에 걸려들어 장진호에서 미군이 포위되고 후퇴했다. 맥아더 사령관은 북한에 핵폭탄을 떨어뜨리자고 했다. 그는 필리핀의 겁쟁이(Dugout Doug)를 넘어 월가의 바보로 찍혔다. 장사를 해야 할 전쟁을 일찍 끝내자는 바보였다. 1951년 4월 12일, 맥아더는 앞뒤 사정도 모른 채 트루먼 대통령에 의해 해임당했다. 기업의 하수인으로서 군대의 역할을 정의한, 선배 스메들리 버틀러 장군의 뒤꿈치만큼도 전쟁을 이해하지 못했던 맥아더였다. 미국 외교관계위원회 CFR은 용도가 끝난 이 노병을 뉴욕시민의 배웅 속에 조용히 보내 주었다. 그리고는 잔여 무기 처리에 들어갔다.

1950년 말 중국군이 한국전쟁에 개입하면서 북한과 남한의 전세가 팽팽해졌다. 휴전하라는 소련의 제의가 있었고, 휴전하자는 언성이 양측에서 높아졌다. 미국 정부와 의회 그리고 여론도 종전으로 조타를 잡았다. 1951년 2월부터 미국 전쟁기업의 주가가 내려가기 시작했다. 승승장구하던 전쟁 연관 산업에 대한 투자가 적어졌다. 미국의 군산 복합기업과 연관기업들은 언론을 앞세워 종전 여론을 마구 흔들었다. "무기 투자 붐이 새로 일고 있는데 투기꾼들이 평화 공포(peace scares)를 만들어 내고 있다."(Business Week, 1951년 4월 14일)

라거나, "갑작스러운 평화는 사업을 망칠 수 있다." (New York Times, 1951년 5월 19일) 혹은 "휴전은 사업가들에 불안을 줄 수 있다." (Monthly Letter, The National City Bank of New York 1951년 8월 호)면서 휴전협정 시도를 막았다. 희한하게도, 모택동은 중공군 25만 명을 더 풀어 봄 공세에 돌입했다. 미군은 진지를 수호하는 데 전력을 다했다.

그런데도 1951년 7월 10일부터 개성에 모인 북한과 미국의 장성들이 휴전을 논의했다. 중국의 팽덕회 장군과 미국의 해리 트루먼이 승낙한 논의였다. 11월 30일부터는 판문점에서 모였다. 북한과 중국은 승전을 보장할 수 없었다. 그대로 38선에서 전쟁을 끝내도 좋았다. 미국으로서는 서독이 나토에 가입하지는 않았지만 설득하기 위한 포인트를 얻었지만 충분하지 않았다. 소련의 눈치를 보던 서독에게 소련의 한국전쟁 개입을 더욱 명백하게 보여주어야 했다. 미국은 해결 나지 않는 문제랍시고 포로교환 문제를 가지고 시간을 끌었다. 전쟁과 휴전 논의를 동시에 2년 더 이어가는 진풍경을 연출했다. 서독의 나토 가입 결정을 위해 소련의 움직임도 더 지켜보아야 했지만, 미국 기업이 그토록 원했던 잔여 무기 및 신종무기도 처리해야 했기 때문이다.

1952년 7월, 북한에 대한 융단폭격 작전, 압력 펌프(Pressure Pump) 공격이 시작되었다. 미 보병은 움직이지 않고 대포만 쏘았으며, 비행기만 날아다니는 대량소비형 폭격이었다. 7월에만 1,254번의 출격이 있었고 8월에는 1,400번의 출격이 있었다. 전투의 대량소비였다. 평안남도의 신안주, 군우리는 지역의 100%가 폭격을 맞았으며, 청주, 강계, 해주, 평양, 함흥, 신안포, 원산, 흥남, 사리원, 황주 지역의 60%-97%가 불에 탔다. 휴전협정을 그토록 오래 끌고 나서 어떤 필요성도 없이 폭탄만 떨구었다. 미국이 당시 생화학 무기를 사용했는가에 대한 국제적 논란이 있지만, 이를 부인하는 사람들조차 북한은 기업 무기의 처리장이자 실험장이었다는 사실을 숨기지 못한다. 북한 땅을 대대적으로 폭격했음에도, 전선은 위아래로 거의 움직이지 않는 희한한 전쟁이었다.

길어야 1년이면 끝날 전쟁이 꼬박 3년을 채웠다. 그 사이, 미국 공군은 북한의 국민 1백 3십만 명(전 인구의 13.5%) 몰살시켰다. 전쟁 초기의 다부동 전투에서 보듯이, 미국 공군은 지상을 폭격하는데 남한군, 북한군, 시민을 가리지 않았다. 전략 지역이면 무조건 폭탄을 투하했다. 이 비과학적이고도 반인륜적인 전쟁의 습관이 베트남에서도 이어졌다. 이 전쟁사는 독일 드레스덴과 일본 동경을 폭격하면서, "선량한 시민이란 것은 없다. 전쟁의 상대는 정부와 국민이다."라면서 무고한 시민을 학살했던 전쟁광, 리메이(Curtis LeMay) 소장의 자서전과 미 공군사에 잔인하게 적혀 있다.

> "(북한에) 건너가 전쟁을 하면서 결국 북한의 모든 도시를 불태워 버렸다. 어쨌든, 어떤 방식으로든 그랬다. 남한도 적당히 그렇게 했다. 부산도 불태웠는데 실수였지만 아무튼 불태웠다. 해병대는 적군이 보이지 않았어도 전투를 개시했다. 3년여 기간에 한국인 20%는 죽였나? 직접 죽였든, 굶어죽었든 방치해서 죽었든 말이다. 3년여에 걸쳐 모두 그래도 되는 걸로 알았다. 그래도 처음부터 몇

한 민족의 비참과 아픔, 약소국의 분단과 종속, 치명적으로
왜곡된 국민정신을 만들어 놓은 미국의 비선실세와 초국적 기업에
한국전쟁의 의미는 컸다. 가장 중요한 것이, 유럽의 미국 용병 나토를
통한 유럽과 세계의 군사적 장악이었다. 서독은 결국, 1955년 나토에
가입했다. 한국전쟁은 진정한 의미에서 미국 금융 및 초국적 기업의
세계화 작업으로는 첫 단추였다. 유럽 통이자 애치슨의 국무부에서
보좌관을 지낸 존 D. 힉커슨의 고백으로 대신할 수 있는 역사였다.

"우리 속내를 솔직하게 말한다면, 어떤 공격이든 막아 낼 수 있는
조약기구여야 한다는 것이었다. 실제로 한국전이 끝날 때까지,
나토의 체계가 채 정비되지 않았다. 안전보장 위원회를 우리가
가지고 있었지만, 나토 총사령관이라든가 하는 모든 것들은 오로지
한국에서 왔다."

유엔과 안전보장 위원회, 그리고 나토와 군사적 움직임들이
한국전쟁을 통하여 정비된 것이다. 이처럼 한국전쟁을 통해 유럽과
아시아 시장을 군사적으로 평평하게 만든 초국적 기업은, 더 나아가
무기 장사로 추가적인 돈까지 벌었다. 한국전쟁 후, 딘 러스크 중령은

록펠러재단 이사장을 거쳐, 같은 CFR 회원인 존 F. 케네디의 행정부의 국무부 장관까지 되었다. 본스틸 3세 대령은 서울 용산의 주한 미 8군 사령관이 되었다. 전쟁에 직접 참여하지도 않은 일개 정보부 중령과 대령이 이리 승승장구할 수는 없었다. 한반도의 모략가, 딘 애치슨의 새까만 그러나 충성스러운 후배들이었으니 가능했다. 한국전쟁을 기획한 애치슨과 덜레스, 아이젠하워, 러스크, 본스틸 그리고 한국전쟁 후 남한을 장악한 미 8군의 맥스웰 D. 테일러, 매츠 B. 리지웨이 사령관, 월터 C. 다울링 주미대사 모두 태평양 관계연구소(IPR)와 CFR을 위해 일했던 꼭두각시들이었다.

서독과 유럽을 나토에 종속시키는 데 한국전쟁을 이용했고, 한국전쟁의 목적이 이처럼 달성되었다면, 전쟁 후에는 한반도의 통일을 말해도 되었다. 하지만, 분단 한반도에는 또 다른 목적이 끼어들었다. 서독을 나토에 종속시킨 후에도 동서독을 계속 분리해 놓은 이차적인 목적과 같다. 무기가 헐값에 들어가는 데다가 통일이 진행 중인 베트남과 달리, 서독과 남한은 가만있어도 군사적 긴장을 유발하는 곳이었다. 따라서 어느 나라보다도 해당 지역 국가에 무기를 판매하기가 쉬웠다. 미국의 군산 복합기업들은 북한의 위협을 빌미로, 일본과 남한에 지속해서 무기를 판매했다. 또한, 외교적으로 필요할 때마다 소련을 궁지에 몰아넣기 위한 도구로서 북한을 이용했다. 한반도의 분단은 군사 전략적 사고에 여전히 빠져 있던 중국이나 일본도 원했다. 이것이 미국이 군사와 외교 관계를 제외한 채, 서독의 경제적 몸집을 키워 준 이유이며, 소련의 서독 사업체에 대한 가스공급을 허용한 이유이다. 정치가 안정되자 남한에 경제지원을 해준 이유도 일부분 여기에 있었다.

오늘날, 미국의 군사적 요충지는 19세기의 전통으로 되돌아 가 있다. 러시아를 견제할 우크라이나와 터키만이 진정한 요충지이다. 멀리 보아 중국을 견제할 일본과 인도 정도를 제외한다면, 군사적 요충지랄 것이 별로 없다. 이란, 아프가니스탄, 시리아, 이라크 등 페르시아만의 중동은 워낙 중요해서 군사적으로 제압할 지역이지, 전략을 쓰고 말고 할 곳이 아니다. 전략무기가 워낙 고성능으로 발전한데다가, 외교도 다자간으로 변하여 러시아와 중국이 지나치게 가까이 있는 한반도 또한 미국의 군사 전략적 의미가 없다. 북한을 제압해 보았자 써먹을 데도 없다. 북한에 들어간다 해도 스탈린의 말대로, "러시아와 그저 이웃이 되는 것'뿐이다. 만약 북한이 러시아나 중국과 적대한다면 모를까, 그럴 가능성도 없다. 혹은 북한이 핵을 폐기하고, 남북한이 일정 수준의 무기 수입을 100년 정도의 장기적인 기한으로 약속한다면, 미국 행정부는 통일을 진정으로 논의할 것이다. 동북아와 한반도는 이미 오래전에 경제적 요충지로 변해버렸기 때문이다.

정리한다면, 십자군 전쟁과 한국전쟁의 공통점은 군대가 국제적으로 모여 숭고함을 핑계 삼아 전쟁을 했다는 점이다. 두 전쟁의 다른 점이라면 십자군 전쟁은 우연적인 측면이 컸고 한국전쟁은 고도로 계획된 것이라는 점이다. 미국 행정부는 자유 수호의 이름으로 한국전쟁을 거의 '만들어' 냈다. 전쟁을 통해 아직은 설익은 유엔 회원국과 안보리를 일사불란하게 움직였고, 유럽의 나토를 미국 쪽으로 끌고 왔다. 세계최강 독일군을 나토 안으로 포섭할 수 있었고, 제2차 세계대전의 승자로서 인기를 구가하던 공산 사회주의 세력에 찬물을 끼얹었다. 아직 본 게임에 들어가지도 않은 소련과의 냉전에서 우위를 점할 수 있었다.

인도차이나

만만하지 않은 베트남

20세기 초부터 미국 정부가 외쳤던 식민지 민족해방과 민족자결은 영국과 프랑스의 식민지역을 미국 기업의 손아귀로 넣기 위한 기만이었다. 물론 쉬운 일이 아니었다. 그런데도 두 차례의 세계대전을 통하여 미국의 월가는 유럽 대다수 국가를 월가의 금융지배 하에 넣었으며, 중남미와 중동, 그리고 아프리카의 식민지까지 영향권을 가져갔다. 영국과 프랑스 구 식민세력과 해방투쟁을 벌이던 1960년대 알제리, 기네, 인도네시아 등 몇 식민지역도 호시탐탐 노리고 있었다. 그중 하나가 베트남이었다. 군산 복합기업들에 베트남 전쟁은 한국전쟁 이후 오래간만에 맞이한 호황이기도 했다. 1954년 디엔비엔푸 전투부터 팔려나가 파괴되는 무기와 물자, 병참, 군사 서비스의 모든 면에서 침을 흘리게 했다. 월가로서는, 달러를 무한대로 풀어 세계를 달러의 바다로 만든 뒤, 금본위제를 아예 벗어나 버리는Too much to fail 전략이기도 했다. 달러가 바다가 되면, 파운드, 프랑, 마르크 등 모든 배는 어쩔 수 없이 달러의 바다로 나가야 한다.

영국의 BBC가 말하듯이, 1960년대 미국 정부는 베트남에 관하여 "아는 것이 하나도 없었다." 욕심만 앞세웠다. 전쟁 주체인 군산 복합기업들도 미국 군대 이상의 지식을 가지지도 못했다. 정부나 기업이나 모두가 적을 모르고 상대하는 아마추어들이었다. 1964년 베트남 개입에 대한 미국 의회와 국민의 불만이 고조되자, CFR과 미국 국무부는 베트콩이나 베트남 사람들의 저항 의지가 얼마나 강한지, 미국이 전쟁에 어디까지 개입해야 할지에 관한 연구 프로젝트를 내어놓았다. '베트콩의 동기와 사기 연구'(Vietcong Motivation and Morale Project)가 그것이었다. 용역은 국무부 싱크탱크인 랜드(Rand Co.)에게 맡겼다. 하청을 받은 랜드사 영업직원들이 베트남으로 날아가 600명 이상의 베트콩과 시민을 인터뷰하여 4만 쪽의 분석자료를 만들었다. 그리하여, 미국이 인류사적 범죄를 저질렀으며 베트남 사람들은 줏대가 있고 선하며 시골 지역에 산재한 베트콩에 대한 베트남인들의 친화도가 높다는 결론을 내렸다. 저 스스로 군산기업이자 군산 복합업계의 대변자인 랜드사가 이를 곧이곧대로 공표할 리 없었다. 이들은 분석자료를 덮어 버리고 국방부에 들어가, 베트콩의 사기가 엉망이고 곧 항복할 것이라서 폭격을 더 하면 모두 하노이로 도망칠 것이라 브리핑을 했다. 국방부 장관 로버트 맥나마라는 이 보고가 거짓이라는 사실을 알고 있었다. 하지만 그렇게 보고 하도록 허락하여 군산기업의 이익에 봉사토록 했다. 이 가짜 브리핑을 근거로, 미국 정부와 군은 무기 공급 예산을 짰고, 대대적인 공중폭격을 실행했다.

미국의 대통령 린든 존슨은 의회와 시민의 반대를 물리치고, 어떡해서든지 전쟁을 연장하려 갖은 노력을 다했다. 어떤 경우에는 도미노이론을 내세웠고, 어떤 경우에는 미군의 자존심을 내세웠다. 전투에서 계속 이기고 있다거나 승리가 눈앞에 보인다는 거짓말은 말할 것도 없었다. 1973년까지 이어졌던 파리의 휴전 회의도 매번 형식적으로 끝냈으며 전쟁을 끝기 위해 핑계란 핑계는 모두 가져다 붙였다. 오죽하면 1968년 말 회의 때는, 의자를 어떻게 놓고 앉을 것이냐로 티격태격할 정도였다. 북베트남과 베트콩이야 전쟁을 계속하여 통일을 원했으니 그렇다 치더라도, 미국과 사이공 정부의 코미디 같은 탁자 배치 핑계는 누가 보아도 서로 입을 맞춘 행동이었다. 문제는 정부의 분열적 행동을 이어받은 전쟁 자원군인들에도 있었다. 미국이 벌이는 베트남 전쟁이 범죄라는 사실을 미국 내에서 끝없이 듣고 살았음에도, 자진 지원하여 입대 했다. 백수라서 월급을 받고자 자원했겠지만, 전쟁을 자기 계발의 기회로 삼을 정도로 미국문화는 분열적이었다.

베트남 특수를 맞은 기업들은 찬사를 불렀다. 베트남 전쟁에 자재품 정도나 납품하던 중소기업 영업사원들도 자리만 마련되면, 자신이 마치 정글을 돌아다니던 GI(미군)인 양 떠들던 시절이었다. 총 9,408개의 미국 비행기와 헬리콥터 등 중장비가 베트남으로 팔려나갔다. 일본이나 한국, 호주로부터 간접 유입된 것, 미국이 정부 차원에서 보내 주거나 남베트남 현지에서 직접 생산시킨 2,500 개의 군사 중장비는 뺀 양이다. 이 베트남 마케팅에 소련도 끌려왔다. 앤서니 서튼에 따르면, 체이스맨해튼 은행은 이탈리아의 피아트 자동차로 하여금 소련에 카마츠-카마 트럭공장(Kamaz-Kama Truck Plant, 1970-)을 짓게 하고 트럭을 베트민과 베트콩에 납품토록 했다. 베트남의 장사 스토리는 지나칠 정도로 방대하기 때문에 반복할 이유가 없다. 하나의 예만 더 든다면, 미 국방성은 민간인과 북베트남군 및 베트콩을 구분하기 어렵다는 이유로 베트남 민간 가옥에 끝없이 불을 지르게 했다. 이는 평범한 베트남 사람들을 베트콩으로 만드는 지름길이라는 사실을 미 국방성도 이미 잘 알고 있었다. 베트콩을 더 만들 생각이 아니라면 이런 일은 할 수 없는 법이다. 국방부뿐만 아니라 린든 존슨 대통령은 베트남 전쟁의 패전이 보인다는 실무진과 현장의 보고를 끝없이 무시했다. 목적이 다른 곳에 있었으니 이런 보고는 무시될 수밖에 없었을 것이다.

베트남 특수는 미국과 한국, 일본만 누린 것이 아니었다. 무기 판매지로서는 중립국 라오스도 빼놓을 수 없다. 프랑스와 미국은 입헌군주국인 라오스를 억지로 좌우로 분열, 대립시킨 후 서로 내전을 벌이게 했다. 수천 년 누가 왕인지도 모르면서 살아온 50 여 개 부족국가 라오스가 입헌군주제를 시행하려다가 갑자기 좌우 이데올로기에 빠져들었다. 미국은 라오스의 중립성을 지켜준다며 내전에 끼어들었다. 소련의 방해로 일이 쉽지 않자, 미국은 개발지원을 핑계로 라오스의 시골 깊숙한 곳 롱챙(Long Cheng)에 베이스캠프를 만들어 라오스인들을 훈련 시키고 내전을 지원해주었다. 북베트남과 전쟁을 벌이기 위해 라오스의 땅을 불법으로 이용하기도 했다. 라오스에서 생산된 아편도 관리하여 베트남 전쟁에 참여한 미군에 제공했다. 자국 미군들을 아편쟁이로 만든 것이다. 베트남 전쟁에서 사망했다는 미군이 5만 8,300명인데 반해, 귀향해서 자살한 군인이 10만 이상이었다. 전쟁 후, 트라우마를 더 깊고 크게 만든 요인으로서 마약이 없을 리 없다. 미국 정부는 라오스의 공산주의자들이 베이스캠프를 차지하자, 제2차 세계대전 시 독일과 일본에 떨 군 폭탄을 합친 양의 폭탄을 떨구어 북부 라오스를 불바다로 만들어 버렸다. 이리하여 베트남 전쟁과는 다른 또 하나의 인도차이나 비극을 만들었다.

미국의 기업과 정부는 자국 군인의 생명에는 전혀 관심이 없었다. 융자, 물자, 병참에만 관심이 있었다. 미군을 지칭하는 단어 G.I.는 상징적이다. 제1차 세계대전 때 군에 납품하던 포탄이나 철모같이 아연 도금 강(Galvanized Iron, GI) 제품을 지칭했다. 이를 나중에 보급품 (Government Issue, GI) 일반으로 취급하여 결국 사람마저 GI라 한 것이다. 인간을 보급품으로 취급할 정도로 군대문화를 비인간적으로 만든 기업들이 주도하는 전쟁에 자국, 타국인이 따로 있을 리 없었다. 이들에 군인은 무기와 같은 존재이거나 아연 강 M16보다 더 값이 헐한 고깃덩어리였을 뿐이다.

해밀턴 그레고리의 정밀한 G.I. 연구에 따르면, 베트남 전쟁을 밀어붙이던 60년대 초반, 입대를 해야 할 학생들이 징병을 연기하자, 국방부 장관 로버트 맥나마라가 아이디어를 제시했다. 신검 기준을 현저히 낮추자는 것이었다. 보병은 고지 탈환에나 필요할 뿐, 전쟁을 수행하는 것은 군사기술과 무기라면서 내린 처방이었다. 첫해 십만 명을 모집한다 해서 계획의 이름도 '십만 기획'(Project 100)이었다. 1965년부터 신체검사에서 떨어진 청년 중, 사회 빈곤층 출신을 모아 영어와 산수를 가르치고 총과 대포를 쏘고, 트럭 운전 등을 가르쳐 베트남전에 내보냈다. 국방부는 이들을 정상적인 군대에 섞지 않고 특수부대로 양성했다. 이 때문에 조롱의 대상이 되었다. 의회는 이 군대를 '멍청이 군대'(Morons Corps)라고 불렀다. 실로 신병 대부분이 글을 몰랐다. 그레고리가 인용한 증언자 중에는, 자기 구두끈도 맬지 모르는 이가 있었다고 한다. 맥나마라는 머리가 나쁘면 영상교육을 하면 된다면서 허겁지겁 영상 군사 매뉴얼을 만들었지만, 그것마저 보고 떠난 군인도 드물었다. 실전에서 이들을 교육하고 전투를 함께 한 중견 지휘관들의 강력한 항의가 있었다. 그런데도 육군의 71%, 해병대, 해군 각각 10%, 공군의 9% 총 35만 4천의 군인이 그들로 채워졌다. 1965년 이전에는 전체 미군의 10% 정도 차지하던 흑인 병사가 이 계획에 따라 40%를 차지했다.

미국 사회의 변방에 살아가면서 기초교육도 채 받지 못한 가난한 청년들과 사회 비주류인 흑인들을 주로 징병했다. 그들 중 반 정도가 베트남 전쟁의 전방 전투 요원으로 징병 되었고 5,478명이 사망했다. 베트남전 미군 사망 평균의 3배 이상의 사망률이었다. 맥나마라의 이 '멍청이' 계획은 똑똑하게도 미국 내 빈곤퇴치의 일환이기도 했다. 미국의 바보 숭배 영화, '포레스트 검프'가 이런 배경에서 만들어진 것이다. 이들 퇴역군인 중 반 정도인 18만 명이 정상 제대(honorable discharge)를 하지 못해 제대 후에도 실업자 신세를 면치 못했다. 제대했어도 꼬리표는 따라다녔고, 미국 군사학계는 불쌍한 노병들을 십만 기획 맨(Project 100,000 men) 이라 불렀다. 역시 조롱 섞인 표현이었다. 인간의 존재와 군인의 역할을 구분하지 않는 미국의 유물론적 문화의 희생자가 서민이었다.

만만한 캄보디아

사람의 목숨을 파리처럼 아는 기업과 정부의 폭력과 조작의 사례는 라오스와 베트남을 넘어 1970년대 캄보디아에서도 찾아진다. 폴 포트와 크메르루즈(Khmer Rouge, Communist Party of Kampuchea 1975-)의 사례가 그것이다. 참고로, 크메르루즈는 호찌민의 인도차이나 공산당 (Indochina Communist Party, ICP) 내부로부터 1951년, 캄보디아 크메르 분파로서 떨어져 나온 민족주의 조직이다. 국왕 시아누크(Norodom Sihanouk)가 조직을 금지하고 추방하자 대다수 공산주의자들은 북베트남으로 몰려갔다. 남은 이들은 대다수 캄보디아 민족주의자들이었다. 거기에 프랑스 유학생 폴 포트(Pol Pot, 본명 Saloth Sar), 이엥 사리(Ieng Sary), 키우삼판(Khieu Samphan) 등이 끼어들었다.

사례를 검토하기 전에, 세상 사람들에 잘 알려진 캄보디아의 킬링필드에 관하여 질문을 던져 볼 필요가 있다. 미국의 잔인함에 치를 떤 캄보디아 국민은 1970년부터 크메르루즈 밑으로 단결했고 크메르루즈는 1973년 캄보디아 영토 85%를 장악했다. 전적으로 캄보디아 국민들의 전폭적인 지지에 따른 결과였다. 그런데도 이들이 자신을 지지하는 국민의 21%를 죽였다는 것이 과연 믿어지는 일인가 하는 점이다. 농민 중심 사회를 만들겠다던 폴 포트에 절실히 필요로 했던 농민 노동력을 1백 7십만이나 살해했다는 것이다. 정권을 잡자마자 하루에 1,288명씩 사람을 죽이는 데 3년 8개월의 시간을 보냈다는 것이다. 이것이 미국 혼자만이 써 내려간 폴 포트의 역사이다. 물론 장화 30cm까지 사람의 피가 찰 정도로 지하실에서 사람들을 도륙한 소련 볼셰비키처럼, 공산정권 초기에 많은 시민이 죽어 나갔던 사실이 있었다. 하지만 킬링필드의 숫자는 지나쳐도 너무 지나치다.

미국 대통령 리처드 닉슨과 국무부 장관 헨리 키신저가 론 놀을 이용해 시아누크 왕을 축출함으로써 폴 포트를 권좌에 앉게 했다든가 하는 각종 정치적인 음모는 당시부터 알려졌다. 나아가 해제된 비밀문서와 정황 조사를 통해서도 확증된 사실이다. 세계 정치사에 그런 일이 무수히 많았던 만큼 비판 삼아 넘어가면 그만일 것이다. 그러나 킬링필드는 그런 종류의 음모와는 성격이 다른 일이며, 그 역사적 효과는 키신저의 음모 정도와는 비교가 되지 못한다. 미국이 폴 포트를 어느 수준까지 조종했는지, 베트남을 견제하는 미국-크메르루즈-중국의 연합전선의 깊이가 어떠한지 알려진 바 없고, 알 필요도 실은 없다. 단지 캄보디아에서 행한 군산 복합기업들의 활동 상황만 관찰하여 체크하고, 이 사실을 킬링필드 스토리와 충돌시킨다면, 나머지 부수적인 사건들은 자연스레 이해될 것이다.

베트남 전쟁을 끝내겠다고 다짐했던 키신저와 닉슨은 1969년부터 1973년까지 국민은커녕, 미 의회에도 알리지 않고 캄보디아와 베트남 동남부 국경 30km 안쪽으로 몰래 융단폭격을 했다. 메뉴 작전 (Operation Menu)이라 불리는 호찌민루트 공격작전이었다. 국제법과 국내법을 모두 어겼다. 오바마 정권의 국무부 장관이 되는 존 케리도 청년 시절 이 작전에 참여했다. 이들은 호찌민루트를 포함, 베트남 북동부와 캄보디아 프놈펜 동남부에 집중 공격을 했다. 캄보디아의 땅 절반이 폭탄을 맞았다. 총 2,756,941t의 폭탄이 캄보디아에 떨어졌다. 폭발하는 소리만 들어도 어떤 종류의 폭탄인지 알 수 있었다는 주민들의 증언이 있었다. 상상 불가한 양의 폭탄으로, 크메르루즈 병사 한 명을 죽이고자 33t의 폭탄을 쓴 꼴이었다. 제2차 세계대전 때 연합국이 쓴 공중투하 폭탄이 2백만이었으니 캄보디아는 인류역사상 가장 많은 폭탄을 맞은 국가로 남게 되었다.

미군은 또한 크메르루즈 군사기지를 고립시킨다면서 2백만 개 이상의 지뢰를 프놈펜 주변 지역에 매설했다. 고작 3천여 명의 농민과 촌 동네 건달 등 오합지졸이 모인 크메르루즈가 군사기지를 가졌을 리 만무했다. 한 명의 군인을 죽이고자 666개의 지뢰를 매설했다는 것도 어불성설이다. 이 지뢰가 과연 베트민의 캄보디아 진출을 막기 위한 목적이었는지, 농촌을 폭격하여 이주민을 만들고 도시를 굶주리게 해서 미국 물자를 받아들인, 론 놀 괴뢰 정부의 정책을 위한 포석이었는지, 아니면 쓰다 남은 폭탄을 소비하려 했는지, 그것도 아니라면 미얀마 아편 삼각지의 동쪽인 라오스 캄보디아 국경선을 옭아매기 위한, 아편 전선 이상 없음을 확증 받고자 했는지 알 바 없다. 단지 미국은 전쟁 당사자인 북베트남보다 캄보디아에 더욱 거대한 공중폭격을 가함으로써, 무언가를 없애고자 했다는 것만 상상할 수 있다. 그것이 무기이든, 사람이든, 아편이든 중요한 것은 선량한 국민들이 아무런 이유 없이 죽었다는 것이다.

핀란드 정부위원회(Finnish Government Commission)는 미군의 공중폭격으로 인해 60만 명이 죽었으며 2백만 명이 농촌의 집을 잃고 도시로 도망 나왔다고 밝혔다. 1973년 4월, 크메르루즈가 프놈펜 외곽을 포위하자 미군은 한 달 반 동안 10만 톤의 폭탄을 떨어뜨렸다. 미 행정부 스스로 "미치광이 정책"(Madman theory)이라 표명했을 만큼 제정신이 아닌 폭격이었다. 미치광이 정책이라 말했던 그 정책이란 다름 아니라 군산 복합기업들의 신종개발 무기 실험이었다. 그렇다면 미 국무부가 전쟁 수행의 가능성을 타진하기 위하여 랜드 사에 연구용역을 주었다는 1965년의 리포트는 과연 진심이었을까. 그것이 아니라 군산 복합기업의 대리자인 랜드사가 의회와 여론의 동의를 얻어 신종폭탄을 사들이게 하고 인도차이나 전쟁을 지속하기 위해 국무부를 움직인 것이 아닌가의 의심은 의심으로만 끝날 수 없어 보인다. 물론 기나긴 베트남 전쟁을 위해 찍어낸 1,680억 달러(현시세, 1조 달러) 또한 금본위제로부터 지폐/석유 본위제로 넘어가기 위한 금융전략의 포석이 아니었는가 하는 점도 아울러 그렇다.

모스크바 타임스의 미국 기자 마이클 봄이 말했듯이, 미국은 "상대가 만만하면 쳐들어갔다." 베트남도 만만해 보였으니 쳐들어간 것이고, 결국 만만하지 않다는 사실을 깨달았지만, 전쟁을 지속했다.

반면, 크메르루즈는 진정 만만한 상대였다. 농민사회를 만들자는 것 이외에, 특별한 이념도 없었고, 전쟁한다면서 자국민을 공격하는 정신상태를 가진 크메르루즈였다. 미국이 만만하게 보지 않을 리 없었다. 1975년 프놈펜을 포위한 이들은 전쟁 상대인 론 놀 군대가 아니라, 프놈펜 시민에 무차별 로켓 공격을 가했다. 미군과 똑같았다. 어떤 전술적 접근법도 없이 캄보디아 시민을 살해했다. 크메르루즈는 역사에 등장하는 처음부터 살인마의 이미지를 이처럼 스스로 홍보했다. 크메르루즈가 그렇다면 진정 살인마들이었는가.

캄보디아 킬링필드 중 가장 큰 매장지라며 거의 유일하게 강조, 홍보되는 청 엑(Choeung Ek), 투올 슬랭(Toul Sleng)의 S21 전시관은 미 공군의 폭격을 맞은 프놈펜 외곽 타케브(Takeo) 지역에 있다. 캄보디아 국민들마저, 죽은 시민들의 연유를 몰랐다. 미국 공군의 폭격은 분명 있었지만, 크메르루즈가 민간인을 살해했다는 소문도 함께 있었다. 전시관 설명란에 크메르루즈 짓이라 적어 놓았으니, 그런가 보다 하며 넘어갈 뿐이다. 일반 공동묘지와 흔히 혼동하는 86개의 킬링필드 암매장지라는 곳도 프놈펜 외곽, 그리고 인구 밀집 지역이자 프놈펜 남부의 톤레사프강과 메콩강이 만나는 주변 지역에 집중적으로 자리 잡고 있다. 이곳 또한 미군의 집중적인 공중폭격을 맞은 곳이다. 아직 발굴하지 않은 43개의 킬링필드라 함부로 말해지는 집단매장지도, 그 지역에 고스란히 남아있다. 인구 밀집 지역, 융단 폭격지역이 킬링필드라 부르며 크메르루즈가 고문, 학살, 암매장했다는 장소와 크게 겹친다. 과연 누가 누구를 죽였고 누가 누구를 매장했는가.

　1969년부터 공중폭격을 피해 밀림 속으로 숨어 들어간 베트콩은
도망 나온 크메르인들을 보호해 주었다. 미국 공군의 무차별적인
농촌 공격을 피해 프놈펜 같은 큰 도시로 몰려온 사람들은
크메르루즈에 지지를 던졌다. 미국의 폭격에 질려 버린 농민들,
그리고 미국의 꼭두각시 '미스터 부패, 론 놀'(Lon Nol. the Corruption)
정권에 대한 적대감을 가진 도시민도 크메르루즈에게 합세했다.
공산이념이나 크메르루즈가 좋아서가 아니었다. 미군의 어이없는
학살극을 보고 나서 돌아선 것이었다. 더군다나, 론 놀이 축출한
국민의 아버지 시아누크 왕은 크메르루즈와 교류했다. 그는 자신의
왕실 가문이 그래왔듯이 백성 친화적이었고, 그만큼 크메르루즈에
대한 믿음도 컸다. 정치적으로 좌파였던 시아누크 왕은 폴 포트를
좋아했고, 그 또한 왕실의 자손이었기에 그의 너그러움을 믿었다.
크메르루즈가 집권하기 전부터, 이들은 특정 정치단체라기보다는
캄보디아 대중이 순수하게 인정하는 일종의 국체 같은 존재로 자리를
잡았다. 미국의 폭격은 차라리, 그렇지 않아도 국민의 지지를 받던
크메르루즈에는 추가적인 선물이었다. 1973년 베트콩의 관리하에,
이들의 군사력도 6만 명으로 늘어나 있었다.

　캄보디아는 미얀마나 필리핀처럼 국가의 행정력이 전 국토의 30%
정도밖에 미치지 못하는 농촌 공동체 국가였다. 크메르루즈는
국가가 무엇인지, 애국심이 무엇인지도 몰랐던 봉건 농촌의 미천한
종자들이었다. 3천 명의 초기 구성원 대다수가 농촌에서도 비행
청소년들이었고 또한 문맹이었다. 나중에 총리가 되는 훈센같이,
파고다에서 소년교육 정도라도 받은 이도 별로 없었다. 70살

동생의 귀를 잡아끌면서 방을 깨끗하게 치우라는 71살 먹은 형의
행동처럼, 세상만사가 가부장적 위계질서로만 흘러가는 줄 알았던
봉건적인 이들이었다. 폴 포트, 키우 삼판 같은 극소수 프랑스
유학파 수뇌부조차 북베트남에서 내려온 공산주의자들과 갈등이
있었다. 이들은 반제국주의 자급자족 등 어디서 주워들은 공산주의의
이상에 동조했지만 모택동주의를 안 때는 1976년이었다. 배운 것
없는 청년들에게 가부장적 이상만큼 매혹적인 것이 없었다. 수뇌부
중에는 국제사회주의자들도 있었으나 크게 두드러지지 않았다.
투박하고 순진한 크메르루즈의 총각들은 베트콩에 군사훈련을
받았고 그들로부터 무기를 건네받았다.

이들은 그러나 크메르루즈 안에 밀정들이 깔려 있었다는 것을
몰랐다. 크메르 민족과 적대적인 베트남 출신 캄보디아인(Yuon)들이
베트콩의 연락책으로 일하고 있었다. 공동의 적인 미국을 물리칠
때까지는 동지일지는 몰라도, 정권을 잡고 나면 달라질 수 있는
관계였다. 이런 이유로 베트남 출신 밀정들이 정체를 숨긴 것이다.
그들이 정글에 들어가 베트콩에 정보를 전할 때면, 크메르인
동료들에 앙카르(Angkar Leu: 상층부)로부터 명령을 받아야 한다고
거짓말을 했다. 캄보디아인들의 영원한 도시 이미지인 앙코르(Angkor)
를 빗댄 신비성을 가진 발음이었다. 앙카르가 누구냐고 질문하는
이가 없었다. 캄보디아 동료들은 앙카르가 범접할 수 없는 최고
지도자들의 모임 정도가 되는 줄 알고 군말 없이 지냈다.

크메르루즈 수뇌부는 1977년까지 공산당을 표명하지 않았다.

나중에 그것이 그것이라면서 앙카르를 캄보디아 공산당(CPK)과 겹치게 했다. 청년들은 캄보디아 각 지역의 강제노역 현장에서 완장을 찼다. 공산당이 아니라, 어김없이 '앙카르를 위하여'를 외쳤다. 크메르루즈와 공산당 스스로 정체성이 없었기 때문에 여전히 종교적 기대에 자신들의 생명을 걸었다. 알 수 없는 신비의 대상인 앙카르와 공산당을 혼동하면서, 크메르루즈는 잔인함과 순진함이 뒤섞인 막무가내의 사고와 행태를 보여주었다. 잡신 주의 행태로, 일본 천황이 항복을 재고할 정도로 소중히 여겼던 삼종신기(칼, 구슬, 거울)라든가, 성배에 대한 기독교인들의 샤머니즘적 집착과 같은 앙카르였다.

최고 지도자인 폴 포트 자신은 전자공학 전공 학생으로서, 그리고 프랑스 유학파로서 겉으로는 공산 사상에 물들어 있는 듯했지만 실은 공산주의를 잘 몰랐다. 농촌에서 태어나 자랐으며, 후궁을 이모로 둔 왕실의 사람이었다. 청렴했고 애국심이 가득했다. 기근을 알지 못했고 자연의 풍요 속에서 살아 온 대다수 크메르인처럼, 복잡한 도시를 싫어하고 농촌을 좋아해 농민 공산사회를 꿈꾸었다. 사람들은 그가 산속 생활을 하면서 불교적 자연동화에 탐닉했다지만, 그의 기질 자체가 농촌과 자연 친화적이었다. 인민을 물질적으로 잘 살게 하겠다기보다는, 가난하더라도 그 안에서 행복을 꿈꾸자던 사람이었다. 넉넉하지는 않지만, 행복한 사회로서 공산사회의 가장 원초적인 모습을 그렸다.

이랬던 그가 1975년 4월 17일 프놈펜에 입성했다. 미군의 폭격을 피해 프놈펜으로 몰려온 농민들을 당일부터 농촌으로 되돌려 보내 쌀농사를 짓게 했다. 프놈펜병원에서 치료를 받던 부상 시민과 군인들을 포함한 200만 명의 시민에 도시를 3일 안에 비우라 했다. 시골길로 향하는 거리가 수십만 명의 노인과 병자들로 넘쳐나는 진풍경을 연출했다. 미군이 폭격하니 농촌으로 가라는 핑계를 댔지만, 1년 전과 같은 그런 일은 없었다. 농촌으로 돌아간 크메르인 중 10만 명이 농촌에 깔린 미군의 지뢰에 밟혀 죽거나 아사했다. 다행히도 다음 해의 쌀농사는 풍년이었다. 그러나 프놈펜을 비우면서 이들이 했던 행동은 말 그대로, 사람을 존중할 줄 몰랐던, 농촌 가부장 총각들의 건달 짓이었다. 폴 포트는 20만 명만 도시에 남겨 놓았다. 그는 프놈펜만 돌보았을 뿐 농촌 지역에 간여하지 않았다. 단지 공산이념에 따라 종교나 전통 유산을 거부하는 제스처를 취하면서 동시에, 도시에 살던 부르주아들이 다시는 대출사업을 하지 못하도록 은행을 폭탄으로 파괴하고 계좌들을 폐쇄했다. 의도는 순수했을지 몰라도 누가 보아도 오해하기 좋은, 과격하고 단순했던 정책이었다.

크메르루즈는 공산 투쟁을 하지 않았다. 반제국주의가 무엇인지도 몰랐고, 근대화에도 관심이 없었으며 공산주의적 연대에는 오히려 적대적이었다. 단지 원시공산체에 정도의 아이디어를 가지고 모택동주의라 떠들어 댔던 무식한 이들이었다. 해방되어 이제 막 공산국가를 건설하고 있는 베트남인들을 향해 몰살시키겠다는 소리가 아무렇지도 않게 해댔으며, 1977년에는 실제로 베트남을 공격했다. 농촌은 여전히 앙카르를 외치는 비밀조직이 움직였다. 반동이라는 생각이 들면 가차 없이 몽둥이찜질을 했으며, 고문을 했다. 대변을 누고는 그것을 제 혀로 닦아 먹도록 하는 짓도 서슴지 않았다. 크메르루즈 수뇌부들로부터 전해 들은 반종교, 반부르주아, 반지식에 대한 정보는 이내 폭력으로 변해 불교의 전통을 부수었다. 무엇인지 몰라도 아무튼 숭배할 앙카르가 있으니, 종교는 필요 없는 것이었다. 종교인, 지주, 지식인뿐만 아니라 병에 걸리거나 노동에 지쳐 쓰러진 사람들에도 나약해 빠진 부르주아라며 폭력을 행사했다. 국민을 재교육하겠다면서 자민족의 멀쩡한 지식인들을 모아놓고 모택동식 농촌 공산주의라면서 저질 교육을 했다. 사람들에 똑같은 복장을 입히고 목에는 땀수건을 걸친 채 노동이 끝난 남녀들을 매일 밤 교육장에 끌고 다녔으며, 남들과 다른 생각이나 말을 하면 죽음을 불사해야 한다는 두려움에 처하게 했다.

크메르루즈는 집단노동을 강제노동으로 착각했다. 일을 잘하면 공산주의 덕택이라 말했고, 잘하지 못하면 반동적인 생각을 가지나 않을까 저녁에 불러내 두려움에 떨게 만드는 험한 말을 들어야 했다. 밥은 항상 공장식당에서 죽으로 먹어야 했고 양은 턱없이 적었다. 가정에서 만든 밥을 먹으면 반동분자로 의심을 받았다. 술도 항상 함께 마시고 길거리를 나갈 때도 노동자들과 우르르 나가야 했으며, 목에는 언제나 땀수건을 걸쳐야 했다. 개인 관계는 금지했고 아이들을 부모로부터 분리하는 볼셰비키의 희한한 행태를 닮아 했다. 소련의 조지아나, 우크라이나 등 농촌의 가부장 사회에서 자라난 공산주의자들의 경직된 성향을 한층 넘어서는 것이었다. 이들은 인간의 존엄을 파괴하고 흔적 없이 사라지게 해야 교육이

제대로 된다는 인간성 말살의 정신상태에 처해 있었다. 순진했던
만큼 무지했고 잔인했던 크메르루즈의 시건방지고 인격살인의 사회
정책이었다.

반종교, 반부르주아, 반지식이라는 공산주의의 전통적 위선을
이들은 전혀 위선이라 느끼지도 못했을 뿐 아니라 개인 간의 다름을
전혀 인정할 수 없었다. 아이들도 노동해야 밥을 먹는다는 단순
논리가 퍼져나가, 10살도 되지 않은 아이들의 고통에도 불구하고,
어른으로서 뭐라 항의할 수 없었다. 당시 크메르루즈 집권 세력의
정신상태로는 인간적 배려와 자유가 하나의 고통이었다. '대의를
위하여 소의를 희생한다.'는 농촌 총각들의 사고방식이 지나치게
깊어, 갖은 희생에도 불구하고 이상을 넘보며 앞으로 나아가기만
했다. 이리하여 캄보디아 민족은 크메르루즈 집권 3년 8개월 동안,
인간이 살아가는 땅이라는 느낌이 전혀 없는 기계적인 삶을 살아갔다.
오늘날, 캄보디아 국민은 크메르루즈가 왜 이런 폭압적인 행동을
했는지 여전히 이해하지 못하고 있다. 단지 문맹에다가 "사회로부터
버림받은 불량배들로 구성된 크메르루즈의 초기 멤버들이 정권을
차지하자 저지른 바보행태"라는 수준에서 이해하고 있을 뿐이다.

'좋은 공산주의자'가 되고 싶었던 크메르루즈의 과격함과
단순함으로 인해, 캄보디아 정부는 해외의 베트남이나 중국, 더
나아가 미국과의 외교에도 어처구니없을 정도로 서툴렀다. 남북
베트남 정부의 투박한 대외 행보를 보고는, 공산 외교술이랍시고
참고하기도 했을 터이고, 바깥 세계와 교역이 별로 없던 전통

때문이기도 하겠지만, 나라의 미래를 조금도 내다보지 못했던 과격한 아마추어리즘이 정권의 빠른 몰락의 원인이었다고 볼 수 있다. 1979 년 1월 크메르루즈가 쫓겨 가고 서방 기자들이 들어왔을 때, 이들은 3년 8개월간의 공포에 질린 캄보디아인들을 발견했다. 크메르루즈 치하의 정신적 상흔이 가득했다. 홀로 상상한 공산사회의 이상에 대한 크메르루즈의 자발적인 종교적 헌신은, 자신들에도 어떤 검열의 두려움을 불러와 전 국민에 그 두려움마저 강요했던 집단 정신병이었다.

크메르루즈의 멍청함은 여기서 머물지 않았다. 미국 CIA의 마수에 걸려들었다. 누가 죽였는지 모르는 시체를 앞에 두고 미국은 크메르루즈가 죽였다고 죄를 뒤집어씌우기 시작했다. 뉘른베르크에서 발휘한 유대인 학살에 대한 조작 능력을 발휘했다. 가방, 신발, 안경, 머리칼, 장롱, 쌀수기, 의족기 마저 학살의 증거로 내밀었던 미군과 영국군의 조작 만행을 크메르루즈가 알 리 없었다. 베트남 전쟁이 끝나자, 미국은 캄보디아에 대한 공중폭격과 마약 생산과 공급 이슈를 덮어야 했다. 베트남 패전에 따른 냉전 전략도 재보수해야 했다. 미국은 캄보디아를 철저하게 이용했다. 반복건대, 캄보디아를 이용할만하니까 이용한 것이다.

1980년대부터 미국의 대학과 할리우드는 '킬링필드'라는 단어를 만들어 캄보디아를 원시사회로 낙인찍기 시작했다. 이와 동시에, 유대인 학살의 홀로코스트 산업도 재가동했다. 크메르루즈를 해방군이라면서 좋아했던 진보좌파 지식인이나, 킬링필드를 비난했던 지식인 누구도 당시의 캄보디아에 가본 적이 없었다. 현장에 있었던 친 크메르루즈의 캘드웰(Malcolm Caldwell) 기자가 1978년 12월, 크메르루즈에 의해 살해당함으로써 크메르루즈와 캄보디아에 대한 서구인의 호감도 같이 사라져 버렸다. 미국의 대학과 할리우드는 이를 기회로, 마음껏 킬링필드를 홍보했다. 반면 미국 행정부는 베트남 대항마로서 크메르루즈를 유엔을 통해 인정받게 해주었다. 크메르루즈를 킬링필드의 주범으로 조작하는 동시에, 지원했다. CIA 는 폴 포트와 크메르루즈를 태국 산골에 숨겨주었고, 무수한 미국의 음식들이 게릴라 부대로 수송되었다. 영국은 이들에 군사교육을 시켰다. 이 모순은 미 행정부의 정책이 어느 정도까지 막무가내일 수 있는지를 보여준다. 미국은 베트남 패배에 대한 복수로, 베트남이 10년간 점령한 캄보디아에 경제제재를 가해 많은 이들을 아사시켰다. 종로에서 뺨 맞고 한강에서 눈을 흘겼다. 미국의 이 모든 살해와 협잡을 정당화하는 방법은 오로지 그리고 여전히 하나였다. 킬링필드였다.

베트남 전쟁에 대한 회한의 기억으로 아파하던 1980년대 미국과 서구사회에 킬링필드 유행이 불었다. 집단 학살이 있었다 해도 킬링 크메르루즈 정도로 요약될만한 사건이 캄보디아 킬링필드로 크게 부풀려진 것이다. 1969년부터 미군의 공중폭격으로 수십만이 죽고 지뢰로 인해 많은 이들이 또 죽었으며 베트남과의 전쟁 중에 또한 많은 캄보디아인이 죽었다. 방치된 시신들을 따로 매장해 줄 군인과 이웃은 없었다. 모두 여기저기 집단으로 매장했다. 킬링필드를 찾겠다며 찾아오는 서방 기자들에게 알려준 곳이 그런 공동매장지였다. 그것을 가지고 소설을 쓰든 영화로 만들든 그것은 미국의 대학과 할리우드가 하는 일이었다. 대량학살의 증거도 없고, 실제 살해하는 사진도 한 장 없었다. 서방 기자들은 캄보디아 농민 중에서는 현장의 증인을 찾을 수 없어, 수용소 증인들의 말만 기록했다. 미군의 폭격으로 인해 죽어간 50만의 농민들과 크메르루즈의 집단노동 지역에 매장된 유골을 구분하지 않았다. 실은 구분할 수도 없는 것이었다. 단지 죽어간 사람들의 유해나 사진을 모셔 놓은 사당들을 이용해서 학살 시나리오를 썼다. 크메르루즈의 철부지 행동을 2백만 양민학살과 연관시킨 앵글로색슨의 상상력이었다.

더 나아가 공동 매장한 묘지를 다시 파 해쳐서 유골을 학살 뒤의 전리품처럼 쌓아 코디한 전시관을 만들어주었다. 제2차 세계대전에서 미군이 했던 일본군 해골 쌓기 놀이와 같은 것이다. 미군은 유럽의 독일군을 상대로 그런 놀이를 하지 않았지만 유독 태평양 전쟁에서만 일본 군인들의 해골이나 치아를 기념으로 간직하거나 팔의 뼈를 조각하여 작품을 만드는 희한한 취미를 가지고 있었다. 전쟁 통에 인간의 해골이나 뼈는 시체를 훼손하고 불태우지 않으면 얻을 수 없는 것들이다. 어떤 병사는 여자친구에 일본군의 해골을 선물로 보냈으며, 어떤 병사는 루스벨트에 일본군의 뼈로 만든 편지 커터기를 보내 주기도 했다. 아시아인의 해골과 치아에 대한 희한한 수집 취미는 킬링필드의 추모관과 깊게 겹친다. 누가 누구인지 알 수 없는 해골과 뼈 그리고 치아 옆에 늘어진 사진들이 그저 킬링필드였다. 프놈펜의 VOA(미국의소리방송)와 세계 미디어는 이를 적극적으로 홍보했다.

교수들은 통계를 엉터리로 조작하여 학살 숫자를 고안해 내었다. 루돌프 럼멜에 따르면, 전쟁 시작기인 1970년 캄보디아의 총인구는 6,938,000명, 크메르루즈 집권 1975년에는 7,308,000명이었고 그들이 물러난 1979년에는 6,306,000명이었다. 크메르루즈 집권 3년 8개월 동안 1,000,000명이 사라졌다. 집권 첫해 가장 많은 아사자가 나왔지만, 집권하는 동안 기아로 죽은 자를 최소화한다 해도 굶어 죽은 사람은 총 100,000명이었다. 1976년 이전 미군 폭격에 의해 500,000명이 죽어 집단 매장되었고, 그보다 더 많은 사람이 부상 후유증으로 죽어 나갔다. 30여만 명의 베트남계 캄보디아인의 많은 수가 죽거나 베트남으로 피신했으며 중국계 35만 명 중 많은 수가 또한 죽거나 피신했다. 태국계 25만 명 중 수만 명이 태국으로 피신해 갔다. 사망자와 피신자가 겹치는 숫자를 참작한다 해도, 미국이 주장하는 1백 7십만 명 학살은 어처구니없는 숫자다. 집단 학살의 증거는 그때나 지금이나 어디에도 없다. 크메르루즈 대원들이 사람을 개인적으로 불러 하나씩 살해한 숫자로 보기에도 말이 되지 않는 주장이다. 노엄 촘스키가 평소 말한 대로 아무리 학살을 자행했다 해도 20여만 정도가 최대의 숫자일 것이다.

그런데도 할리우드는 영화를 만들고 대학은 국제학술대회를 열면서까지 호들갑을 떨었다. 미 행정부의 바람막이이기도 했지만, 영화계와 학술계로서는 장사가 되는 일이었기 때문이다. 영화계의 스타들은 캄보디아의 아이들을 입양하는 위선을 저지르기도 했다. 이 모든 역사는 크메르루즈가 반동분자랍시고 무고한 이들을 함부로 때리고 죽이며 국민에 대한 인격살인을 해온 결과이다. 돌이킬 수 없을 만큼 자책을 해야 할 팔자와 같은 일이다. 24살의 훈센이 크메르루즈에게 항명하고 동료들과 함께 베트남으로 건너가 지원을 요청한 이유도 실은 크메르루즈의 잔인함 때문이었다. 그는 2,000명의 병사를 이끌었던 크메르루즈 사령관이었다. 프놈펜 함락 하루전 벌어진 전투에서 한쪽 눈을 잃었다. 결국 모시던 폴 포트를 떠나 베트남 편에 붙었다. 크메르루즈는 훈센이 버리고 떠난 동부전선의 부하 1,700명을 배신자로 규정하고 공격했다. 같은 편이니만큼 불러서 사정을 알아보면 될 것을, 군대의 사령관이 떠났다고 군인들마저 죽인 것이다. 사정이 이러하니 자민족 1백 7십만 명을 살육했다고 홍보한 미국 미디어의 만행 앞에서 이들은 어떤 변명을 할 자격도 없는 것이다.

마르크스주의를 알았어도 계급 갈등이 무엇인지 몰랐고, 한 나라의 왕이었어도 영화 시나리오를 쓰고 스스로 배우 겸 감독을 하면서 백성과 함께 어울려 살았던 원시 공산사회와 같은 캄보디아였다. 얼치기 공산 사상에 물든 크메르루즈에 의해 역사의 미래까지 저당 잡혔고, 연이어 미국의 학살선전 대상이 되었고 인도차이나의 협력을 꿈꾸던 베트남에 의해 유린당했다. 아시아에서 보기 어려울 정도로 넓은 곡창지대와 무수한 지하 지원에도 불구하고 세계에서 가장 가난한 나라로 전락했다. 매춘 수익이 국가의 일 년 예산에 버금가는 나라이며, 에이즈 고위 보균 나라가 되었다. 인도차이나의 거대한 정치적 소용돌이 속에서 조용히 살자고 했던 폴 포트와 캄보디아의 선한 크메르 민족은 자본주의의 미국에 의해서나 사회주의 베트남에 의해서나 모두 유린당했다. 섣부른 공산주의는 이토록 한 민족의 미래까지 결정해 버리는 팔자에 처하게 한다. 적당히 배운 정치 이데올로기의 치명적인 결과이다.

베트남에 의해 축출된 폴 포트는 미국의 보호 아래 살다가 죽었고, 국왕 시아누크는 1982년 과거 크메르루즈 잔당을 포함한 다당 연합 당수가 되었다. 현재의 훈센 총리는 1979년 베트남이 프놈펜을 장악하자, 곧바로 외무부 장관으로 보내졌다. 그때 나이 28살이었다. 폴 포트의 비서진과 그의 부하들은 정상적으로 정부와 사회를 오가며 살고 있다. 크메르루즈 구성원들이 포함된 훈센의 캄보디아 정부는 자신의 과거와 기억마저 지워야 했다. 폴 포트를 비난해야 했다. 이들은 자신의 옛 동료들을 국제 전범으로 고발하면서까지 크메르루즈의 기억을 지우고자 갖은 노력을 다하고 있다. 러시아의 지도자들이 소련과 단절하고 공산주의의 기억을 없애야 자신이 살 수 있었듯이, 캄보디아의 크메르루즈도 역사를 스스로 단절시켜야 자신이 살 수 있었다. 캄보디아 정부는 킬링필드가 관광자원이라 좋아하고 있으며, 촘스키처럼 학살을 의심하는 자는 감옥에 넣겠다고 했다. 닉슨과 키신저의 작품은 어느새 캄보디아 정부의 작품으로 변했다. 캄보디아의 웬만한 문화유산이 그렇듯이, 킬링필드 박물관과 역사전시관은 미국과 유엔 각국이 합자해서 세웠다. 미국의 킬링필드 역사 조작은 시아누크를 좋아했던 김일성의 북한, 베트남, 소련 어떤 나라에 의해서도 부정되지 않았다. 이제는 아예 캄보디아 국민의 머릿속에서조차 진실로 자리를 잡아가고 있다. 미국은 훈센 총리를 싫어해서 야당을 지원, 조종하여 정부를 전복할 계획 중에 있다. 이 또한 할 만한 나라니까 하는 것이다.

글로벌 나와바리

세계화라 부르는 초국적 기업들의 글로벌 금융독점은 20세기 초부터 시작되어 세계대전을 통해 마무리되었다. 연거푸 두 번에 걸쳐 벌어진 세계전쟁은 기업 인수·합병을 통한 세계화의 기회를 잡도록 했다. 월가에 모인 이들은 독점시킬 사업이 무엇이든 어떤 국가의 것이든 상관하지 않았다. 특히 1950년대 이후 끝없이 벌어진 자유무역과 규제철폐, 기업 인수·합병은 세계자본독점을 향한 여정이었다. 특히 1960-70년대의 역사는 산업기반을 석유로 안착시켜 석유거래를 달러로 일원화하여 산업과 금융의 짝을 맞추는 시절이었다. 1990년대는 금융을 집중시켜 산업 전반을 장악한 시대이다. 초국적 기업의 '싹쓸이' 전략은 마치 중국의 적벽대전과 같다. 배를 하나하나 파괴하기가 어려우니 배들을 한데 묶어 불살라 버리는 것이다. 세계화가 바로 적벽대전이었다. 일부러 민족해방운동을 조장하여 영국과 프랑스의 구권력을 무너뜨리고 새로운 제국주의를 실현했던 민족자결주의도, 루스벨트의 뉴딜 전략도, 냉전 시대 미국의 동유럽(헝가리, 체코슬로바키아) 자유 운동도, 1968년 유럽 학생운동도, 1980년대 세계 시장 블록화도, 1990년대 유럽연합도, 2000년대 페미니즘 운동과 LGBT도 그랬다. 이 사건들은 모두 시장을 정치적으로 재편성하여 경제적으로 지배하고자 했던 월가의 마케팅 전략이었다.

2011년 스위스의 시스템공학 연구에 따르면, 전 세계 43,000여 개의 초국적 기업이 1,300여 개의 또 다른 초국적 기업의 통제하에 움직인다. 이들 기업은 다시 147개의 초대형 기업의 통제하에 움직인다. 이들 중 1위는 영국의 바클레이 은행이다. 바클레이 은행은 로스차일드 그룹 것이다. 바클레이 은행 총재이자 이사이며 영국 BBC 방송사장을 역임한 마르쿠스 아귀우스가 로스차일드가의 사위인 만큼, 로스차일드 은행은 바클레이와 본점–지점 관계에 있다. 즉 유대 금융의 손아귀에 더욱 깊게 들어간 국제자본이다. 바클레이가 런던에 있다고 해서, 영국 각 지점이나 자회사의 은행원 임금을 제외하면 영국에 이익이 돌아가는 것은 없다. 200개 전후의 지점과 '우리 BC 페가수스'(한국 소재) 같은 1,300개 이상의 자회사가 미국, 남아프리카 공화국, 룩셈부르크, 케이먼, 저지 등 전 세계의 국가와 조세회피처에서 움직일 뿐이다. 세계 경제를 피라미드형으로 묶어 움직이는 147개 초대형 기업들이 또다시 상호출자 네트워크를 통해 뭉쳐 있다. 마피아 조직과 같다. 뉴욕 브루클린의 이탈리아 마피아가 휴스턴 유대인 마피아 밑으로 들어갈 때는 서로 나눌 이익이 있어서이다. 43,000여 초국적 기업의 활동과 권리가 147개 기업으로 집중할 정도라면, 서로의 이익과 철학이 골고루 나누어지는 경영의 목적과 방침이 같아야 한다. 서로 이익이 충돌하거나 위에서 강제해서는 불가능한 일이다.

'세계 챔피언 주식회사'라는 1997년 이코노미스트의 제목처럼, 초국적 기업은 이미 세계를 상대로 승리했다. 2014년 미 정보부 세계현황보고(The CIA World Fact Book)와 세계자산 500(The Global Fortune 500 List)에 따르면, 세계 100대 수익기관 중 기업은 63개, 국가는 37개였다. 지난 40년 신자유주의의 영향 아래 벌어진 일이다. OECD 국가의 행정, 정치, 공무 문화도 더불어 경제, 경영학으로 논리를 바꾸었다. 국가행정 곳곳에 효율적 경제 논리를 심은 바람에, 자본과 경쟁하거나 타협이라도 해 왔던 정치학이 현실에서는 물론이고 정신적인 차원에서조차 사라졌다. 문화와 예술, 대학, 학술 조직, 의학과 보건, 사법부와 의회, 정부 조직마저도 자본에 무조건 종속되었다.

특히 민족 국가가 무너졌다. 정부는 국민연금과 사회보장의 각종 연금과 재원을 한데 모아놓고 이를 투자 법규를 통해 시장으로 들어갔다. 국민 생활 안정, 노후보장 등 복지 논리를 앞세워 자본과 자산을 집중시킨 후, 이를 기업이 탈취하게 길을 터주었다. 자기 생산가지 더욱 더 많이 지급하는 사회보장이나 연금은 기성세대의 생활 유지를 위해 후발 세대의 주머니를 터는 다단계 금융사기의 일종이 되었다. 직원들이 저축한 돈을 불려서 나중에 나누는 공제조합(Mutual Aid)과 성격이 다르다. 연금제도와 사회보장이 원칙으로 다단계 금융사기라 해도, 세대 간 연대성이 살아 있고 기성세대의 사망률이 높고, 후발 세대에 꾸준할 정도의 임금이 보장되며 국가가 재정적으로 견실하다면 그리 문제가 되지 않는다. 그러나 이런 조건을 가진 국가는 없다. 거꾸로 세대 간 연대성은 끊어졌으며, 기성세대의 사망률이 낮으며 후발 세대에 임금이 전혀 보장되지 않으며 국가 재정이 바닥난 오늘날의 OECD 국가들이다.

그런데도 정부가 다단계 금융사기를 지속하는 이유는 국민이 모아놓은 돈을 정치적으로 쓰려고 작정했기 때문이다. 또한 국민의 노동과 임금을 통제하고자 함이며, 궁극적으로는 위태해질 국가의 재정을 금융사들이 틀어잡기 위함이다. 실제로 그렇게 되어 버렸다. 시민에 임금을 정상적으로 지급하여 스스로 공제조합을 만들게 하지 않는 이유가 여기에 있다. 사학연금이나 군인공제조합 같은 시민 자체의 조합이 있지만, 이들을 부패하게 만들어 결국 정부 조직 밑으로 통합해온 서구의 사례가 있다. 국가가 보기에, 시민이 자산을 가지고 부를 불리는 한, 통제할 수 없는 법이다. 즉 스스로 노후를 보장하고 자급이 가능한 시민은 결코 관리가 쉽지 않다.

이런 이유로, 국가와 기업은 한 가지의 공통적인 전략을 피우는데 그것은, 국민경제에 노동만 남겨두고 자본이 머물지 않도록 하는 것이다. 자본가인 "소수만이 자산을 불리는 반면, 절대다수의 민중은 수익이 아니라 임금으로만 입에 풀칠하도록 하는 것이 자본주의의 기초"라 했던 사회주의자들의 비판은 이 점에서 옳다.

자신에 큰 수익을 가져다주는 전문가의 스톡옵션 정도가 아니라면, 자본가들은 기질적으로 노동자가 재산을 불리는 꼴을 보지 못하며, 임금 외 수익을 가져가는 것을 견디지 못한다. 이들은 노동자와의 임금협상에서 지기라도 하면 이내 하청업계의 단가를 낮추고 인플레이션을 고려하고 지지하는 자들이다. 풀칠 이외의 임금이라면 자신이 배분하는 자선 보너스 이상을 생각하는 이들이 아니다. 프레데릭 바스티아가 말한 자선 경제의 본질이다. 다시 말하면, 국가 중심의 사회주의적 복지나 자본가 중심의 자유주의적 자선이나 목적이 같다. 민중으로부터 삶의 생산수단을 빼앗고 국가와 기업으로 자본을 집중시켜 노동 가치를 0에 가깝게 만드는 것이다. 이리하여 실제로 도달한 것이 전 세계 민중의 일용직 노동자화이다.

몸집이 큰 기업들이 서로 경쟁 구도를 만들어 세상에 보여주는 이유는, 바로 그 경쟁을 없애기 위한 것이다. 고래 싸움에 새우 등 터지는 일이 없도록, 작은 새우 기업들이 경쟁 구도에 들어오지 못 하게 하는 것이다. 이런 기업들은 겉으로는 경쟁하는 척하면서 뒤에서 서로 공모한다. 따라서 진정한 경쟁은 없다. 거꾸로, 세계 경영의 대세에 영향력이 없는 중소기업의 경쟁과 갈등만 더 치열하게 만들었다. 이런 승자독식의 세계에서, 갈등이나 경쟁, 역사적 구조를 따지는 일은 탁상에서나 가능하다. 노동력 및 기술과 생산력 사이의 역사적 모순도 없다. 역사적 모순이란, 목표나 원리가 같은 범주 안에서 대등한 두 힘이 충돌하는 것이다. 오늘날 자본가와 노동자, 생산력과 생산수단, 종교와 정치, 정치 권력과 기업 간의 구조적 모순이 발견된 바 없다. 구조적 모순이 아니라 역사적

행위자 사이의 갈등도 없다. 노동자라는 용어는 정규직으로 취업을 해야만 본래의 역사적인 의미를 가진다. 논리적으로나 현실적으로나, 노동자가 정규직이어야만 단결할 수 있고, 계급투쟁을 꿈꿀 수 있으며 노동의 가치를 논할 수 있다. 1980년대 이후, 그런 노동자는 사라졌다. 기술과 노동 자유화에 의해 노동 가치도 거의 의미를 잃었다. 결론으로, 반백수와 실업자 천지의 서구사회에서 노동자와 자본가의 충돌이란 어불성설이다. 종교, 정치, 사회의 다른 부분도 마찬가지이다.

오늘날의 초국적 기업은 다음처럼 움직인다. 알루미늄 가공업체가 통조림 업체를 인수하거나 협업하고 통조림 업체가 식료품 업체를 인수하고 식료품 업체가 식약청과 협업하며 식약청이 정부와 협업하며 정부가 제약업체와 손을 잡고, 제약업체가 의료기기업체를 인수하고, 의료기기업체가 병원을 소유하고 병원이 대학을 소유하며 대학이 알루미늄 가공업체의 지원을 받는다. 이처럼 모든 산업과 사업이 수익 창출과 리스크관리라는 같은 운명에 의해 융합된다. 알루미늄 공법에 사용되는 불소 처리를 위해 이들은 쥐약이나 살충제 회사와 만난다. 살충제 회사는 화학연구소를 소유하며 화학연구소는 독성물질을 개발하므로 당연히 화학무기를 생산하는 군산기업과 만나게 된다. 알루미늄 생산량이 많아지니, 불소의 보편화를 위해 대학과 연구소를 이용하고 치약회사와 연결되고 국가의 보건당국과 협약하여 수돗물에 불소를 넣는 만행을 저지르며 국제기구인 WHO 까지 움직인다. 이는 자연스레 생수 회사를 부각해 알루미늄 기업이 생수 회사를 인수하기도 한다. 초국적 기업은 이처럼, 산업유형이나 사업 부문을 구분하지 않는다. 산업 각 분야의 기술개발, 노동 관리, 마케팅, 브랜드 경영, 위기관리도 서로 구분하지 않는다. 모든 것을 융합한다. 이를 글로벌 경영(Total world planning; 경제, 사회, 정치, 군사)이라 한다. 이전에는 독립적으로 움직이던 산업과 산업의 각 분야가 서로 관계를 깊게 가진 이후 탄생한 세계 산업의 경영법이다. 산업이 융합하면 당연히 세계화가 되고, 세계화는 또다시 산업을 융합한다.

초국적 기업의 글로벌 경영은 위와 같이 융합된 기업 환경을 통제하는 일이다. 당연히 투자할 분야가 크게 확대되어, 기업 간 조율이 상시 그리고 더욱 긴요해진다. 초국적 기업의 공적인 모임인 다보스 포럼이나 사적인 모임인 빌더버그 모임(Bilderburg Group) 같은 조직을 보면 글로벌 경영의 실제를 쉽게 알 수 있다. 월가를 위시한 초국적 기업들은 1920년대부터 상시 만났다. 돈 벌기를 기획하고 이익을 조율하며 그에 따른 리스크를 관리해 왔다. 1940년대부터는 조직이 더욱 확대되었다. 니체의 말처럼, 모임에 무슨 거대한 음모가 있어서가 아니라 그것이 기업이 해야 할 자명한 일이었기 때문이다. 글로벌 경영은 국제기구와 국가가 해 왔던 일과 무수하게 교차한다. 이런 의미에서 국가와 충돌하고 협상하고 공모하는 와중에 정경유착은 말할 것도 없고, 정치의 기업종속 또한 필연이 되었다. 정치와 정치인은 사라져도 경제와 경제인은 사라지는 것이 아니다. 전쟁을 포함하여 국가와 국제정치가 경제인들의 협의 밑에서 자연스럽게 조율된다. 기업인이라면 예외 없이 꿈꾸는 초국적 기업은 세계의 정치와 국제 외교, 사회, 군사와 미디어 정책을 일괄적으로 관리하고 있으며 할 수밖에 없다.

키신저와 브레진스키가 공개했듯이 세계의 초국적 기업들은 '세계화', '지역분쟁의 필요성', '반러시아', '실물의 증권화', '아프리카 거점' 등의 세계 위기관리에 대한 일반론을 공유해 왔다. 전쟁에 대한 의견도 마찬가지이다. 어느 나라에 개량 핵무기를 소진하게 시킬까를 의제로 삼는 미국의 정경유착 기관, 전략적 억제연맹의 예에서 보듯이, 전쟁은 선택적 전략일 따름이다. 이를테면, 사담 후세인이 이라크의 유전과 가스관을 미국 몇 개의 기업이 가져가도록 해주었다면 이라크 전쟁은 없었을 것이다. 1998년 2월 12일, 중앙아시아 가스관 컨서시움(UNOCAL) 부사장 존 마레스카가 "가스를 가져올 길은 아프카니스탄 중앙을 지날 수밖에 없는데, 탈레반 통제 지역에는 정부도 없고 나머지 지역도 정치 갈등이 많아 도무지 일을 못 하겠다. 미국 정부가 이 지역을 지원해주어야겠다."고 했을 때, 록펠러사는 미국 정부를 시켜 외교적 노력을 취하게 했으나, 결국 이들은 9.11 테러와 아프간 침공을 선택했다. 침공을 앞두고 미국 부통령 딕 체니가 탈레반에 했다는 "금융단에 태워드릴까, 아니면 융단폭격해 드릴까?"의 협박은 이들이 장사를 어떤 방식으로 하는가를 잘 보여준다. 전쟁은 마케팅의 일개 요소이다. 초국적 기업의 말을 듣지도 않는 데다가, 전쟁의 승산이 크지 않아 위협 작전만 쓰면서 정부가 전복되기만 기다리는 이란의 경우도 같은 범주이다. 군산 복합기업으로서는 구형 무기를 소비할 전쟁이 필요한데, 러시아, 중국, 북한, 이란, ISIS 중 어느 것을 고를까 조율할 정도이니 리스크란 것이 리스크가 아니라 수익 창출을 위한 고민일 뿐이다.

초국적 기업은 국제기구, 국가, 미디어, 군사 움직임을 통해 시장시스템 위에서 시장을 관리한다. 따라서 세기 초에나 저질렀을 잘못된 투자나 부실 경영의 실수를 거의 하지 않는다. 가말 나세르 이집트 대통령이 미국에 멍청한 짓도 계산적으로 한다고 했듯이, 이 또한 기업이 하는 전술적 행동이다. 거품과 거품 폭발이 그런 것이다. 국가와 함께 공모하지 않으면 민간은행은 대출을 무한대로 할 수 없다. 국가와 공모를 한 다음 거품을 만들어 낸다. 주식 거품이나 부동산 버블, 공황 등이 그런 것이다. 중요한 정보를 줄 뿐만 아니라 생산도 하는 정부 관계자와 은행은 거품과 공황을 통해 돈을 벌기 때문에 거품은 멍청한 짓이 아니다. 시장을 비참하게 만든 뒤, 한두 명의 경제학자를 보내 시장이 만든 일이니 어쩔 수 없다면서 핑계를 던지고 돌아서면 그만이다, 경제부서 책임자는 지난 경제정책은 잘못된 것이라 말하고 나가 버리면 끝이다. 인플레이션을 생산성 향상을 위한 선택이라고 떠들어 댄 것처럼, 거품을 꺼도 마찬가지로 헛소리를 해대는 경제학자와 관료들이다. 특히 금융기업에 있어서, 평상시의 대출업무나 신용 창출보다는, 주식폭락이나 불황 같은 의도된 위기관리를 통해서 큰돈을 만진다. 미디어가 떠드는 경제위기는 위기가 아니라 끝없이 만들어 내야 하는 마케팅일 뿐이다. 혹간 시장 기능 일부분이 망가져 보일지 몰라도 그것은 조정(adjustment)일 뿐, 이들이 주도하는 시장체계는 언제나 건장했고 지금도 건장하다.

초국적 기업에 자유의 개념은 언제나 독점의 도구였다. 앞서 말했듯이, 1933년 미국 루스벨트를 상대로 한 기업의 쿠데타를 위하여 듀폰, 맥스웰 하우스 커피, 콜게이트 치약, 하인즈 케첩, US

Steel, GM 등이 돈을 주어 움직이려 했던 단체는 미국자유연맹 (American Liberty League)이었다. 자유의 이름을 건 극우단체였다. 십자군 (The Crusaders)도 이들과 함께했는데 이 또한 극우단체였다. 이들의 좌우명은 개인의 무한한 자유였다. 1930년대 유럽 파시즘을 영국과 미국 그리고 독일의 초국적 기업들이 지지했다는 사실은 잘 알려져 있다. 하지만 파시즘의 좌우명이 자유였다는 것을 아는 이들은 그리 많지 않다. 제임스 울시 CIA 국장이 회장으로 있던 NGO도 '자유의 집'(Freedom House)이었다. 극우는 자유를 부르짖지만, 자유를 부르짖는 모든 이들이 극우는 아니다. 그러나 자유를 주장하는 주체(극우주의자 vs 자유주의자)가 움직이는 동선을 기업이 나서서 서로 같게 만들면 극우와 자유주의는 결국 같아진다. 이것이 개인의 자유를 슬로건으로 내걸었던 신좌파와 신자유주의의 모습이었다. 이 극우적 자유주의자들이 바로, 자국의 산업자본을 금융 자본가들에 종속시킨 주체가 된다.

경제학자 가브(Charles Gave)는 금융독재의 경제학을 만들어 준 밀턴 프리드먼의 친구이다. 그는 "우파는 국가를 배신했고, 좌파는 국민을 배신했다"는 유명한 말을 남겼다. 그는 국가개방과 규제철폐, 다문화와 이민, 페미니즘과 노동시장 개방 등 신좌파가 만들어 온 세계화의 환경에 힘입어 금융독재의 친위혁명이 세계로 번졌다고 했다. 또한 월가가 주도하는 금융독재는 유럽 화폐인 유로를 몰락시키고, 복지국가도 소멸시킬 것이라면서 다음처럼 말을 전했다.

"미국 캔자스 FRB 의장 회니히(Thomas M. Hoenig)가 그렇더군요. 이

사람은 버냉키 정책에 8번이나 부표를 던진 사람인데, 클린턴 이후
거대은행 3개가 한데 모여 미국을 장악했다고요. 민주주의를 어떻게
다시 불러올지 그것이 문제라고 하더군요. 범죄 집단인 마피아가
미국을 장악한 겁니다."*

미국을 장악한 3대 거대은행은 J. P. 모건, 골드만삭스, 시티그룹이다.
세계 각국 정부에 직접 대출을 해주거나 IMF 등의 국제기관
대출금을 관리하는 동시에, 해당 국가의 경제정책까지 은행의 대출
조건에 맞추도록 강제해 온 이들이다. 이들이 세계 각국의 재정을
쥐락펴락하면서 탈 노동 정책을 취해, 세계를 실업의 상태로 떨어뜨리고
국가를 빚쟁이로 만들어 왔다. 단순히 말해서 신자유주의의 이름으로
세계의 민주주의를 파괴하는 데에 선두에 섰던 은행들이다.

미국의 빌 클린턴은 1994년 금산분리를 철폐함으로써 금융독재
시대를 공식화했다. 즉 기업이 은행을 소유하고 그 은행이 또
다른 기업을 소유하고 그 기업을 또 다른 은행이 가져가 몸집을
늘리는 금융 만능의 시대를 만들었다. 대출, 금융, 투기 만능시대가
시작되었다. 1930년대의 루스벨트가 아직은 독점적으로 규합되지
못한 금융자본을 금산분리를 통해 관리했다. 하지만 1990
년대에는 그럴 필요가 없었다. 소수 금융독재의 자본력에 도전하는
기업이나 국가가 사라져 버렸기 때문에 관리법도 필요 없어졌다.
1990년대 정치적으로 자유주의적이거나 사회민주주의적인 사고를
하는, 이른바 진보적인 사람들이 대대적으로 신자유주의의 물결에

끌려갔다. 실질적인 정의가 불가능하여 자신의 실존을 가상의 영역에 맡기고 사는 중산층과 서민이 일률적으로 투기라는 상상의 문화에 젖어 들었고, 이 투기 문화는 2008년 중산층의 실제적인 파산과 대량실업으로 막을 내렸다. "나는 중산층"이라 가상의 세계를 살았던 이른바, 중산층은 거의 전멸했고 빈민의 현실 안으로 걸어갔다. 그러하니, 사회 곳곳에는 "내 이익을 위해 타인을 희생시킨다"는 자유 파시즘의 철학이 세밀하게 퍼져나갔다. 이제 정치만 독재화시키면 금융독재는 완성되는 것이었다. 유럽 민주주의 파괴와 독재정치의 등장에 관하여 2013년 5월 28일, J. P. 모건의 EER 백서는 다음처럼 보고했다.

> "은행의 이익을 지켜낸 유럽연합이 만족스럽지만, 절반 정도만 그렇다. 유럽중앙은행은 더욱 분발해야 할 것이다. 나머지 반은 정치적인 개혁인데 …유럽의 자본주의 정부는 가능한 한 빨리 독재 통치체제를 구축할 필요가 있다."

금융독재가 정치독재를 원하는 것은 당연한 순서이다. 이 순서에 맞추어, 실로 반민주적인 금융독재가 자신의 첫 모습을 공개한 때가 우루과이 라운드(1986-)였다. 금융독재를 세계적으로 제도화하기 시작한 때가 1994년 세계무역기구(WTO)를 설립하고, 1995년 OECD 의 비밀협상인 다자간 투자협정(MAI)을 밀어붙이면서부터였다.

세계무역기구는 기업이 제시하는 협정을 국제법으로 만들어 민족 국가의 주권을 제한했다. 자유무역협정(FTA)이란 것으로, 이는 비교우위를 지닌 자가 다른 나라의 경제를 약탈하는 일을 넘어, 해당 국가의 법을 기업의 요구사항에 맞추어 변경, 국제법으로 찍어버리는 정치이다. 다자간 투자협정은 빌 클린턴의 금산분리 철폐에 힘입어, 외환 표시 자본이 국경을 자유로이 넘나들어 국가와 기업에 투자하고 이익을 얻으며, 국가와 기업의 구조조정에 대한 권리마저 얻도록 했다. 규약의 내용은 다음과 같다. 1. 관세, 기업 설립요건, 영업기준 등 국가의 규제를 최소화하고 2. 천재지변이나 환경문제 등으로 기업이익에 손실이 났을 시 해당 국가가 손해를 충당하며 3. 국가가 국산품 애용 같은 홍보를 하거나 혹은 자국의 기업에 특혜를 줄 경우 투자자는 해당 국가를 국제법 기관에 제소할 수 있으며 4. 미국에 본사를 둔 기업에는 최고의 혜택을 보장하며 5. 노동기본권과 자본에 대한 과세는 추후 논의 한다는 것이었다. 이에 추가로 제시했던 것이 6. 여성에 취업을 무한 개방하도록 포괄적인 양성평등의 원칙을 지킨다는 것이었다. 누가 보아도 어처구니없는 이 악법은 결국 세계를 떠들썩하게 만들었으며 제안 3년 만에 폐지되었다.

다자간 투자협정은 그러나 국가들 사이에서 개별적으로 진행되고 있던 자유무역협정(FTA)의 세부 항목 속으로 이미 녹아들어 갔다. 서비스(GATS), 지식재산권(ACTA), 국가 공공서비스(ACS)를 사유화하여 투자자들에 운영을 일임시켰다. 투자자 중심의 경제정책은 유엔과 IMF, WTO, 세계은행 등 국제기구의 기본 방침으로 자리했다. 이를 다시금 정리한다면, 2000년 이래 1. 기업이 요구하는 협정

내용에 자국의 법률을 개정하게 만드는 기업의 국가 주권 침탈이 일반화되었다. 이로써 기업의 욕망에 어긋나는 전 세계 국가의 무역, 이민, 자본의 규제가 점차 사라져 갔다. 2. 유엔과 국제기구는 기업의 대변자로서 국권을 침탈하는 도구로 쓰이게 되었다. 국제이슈는 탄소배출, 기후변화, 녹지파괴, 쓰레기 처리 등으로서 모든 환경비용을 개별 국가가 충당하게 했다. 3. 국가가 공기업을 지원하여 사기업이 얻어 갈 수익에 차질을 주었다고 판단하는 경우, 국가는 그 '상상의 수익분'을 물어 주어야 하는 관례를 만들었다. 이런 환경에서 공기업이 다시는 국민경제를 보호하지 못하도록 하되 경쟁력만 키워 사기업과 인수·합병하도록 유도되었다. 4. 세계 각국에 특수 기업을 특별 우대하는 차등 법률이 양산되었다. 5. 비정규, 푼돈을 받는 재능기부, 자원봉사 같은 불안정고용이 허울 좋은 이름으로 강제되었다. 노동운동과 노동기본권은 자연스럽게 무너졌으며 외국자본에 대한 과세는 국가가 나서서 금지하는 진풍경을 연출했다. 6. 페미니즘을 통한 양성평등이 가장 성공리에 조작되었다. 여성들이 가정으로부터 떨어져 나오거나 독신으로 살면서 비정규직으로 대거 몰려가 노동 가치를 저하했다. 독립여성 덕택에 과세가 확대되었고 여성 사회에 전반적인 소비를 부추겨 가계부채를 천정부지로 올려놓았다.

민주주의 파괴를 위한 제반 제도를 법적으로 실현한 정부는 미국이었지만, 영국과 프랑스, 독일, 캐나다, 이탈리아, 일본 등 러시아를 제외한 G7 국가의 정부도 이에 합세했다. 칠레, 한국, 호주, 대만, 네덜란드, 스웨덴, 사우디아라비아, 카타르 등의 정부가 신자유주의를 강력하게 지지했다. 정경분리의 엄연한 현실 속에서도 불구하고, 기업주도의 FTA가 정부의 볼펜을 빌려서 진행되었다. 세계 미디어는 FTA가 기업들 사이에 벌인 협정이라는 진실을 감추고 마치 국가 간 협정인 양, 비관세가 국민 생활에 도움을 주는 양 호도해 왔다. 1947년 세계의 평균 관세는 47%이었지만 1993년 3.7%로 추락해 있었다.

앞서 말했듯이, FTA는 관세보다는 관세와 규제의 철폐를 통하여, 각국의 농업, 공업, 금융의 자급자족 체계를 무너뜨리려는 정치적 전략이었다. 기업 활동에 대한 국가적 규제를 철폐함으로써, 민족 국가의 경제를 파괴하는 도구였다. 이로써 국내외를 따질 것 없이, 대기업의 몸집은 더욱 커지고 중소기업은 더욱더 작아지는 기업 간의 양극화가 이루어졌으며, 해당국의 자급자족 체계가 무너졌다. 수입 곡물이 넘쳐났다. 보온병 하나 만드는데도 10여 개 국가의 제품이 부품으로 들어오고 나가는 다국적 제품이 만들어졌다. 공장은 세계 어디론가 나가버렸고, 농민이 종자를 해외에서 사서 쓰는 일이 관례가 되어 버렸다. 유기농 기준 5%만 맞추면 유기농 제품이 되었고, 유전자변형 식품의 조건은 현저하게 하향화되었다.

특히 금융 서비스 FTA는 관세를 철폐하는 단순한 문제를 넘어 금융의 세계화를 목적으로 했다. 민족 국가 경계가 사라지니 기업이 아무리 돈을 벌어도 자국에 재투자할 이유가 없다. 수익의 일정부분도 국민에 내려가지 않는 실업 만연의 금융시스템을 만들었다. 이는 오로지 은행을 위한 정치였으며, 흉내라 해도 국민경제에 전혀 도움이 되지 않는 정치였다. 이리하여 국민 간의 양극화도 이루어졌다. FTA는 정치인들이 말하는 무역의 자유가 무엇을 의미했는지, 의회와 정부가 기업을 위해 얼마나 많은 일을 대리해 주었는가를 여지없이 보여준 사례였다.

공식적으로 세계화라 부르는 반민주 금융독재는 우루과이 라운드와 다자간 투자협정을 밀어붙인 영국의 마거릿 대처(1979-)와 미국의 로널드 레이건(1981-)의 두 기업 꼭두각시 정권이 만들어주었다. 레이건은 시카고 조폭의 돈을 받아 정치활동을 했던 자였다. 그는 대통령으로서 제 목소리라도 냈던 지미 카터와 달리, 정치적 결정의 어떤 권한도 부여받지 못한 최초의 미국 대통령이었다. 연방정부 안에서 막후로 움직이던 민간업자들이 그의 재직시절부터 제 모습을 드러냈다. 군산 복합기업인 벡텔사의 부사장 조지 슐츠와 캐스퍼 와인버거 같은 직원들도 국무부에 들어와 자리를 차지했다. 록펠러 가문의 사람인 존 C. 화이트헤드, 금융 카르텔 메릴 린치의 CEO인 도널드 리건 같은 은행원들도 끼어 있었다.

금융독재의 전위부대이자 총알받이로서 사회당, 노동당 같은 정치적 진보좌파가 민주주의 파괴에 적극적으로 참여했다. 아나키스트를 제외한 좌파의 대다수는 이론적으로나 실천적으로나, 파시즘과 같은 전체주의와 강제노동 같은 집산주의 노동 & 소비정책을 가지고 있다. 무슨 변명을 하든, 개인의 자유라든가 사회의 민주적 운영과는 거리가 멀다. 마르크스주의는 후환을 책임질 수 없는 독재를 주장했으며, 전후의 사회주의도 노동 통제와 사회검열, 대중조작에 적극적이었다. 신좌파들은 입으로는 자유와 인권, 사회민주주의적

계획경제를 내세웠지만 실제로는 금융과 초국적 기업의 독재를
제어할 규제를 스스로 철폐하고 세계 곳곳의 농촌 공동체에 들어가
값싼 여성 및 소아 노동력을 초국적 기업에 제공토록 자유 운동을
이끌었다. 인권의 이름으로 개인의 욕망이 서로 충돌하도록 혼란을
부추겼다. 이리하여 금융독재가 더 넓고 강하게 영향력을 행사하도록
만들어주었다.

Chapter 5 자유 파시즘의 시대

국민이 몰랐던 세계화

처칠이 말했던 '최악의 정치체제인 민주주의'는 20세기 후반 더욱 사악하게 변했다. 승자독식이 고착했고, 가짜가 진실을 파괴했다. 사람들 사이의 믿음과 연대성이 사라졌다. 민주주의란 것이 과연 있기나 했는지를 고민할 만큼, 많은 정상인의 판단을 정지시켰다. 1960년대 말 포스트모던이라 뭉뚱그려 불렸던 분열의 문화는 과거의 지식을 허황한 이론이라며 공부하지 말라 했고, 남녀를 분열시켜 노동시장을 개방했으며, 임금을 하향 평균화시켰다. 로마 클럽과 동성애자들을 앞세워 인구축소 정책을 정당화했으며 유전자 변형 (GMO)산업을 거대하게 부풀렸다. 이는 아울러 소아성애자들을 이용하여 아이들의 육체를 탐하도록 부추기는 도덕적 타락 마케팅과 함께 했다.

풍요의 30년(1945-)이 끝나자마자, 1990년대 포스트모던 분열증은 2000년대를 거쳐 탐욕주의로 진화했다. 원재료를 가공하다 못해, 가공된 것을 재가공하는 편집 문화를 만들어 내었다. 정치이념이 편집되고, 가족이 편집되고, 예술이 편집되고 나이와 성이 편집되고 피부와 문신이 편집되었다. 편집이 가능하다면 생산은 필요 없다. 록펠러재단과 카네기 재단이 주도하는 바이오 메커니즘 문화는 세대를 철저하게 단절시켰다. 더는 아이를 낳지 않도록 AI의 이데올로기를 주입했다. 지적 수준을 낮추기 위해, 언어를 GMO처럼 왜곡했다. 인권의 이름으로 개인의 욕망을 포장하는 의식의 전환도 시도했다. 250년 전 계몽주의자들이 계몽하겠다면서 민중을 몽매의 지경에 빠뜨렸듯이, 포스트모더니즘은 50년 전부터 개인의 욕망을 부추기며 사회적 연대와 진실을 이처럼 파괴했다. 역사를 뒤집어 보겠다면서 역사를 왜곡했고, 자유를 넓히겠다면서 자유를 압살해 버렸다.

통섭, 융합, 하이브리드의 논리가 퍼져나가던 20세기 후반, 사람들은 이 경향이 글로벌 바이오 경영의 문화라는 것을 몰랐다. 조지 소로스 같은 투기금융가가 자신의 영업과는 전혀 관계없는 동유럽의 학생 및 사회혁명을 지원하다 못해, 반정부 단체를 만들어주면서 혁명을 이끄는 이유도 몰랐다. 빌 게이츠 마이크로소프트 회장이 IT와는 전혀 관계없어 보이는 바이오와 백신 사업에 거대하게 투자하는 모습도 아무런 생각 없이 지켜보았다. 1980년대부터 일어난 뜬금없는 자유 설레발이 결국 1990년대 등장할 신자유주의의 포석이란 것도 몰랐다.

일개 사설 은행에 불과한 골드만삭스가 그리스와 이탈리아 같은 국가에 구조조정을 강제하고 30% 이상의 노동자 임금삭감을 요구하는 등 주권을 짓밟는 것도 아무 생각 없이 지켜보았다. 구조조정이란 것이었다. 구조조정이란 수익성 없는 사업을 정리하고 수익성 있는 사업을 찾아 기업의 체제를 바꾸는 일이다. 임금삭감과 실업을 양산하기 마련이다. 문제는 구조조정이라는 것이 금융계에 발목을 잡힌 기업(국가)들의 실리 추구에 기반한다는 점, 그리고 새로운 수익모델 대다수가 국민과 상관없는 국제적인 기술과 금융, 이익분배에 기댄다는 점이다. 거품과 호황 때는 국민들에 기대어 돈을 벌었음에도 이제는 몸집을 줄여 기술, 금융의 국제적 네트워크와 손을 잡는 것이다. 경제는 역시 경제로 가겠다는 것이다. 구조조정은 효율성에 눈이 먼 기업이나 국가가 시민사회와 노동 가치를 박멸해 버리는 단계별 전략으로 활용되었다. 1997년에는 골드만삭스를 포함한 9개의 미국 은행들이 한국에 들어와 경제구조를 뜯어고쳐 버렸다. 기업과 국가가 꼼짝을 못하고 기술과 금융 네트워크 안으로 들어가 버렸다. '당신 국민이 번 돈'으로서 GNP가 사라졌다. 대신, "당신 땅에서 우리가 번 돈'인 GDP가 등장했다. 사람들은 금융위기에 의한 국가부도란 것이 남의 돈을 펑펑 쓰다 꼴 좋게 망했다고만 생각했지, 철두철미하게 계획된 민간은행들의 공조라는 것을 몰랐다. 같은 일이 세계적으로 반복되었다. '자유의 이름으로' 그리된 것이다.

대형은행들이 자유의 이름으로 공산주의와 민주주의를 한꺼번에 무너뜨리는 광경을 지켜본 지노비예프(Alexander Zinoviev)는 21세기를 금융독재(financial dictatorship) 시대라 확언했다. 민주주의를 압살시킨

세력이자 금융독재의 앞잡이로서 진보좌파라 일컬어지는 사회주의
세력을 지목했다.

"작금 사회주의자들이 유럽의 대다수 국가를 장악했는데 사회를
해체하는 정치를 하고 있어요. 자본주의 나라에 있던 사회주의적인
모든 것을 파괴하고 있습니다. 서민을 보호해 줄 정치세력은 이제
서구에 없습니다. 정당은 형식으로만 남았죠. 정당 간 차이가 점점
없어져 갑니다 …. 몇 나라에서 힘 좀 쓴다는 환경주의자들은 나토
폭격으로 환경 참사가 일어났어도 이를 환영했어요. 이 사람들
말이죠. 군복 전체를 특수보호제로 무장한 군인들을 보고서도
열화우라늄 탄이 환경에 해를 끼치지 않는다고까지 지껄여요.
서구사회에서는 민주주의가 이리 구조적으로 서서히 사라지고
있습니다. 초 민족적인 체제가 각국에 법을 강제하니 전체주의가
각지로 퍼져나가는 겁니다. 이 비민주적인 초 민족 체제가 명령을
내리고 처벌을 강제하며, 엠바고를 시키고 폭탄을 떨어뜨리고
기아를 유발합니다. 클린턴도 복종하잖아요. 금융 전체주의가
정치세력을 장악해 버렸습니다. 차가운 금융 전체주의는 감정과
동정심을 모릅니다. 금융독재와 비교하면 독재정권은 차라리
인간적입니다. 아무리 폭력적인 정권 속에서도 그때는 저항할 수
있었어요. 하지만 은행에 대한 저항은 불가능합니다 …. 민주주의적
전체주의와 금융독재는 사회혁명의 가능성을 규칙에서 배제해
버립니다."

1940년대, 민주주의는 "정부형태로는 최악이지만, 그래도 국민이 민주주의를 믿으니 그냥 계속 가보자"는 처칠의 기대 아닌 기대가 없지 않았다. 그러나 민주주의는 여전히 망상이다. 세계 각국에서 수백 명의 수장이 바뀌고 혁명이 일어나고, 경제정책이 세워지고 다시 버려졌다. 각국의 외교가 세계를 흔들고 이합집산을 거듭해 왔다. 그러나 민중의 생활은 전혀 바뀐 것이 없고 오히려 도탄에 빠져들기만 했다. 근대 국가 이래, 귀족과 부르주아의 위계질서는 변한 것이 하나도 없다. 과거의 귀족은 여전히 상원을 움직이고, 부르주아는 여전히 하원을 움직인다. 그들 사이에서 국가의 수장을 뽑았으며 경제, 정치조직을 장악했다. 정치, 외교, 경제를 이끄는 척하는 이들에 민중 대표성이 없을 수밖에 없다. 정치적 대표자들, 경제 전문가들, 말과 글로 이름을 남긴 인물의 대다수가 단지 금융독재의 꼭두각시였고 현재는 더하기 때문이다. 물론 금융은 실물경제를 통하여 수익을 안정시킬 수밖에 없기 때문에, 금융독재는 언제나 군산 복합, 바이오, IT와 같은 대형 기업과 함께 움직이게 되어 있다.

세계화의 정치이념, 자유 파시즘

엘리트를 포함한 부자들과 국가권력이 융합하는 위와 같은 민중 지배 현상을 표현하는데 가장 유효한 단어가 파시즘이다. 1932년 이탈리아의 베니토 무솔리니는 파시즘을 정신적, 전통적, 철학적, 정치적, 경제학적으로 또박또박 설명했다. 그는 파시즘 국가를 National Corporative State(민족-기업-국가)라는 단어로 대신했다. 민족이

기업을 형성하고 이를 국가가 통치한다는 것이다. 그가 특별하게 강조했던 것은 State(국가)였다. "파시즘에 있어 국가는 절대적이되 개인과 조직은 상대적이다. 국가가 있어야 개인과 조직도 인정된다 …. 파시스트 국가는 다른 영역만큼이나 경제영역을 통치하도록 한다 …. 우리는 완전한 기업(조합) 중심 국가이다. 모든 경제조직은 기업국가에 의해서만 인정, 보호된다."는 것이다. 기업이 정치인을 부려 대리 통치하는 체제다. 파시즘의 여러 성격 중, 국가가 민족(Nation), 경제사회(Corporative)의 모든 차원을 주도적으로 이끌어가는 친국가, 친기업, 반사회, 반개인 성격을 강조한다. 놀랄만한 일인지 모르겠으나, 로널드 레이건과 마거릿 대처가 이끌었던 신자유주의 정부 체제와 다를 것이 없다. 가장 친개인주의를 부르짖었던 체제가 가장 반개인적인 체제였다. 1%도 되지 않는 개인들을 위해 99%의 개인을 하향 표준화, 균등화했기 때문이다. 프리드리히 하이에크가 자백했듯이, 차별을 없앤다는 구실 하에 벌이는 인간과 사물의 표준화야말로, 자유주의가 전통적으로 강조해 온 평등의 모습이다. 신자유주의는 민족과 사회의 절대 이성으로서 국가라는 체제를 지목한 프리드리히 헤겔의 생각과 별다른 차이가 없다. 단지 국가를 기업으로 바꾼 것뿐이다. 국가는 이제 껍데기만 남았다. 스트로브 탈보트 브루킹스 연구소장의 말대로 "국가는 사라질 것이다." 그리고 기업만 남을 것이다.

도식적으로 본다면, 무솔리니의 설명처럼 정부가 은행과 결탁하여 나라의 기업을 장악하면 국가 파시즘이 된다. 국가체제를 장악한 소수 정치인이 소수 경제인의 특정한 이익과 목적을 위해 절대다수의 국민을 일사불란하게 이끌었던 체제이다. 강제이든 동의이든 국민도 이를 따랐다. 파시즘은 현재까지 극우로 알려져 있다. 20세기 파시즘은 국가 주도형이었다. 그런데, 국가체제를 장악한 소수 경제인이 특정한 이익과 목적을 위해 절대다수의 국민을 이끌고 국민도 따른다면 이것은 무슨 체제인가. 실은 "작대기들이 한데 모이면 꺾을 수 없다"는 뜻을 가진 것이 파시즘(ref. Fasci)이니 만큼, 이 또한 여전히 강력한 파시즘이다. 단지 주동자가 정치인이 아니라 경제인이라는 점에서 다를 뿐이다. 전자가 전통적인 파시즘이라면 후자는 금융독재가 대변하는 오늘날의 자유 파시즘이다.

파시즘 비판으로 유명한 아렌트(Hannah Arendt)는 "파시즘은 거짓말로 족하지 않고 거짓 현실을 만든다."고 했다. 그의 말대로, 파시즘을 일종의 거짓 현실로 만들 수 있는 것도 파시즘이다. 즉 파시즘이 아닌 것을 파시즘이라 하고 파시즘을 민주주의라 부르는 논리가 파시즘이다. 아렌트가 잊었거나 빼먹은 오컴의 면도날 같은 논리이며 실제 현실이다. 1960년대 신좌파 지식인들이 뭣도 모른 채 소련을 동네북으로 만들었듯이, 1950년대의 아렌트는 나치를 동네북으로 만드는 꼭두각시 역할을 했다. 그는 대중에게 '나치 혹은 독일인들이 당신들의 권리를 앗아갔다'는 가짜 피해의식을 조장함으로써, "당신이 나치로부터 되찾아야 할" 권리를 소수 유대 제국주의자들이 독차지하게 했다. 세계대전의 진정한 적인 유대 제국주의자와 금융독재를 눈앞에 두고도 그 하부의 역할을 맡은 히틀러만 비난했다. 이로써 아렌트는 유대 제국주의자와 금융독재를 보호해 주었다. 아렌트와 같은 이런 물타기 혹은 적반하장의 논리가 오늘날에도 여전하다.

파시즘을 자유라 착각하게 만든 것은 진보적이라 부르는 학자들의 책임이다. 이들은 건달이라도 지닐 본연의 도덕 감정을 자신들만 가진 듯 사람들에게 훈계하며 스스로 저질 정서에 생각을 가두었다. 이들은 말 그대로, '저질적으로' 여성의 아군인 남성을 적군으로 만들었다. 세계화의 피해를 겪으면서도 사회주의와 민주주의를 국경선 내부에서 융합하여 고수하려는 러시아, 독일의 민족주의자들을 적으로 보았다. 금융독재의 상당수가 유대 세력이라는 사실을 잘 알면서도 이를 언급하는 사람들을 음모론자라며 무시했다. 그들이 오늘날의 사회당, 노동당, 대학, 시민단체를 구성하는 자유 파시스트들이다. 앞서 지노비예프가 지목한 이들로서, 이들은 아직도 자유주의와 민주주의가 공존한다고 믿으며, 국가와 정치가 경제와 기업에 영향을 미칠 수 있다는 구태의 착각에 빠져 있다. 이들은 세계의 정치가 이미 경제인들에 의해 조종되고 있다는 것을 알면서도 모른 척한다. 금융독재 혹은 자유 파시즘은 이미 성공했지만, 진보좌파가 행하는 모든 정치적 제스처는 금융독재의 가장 낮은 수준의 꼭두각시 역할에 불과하다. 그런데, 이것이 최근의 일인가? 그렇지 않다. 민주공화국 초기부터 있었다.

자유 파시즘의 한 역사, 민주공화국

무솔리니의 파시즘이 추구했던 친국가, 친기업, 반사회, 반개인의 성격을 지닌 국가나 공동체라면, 1792년 프랑스가 선포한 반사회와 반개인, 친의회와 친정부의 제1공화국이 있다. 겉으로는 '국민 인권선언'을 공표했음에도 불구하고(했기 때문에), 인권의 실제 대상은 협소했다. 그리스 로마 시대에 로마인 혹은 시민의 의미가 전 국민의 단 몇 %에 불과한 이들을 지칭했듯이, 혁명위원회 또한 직위가 있거나 세금을 낼 수 있는 소수의 사람을 국민이라 지칭했으며 이런 엘리트적 습관은 20세기까지 이어졌다. 제1공화국은 정부와 의회를 통하지 않으면 어떤 사회도 개인도 단체를 만들 수 없다(샤플리에 법)고 했는데 이 반사회, 반자유법은 오늘날까지도 허가제나 등록제의 이름으로 유지되고 있다. 제1공화국은 공포정치(1792-)라는 일당독재의 국민 테러를 행사했으며, 연이은 총재정부(1795-)는 경제와 정치 권력을 소수의 거대부르주아와 지주 및 귀족에게 넘겨주었고, 결국 나폴레옹의 총통제(1799-)로 넘어가 버렸다.

　민주공화국과 총통제는 금융역사학자 르네 세디오가 기술했듯이, "지주가 더욱 부자가 되는 결과를 제외한다면, 아무것도 남기지 않았다 …. 남은 가축 하나가 남지 않았고 텃밭 하나도 남지 않았다. 국가와 지방의 땅이랍시고 농사를 지으면 지을수록 금방 동이나 사라지고, 돌아오는 것이라고는 쥐꼬리만 한 보상밖에 없었다." 무엇보다도 농민의 권리를 지켜주었던 봉건법이 사라졌다. 용익권, 경작권, 경작지 상속권, 목초지 이용권, 이모작 선택권, 지역 균등 세금법, 생산수단 공유권 등 농민과 농민의 부를 보호해 주었던 봉건제의 모든 법이 사멸했다. 이후에도 공화국의 이름을 내건 파시스트적인 시나리오는 한결같았다. 공포 혹은 전쟁, 경제적 양극화, 독재체제로 넘어가기만 했던 민주공화국의 여정이었다.

로베르트 미헬스의 지적처럼, 공화국이 주장했던 민주주의는 "메커니즘" 자체가 "소수 지배"였다. 이 공화국의 여정을 프랑스의 공화국이 실제로 그리고 무솔리니의 파시즘과 히틀러의 나치즘이 이념적으로나마 고스란히 반복했다. 전쟁을 통해 극소수 초국적 기업의 세상을 만들어 낸 프랭클린 루스벨트가 또한 그리했으며, 레이건과 대처의 신자유주의 정부가 이를 구체화했다. 무솔리니와 히틀러의 파시즘이 충분히 경험되고 정착된 무엇이 아니라 앞으로 그렇게 하겠다는 독트린으로 끝을 맺은 이상, 파시즘의 문제를 무솔리니나 히틀러에 머물러 찾는다는 것은 우스운 일이다. 전쟁의 변수에 의해 조기에 끝나버린 미숙한 파시즘이었기 때문이다. 국가가 기업을 관리하고 사회와 개인의 독립성을 부인하는 무솔리니의 파시즘은 프랑스 제1공화국이 흘러왔던 여정처럼, 오늘날에도 지속되는 공화국 일반의 파시즘적 실제 속에서 찾아야 하는 것이 정석이다.

민주공화국은 자유의 이름으로 파시즘을 성공시켰다. 무너지는 기업과 은행을 국가의 돈으로 살려주는 일, 보조금과 공적자금, 기업 면세와 감세, 국민특허 압수와 매수, 노동시장 개방처럼 기업에 대한 국가의 일방적인 지원이 민주공화국에서 일반적이었다. 개인과 사회의 모든 행정과 운영을 국가의 허가 밑에 두어 감시했고, 의무교육이라 하여 국민을 일률적으로 교육했고, 보상 없는 징병과 감옥의 노역, 기업친화적 정책과 부의 집중, 언론탄압과 검열을 일상으로 행했다. 18세기 제1공화국이 나폴레옹의 총통제로 넘어갔듯이, 19 세기 민주공화국은 파시즘과 공산주의를 통해 자신의 최종 모습을 보여주었다. 공산주의 국가들이 민주공화국을 그토록 부르짖었던 이유가 이것이었다. 사회와 개인을 기업화된 국가에 종속시키고자 했기 때문이다. 제1공화국 이후 만들어진 유럽의 각종 공화국 또한 공산 공화국보다는 비교적 느슨했지만, 초록이 동색이었다. 공산 공화국은 정치적 파시즘이지만, 자유를 내건 민주공화국은 경제적 파시즘이었다. 파시즘의 정의가, 경제적 차원에 집중한다는 점에서 민주공화국이야말로 진정한 파시즘이 된다. 자유주의 공화국이든 사회주의 공화국이든, 자신들은 파시즘과 관계없는 듯, 혹은 반대하는 듯 거짓 위선을 피우지만 결국 민주공화국 자체가 파시즘 국가 운영의 원리를 지니고 있다.

민주공화국의 속내 즉 파시즘은 현재진행 중이다. 민중의 자유와 인권으로 이름으로 자행되는 소수 기업 엘리트의 국가장악과정이다. 이를 기업 파시즘이라기보다는 자유 파시즘(Liberal Fascism)이라 부를 수 있다. 공화국은 자유의 이름으로 정체를 유지해왔으며, 공화국의 진정한 주체인 기업은 자유의 이름으로 사회와 개인의 자산과 권리를 장악해 왔기 때문이다. 1990년대에는 신자유주의라는 기업국가 체제로 쉽게 넘어가 버렸다. 정치적 파시즘으로부터 단지 질서와 민족의 이름만 빼 버린 상태이다. 로널드 레이건이 촉발한 국가 민영화 작업은 부시-클린턴-부시 정권(1989-2009)으로 이어져, 20년간 아예 드러내어 놓고 법을 세우다 못해, 정부 각 부처에 기업인과 은행원들을 심었다. 수도, 전기 같은 국민을 위한 공공업무를 민간 기업에 이양하면서 둘러댄 레이건의 구실은 '업무의 효율성'이었다. "바보야! 문제는 정부야!"로 출발한 레이건의 슬로건은 "바보야!

문제는 경제야!"라는 클린턴의 슬로건으로 이어졌다. 공화국의 순서가 원래 그런 것이다. 전자는 국민행정의 민영화를 위한 공화당의 슬로건이었고, 후자는 금융규제 철폐와 같은 국가 경제의 민영화를 위한 민주당의 슬로건이었다. 국가와 경제가 서로 손을 내밀고 맞잡으며 기업국가로 공공연하게 치닫는 것이다.

대통령은 대외적으로 종속당하지 않을 권리 즉 국가의 주권을 지키는 사람인데, 민주당이든 공화당이든 주권을 기업에 넘겼으니, 기업이 국가를 팔아넘겨도 되는 지경에 이르렀다. 대통령이나 의회나 모두, 이제는 대통령도 의회도 아닌 것이 되어 버렸다. 정부가 초국적 기업과 금융독재의 하수인이 되었다. 이리하여 자본의 핏줄인 자원, 자본과 노동이 시장으로 터져 나와 기업의 네트워크 속으로 속속들이 빨려 들어갔다. 이것이 지난 50년, 대통령과 정부, 의회의 이름을 건 미국과 그 영향 아래의 유럽, 아시아, 남미 국가들에서 벌어진 현대사였다. 기업만의 자유를 빙자한 파시즘이었다. 무솔리니의 국가 파시즘은 국가가 기업을 장악하지만, 자유 파시즘은 기업이 국가를 장악한다. 국가 파시즘은 국가가 개인과 사회를 장악하지만, 자유 파시즘은 기업이 개인과 사회를 장악한다. 이랬든 저랬든 결과는 같다. 파시즘이다.

엘리트-국가-기업으로 이어지는 민간소수 독재의 공화국의 여정은 자본주의가 지난 300년간 걸어 온 길이었다. 자본주의 경제체제가 만들어 온 자유주의-공화주의-공산주의-파시즘- 신자유주의-세계 경영의 긴 여정 속에 중산층, 자영업자, 노동자,

농민, 지식인, 백수 등 민중이라 불리었던 사람들은 무엇을 했을까. 저항했을까. 동조했을까. 아니면 무관심했을까. 시대와 지역에 걸쳐 모든 일을 해 보았을 것이다. 중요한 것은, 어느 경우이든 자본주의의 파시즘화를 막지 못했다는 점이다. 민중은 엘리트의 거짓, 변명, 법, 제도를 이겨내지 못했다. 엘리트만이 누리는 자유, 민주, 인권, 평등을 마치 자기들 것인 양 착각에 빠져, 자신의 입지를 좁히며 살아왔다. 자유, 민주, 인권, 평등의 토대가 되는 생산수단을 엘리트에 빼앗긴 채, 노숙자처럼 인생을 살았다. 가끔 기업의 자선행사에서 나누어 주는 빵 조각과 관청에서 나와, 깔아주는 돗자리에 만족했다. 주권재민의 의미를 전혀 알지 못했다. 그런데도 "저 관청이 당신 집입니까"라 물어보면, "네!"라고 대답했다. "저 기업이 당신 집입니까"라 물어보면, "네!"라고 대답했다. 민중은 집을 빼앗겼음에도 말로만 주권재민을 외쳤던 바보였다.

1789년 민중 혁명을 바라보았던 알베르 소불의 지적처럼, 민중은 자기규정이 모호하다는 단점에 덧붙여 귀족이나 부르주아와 달리, 세상을 바라보는 데 있어 "독창성이 결여"되어 있었다. 그러하니 그의 결론 그대로, "노동자, 농민이 나서서 부르주아 혁명을 성공시켜 주었으며, 부르주아 국가를 방위해 주었다." 부르주아의 혁명과 국가 그리고 그들만의 세계를 만드는데 민중이 큰 역할을 했다는 것이다. 소불은 그런데도, 결과적으로 보면 민중이 구체제의 상업 부르주아를 일소했다고 토닥거린다. 공산주의자다운 편견이다. 민중이 일소했다면 중상주의적 상업 이익을 일소 했을 뿐이다. 부르주아도 부르주아의 산업도 일소한 것이 아니다. 오히려 이들을 더욱 거대한 산업자본가로 만들어주었다. 부르주아 혁명을 밀어준 민중은 어찌 되었는가. 공장주, 자영업자, 기술직인, 중하위직 공무원 등 이미 부르주아였던 소수의 민중이 산업자본가의 편에 달려가 붙었다. 나머지는 소불의 표현대로, 서민(humbles)이라 불리며, 새로운 자본주의 체제에서 "소부르주아가 되거나 일용직 노동자로 전락했다."

지난 300년, 가장 부유한 사람들만이 독창적이었고 자유로웠고 가장 민주적인 사람이 민중을 가장 잘 이용했다. 인권을 가장 잘 보장받은 사람들도 오로지 그들이었다. 1% 소수 안에서만 평등했고, 99% 다수 안에서만 평등이 이루어졌다. 똑같은 노숙자 주제에 돗자리 하나 더 얻겠다고 발버둥 치는 99% 민중들 사이에서 인권 전쟁도 벌어졌다. 인권이라는 것은 강한 자의 무한한 욕망을 제어하는 약한 자의 법적 장치라는 사실을 민중은 이미 오래전에 잊었다. 거꾸로, 개인의 욕망을 달성하는 적극적인 도구인 양 인권을 취급했다. 서로 가난하게 살다 보니 생긴 착각이었다. 사회적 연대를 스스로 파괴하며 민중은 서로를 고소, 고발하며 씩씩대며 살았다.

Chapter 6 결론

행동에로의 초대

역사에 있어, 정신적 발전이라는 것은 없다. 손자병법 이상의 전략문건이 2500년이 흘러도 나온 바 없다. 사제 간이던 소크라테스, 플라톤, 아리스토텔레스가 살았던 약 100년의 기간 동안, 인류의 지난 2000년의 문젯거리 대다수가 제기되었다. 철학, 정치, 윤리, 심리, 경제, 화폐에 이르기까지, 신과 인간과 사회의 문젯거리에 대하여 한 100년 정도 토론했으면 그것으로 사안들이 충분하게 정리된 것이다. 근대인이 그토록 염원했던 자유와 평등에 명제들도 이미 나와 있고, 특히 예수에 의해 제 확인되었다. 신이 내려와 세계가 한번 크게 뒤집어지기 전에야, 그 이상의 이론적인 토론을 할 필요가 없다. 후대의 자손들이 시대를 둘러보면서 '당대 혁명적 문건'이라 불렸던 영국의 마그나카르타와 권리장전, 마틴 루터의 격문, 얀세니스트의

언급, 미국과 프랑스 인권선언, 공산당 선언 모두를 들여다보면
한결같이 조상의 명제들을 반복한 것이다. 당대가 당대 사람들이
보기에도 항상 비정상이었다는 뜻이다. 즉 철학, 정치, 윤리, 심리,
경제, 화폐에 대한 원칙이 현실과 항상 달랐다는 뜻이다. 게다가,
시대를 비정상으로 이끌어 온 소수 지배계급에 대한 두려움 때문에
차마 말을 하지 못하고 입을 다물던 대중과 달리, 누군가 입을
열고 말을 했다 해서, 그런 것을 '혁명적 문건'이라 불렀다. 내용이
진정 혁명적인 것은 아니었다. 지난 2000년 동안, '혁명적인 문건'
은 없었다. 혁명적 행동만이 있었을 뿐이다.

인간의 삶과 죽음은 반복되는 것이고 거기서 유발되는 문젯거리는
모두 같다. 이를테면, 플라톤처럼 제 욕망을 못 이기는 인간에 의해
민주정이 실패하니 뭘 좀 알고 신중한 사람들에 정치를 맡기자거나,
아리스토텔레스처럼 인간이 원래 그 모양이니 거기에 맞추어 이상적인
사회를 장기적으로 기대하자거나, 베이컨처럼 머리만 굴리지 말고
데이터를 먼저 구하자거나, 데카르트처럼 수학적이고 논리적인 것만
추구하면 인간사만큼은 해결된다거나 하는 이들의 말은 인간이
생각할 수 있는 수준에서는 모두 가능한 것들이다. 인간은 단지
행동을 하지 않았다. 옛 논지들을 시대에 맞게 해석하자면서 해석자
집단의 욕망만 펼쳐 놓고 살아왔다. 당대 권력을 정당화하려는
목적으로 고, 중, 근대 철학가들을 인용하는 비열함만 가득
드러내면서 말이다.

반복건대, 삶과 죽음 사이에서 동일한 운명에 처한 인간의 문제는

어느 시대이든 같다. 한번 그렇게 문제를 제기했으면 그것으로 된 것이다. 누군가 서구철학은 플라톤의 반복이라 했는데, 이 말은 절대적으로 옳다. 그렇기 때문에 반복할 이유가 없다. 문제는 그토록 옳은 일들이 실천되지 않았다는 데 있다. 후대가 고민할 문제는 실천이지 그런 이론들이 아니다.

행동을 위한 첫 단계, 착한 척 바른 척하지 말라

중국의 공산당원이 당의 정책에 이견을 내놓을 때면 역공이 두려워하는 말이 있다. '당을 비난하는 것이 아니라, 당성에 근거한 건설적인 의견'이라는 추임새가 그것이다. 공산당을 도덕의 화신으로 만든 국가이니 당연한 일이다. 실상 세계에 남은 5개 공산국가인 중국, 베트남, 쿠바, 북한, 라오스에서 살아가는 사람들에 예외 없이 나타나는 문화이기도 하다. 이들은 또한, 사람에 대한 끝없는 의심과 더불어 희생양을 찾아 벌을 주어야 직성이 풀리는 숙청의 집착증도 가지고 있다. 전체주의 사회 속에서 왕따가 될 수는 없는 사회학적인 이유도 있고, 스스로 어디선가 희생양을 찾아 자신을 방어하려는 인간의 악한 본성 중 하나일 수도 있다. 하지만 공산사회에서는 "네가 너 혼자 잘 먹고 잘살 때, 나는 타인을 위해 고생했다."는 마르크스주의 특유의 적개심과 보상심리가 사회학적 변명으로 자리한다. 이런 사회가 개방되면 탈사회적 인간을 양산하기 마련이다. 중국인과 베트남인들의 생활문화가 많은 사례를 보여준다.

공산사회의 예는 예일뿐이다. 자유주의와 공산주의는 공통의

철학을 가진다. 약육강식, 물질주의, 역사 단절주의가 그것이다. 1990
년대부터 미국과 유럽에서도 똑같은 문화가 지배했다. 신자유주의
이래 서구가 독재체제로 가고 있다고 하는데, 실마리를 보이듯이
공산당원 같은 착한 척 바른 척 변명과 희생양 찾기가 상존한다.
만사를 변명으로 해결하려 하고, "네가 너 혼자 잘 먹고 잘살 때
나는 타인을 위해 고생했다 혹은, 나는 가난했다."는 양극화의
희생양들이 다른 희생양을 찾고 있다. 고생했다거나 가난하다는
의미는 언제나 상대적이기 때문에 이런 의식은 부자나 빈자, 중산층
누구에나 통할 수 있다. 단순히 말해서 "너만 고생했느냐, 나도
고생했고 가난했다."는 말은 빌 게이츠도 할 수 있으니, 누군들
자기변명으로 삼지 못할 리 없다. 이런 변명은 사람 누구에나 통하는
전체주의적 도구가 된다. 결국 "나도 하지 말고 너도 하지 말자"는
침묵의 카르텔을 형성해 낸다. 이 교묘한 적개심과 보상심리를 지닌
소통방식이 바로 정치적 정당성(Political Correctness)이라는 문화이다. 그
내용은 착한 척-바른 척하라는 것이다. 이 문화는 타인의 욕망을
부인하거나, 마음을 아프게 하는 말을 하지 말자며 도덕적인 듯
언어를 골고루 표준화시킨다. 이는 "나를 욕하지 말라"는 자기방어
의식을 드러내며, 불행한 자신이 앞으로 저지를지 모르는 부당한
일을 감추고 왜곡하는 방어기제로 작동하기도 한다.

정치적 정당성 혹은 착한 척 바른 척은 전체주의 사회로 가기 위한
정치다. 무엇이 정당한가 하는 기준을 정치적으로 생각하자는 것은
다름 아니라, 왜곡과 조작을 인정하자는 것이다. 왜곡과 조작인 줄
스스로 알면서도 그렇게 하는 것이 두루두루 좋은 일이라는 거짓의

환경에 참여하고 일반화하는데, 작금의 러시아-우크라이나 전쟁에 대한 미디어 조작을 그대로 믿고 싶어 하는 서구인들의 정신상태가 좋은 에라 할 것이다. 조작을 조작이라 말하면, 역사적이거나 사회적 정당성을 어긴 양, 집단적 처벌에 들어가기도 한다. 이러한 노예의 행동은 최소한 1990년대 이전, 서구에서는 말할 것도 없고 세계 어디서도 없던 일이다.

착한 척 바른 척은 빅토리아 시대 이래 영국이 독보적이다. 크리스마스트리나 BC(Before Christ, 서기 전)는 비기독교인을 불편하게 할 수 있다면서 바꾸자고 한다. Miss/Mrs는 결혼을 기준으로 여자를 헐뜯는 단어다. 중노동이라는 단어는 게으른 사람들을 기분 나쁘게 할 수 있다. '호호호'라 조소하면 whore(창녀)를 연상시키니 쓰지 말라. 이런 식이다. 그리고는 최대한 객관적인 표현을 찾으라 강제한다. 그래서 찾은 것들을 보면 아무런 의미가 없거나 사안을 더 왜곡하는 단어이다. Miss/Mrs를 Ms라고 대신 하자 해서 무려 60년을 쓰고 있다. 성 앞에 존댓말을 붙이는 관습은 세계 어디나 있으며 존댓말의 내용은 그 나라의 전통에 따른 것뿐이다. 그것이 남편이 있다/없다(Mrs/Miss)는 전통이든, 집주인(Mr)을 기준으로 하는 전통이든, 문제가 있다면 기준 자체에 있지 말에 있는 것이 아니다. 영국은 기준에 관하여 토론하지 않고 말만 바꾼다. 전통 표현이 싫으면 안 쓰면 그만이다. 강요할 일이 아니다. 전통을 새로이 만들겠다면서 가져다 쓴 것이 아무 의미 없는 Ms란 것이었다. 무의미, 무관습의 전통을 만들어 간다. 크리스마스트리를 대신하겠다는 Holiday Tree도 마찬가지이다. 크리스마스는 휴일이고 전통적으로 그날 Tree를 만들었기 때문에 크리스마스트리라 부르는 것뿐이다. Holiday는 무의미의 의미이다. 즉 언어의 의미를 없애는 정보사회의 컴퓨팅 이데올로기이다. 만약 반전주의자들의 기분을 상하지 않게 하려면 국군의 날이나 전쟁기념일을 어찌하면 좋을까. 국방의 날, 나라 사랑의 날, 영토 보존의 날, 갈등의 날, 화해의 날 이들 중 뭐라 하면 좋을까. 누군가 이런 단어 때문에 또다시 기분 나쁘면 어찌하나. 이런 질문 같지 않은 질문을 통해 만들어진 것이 착한 척-바른 척 운동이자 문화다.

착한 척-바른 척은 언어를 무력화한다. 언어학적으로 뜻(기의)을 버리거나 중성화시키고 표현(기표)만 앞세운다. 페르디낭 드 소쉬르는 "표현과 개념은 자의적이다."라 했지만, 그것은 외국어(랑그)를 습득할 때의 경우이다. 영어를 처음 배우는 한국인에 /어린이/를 /child/라고 부르는 미국인들이 자의적이고, 미국인에는 한국어가 자의적이다. 외국인에만 기표/기의 관계가 자의적일 뿐, 반면 내국인에는 필연적이다. 어머니라 말해놓고, 아버지를 생각하는 이는 그 나라에서는 분열증 환자다. 외국인만이 헷갈린다. 외국말을 배우려는 자는 언제나 그 나라 기표/기의의 필연성에 종속해야 한다. 그렇지 않으면 외국어를 배우지 못한다. 내국인이라면 분열증 환자만이 이 필연성을 거부한다.

내국인의 표현은 뜻과 자의적으로(내국인 맘대로) 묶인 것이 아니라 역사적이고 필연적으로 묶인 것이다. 한 나라 언어의 표현은 결코 역사적, 필연적인 뜻을 벗어나지 못한다. 따라서 뜻은 정치적으로 결코 중립적일 수 없다. 조약돌은 오로지 한국어 표현에서만 돌이다. 하지만 한국어라 할지라도 딱딱한 무엇으로만 중립시킬 수 없다. 조약돌의 표현에는 한국인이 느끼고 인지하는 세월, 추억, 쓰임새 모두를 포함하고 있다. 이런 이유로 한국인들은 조약돌로 시도 만들고, 노래도 만들어 온 것이다. 조약돌에 정치적 정당성을 들이대는 순간, 한국어의 창의성과 힘은 사라져 버린다. 정치적 정당성은 표현을 권력의 입맛에 맞게 표준화하려 하고 실제로는 개념도 제멋대로 정하는 정신분열증적 폭력이다. 조약돌이 지닌 역사와 문화를 거부하고 그 위로 권력의 정보를 덧씌우려는 몸짓이다.

표현이든 뜻이든, 모든 언어는 차이로서 존재한다. 아버지는 어머니가 아니기 때문에 존재한다. 한편 아버지는 문맥에 따라 아범, 아빠, 아비, 춘부장, 꼰대 등으로 차이를 지닌다. 이는 해당 언어의 사회적, 미적 현상을 반영한다. 정치적 정당성은 언어에 문맥을 없애고 차이도 없앤다. 문맥 없는 언어는 사전일 뿐 실제 언어가 아니다. 차이 없는 언어는 언어도 아니다. 인간은 언어로 생각하기 때문에 이런 언어생활은 사람에게 생각을 정지시키는 역할을 한다. '어느 데에도 치우치지 말자'는 정치적 정당성은 개인의 생각과 의견이 없어야 객관적이라는 실증주의적 주장을 체화한 이데올로기다. 실증주의는 앞면(positive, 기표)만 소중히 여기기 때문에, 뒷면(negative, 기의)에서 무슨 일이 벌어지는지 모르거나 함구한다. 뒷면에서 조작한 미디어에 의해 엉터리 같은 사람과 의견이 다수의 지지를 받고, 사람들은 뒷면에서 권력이 강제한 의견을 객관이라 믿는다. '다수결과 권력은 치우치지 않는 존재'란 것이 실증주의와 정치적 정당성의 본 모습이다. 더 나아가 정치적 정당성은 다수결과 권력을 이용하여 뒤에서는 무슨 짓을 벌여도 된다고 믿는 일종의 전략적 정치로 자리하기도 한다.

1990년대 정치적 정당성이 세계적으로 강조되기 전에, 이미 유사한 흐름이 있었다. 말과 글로부터 문체(Style, 일상적, 공식적, 문학적 등)와 문채 (Figures, 비유, 형용, 반복 등)를 없애자는 영도의 글쓰기가 그것이었다. 인간 언어의 사회적, 미적 차원을 깡그리 없애는 것이다. 그것이 중립적이라 했다. 정치적 정당성은 이런 무정치의 정치를 반복한 것에 불과하다. BC를 버리고 BCE(Before the Common Era, Before the Current Era)라 쓰자는 정치적 정당성을 보자. 예수가 태어난 해를 기점으로 잡아놓은 주제에, 그 이후가 Common, Current라면 예수 탄생 이전의 중국, 인도, 그리스, 로마의 역사는 인류의 공통 및 현재의 문명이 아닌가. 시킬 일이 중노동임에도, 노동이라 착한 척-바른 척 쓰자는 말은 취업 사기에 불과하다.

1990년대의 정치적 정당성은 1950년대의 교묘했던 유사 사례와 달리 지적으로 현저하게 떨어지는 저능아 정치이다. CIA의 끄나풀로 활동하다가 미국 여성운동의 리더가 된 글로리아 스타이넘이 말했듯이, 정치적 정당성은 "사회정의 운동가들이 서로 놀자며 했던 말"에 불과했다. 장난의 정도가 심하기 때문에 특정 사회단체에서만 그저 웃자고 하던 말이, 웃기지도 않을 만큼 사회정책으로 변했다. 정치적 정당성을 과연 누가 정책화했고, 누구를 위해 펼쳐졌는가 하는 점을 따지려면, 다른 큰 챕터가 하나 필요할 것이다. 명백한 것은, 이것이 시민을 위한 것도 시민에 의한 것도 아니라는 사실이다. 어디선가 압력을 받아 특정 세력이 집중적으로 만든 말조심 어법이다.

얼치기 정치 이데올로기라는 것이 정치적 정당성의 첫 번째 특징이라면, 두 번째 특징은 시민 스스로 "불편해하면서도" 받아들인다는 점이다. 위에서 강제된 것이라서 그것이 두려워 따라가면서, 자기 정당화를 위해 타인에 강요하기도 한다. 명백한 파시즘 현상이다. 역대의 파시즘 정권들은 중국이나 한국, 프랑스처럼 대중에 지적질의 쾌락을 선사했다. 상호검열하는 즐거움을 주었다. 시민 서로서로 주체성을 공격했다. 무릎에 생긴 상처 딱지를 떼어내듯, 지적질은 아프면서도 쾌락을 준다. 혹은 중학생에 돈을 뜯듯이 상대가 혹시 대들까 두려우면서도 한편은 즐거운 도취성 일링크스의 흥분을 준다. 시민에 이토록 오락거리가 없었는가. 제 부모와 자식도 어떤 모습을 지녔는지 모르는 주제에, 생전 처음 본 타인의 언어를 제 마음대로 규정하고 게다가 처벌까지 하려는 정신병이 바로 정치적 정당성이다.

2000년대 서구인은 검열의 긴장감을 즐기다 못해 일상생활로 만들어 갔다. 출판 미디어처럼 스스로 자가 검열을 했다. 더 나아가 회사의 직원들이 서로가 말을 감시하고, 학생이 교수를 감시하고, 애인과 부부 사이에도 언어를 감시하며 길거리의 생판 모르는 사람들의 언어를 감시했다. 과거 독재자가 행하던 언어순화 운동을 시민 스스로 했다. "그렇게 말씀하시면 안 되죠"(You cannot talk like that) 의 생활수칙이다. 그러나 왜 그렇게 말하면 안 되는지는 모른다.

그저 기분 나쁘다는 것이 전부이다. 영어든 독일어든 프랑스어든 스페인어든 의미가 부정확해서 도무지 가슴에 다가오지 않는 '정치적 정당성'이라는 단어뿐만 아니라, 그만큼 부정확한 단어인 혐오, 다문화, 성 등의 권력의 단어를 가지고 와서는 그것들이 의미의 근거랍시고 내놓을 뿐이다.

정치적 정당성은 비판, 교훈, 차이의 성격을 지닌 모든 의견이란 것이 원래부터 아플 수 있고 혐오적일 수 있다는 것을 무시한다. 이를테면, "이멜다의 수천 켤레 신발로 수만의 필리핀인을 먹여 살린다."는 비판은 혐오 발언이 된다. 혐오가 싫다고 비판, 교훈, 차이를 없애는 것이다. 군대에서 짧은 구령으로 행동의 지침을 내리듯이 이런 방식으로, 대형미디어가 윤리와 도덕의 지령을 내려 주어야만 판단하는 저능아들을 수없이 만들어 왔다. 실은 저능아라는 단어도 쓰면 안 된다. 신체는 말할 것도 없고, 지력을 중심으로 사람을 판단하면 안 되기 때문이다. 왜 안 되는지는 모른다. 그냥 안 된다는 것이다. 개인으로서는 검열의 쾌락을 얻고 나면 곧 잊어버릴 관심 없는 단어와 타인이거늘, 상대에 씻지 못할 상처를 주고 또 다른 희생양을 찾아 인터넷의 정글을 헤매는 신상털이범들이 우글대는 사회다.

정치적 정당성에 매몰된 시민은 검열과 처벌의 감각적 쾌락, 자신도 권력을 휘두를 수 있다는 타락한 의지가 만들어 놓은 모택동의 홍위병과 같다. 부모, 선생, 동네 어른, 옆집 아저씨, 건너 구멍가게 아줌마를 고발하고 폭행했던 10-20대 중국의 홍위병들도 당시에는 자신들의 반인륜적 만행을 사회정의라 여겼다. 상대의 사과를 받아

내면 곧바로 그의 집에 들어가 재산을 가져올 수 있었으니 끝없이 공개 사과를 요구했다. 작금의 시민도 똑같다. 자기가 하는 행동은 정의롭다면서 처음 본 사람에 공개적인 사과를 요구하고 양심의 자유를 헌신짝처럼 취급한다. 추후 얻어낼지도 모르는 손해배상의 돗자리를 깔면서 그리하는 것이다. 정치적 정당성은 이렇게 타인을 혐오하는 환경을 자발적으로 조성했으며, 이 환경은 혐오 금지라는 자가 변증법적 법규까지 탄생시켰다. 대학 캠퍼스에서 여학생들에 성적피해 망상증을 끝없이 주입했던 영국과 미국의 페미니즘이 결국 수없이 많은 변증법적 성 법규를 만들어 낸 경우와 같다.

진보라는 환경에서 융성하는 문화혁명식 검열, "그렇게 말씀하시면 안 되죠"와 그에 대한 변명, "아닙니다. 나는 착한 사람입니다."의 시민 상호감시와 자가 검열에 의해 비판적 의견은 사라질 수밖에 없다. 사회의 몰락과 시민 바보화가 중국 문화혁명의 결과였듯이, 정치적 정당성의 결과도 이와 같다. 예를 들면, 전염병이 돌아 많은 이들이 괴롭고 두려워하며 의료진들이 고생하는 상황에서 전염병이 퍼진 이유를 말하는 것은 덜 인간적으로 보인다. 더 나아가 전염병이 창궐했을 때 빌 게이츠는 대안이라면서 백신을 강제하자거나 피부에 백신확인증을 이식하자는 무시무시한 발언을 한다. 게이츠의 권위와 더불어 전염병을 막자는 취지를 가진 듯하니 이런 말은 용인되는 반면, 게이츠가 바이러스 및 백신 제조회사의 대주주라는 것을 말하면 사람들은 싫어한다. 기이한 정신상태이다. 다른 예로, 담배주식을 처분하고 의료주식으로 갈아탄 다국적 투자사와 의료제약 기업의 금연마케팅을 비판할 수 없다. 금연에 대한 비판은 도덕적으로

느껴지지 않기 때문이다. '그럼 흡연이 좋다는 말이냐'라는 저능아 홍위병들이 또한 주변을 포위하고 있다. 페미니즘 & LGBT 운동이 지지하는 인공임신과 AI 및 각종 유전자변형 산업의 백태를 비판할 수도 없게 만든다. 자칭 사회정의, 인권운동이라 스스로 이름을 붙였기 때문이다. 동물의 유전자를 변형시켜 인간과 가축의 면역체계가 당해 낼 수 없는 역유전의 바이러스를 만들어 퍼뜨리고 동시에 특정 국가의 농축산물과 백신을 판매하는 인류 최악의 범죄를 저질러도 '그럼 여성과 성소수자를 무시해도 좋다는 말이냐'라며 씩씩대는 정부 및 대학의 저능아들이 GMO 주변을 지켜주고 있다.

혐오하지 말자는 것은 혐오금지법이 어찌 탄생했고 누구를 위한 법인지 밝힐 수 없게 만든다. 마치 혐오하겠다는 말처럼 들리기 때문이다. 인권의 이름으로 이라크를 쳐들어간 미군, 환경보호의 이름으로 인류의 죄악을 주장하는 환경주의, 의료지원이라는 이름으로 동유럽과 중동으로 들어간 의사들의 간첩행동, 자유를 빌미로 낙태운동을 벌여왔던 로마 클럽의 인구축소 정책 등도 마찬가지이다. 단어 앞에 놓인 형용사가 도덕적으로 보이니 무어라 비판할 수가 없다. '그럼 당신은 반 인권주의자냐'는 흑백논리가 모택동의 20대 철부지 홍위병처럼 의제를 보호해 주기 때문이다. 이것이 대학교수와 초등학생이 서로 진지하게 논쟁하는 SNS를 탄다. 모택동의 문화혁명에 못지않은 탈 문명의 혁명을 만들고 만다. 실상, 공산주의란 공산사회 시민에는 도덕적 기획인 척하고, 자본주의란 자본사회 시민에 자유 사회인 척하지만, 모택동이나 헨리 키신저 같은 사회 운영자의 측면에서 보면, 두 체제 모두 시민을 통제하는 도구일 뿐이다. 공산주의이든,

자본주의이든 그런 야바위 정치이념에 동조한다는 것은 체제 운영자의
노예가 되겠다는 선언과 같다.

　정치적 정당성은 정당하지 못하다. 무엇보다 인간의 생각을
정지시킨다. 정치적 정당성이 만들어 놓은 반지성주의는 언어를
컴퓨터화시켰다. 자유, 민주, 인권, 평등, 여권, 다문화, 정의, 윤리,
약자, 소수자, 자선, 봉사, 재능기부, 재단, 의사, 교수, 전문가, CEO,
소비, GDP, 환경, 의학, 위생, 금연, 독재, 인권침해, 불평등, 차별,
혐오, 인종주의 등 미디어가 공리(axiom. cf. 사람은 죽는다. 삼각형의 변은 셋이다.)
처럼 만들어 표준정보로 뿌렸다. 이런 단어에는 근거를 댈 필요가
없고 비판도 있을 리 없다. 증명이 필요 없는 공리라는데 무슨 근거가
필요한가. 자칭 지식인이란 사람들은 [비판] 정보 항목으로부터 출력
가능한 표준정보들(진실, 사실, 거짓, 무지, 왜곡, 오해 등)을 나열만 하면 비판이
된다고 믿는다. 이들은 내용을 따지기에 앞서, 표현부터 때려 박고
본다. "진실을 왜곡했다." "무지에 따른 소치", "당신이야말로 왜곡,
무지" 등 비난을 주고받으며, 어디서 주워들은 표준정보 이외에는
아무런 근거를 제시하지 않는다. 문맥도 용법도 단어의 역사도 전혀
알지 못한 채, 상황에만 감정을 맞추어 쏟아내는 정보의 리스트를
지식이라 믿고 이를 재활용한답시고 쓰레기 정보를 주워 모으는
넝마주이를 지식인이라 부르는 시대이다.

　솔직한 시몬느 베유는, "신조어만큼 근거가 희박한 것이 없다.
신조어는 단지 현실과의 모순을 피하려는 언어규칙일 뿐이다."라
했다. 신고전주의나 신플라톤주의, 신칸트주의처럼 신(New)이라 이름

붙은 것들에는 후행 역사가 없다. 신좌파, 신질서, 뉴딜, 뉴에이지, 뉴라이트 등과 함께 신자유주의도 또한 그런 것들이다. 사물을 명칭하고 설명할 수 있는 모든 내용과 수단은 이미 2000년 이상 흘러온 기존의 언어(학문)에 들어가 있음에도 불구하고, 뭔가 새로운 듯이 단어를 만드는 행동은 헛된 행동이다. 정치적 정당성의 언어들도 그렇다. 진정 혁명적인 행동은 말을 만드는 것이 아니라, 말이 가진 본래의 뜻으로 표현을 되돌리는 것이다. 자유, 민주, 인권, 평등, 여권, 다문화, 정의, 윤리, 약자, 소수자, 자선, 봉사, 재능기부, 재단, 의사, 교수, 전문가, CEO, 소비, GDP, 환경, 의학, 위생, 금연, 독재, 인권침해, 불평등, 차별, 혐오, 인종주의 등 미디어가 공리로 세상에 뿌린 언어를 다시 거두어들여 현실과 접목하는 일이다. 정치적 정당성의 사슬을 부수고, 말을 해방하는 일이야말로 사회 변혁의 첫 번째 단계다.

❙ 주석

1) Hall E. T.(2000, 1976), Beyond Culture, USA: Doublsday, p. 91. 시간과 공간에 대한 추가적인 연구는 다음을 참조. (1983), Dance of life, USA: Doubleday; (1990), Understanding Cultural Differences, USA: Intercultural Press

2) 한국의 이도흠은 이에 반하여, 한국인의 사유를 화합의 변증법으로 이해했다. 이도흠(1999), 화쟁기호학의 이론과 실제, 한국: 한양대학교 출판부

3) Huntington S. P.(1996), The Clash of Civilizations, USA: Touchstone Books, p. 51.

4) Benamou G. M.(1996), Le dernier Mitterrand, France: Plon, pp. 50−52

5) Ries A. & Trout J. (1986), Marketing Warfare, USA: Plume Book, p. 8

6) Netchvolodowe A.(1924), L'Empereur Nicolas II. et les Juifs, France: E. Chiron, p. 168

7) Althusser L. et al(1969), Lire le Capital II, France: Maspero, p. 91

8) Ventura J. & Voth H.-J.(2015), 'Debt into Growth: How Sovereign Debt Accelerated the First Industrial Revolution',(PDF) NBER Working Papers 21280, National Bureau of Economic Research, Inc. Spain, p. 5

9) Arrighi, G.(2010), The Long 20th Century: Money, Power, and the Origins of Our Times, USA: Verso. 아리기에 따르면 자본가들이 산업을 통해 돈을 벌지 못하면 돈을 풀어 돈을 벌려하는데 이 때 돈 벌 장소도 옮기고, 돈 벌 대상도 옮기는 혼란이 온다. 여기서 국가 간 패권 싸움이 온다.

10) See H.(1926), Les origines du capitalisme moderne, France: Armand Colin, Université du Québec(PDF) p. 18

11) 싱가폴, 홍콩, 말레이시아 같은 낮은 기술 국가는 금융을 먼저 산업화했다. 이는 서구 산업 시대의 맹아를 보여주는 사례라 할 것이다. 반면 대만과 한국은 금융이 산업화하기 이전에 공업을 먼저 일으켰기 때문에 산업자본과 금융자본 사이의 충돌이 크지 않았다. 즉 국가 경제가 외부의 금융착취 없이 발전할 수 있었다. 한국 산업의 경우 1997년 이후 세계 금융계에 종속되었다.

12) See H.(1926), Les origine du Capitalisme Moderne, France: Armand Colin, p. 27. 중세 동업조합에는 두 가지 사업 부분이 존재했다. 제조업의 공업 길드(Craft Guild)와 유통업의 상업 길드(Merchant Guild)였다. 전자는 수습공, 숙련공, 장인으로 구성되었고 후자는 대상인, 중상인, 소상인으로 구분되어 책임을 분배했다. 1600년 이후 부르주아 자본가로 변한 상업 길드 구성인들이 바로, 왕족과 귀족들의 대항마이자 협력자로 근대사회를 구성하게 된다. 'Medieval Guilds'Encyclopedia of Economic and Business History (2010), http://eh.net/encyclopedia/article/

13) Disraili B.(1852), Lord George Bentinck: a political biography, UK: Colburn

& Co. p. 503

14) 대서양교역은 1492년 콜럼버스가 개척한 대서양 루트가 개발되었기 때문에
이루어진 성과이기도 하고, 1453년 5월 29일 오스만의 메흐메드 2세가
콘스탄티노플을 함락시켜 중앙아시아와의 교역로를 이슬람화한 이후부터
벌어진 교역 확대의 모습이기도 하다. 오스만은 53일 동안 대포 공격을 퍼부어
콘스탄티노플의 성벽을 부수고 들어갔지만, 정복 후 전혀 폭력적이지 않았다.
이전의 교역을 방해하지 않았고 기독교인과 유대교인들에 대한 종교적인 탄압도
하지 않았다. 오히려 인프라를 확대하여 교역에 유리하게 만들어 주었다.
그런데도 베니스, 피렌체 등의 거상과 금융가들은 지중해 교역의 스페인, 제노바,
시칠리아, 몰타, 사이프러스, 그리스 네트워크를 손질해야 했으며, 1499년부터
오스만 제국이 베니스를 포함 몰타 등 지중해 네트워크를 흔들자, 1571년 10
월 레판토 해전을 통해 교역을 정상상태로 돌려놓았다. 하지만 이때의 지중해는
이미 교역의 매력을 잃어가고 있었다. Braudel F.(1986), La mediterranee,
France: Flammarion, p. 183. p. 185 "베니스는 선박 건조, 해양, 공학의 기술은
발전했지만, 내일이 없었다. 레판토 승리에도 불구하고 1572년 사이프러스를
잃었고, 1669년 칸디아, 1718년 모레아를 잃었다 …. 18세기 베네치아인들은
해상무역도 베니스 정착도 관두려 했다. 도시는 축제와 이벤트의 도시로
변해갔다."

15) Ventura J. & Voth H.-J.(2015), 'Debt into Growth: How Sovereign Debt
Accelerated the First Industrial Revolution,' (PDF) NBER Working Papers
21280, National Bureau of Economic Research, Inc. Spain, p. 11

16) Temple W.(1932), Observations upon the United Provinces of the
Netherlands(1687. Online), UK: Oxford University Press

17) Yolton, J. W.(1993 ed), A Locke Dictionary, UK: Blackwell.

18) See H.(1926), Les origines du capitalisme moderne, France: Armand Colin,

Université du Québec(PDF) p. 19, p. 101

19) Ventura J. & Voth H.-J.(2015), 'Debt into Growth: How Sovereign Debt Accelerated the First Industrial Revolution,' (PDF) NBER Working Papers 21280, National Bureau of Economic Research, Inc. Spain, p. 3

20) Aymard M.(1982 ed), Dutch Capitalism and World Capitalism, UK: Cambridge University Press

21) Arrighi, G. & Moore J. W.(2001), 'Capitalist development in World-historical Perspective', Albritton R et al(2001 eds), Phases of Capitalist Development: Booms, Crises and Globalization. UK: Macmillan, 2001; Arrighi, G.(1994), The Long Twentieth Century: Money, Power, and the Origins of Our Times, USA:Verso, pp. 371-372 조반니 아리기에 따르면, 1) 금융자본의 축적은 자본형성 처음부터 있었다. 2) 금융자본이 커질 때면 국가조직이 세계적인 차원에서 더욱 재조직되었다. 3) 20세기 말 금융자본은 결국 더는 수익을 낼 곳이 없어 반자본주의적 세계제국으로 수렴될 것이다.

22) "제조업이 자본주의 첫 단계에서 핵심 역할을 했다고 칼 마르크스가 자본론에서 확신했는데, 그것은 아닌 것 같다 …. 프랑스에서는 제조업이 산업발전에 중요한 역할을 해서 대기업도 낳고 기계공업도 시켰지만, 이것은 국가가 주도한 것이다. 영국에서 대형산업은 일부러 세워졌다 …. 이를테면 영국에서는 18세기까지 섬유 제조업이랄 것을 찾기 어려웠다." See H.(1926), Les origines du capitalisme moderne, France: Armand Colin, Université du Québec(PDF) pp. 104-105.

23) Sombart W.(2001), The Jew and Modern Capitalism, Canada: Batoche Books, p. 99

24) Spengler O.(1971), The Decline of The West(1918), UK: George Allen & Unwin, Vol. 2, p. 464.

25) 'Henry Dunning Macleod' https://en.wikipedia.org/wiki/

26) Kitson A.(1917), Banker's Conspiracy, UK: Eliot Stock; The Living Age, Feb/1934, pp. 499-500; (1932), The Dangers of Internationalism, http://www.scribd.com/document/72945856(ed. digital)

27) Soddy F.(1933), Wealth, Virtual Wealth and Debt, The Solution of the Economic Paradox, UK: Britons Publishing Company, p. 84 소디는 멘델레예프의 주기율과 퀴리 부인의 방사능을 결합하여 핵에너지가 발생한다는 1908년의 핵에너지론을 재논증했다. 즉 핵폭탄의 할아버지였다. Soddy F.(1922), The Interpretation of Radium and the Structure of the Atom, USA: G.P. Putnam's Sons.

28) Tooze, A.(2014), The Deluge. The Great War and the Remaking of Global Order, 1916-1931, USA: Penguin, p. 213

29) The New York American, Jun. 24, 1924

30) Strachan, H.(2004), Financing the First World War, UK: Oxford University Press, p. 220

31) Strachan, H.(2004), ibid., p. 3, p. 95, p. 100

32) Euwe, J.(2009), 'Amsterdam als Finanzzentrum für Deutschland, 1914-1931' Klemann, H. A. M. & Wielenga F. (2009 eds), Deutschland und die Niederlande. Wirtschaftsbeziehungen im 19. und 20. Jahrhundert, Germany: Waxmann, p. 159. 금융계의 공식자료에 신뢰를 줄 수는 없지만, 제1차 세계대전 동안 독일은 덴마크로부터 1억 5천만 달러, 뉴욕으로부터 3천 5백만 달러를 공식적으로 받았다. 스위스로부터는 정확하지 않은 돈을 여러 통로를 통해 받았다.

33) Roesler, K.(1967), Die Finanzpolitik des deutschen Reiches im Ersten Weltkrieg, West Germany: Duncker & Humblot, pp. 212-214

34) Daunton, M.(2007), Just Taxes. The Politics of Taxation in Britain, 1914-1979, UK: Cambridge University Press, p.37.

35) Althusser L. et al(1969), Lire le Capital II, France: Maspero, p. 218

36) Stead W. T.(1902 ed), Last will and testament of Cecil B. Rhodes, UK: Review of Reviews, (PDF), p. 55

37) Schmidt, H.(1998), Maverick Marine: General Smedley D. Butler and the Contradictions of American Military History, USA: Lexington: University Press of Kentucky, p. 231; Butler, S. D.(1935), War is a racket, New York: Round table press; https://catalog.loc.gov/

38) Stewart R. W.(2005 ed), American Military History 1, 2, USA: Center of Military History. https://history.army.mil/books/AMH/index.html

39) The New York Times, May 3 1925

40) 'War Industries Board' https://en.wikipedia.org/wiki/ 위원회 멤버로는 현대 네오콘 최고의 두뇌로 인정받는 브루킹스 연구소(Brookings Institution, 1916) 도 참여했다.

41) Ries A. & Trout J. (1986), Marketing Warfare, USA: Plume Book, p. 27

42) Coit M. L. (1957), Mr. Baruch, USA: Houghton Mifflin C., p. 147 바루크는 핵무기를 미국이 독점할 수 있도록 핵무기사찰을 위한 국제기구를 설립할 것을 제안했으며 냉전이라는 용어를 처음으로 사용하여 세계의 긴장도를 높여갔다. 평화와 전쟁의 변증법적 관계를 그만큼 잘 이해한 이도 드물었다. 'The Baruch Plan' Gosling F. G.(1999), The Manhattan Project: Making the Atomic

Bomb, USA: US Government Department of Energy, pp. 92-99

43) Hounshell D. A. (1984), From the American System to Mass Production, 1800-1932: The Development of Manufacturing Technology in the United States, USA: Johns Hopkins University Press

44) Courtney, K & P.(1962), America's Unelected Rulers, USA: Conservative Society of America Publication, p. 36

45) Perkins J.(2005), 경제 저격수의 고백, 김현정 역, 한국: 황금가지

46) Kugler R.L.(1994), U.S. Military Strategy and Force Posture for the 21st Century, USA: National Defense Research Institute, RAND. pp. xvii-xix, p. xxxiv, 미국 국방성과 RAND 사의 전략백서와 국방전략지침은 해마다 수십 가지 문건으로 공개되며, 평화, 안정, 민주주의, 자유 등 갖은 구태의 수사학으로 포장되어 있다. 그러나 행간은 결국 경제(economic interests)라는 점을 노출하고 있다.

47) Bakunin M.(1971), Bakunin on Anarchy, USA: Vintage Books, p. 4

48) Howell L.(1993), Funding the War of Ideas, USA: United Church Board for Homeland Ministries, pp. 21-23.

49) American Diplomacy: U.S.-Soviet Commercial Relations: The Interplay of Economics, Technology Transfer and Diplomacy(1973), United States. Congress. House. Foreign Affairs

50) Nietzsche F.(2006), On the Genealogy of Morality (1887), USA: Cambridge Univ. Press, pp. 58-59.

51) Owen R. et al.(1983), 새로운 사회의 새 견해, 이문창 역, 한국: 형설 출판, p. 77

52) Ibid., pp. 110-111, pp. 120-127

53) M. Bakunin M.(1972), 'God and the State', Bakunin on Anarchy, Sam
    Dolgoff(ed) USA: Alfred Knopf, p. 233, p. 145, p. 319

54) Michels R.(2015), ibid., preface, p. 15

55) Wells, H. G.(1940), ibid., pp. 22-23

56) Everard J. (1945), Standard de vie de l'ouvrier allemand, France: NEF

57) Thomas M, & Thompson A.(2019), The Oxford Handbook of the Ends of
    Empire, UK: Oxford University Press, pp. 202-204

58) Kitson A.(1933), The Bankers' Conspiracy, UK: Eliott Stock, p. 18

59) Caillé A.(1988), Critique de la raison utilitaire, France: La Decouverte, pp.
    24-36.

60) Sée H.(1926), Les origines du Capitalisme Moderne, France: Armand Colin,
    p. 17

61) 이런 의미에서 자동차의 왕, 포드(Henry Ford)는 산업 마인드에 충실했던
    기업가이다. 그는 생산과 소비의 메커니즘만 생각했던 기업인이지 록펠러나 여타
    초국적 기업들처럼 축적된 자본으로 금융업을 하겠다는 생각을 한 적이 없다.
    유대인이 생산은 하지 않고 돈만 챙긴다는 그의 반유대주의는 이런 의미에서
    이해가 가능한 것이다.

62) 철학은 "진실처럼 보이는 연설(speech that pretends to be 'true' speech)"일 뿐이다.
    Alexandre Kojève A.(2010), Identité et Réalité dans le 'Dictionnaire' de Pierre
    Bayle, France: Gal imard, p. 101, p. 107

63) 모사드가 사용하는 히브리어(tachbūlōt)는 wise counsel, strategy로 번역되지만

심층적로서 manipulation, deception의 의미를 지닌다. 마치 한국어 '기획'이 지니는 이중의 뜻과 같다. 무언가 설계하지만 몰래 하는 것이다. 이런 이유로, 히브리어로 쓰인 모사드의 모토는 영어로, "For by wise counsel thou shalt wage thy war"(전쟁은 지혜로운 조언으로 한다)라고 번역하기 보다는 "By way of deception thou shalt do war"(전쟁은 속임수로 한다)로 번역되는 것이다.

64) Ibid., pp. 23-24

65) 초기 투자자는 Rothschild 은행의 직원 M. Salomon Reinach, 소르본 대학 유대 교수 M. Lévy-Bruhl, 파리 투자금융소의 Léon Picard였다. Francis Delaisi, La Guerre Sociale, Nov. 16-20, 1906; Le Matin, Oct. 3, 1934. "이 신문은 드레퓌스 사건에 대하여 베풀어 준 정의와 진실에 보답하기 위하여 프랑스의 이스라엘인(유대 은행)들이 마음을 합쳐 공산주의자 조레스를 지원하여 만든 신문이다." Les Archives israélites, Oct. 11 1906

66) Jaurès, J., 'Le Procès du Chambard', Paris, Bureau du Chambard(1895), In 16, https://catalogue.bnf.fr/ark:/12148/cb30648377k

67) Blumay C.(1992), The dark side of power : the real Armand Hammer, USA: Simon & Schuster

68) Melnikova-Raich, S.(2010). 'The Soviet Problem with Two 'Unknowns': How an American Architect and a Soviet Negotiator Jump-Started the Industrialization of Russia, Part I: Albert Kahn"'. IA, The Journal of the Society for Industrial Archeology 36 (2) pp. 59-73; Deane . R.(1947) The Strange Alliance: The Story of our Efforts at Wartime Co-operation with Russia. USA: Viking Press; George R. Jordan G. R.(1952), From Major Jordan's Diaries USA: Harcourt, Brace & Co.: (1959), The Gold Swindle: The Story of Our Dwindling Gold. USA: Bookmailer

69) 소련과 함께 무기개발과 무역에 간여했던 미국 기업은 Being, General Elec
tric, Lockheed Martin, McDonnell-Douglas, Northrop-Grumman, Rand,
General Motors, Rockwell, Westinghouse, Bryant Chucking Grinder
Sagdeev 등이었다. R.(2008), United States-Soviet Space Cooperation during
the Cold War, USA: The Eisenhower Institute; http://www.nasa.gov/; Fain
III W. T.(1991), "Chronology: US-Soviet summits, 1943-1991" USA: US
Department of State Dispatch(Aug. 12, 1991);

70) Sutton A. C.(1974), Wall Street and the Bolshevik Revolution, USA
:Arlington House

71) Bastiat F.(1972), The Law(1850), USA: Foundation for Economic Education,
p. 52, Sutton A.(1975), Wall Street and FDR, USA: Arlington House
Publishers (PDF), ch. 5.

72) 'Coverage of the Gates Foundation', LA Times, Jan. 7, 2007; 'How the
Gates Foundation's Investments Are Undermining Its Own Good Works',
The Nation, Aug. 22, 2014

73) Bishop M. & Green M.(2008), Philanthrocapitalism, USA: Bloomsbury Press

74) Courtney, K & P.(1962), America's Unelected Rulers, USA: Conservative
Society of America Publication, p. 11, p. 13

75) Berghahn, V. R.(2001), America and the Intellectual Cold Wars in Europe.
Shepard Stone between Philanthropy, Academy, and Diplomacy. USA:
Princeton Univ. Press

76) 'The Danger of American Fascism', Russell Lord R.(1944. ed), Democracy
Reborn, USA: Reynal & Hitchcock, p. 259

77) Heims S. H.(1993), Constructing a Social Science for Postwar America-
The Cybernetics Group, 1946-1953, USA: MIT Press. 미 제국주의라는 것은
미국이 국가적 차원에서 제국 행세를 한다는 것이 아니다. 네덜란드와 터키의
유대 금융가들이 영국을 공격하여 영국을 기반으로 제국주의를 이끌었듯이, 미
제국주의라는 것은 금융가들이 자원 많고 인력도 많으며 노동생산력이 높은
미국 시장을 공격하여 미국 정체를 중심으로 세계 제국주의를 이끈다는 뜻이다.
따라서 제국주의라는 단어 앞에 붙은 형용사, 영국, 미국 등은 이미 침략당하여
제국의 전초기지가 된 나라를 뜻한다.

78) 필자는 2000년 이래 7년간의 학술지 편집, 20년간의 학회 이사 및 편집위원, 2
차례에 걸친 전국학회의 학회장을 지내면서 서구 각국의 논문을 살펴보았지만,
의학과 공업계의 몇 예외 제외하면, 학계의 변화나 발전에 영향을 준 논문이
있었다는 말을 들어 본 적이 없으며 실지로 그런 논문을 발견 한 적도 없다.
창의성 있고 가치있는 글은 대학 바깥에서 발견된다. 대학교수의 논문은
직장살이 이외에 어떠한 학술적 목적도 가치도 없다는 것이 결론이다.

79) Robison J.(1798 4th ed), Proofs of a Conspiracy, USA: George Forman, p. 175

80) Barruel A.(1911), Mémoires pour servir à l'histoire du Jacobinisme, France:
La Renaissance Francaise, p. 303

81) Julliard J.(1985), La Faute à Rousseau - Essai sur les conséquences historiques
de l'idée de souveraineté populaire, France: Seuil. 모호하기로는 사회계약보다
더 모호한 것이 계몽주의라는 단어다. 이 개념은 신분 질서를 이념의 질서로
바꾼 것에 불과하다. 즉 실제가 아니란 말이다. 계몽주의는 사회계약,
인민의 의지, 공화국, 자유, 민주주의와 같이 현실적인 논의가 필요한 개념을
탈정치화했다. 종교 교리처럼 신비롭게 만들어 실제로는 인민을 억압하는 기제로
썼다.

82) Mgr. Dillon G.(1885), Grand Orient Freemasonry Unmasked. UK: Britons

Publishing Co, p. 98

83) Disraeli B.(1844), Coningsby, https://www.fulltextarchive.com/pdfs/Coningsby.
pdf.

84) Goebbels J, 'Aus Churchills Lügenfabrik' (1941/01/12) , Die Zeit ohne
Beispiel. Germany: Zentralverlag der NSDAP. 1941, pp. 364-369; https://
research.calvin.edu/german-propaganda-archive/goeb29.htm

85) 프랑스혁명의 지도자 막심 로베스피에르는 당시 31살이었다. 조르주 당통은 30
살, 가장 과격했던 자크 에베르는 32살, 장 폴 마라가 나이가 가장 많아 46
살이었다. 그들 밑에서 삼지창을 들었던 상퀼로트의 대다수는 10대와 20대였다.
이전 혁명의 반동성을 깨닫기 시작하는 1830년의 혁명소설, 레미제라블에
나오는 가브로슈는 11살, 마리우스는 20살이다. 실제 사회주의 혁명의 지도자
오귀스트 블랑키는 25살이었다. 어느 편에서든 "학생과 정치지도자들에 의해
몰려다녔던 노동자 대중"들이었다. Tulard J.(1985), Les Révolutions de 1789
à 1851, France: Fayard

86) Webster, N. H.(1921), World revolution; the plot against civilization, USA:
Small, Maynard & Co. pp. 89-90

87) 탈무드는 방대하지만 대중에 공개된 3,225쪽의 The Babylonian Talmud
(Rodkinson M. Vols 1-10, 1918. https://www.jewishvirtuallibrary.org/)를 살펴보면,
탈무드는 앞으로나 뒤로나 승자가 되는 극우적인 방법을 가르치고 있다. 상대를
이기려면 "상대의 입장에 완전히 서기 전까지 판단을 정지하라."고 한다. 문장만
읽으면 상대의 입장을 이해하라고 들린다. 그러나 이는 상대를 이기는 방법일
뿐이다. "물고기보다 물고기 잡는 방법을 가르치라" 말하는 목적도 그것과
유사하다. 현실적으로 상대의 입장을 완전히 무시하고 현재의 물질적 이익에
눈을 돌리게 하는 사적유물론과 욕망이론을 만든 자는 유대인 마르크스와
그 아류들이다. "악마가 바쁠 때는 술을 보내고 천사가 바쁠 때 어머니를

보낸다"고 하지만 전통적으로 주류업자와 마약 산업가는 유대인이다. 또한 오이디푸스 콤플렉스를 제거하고 가족해체에 매진하는 이들이 유대인이다. "입이 하나이고 귀가 둘인 것은 그만큼 더 들으라는 뜻이다"라 말해놓고 검열에 익숙한 이들이 유대인이며, "경험한 것이 들은 것보다 더 확실하다." 해 놓고 미디어 산업을 장악했다. "강한 사람은 적을 친구로 만드는 사람이다"라 해 놓고 계급투쟁을 강조했다. 유대인의 삶은 매사가 이런 식이었다. 유대인 내부의 정신과 외부의 주장이 정반대이다.

88) Flint J.(1976), Cecil Rhodes, UK: Hutchinson, p. 251.

89) Barruel A.(1911), Mémoires pour servir à l'histoire du Jacobinisme, France: La Rennaissance Francaise, pp. 396-397

90) New York American, Jul. 27, 1924

91) Cuch D.(1997), 'Nouveaux regard sur la culture', Sciences Humaines n. 77, Nov. 1997

92) Netchvolodow A.(1924), L'Empereur Nicolas II. et les Juifs, France: E. Chjiron, p. 40.

93) 19세기 영국의 경우, 아버지가 은행가이면 아들도 은행가가 된 비율이 87%였다. 은행장의 경우라면 거의 100% 직업의 대를 이었다고 볼 수 있다. Cassis, Y.(1985), 'Bankers in English Society in the Late Nineteenth Century'The Economic History Review 38/2, pp. 210-29.

94) Willy-Nicky Letters, 22 August 1905. Fay S. B.(1966), The Origins of the World War v. 1, USA: Free Press p. 175.

95) 1939년이 올 때까지 영국의 네빌 체임벌린 내각은 독일이 재무장하도록 외교적 제스처만 꾸준히 취했으며 군대 정비도 하지 않았다. 프랑스의 레옹

블룸 정부는 페캉 장군이 프랑스군 현대화를 위한 재정을 요구하자 이를
무시했다. 이들은 자국의 군사력을 절대 과대평가하지 않았다. 영국은 해군을
믿었고 프랑스는 마지노선을 믿었다는 역사책의 기술은 단순하기 이를 데
없는 내용이다. 이들은 독일의 군사력이 자신들의 그것보다 더 강하다고
생각했음에도 이런 행보를 취했다. 이는 분명 의도적인 제스처였다. 하지만
그것이 독일로 하여금 침범을 유도한 것이지, 아니면 이 전쟁에 러시아가 먼저
휘말리기를 기다린 것인지는 알 바 없다.

96) Martens L.(1994), Un autre regard sur Staline, Belgium: Éditions EPO, pp.
118-121

97) 'Reuter-London' Jun. 14, 1927:

98) Lasswell H. (1927), Propaganda technique in the world war (PDF, 1938),
USA: Peter Smith, p. 199, p. 202

99) 미국 건국 초반부 민주주의와 공화국의 수직, 수평적 관계에 대한 논의는 항목
'Republic', Webster N.(1970), Dictionary(1828), USA: Johnson Reprint 참조

100) Bodin J.(1986), Les six livres de la Republique I. France: Fayard, pp.
27-40

101) Bodin J.(1986), Les six livres de la Republique I. France: Fayard, p. 51

102) Bodin J.(1986), Les six livres de la Republique I. France: Fayard, p. 215

103) Bluche F.(1993), L'Ancien Regime, France: Fallois, p. 60

104) Bluche F.(1993), L'Ancien Regime, France: Fallois, p. 143. 공화주의자들은
에드먼드 버크를 왕당파로 비난해 왔다. 그러나 왕당파라는 것은 없다. 단지 탈
의회, 탈중앙집권화, 탈 개인 친 사회, 왕정을 지지하는 자들(Royalists)만 있을
뿐이다. 개인의 신념을 허황한 이데올로기로 만들어 그가 마치 정치세력화된

적인 듯 몰아가는 행위는 오로지 민주공화국에서나 가능한 악이다. 정치란
이미 수천 년 전부터 신념 간의 협상이었지 민주주의 & 사회주의 공화국에서
그러하듯이 파벌 간의 투쟁이 아니다. 이는 정치의 근본 규정에도 어긋나는
일이다. 파벌끼리 투쟁을 벌이려면 정치가 존재할 이유가 없다. 간단한 예로
친나치, 반나치로 갈린 보통의 프랑스 이데올로기와 달리, 프랑스의 왕정주의자
(Action francaise)들은 친나치, 반나치, 중도, 협상론자 등 공화국의 편협성을
떠나 정치적 모든 태도를 한 조직안에 지니고 있었다.

105) 자유 파시즘 II. '프리메이슨' 참조

106) Julliard J.(1985), La Faute à Rousseau, France: Seuil, p. 45

107) Soboul A.(1990), 상퀼로트, 이세희 역, 한국: 일월서각, p. 91

108) Braudel F.(1986), La méditerranée, France: Flammationm p. 179

109) 사회계약의 원론적인 기술은 왕정주의자 토머스 홉스보다는 의회주의자
    존 로크를 통해 더 잘 이해할 수 있다. Locke J.(1698), Two Treatises of
    Government, England: Awnsham John Churchill

110) Julliard J.(1985), La Faute à Rousseau, France: Seuil, p. 76

111) Adams C. F.(1851, ed. 1856), The Works of John Adams v. 6, USA: Little
    Brown & Co., p. 415.

112) Soboul A.(1990), 상퀼로트, 이세희 역, 한국: 일월서각, p. 136

113) Soboul A.(1990), 상퀼로트, 이세희 역, 한국: 일월서각, p. 162

114) de Luchet J.-P.-L.(1789), Essai sur la secte des Illuminés, France: s.n.;
    (2009), Suisse: Arbre d'Or, Cortaillod, p. 9, pp. 84-91. 뤼세는 독일과
    프랑스를 넘나들며 극 연출가로 살았다. 어느 언어가 모국어인지 모를 정도로

독일과 프랑스에 정통한 역사가이기도 했다. 극 연출법에 관한 서적뿐만 아니라, 수십 권의 역사서도 남겼다. 사람들을 몽매로 내몰았던 계몽주의를 계몽하고자 했던 당대 한 사회적 흐름을 대변했던 뤼세였다.

115) Bluche F.(1993), L'Ancien Regime, France: Fallois, p. 110

116) Lebrun F.(1984), 'Quand l'enseignement public etait catholique, Histoire, n. 71, 1984

117) Bluche F.(1993), L'Ancien Regime, France: Fallois, Pp. 32-33

118) Hobbes T.(2011), 리바이어던(1651), 최공웅, 최진원 역, 한국: 동서문화사, p. 164

119) Addams J.(1902), Democracy and Social Ethics, USA, UK: McMillans & Co. p. 8 (PDF. Ch. 2) https://iuristebi.files.wordpress.com

120) 시몬느 베유는 정당을 교회와 비유하면서 성격을 다음처럼 기술했다. 1) 모든 정당은 스스로 전체주의적이다. 2) 모든 정당은 정견이 아니라 자신만의 성장을 목표로 한다. 3) 모든 정당은 독재일 수밖에 없다. 4) 정당에 가입한다는 것은 정의를 버리는 짓이다. 5) 정당은 정당인에 복종을 강제한다. 6) 정당은 영원한 권력투쟁일 뿐이다. Weil S.(2017), Note sur la suppression générale des partis politiques(1940), France: Climats, pp. 21-56

121) Goldman E.(1911), Anarchism and Other Essays. USA & UK: Mother Earth Publishing Association, p. 206,

https://www.marxists.org/reference/archive/

122) Weil S.(2017), Note sur la suppression générale des partis politiques(1940), France: Climats, p. 20

123) Luban D.(1997), 'The Fundamental Dilemma of Lawyering: The Ethics of

the Hired Gun', Abel R. A.(1997, ed), LAWYERS: A Critical Reader. USA: The New Press, p. 4

124) Carsasse J.-M.(1998), Introduction historique du droit, France: PUF, p. 355

125) Duverger M.(1974), La monarchie republicaine, France: Robert Laffont, p. 35

126) Churchill W.(1996), My Early Life : 1874-1904, USA: Brand New, p. 146. 재인용. Laleh Khalil, 'What Churchill Said, Jadaliyya, May 4 2011, https://www.jadaliyya.com/Details/23942

127) Churchill W.(1996), My Early Life : 1874-1904, USA: Brand New, p. 184. 재인용. Laleh Khalil, 'What Churchill Said, Jadaliyya, May 4 2011, https://www.jadaliyya.com/Details/23942

128) Michigan Quarterly Review, Feb. 1966; 'Wsc a midnight interview 1902' https://winstonchurchill.org/publications/finest-hour/finest-hour-159/; Toye R.(2011), Churchill's Empire, UK: Griffin; Tharoor S.(2017), Inglorious Empire: what the British did to India, UK: C. Hurst & Co.

129) Churchill W. (2005), The World Crisis, 1911-1918, UK, USA, Canada, Australia: Free Press, p. 319, p. 369, p. 454. 키츠너는 대형 수용소의 창시자이며, 1914년 영국군을 모병할 때, 'Lord Kitchener Wants You'라는 포스터의 주인공이었다. 이 포스터는 미군의 'I Want YOU for U.S. Army'의 원형이 되었다.

130) Churchill W.(1996), My Early Life : 1874-1904, USA: Brand New, p. 350. 재인용. Laleh Khalil, 'What Churchill Said, Jadaliyya, May 4 2011, https://www.jadaliyya.com/Details/23942

131) 'The Rest of Us Always Knew Churchill Was a Villain'The Independent,

Feb. 16, 2019

132) 'Imperial Son', New York Times, Aug. 15, 2014; 'Did Churchill Cause the Bengal Famine?', The Churchill Project, April 8, 2015

133) Bacque J.(1989), Other Losses: An Investigation into the Mass Deaths of German Prisoners at the Hands of the French and Americans after World War II, USA: Talonbooks

134) '워털루 전투의 승리는 이튼스쿨에서 나왔다'며 자랑하는 영국인들이다. 이튼스쿨 같은 특목고에서 가르쳤던 것은 제국주의였다. 처칠은 특목고 해로 스쿨(Harrow School) 출신이다. 1865년부터 왕실이 직접 관리해 온 7개의 엘리트 사관학교 중 하나이다. 이튼, 럭비, 웨스트민스터, 차터 하우스, 셔베리, 윈체스터 스쿨과 함께 대영제국의 노하우를 전수해 온 곳이다. 명칭은 재미있게도 '공립학교'(Public School)이다. 엘리트 양성기관에 국립(National)이나 왕립(Royal)을 붙이는 프랑스나 유럽의 일반과도 다르고, 사립 엘리트 기관만 운영하는 미국과도 다르다. 공공이익은 엘리트가 만든다는 대영제국의 독특한 이데올로기가 들어가 있는 명칭이다.

135) 'Churchill on Islamic Fundamentalism,' Carolina Journal, Mar. 3, 2006

136) 무솔리니는 제1차 세계대전에서 이탈리아군이 연합국 측에서 싸우도록 유도하는 대가로 주당 100파운드(현 시세 6,000파운드)를 받고 활동했다. 'Recruited by MI 5: the name's Mussolini. Benito Mussolini', The Guardian, Oct. 13, 2009

137) Churchill W.(2008), Churchill by Himself: The Definitive Collection of Quotations, UK: Ebury Press

138) 'Liberated Europe(British Intervention)' HC Dec. 08 Dec. 1944. vol 406 cc908-1013. https://api.parliament.uk/historic-hansard/commons/

139) Dewey. J.(1916), Democracy and Education, USA: Macmillan. https://
en.wikisource.org/wiki/ p. 27. 존 듀이는 교육학자이기 이전에 심령학자였다.
즉 인간의 의식을 조작하려는 의도를 가진 자였다. 그의 심령학 연구학회
(Society of Psychical Research, SPR)의 회원도 모두 그런 자들이었다. Arthur
Balfour, Conan Doyles, Bertrand Russell, John Ruskin, William James
등이 있었다.

140) 'Parliament Bill', HC Dec. 11 November 1947 vol 444 cc203—321 https://
api.parliament.uk/historic—hansard/commons/; Churchill W.(2008), Churchill
by Himself: The Definitive Collection of Quotations, UK: Ebury Press, p. 583

141) 이 언급은 말의 결론을 내리지 않는 처칠 특유의 어법이기는 해도 원문은 처칠의
자서전이나 국회 기록에 없다. 그가 그리 말했다는 소문만 있다.

142) Schmitt C.(2012), 현대 의회주의와 정신사적 상황(1923), 한국: 길 참조

143) 쿨리지(Calvin Coolidge) 대통령은 다음과 같이 정확하게 미국을 묘사했다.
"무엇보다 미 국민의 최고의 비즈니스는 비즈니스입니다. 세계에서 미국민들은
생산하고 구매하고 팔고 투자하고 번성하는 일에 깊은 관심이 있습니다. 국민
대다수가 이런 우리 삶의 역동적인 충동을 찾을 것이라는 데 동의합니다.".
Address to the Society of American Newspaper Editors, 17 Jan. 1925.
미국의 비즈니스 문화에 대한 원초적인 모습은 Tocqueville A. de(2002, 2009),
미국의 민주주의 1, 2, 임효선, 박지동 역, 한국: 한길사

144) See H.(1926), Les origines du capitalisme moderne, France: Armand Colin,
Université du Québec(PDF) p. 90. p. 93. 영국의 식민지법과 영국제품과
품질에도 불구하고, 독립이 오기 전까지 미국은 가까스로 40% 전후로 영국
이외의 국가들과 교역을 했다. 상대가 아무리 좋다 해도 주권을 가진 국민들이
식민종속을 원할 수는 없는 법이다. 게다가 경제제재는 당시에도 그랬고
현재에도 그렇지만 밀수의 여러 통로를 막지 못하는 법이다.

145) Postlethwayt M.(1757), Britain's commercial interest explained and improved, UK: D. Browne, pp. 154-155. 포스트레스웨이트는 흑인 노예무역을 옹호했으며 표절로 유명했다.

146) 자유로운 경쟁이라는 말은 경쟁력 있는 기업만이 부르짖는 기만이라는 것은 자본주의 시장이 줄기차게 보여주었다. 자본주의 기업은 독점이나 과점을 하면 결코 경쟁자를 허용하지 않는다. 1923년부터 1983년까지 디지털 시대가 오기 전 60년 동안 미국 내 분야별 탑 25개 기업 중 20개가 1위를 그대로 지켰고 4개만이 2위로 떨어졌고 5위로 내려간 기업은 1개였다. Ries A. & Trout J.(1986), Marketing Warfare, USA: Plume Book, p. 33

147) "(캐나다)가 미국의 영향에 굴복하고 있습니다. 그리고 하루하루 미국화되어가고 있습니다 … 자유무역이 필요합니다"(1846년 8월 15일 국회),캐나다를 미국의 경제권으로 확실히 들어오게 하려면 영국 제국정책을 뒤로 돌려 자유무역으로 기회를 잡아야 합니다"(1851년 국회 2차 회기 속기록),자유무역을 하면 캐나다를 식민지로 만들 수 있습니다"(1854년 5월 14일 국회) 등 이 같은 미국 의회의 발언들을 종합하면 미국도 자유무역의 제국주의적 유용성을 이미 영국과 공유하고 있었다는 사실을 알게 된다. HechtI. W. D.(1963), 'Israel D. Andrews and the reciprocity treaty of 1854: a reappraisal' Canadian Historical Review, Vol 44/4, pp. 313-329

148) Hugo V.(1849), 'Discours d'ouverture prononcé au Congrès de la Paix,' 21 Aug. 1849. https://gallica.bnf.fr/

149) Kant I.(1977), 'Über den Gemeinspruch: Das mag in der Theorie richtig sein, taugt aber nicht für die Praxism'(1793), Werke in zwölf Bänden. Band 11, Germany: Meiner, p. 163. http://www.zeno.org/Philosophie/

150) Marseille J.(1984), Le colonialisme, une bonne affaire économique?, Revue d'histoire. n.4, 1984. pp. 39-48. 1950년대 유럽에서는 '식민지가

국부를 높였는가'라는 솔직한 주제로 갑론을박을 벌였다. 한편에서 부각된 의견은 네덜란드처럼 식민지 쟁탈전에서 빠진 국가는 잘 살았고 영국과 프랑스처럼 그렇지 않은 국가는 식민비용을 거대하게 씀으로써 생각보다 그리 부를 높이지 못했다는 것이었다. 그러나 이 의견은 유럽 모국으로부터 징세 된 세금, 모국으로 들어 온 식민지 자원이 가공되어 세계로 수출될 때까지의 수익과정은 논의에서 제외했다. 식민지를 통해 가장 많은 이익을 얻어 갔던 금융과 증권부문은 아예 고려하지도 않았다. 국가가 쓴 비용만 생각했으며 기업이 걷어 가 국가의 수익으로 잡히지 않는 부분은 뺀 것이다. 식민, 제국주의를 국가적 차원에서만 따져 본 것으로, 솔직한 척 솔직하지 못한 의견이었다. Bobrie F.(1976), "Le financement de la conquete coloniale de 1850 a 1913", Annales n. 6, 1976;

151) Guenon R. (2001), East and West (1924), USA: Sophia Perennis, p. 14, p. 11-26

152)Laycock S.(2012), All The Countries We've Ever Invaded: And The Few We Never Got Round To, UK: History Press

153) 로즈의 무덤은 짐바브웨의 수도 하라레 남서부 마토보 국립공원(Matobo National Park)에 있다. 2017년 2월 무가베 대통령은 무덤을 찾아 "로즈가 무덤에서 일어나면 기관단총으로 코브라 머리 갈기듯 대가리를 부숴 버리겠다."고 했다. 공원입장료 15$, 무덤방문료 10$를 짜로 받으며 한 해 15000명 정도의 관광객이 찾는다. 무가베 정부는 무덤을 관광목적으로 유지하고 있다. 'Cecil Rhodes' Grave in Zimbabwe Has Become an Awkward Tourist Attraction', Associated Press, Mar. 12 2017

154) Quigley C.(1966), Tragedy and Hope: A History of the world in our time, USA: Macmillan, p. 130

155) 로스차일드 가문은 자신의 뿌리를 잘 드러내지 않는 보통의 유대 가문과 달리

유대인 의식을 강조했다. 그들이 유대교 의식을 치르는지는 알려지지 않았지만, 유대 제국주의에 대한 믿음과 지지는 어느 가문보다 강력했다. 특히 제1차 세계대전 이후 이들의 유대 제국주의는 거의 종교적 위치로 올라가 있었다. 20세기 초 에드먼드 로스차일드는 "유대 제국주의는 나 없이는 성공할 수 없었고 나 역시 유대 제국주의가 없었다면 죽음의 문턱에 갔을 것"이라 했다. Halbrook, S. (1972). 'The Class Origins of Zionist Ideology'. Journal of Palestine Studies, 2(1), p. 106

156) Flint J.(1976), Cecil Rhodes, UK: Hutchinson, pp. 248-52. 이 유언장은 연속되는 7개 유언장 중 첫 번째 것이다. 영국과 미국에서는 워낙 유명해서 원문을 그대로 싣는다. 괄호는 필자 부언.

157) Stead W. T.(1902 ed), ibid., p. 73

158) 프리메이슨 하부조직의 활동은 활달하고 적극적이었다. 개신교의 분파처럼 '우리와 타인'을 갈라놓고 공화국의 이념과 세계를 향한 봉사의 의지를 드러내었다. 영국의 예만 든다면, 잡지를 하부조직 스스로 만들어 내고 있었다. Freemasons Magazine(1793-1796, 1873-1882), The Freemason(1869-1940), Freemasons Chronicle(1875-1957), Freemasons Magazine and Masonic Mirror(1855-1871), Freemasons Quarterly Review(1834-1849), Masonic Illustrated(1900-1906). The Masonic Observer(1856-1859) 등이 있다. 이 잡지들은 The Library and Museum of Freemasonary에서 찾아볼 수 있다. https://masonicperiodicals.org/

159) Stead W. T.(1902 ed), Last will and testament of Cecil B. Rhodes, UK: Review of Reviews, (PDF), p. 140. ;Rhodes C.(1877), 'Confession of Faith', https://pages.uoregon.edu/

160) 'Embracing racism, rabbis at pre-army yeshiva laud Hitler, urge enslaving Arabs', The Times of Israel, Apr. 30 2019. 유대교인들은 하시디즘과 같은

소수 근본주의자나 그런 의견을 가진다고 변명하지만, 이는 거짓말이다.
고임(비유대인)의 노예화를 주장하는 책이 탈무드이며, 그와 같은 교리를
공개적으로 주장하는 랍비와 교인들은 수없이 많았고 현재도 많다.

161) Stone M.E.(2018), Secret Groups in Ancient Judaism, UK: Oxford University Press, p.71

162) 유대 제국주의의 창시자 테오도어 헤르츨은 1902년 세실 로즈에 다음의 편지를 보냈다. "귀하는 지금 역사를 만드는 일을 돕고 있습니다. 놀라지도 웃지도 않으시겠지만, 이 일은 귀하의 선을 넘지 않습니다. 아프리카가 아니라 소아시아 작은 땅의 일이고, 영국인이 아니라 유대인을 상대하는 일입니다. 그러나 (이스라엘 성립은) 귀하가 걸었던 같은 길을 걸어왔습니다. 같은 일이 아니라면 제가 왜 귀하를 찾았겠습니까. 식민 하는 일이니까 찾아뵌 것 아닌가요?" Herz Th.(1960), The complete diaries of Theodor Herzl, USA: Herzl Press and Thomas Yoseloff, p. 1194. 팔레스타인은 처음부터 이스라엘이라는 이름을 건 식민지로 구상된 것이었다.

163) 유대인이 세계를 장악하려 한다는 말이 20세기의 음모론으로 떠돌아다녔던 현실적인 계기는 프리메이슨이나 일루미나티 같은 18세기 조직이 아니라 바로 이 조직의 움직임 때문이었다. 18세기나 무려 14세기까지 올라가는 유대인 음모론은 이 조직의 활동을 역추적 하다 보니 나오게 된 말 그대로 음모론이라 할 수 있다.

164) Stead W. T.(1902 ed), ibid., pp. 107-108

165) 'Milner's Kindergarten', https://en.wikipedia.org/wiki

166) Veon J. M.(1999), United Nations Global Strait Jacket, UK: Hearthstone Pub, p. 68

167) 'Pilgrims society membership list', https://isgp-studies.com/immigration

168) Grem J.(1971), The money manipulators, USA: Enterprise Publications, pp. 22-23

169) Quigley C.(1981), The Anglo-American Establishment, USA: Book in Focus, p. 63

170) Domhoff, G. W. (1967). Who rules America? USA: Prentice-Hall; (1970). The higher circles. USA: Random House.

171) Flint J.(1976), Cecil Rhodes, UK: Hutchinson, p. 251

172) Quigley C.(1966), Tragedy and Hope: A History of the world in our time, USA: Macmillan, p. 950

173) 이에 대한 기술과 비판은 Guenon R. (2001), East and West (1924), USA: Sophia Perennis

174) 'The White Man's Burden', The Times, Feb. 4, 1899. 이 시가 출간된 이후, 많은 이들은 '흑인의 부담', '빈자의 부담' 등 'OOO 부담'시리즈를 펴내어 키플링을 조롱했다.

175) 'Apartheid: made in Britain', The Independent, 18 Apr. 1994

176) Piketty Th.(2014), Capital in the 21th Century, UK: The belknap press

177) Dawley A.(2013), Changing the World: American Progressives in War and Revolution, USA: Princeton University Press, p. 247, p. 322

178) New York Journal American, Jun. 24 1924

179) Attlee C. (1937), The labor party in perspective, UK: Golanz, pp. 80-81

180) 'The Danger of American Fascism', Russell Lord R.(1944. ed), Democracy Reborn, USA: Reynal & Hitchcock, p. 259

181) Courtney, K & P.(1962), America's Unelected Rulers, USA: Conservative Society of America Publication, pp. 1-2

182) Braudel F.(1986), La méditerranée, France: Flammationm pp. 92-93, p. 104 "이 가부장적 구조는 지중해 전체에 퍼져 있었는데 게 중 가장 오래된 모델 중의 하나가 유대인 가족이었다"

183) 이들의 종교 혹은 정신 문화적 연대에 관해서는 Lazar D.(1995), Bloodlines Of The Illuminati, Russia: Рипол Классик

184) 1953년 록펠러, 카네기, 포드 재단의 활동을 조사한 리스 위원회 관계자는 "재단 관계자들이 모두 국제주의자이자 세계화주의자이고 이 이념에 들어간 돈이 너무나 많다"고 놀라워했다. Courtney, K & P.(1962), America's Unelected Rulers, USA: Conservative Society of America Publication, p. 21.

185) George Soros, 'Why I Support Legal Marijuana', Wall Street Journal, Oct. 26, 2010

186) 'Wall Street banks face hurdles as they rush to cover the suddenly booming marijuana industry', Consumer News and Business Channel, Feb. 4 2019

187) Sutton A.(1975), Wall Street and FDR, USA: Arlington House Publishers (PDF), ch. 1. FED의 설립과 기능에 대한 참고 서지는 무수하게 많지만, 공식적인 역사로는 'Federal Reserve History', https://www.federalreservehistory.org/ 참조.

188) 원숭이 원인론에 관해서는 미국 에이즈 협회의 'Where did HIV come from?', The AIDS Institute, https://www.theaidsinstitute.org/. 참조. 현재로는 AIDS 의 발생 요인으로서 성행위 자체의 문제를 다루는 연구가 대다수이다. 이를 동성애의 입장에서 다루는 연구는 Vandevyer C.(1993), Homosexuals and AIDS: a new approach to the illness. Journal of Homosex. 25/3 참조

189) 'Threat of World AINDS pandemic among heterosexuals is over, Report admits', The Independent. Jun 8 2008,

190) Sutton A.(1975), Wall Street and FDR, USA: Arlington House Publishers (PDF), ch. 1.

191) Lasch C. (1994), The Revolt of the Elites: And the Betrayal of Democracy, USA: W. W. Norton & Company

192) Danielle Mitterand, Le Grand Soir, Nov. 22 2011.

193) 정수일(2010), 이슬람 문명, 서울: 창비, 샤리아법은 pp. 173-177, 경제관은 pp. 187-208; Berlin I.(1978), Russian thinkers, USA: Vikings Press

194) Peyrelevade J.(2005), Le capitalisme total, France: Seuil, pp. 37-91

195) Dumenil G. & Levy D.(2011), The Crisis of Neoliberalism, USA: Harvard University Press

196) Eichengreen, B. et al. (2016), 'Stability or Upheaval? The Currency Composition of International Reserves in the Long Run'. IMF Econ Rev 64, pp. 354-380

197) Morris Smith, Our First Jewish President Lyndon Johnson ?, 5 Towns Jewish Times, Apr. 11 2013(5tjt.com)

198)Riedel B. (2018), Kings and Presidents: Saudi Arabia and the United States Since FDR (pdf), pp. 1-26. USA: Brookings Institution Press. https://www.brookings.edu/

199) The American Presidency Project, Apr. 18, 1973

200) Laurent E. (2007), La face cachée du pétrole, Paris: Pocket

201) New York Times, Feb. 16, 1975

202) Zbigniew Brezinski, 'Major Foreign Policy Challenges for the Next US President', Chatham House, Londres, 17 novembre 2008, p. 2-3 (pdf)/p. 54-55; The Grand Chessboard : American Primacy and Its Geostrategic Imperatives, éd. New York, 1997, pp. 211-215

203) Chapter 2 강도들의 나와바리. '나와바리 5. 유럽' 참조

204) L'Expess, May 3, 2009

205) 사야님은 1990년 전 모사드 요원 빅토르 오스트로프스키에 의해 밝혀진 존재이다. Ostrovsky V.(1990), By Way of Deception: The Making and Unmaking of a Mossad Officer, USA, Canada: St. Martin Press

206) Bourdieu P.(2012), Sur l'État. Cours au collège de France 1989-1992, France: Raisons d'agir/Seuil, p. 269

207) Lyotard J.-F.(1979), La condition postmoderne, France: Fayard, pp. 80-81.

208) Sombart W.(2001), The Jew and Modern Capitalism, Canada: Batoche Books.

209) 'Joseph Nasi', https://www.jewishvirtuallibrary.org/ 나지 가문의 원래 성은 벤베니스트(Benveniste)이다. 장사, 금융, 세무에 밝았던 기사 귀족 가문이었다. 근친상간으로 뭉친 세도 가문이어서 유대인 네트워크는 가문에 데이비드의 왕자를 뜻하는 히브리 어로 나지라 불러주었다. 스페인이 유대인들에 추방과 개종의 선택을 강요하자 그의 가족은 멘데스(Mendez)라 성을 바꾸고 가톨릭으로 개종했다. 겉으로는 가톨릭이지만 뒤로는 유대교 의식을 치렀다. 이런 유대인들을 콘베르소, 마라노, 크립토 유대인 등으로 부른다. 이들은 자신의 정체성을 파괴한 스페인과 가톨릭, 더 나아가 서구에 대한 분노를 가슴에 새기고 살아갔다는 특징이 있다. 특히 나지 가문은 스페인, 포르투갈

유대인들의 상징과 같은 가문이었기 때문에 다른 가문보다 더욱더 친유대적인 행보를 걸었다. 현대의 로스차일드 가문과 비교할 수 있다. 구조주의 언어학자 에밀 방브니스트가 그들의 손자이다.

210) See H.(1926), Les origines du capitalisme moderne, France: Armand Colin, Université du Québec(PDF) p. 55

211) See H.(1926), Les origines du capitalisme moderne, France: Armand Colin, Université du Québec(PDF) p. 83

212) Levy A.(2002), Jews, Turks, and Ottomans: A Shared History, Fifteenth Through the Twentieth Century. USA: Syracuse University Press pp. 11-12

213) Levy A.(2002), Jews, Turks, and Ottomans: A Shared History, Fifteenth Through the Twentieth Century. USA: Syracuse University Press pp. 10-12, p. 62

214) 오늘날까지의 친화 관계에 대한 설명은 Malcontent P.(2022), 'The Netherlands, the EU and the Israeli-Palestinian Conflict: Why The Hague Continues to be One of Israel's Most Faithful European Allies', European Review of International Studies 2022/9

215) Rommelse, G. (2007). 'Prizes and Profits: Dutch Maritime Trade during the Second Anglo-Dutch War'. International Journal of Maritime History. 19/2 pp. 139-159.

216) 이런 이유로 주권국가를 중심으로 경제를 파악하면 대다수의 진단이 틀리게 나오는데, 이 현상은 제2차 세계대전 때도 볼 수 있다. GM, 포드, 코카콜라, IBM, 스탠다드 차터스 은행 등의 미국 기업은 미국의 적성국인 나치 독일과 협업한 후, 독일 패전 후 독일의 기업을 총괄적으로 인수하여 미국에서 번창해 갔다. 네덜란드 유대 기업인에도 조국은 없었지만, 미국 기업인에도 조국은

없었다. Yeadon G. & Hawkins J. (2008), The Nazi Hydra in America: Suppressed History of a Century, USA: Progressive–Lulu.com, pp. 183–184

217) 'Rye House Plot', https://en.wikipedia.org/wiki/

218) 'Bill of Rights' https://en.wikipedia.org/wiki/ 의회만이 과세, 입법, 상비군을 조직할 수 있다. 가톨릭의 왕위계승 금지, 의회의 독립을 유지해 주는 선거와 언론자유 보장을 명시했다.

219) Locke J.(1698), Two Treatises of Government, England: Awnsham John Churchill, 홉스는 백성의 권리를 왕에 일임했지만, 로크는 1) 귀족 부르주아 도당 의회를 백성의 대표로 내세웠다는 점 2) 도당 의회는 왕을 제거할 수 있다는 점을 강조했다.

220) Pachkalov A.V. (2019), 'Frankfurt am Main as a Center of Formation of Financial Oligarchy.' Humanities and Social Sciences. Bulletin of the Financial University. 9/5, pp. 66–72.

221) Grem J.(1971), The money manipulators, USA: Enterprise Publications, p. 34

222) Ventura J. & Voth H.–J.(2015), 'Debt into Growth: How Sovereign Debt Accelerated the First Industrial Revolution,' (PDF) NBER Working Papers 21280, National Bureau of Economic Research, Inc. Spain, p. 2

223) Pachkalov A.V. (2019), 'Frankfurt am Main as a Center of Formation of Financial Oligarchy.' Humanities and Social Sciences. Bulletin of the Financial University. 9/5, pp. 66–72.

224) Pachkalov A.V. (2019), 'Frankfurt am Main as a Center of Formation of Financial Oligarchy.' Humanities and Social Sciences. Bulletin of the Financial University. 9/5, pp. 66–72.

225) Morton F. (2014). The Rothschilds: A Family Portrait, USA: Diversion
Publishing, p. 20

226) Compier A. H.(2012), 'Celebrations of four hundred years relations between
Turkey and the Netherlands' (PDF), Alislam eGazette, Jan. 2012, p. 2

227) 이에 관한 참고서는 Sombart W.(1911), The Jew and Modern Capitalism,
Canada: Batoche Books(2001).

228) Bryant C. G. A.(1981), 'Depillarisation in the Netherlands', The British
Journal of Sociology

Vol. 32, No. 1 Mar., pp. 56-74

229) Rockefeller N.(1962), The Future of Federalism, USA: Harvard University
Press. p. 6. 다양성 속의 합일은 1960년대 록펠러가의 신세계 질서의
아이템이었다.

230) Bryant C. G. A.(1981), ibid., pp. 71-72

231) 거츠 호프스테드의 국가문화 분류 중 권력과의 거리감, 개인주의 vs 집단주의,
여성성 vs 남성성의 3개 항목은 사회민주주의의 아이템에서 가져온 것이다.
이 지표를 더욱 정밀하게 만든 문화 간 협력 연구소(Institute for Research on
Intercultural Cooperation; IRIC)는 필리핀, 미국, 홍콩 문화를 구분하는 데 있어,
사회민주주의의 덴마크와 네덜란드를 보편기준으로 삼았다. Hofstede, G.
(1984). Culture's Consequences: International Differences in Work-Related
Values. USA: Sage; Builtjens R. P. M. & Noorderhaven N. G.(2011), 'The
influence of national culture on strategic decision making', Tilburg University
and Institute for Research on Intercultural Cooperation.(PDF)

232) 스칸디나비아인들이 스스로 인정하는 얀테의 법칙이 또한 그런 것이다. 1)
당신은 특별하지 않다. 2) 당신이 남들만큼 좋은 사람은 아니다. 3) 당신은
남들보다 똑똑하지 않다. 4) 당신이 남들보다 더 잘난 것 없다. 5) 당신이

남들보다 더 많이 아는 것이 아니다. 6) 당신은 남들보다 더 중요하지 않다. 7) 당신이 모든 일을 잘하지 않는다. 8) 남들을 비웃지 말라. 9) 당신을 걱정하는 사람은 없다. 10) 남을 가르치려 들지 말라. 이 같은 10가지 마음의 명령은 비관주의로 북유럽인들의 광범위한 우울증과도 연관한다고 볼 수 있다. 'Signs of Cracks in the Law of Jante' New York Times, Dec. 18 2003

233) Crozier M. (1995), La société bloquée, France: Seuil

234) 'Ecofascism', https://en.wikipedia.org/

235) 'Pim Fortuyn Assassination', Institute for the Study of Globalization and Covert Politics (ISGP), https://isgp-studies.com/

236) Margry P. J.(2003), 'The Murder of Pim Fortuyn and Collective Emotions. Hype, Hysteria and Holiness in The Netherlands?', Etnofoor, antropologisch tijdschrift 16, Meertens Institute (KNAW), pp. 106-131.

237) 네오콘의 경제학 산실인 몽 페를랑 협회 회원인 퍼거슨은 '금융의 지배' (2002, 한국: 민음사), '콜로서스: 아메리카제국 흥망사' (2012, 한국: 21세기북스)같이 강자의 역사를 공개적으로 쓴 자이다. 미국 미디어의 전폭적인 지원을 받으며, 인플레로 가치를 잃은 달러를 미국으로부터 떼어 중국의 자원 및 노동력과 결부시키려 노력하는 월가의 진정한 제국주의자이다.

238) The Humanist, Dec. 22 2007; The Telegraph, Jul. 9 2011

239) Bismarck O. von (1874), Opinion de Bismarck sur la république l'empire et les Bourbons, translated by Romain G., Orleans, Paris: F. Wattelie, p. 5, pp. 7-12

240) Tapie V.(1970), La guerre de trente ans, France: Centre Ducumentation Universitaire, pp. 210-214

241) Rabbi Raphael M. L.(1983), Jews and Judaism in the United States: A

Documentary History, USA: Behrman House, Inc., p. 14

242) Faber E.(1998), Jews, Slaves, and the Slave Trade: Setting the Record Straight, USA: New York University Press, pp. 131-142

243) Donnan E.(2002), Documents illustrative of the History of the Slavetrade to America(1930, 1935) 4 vols, USA: W.S. Hein; Faber E.(1998), Jews, Slaves, and the Slave Trade: Setting the Record Straight, USA: New York University Press, 특히 pp. 11-43

244) Disraili B.(1852), Lord George Bentinck: a political biography, UK: Colburn & Co. p. 498

245) Park W. W.(1980), 'Le nouveau statut des banques étrangères aux Etats-Unis', Revue internationale de droit comparé, 31(1). 은행이 해외에 대리, 대표부를 세우느냐, 아니면 지점을 세우느냐에 따라 해외 영업의 중요도를 가늠하게 한다. 대표부는 어떤 권한도 없는 시장조사 및 여신거래 중개 기관이다. 반면 지점의 경우, 직접 투자의 형식으로 본격적인 영업을 한다. 협력 은행의 경우 간접투자의 형식으로 은행의 국제화 성격을 띤다.

246) Freeman R.(2002), 'Why Roosevelt's Explosive 1933-45 Recovery Worked', Executive Intelligence Review, 29(16), 2002, p. 33

247) Salomon de Rothschild, 'The Causes of the Civil War' (1861), Jewish-American History Documentation Foundation, http://www.jewish-history.com/

248) Mordwinkin G.(2003), Russian White Guards, USA: Trafford Publishing, p. 180

249) Bancroft W. D.(1901), Mckinley, Garfield, Lincoln: Their Lives, Their Deeds, Their Deaths, USA: The United States Newspaper Syndicate

250) Wilson B. R. (2013), For Love of Country, USA: AuthorHouse, p. 120.
암살자인 존 윌크스 부스는 남부군의 Knights of the Golden Circle (K.G.C)
의 사주를 받았다. K.G.C.는 6만 5천의 남부 멤버를 지닌 테러 조직으로서
쿠바, 멕시코, 니카라과에서 테러를 자행했고 이를 통해 미서전쟁을 유발했다.
로스차일드 가문이 이 조직을 지원했으며 조직은 나중에 앨버트 파이크의
KKK단으로 발전하게 된다. Wendell G. (2011), Save Me in the Night, USA:
AuthorHouse, p. 382

251) 졸고츠(Leon Dzolgosz)는 그의 공범으로 지목된 엠마 골드만과 함께 체포되었다.
그러나 골드만은 석방되었다. 1892년 그는 남자친구 알렉산더 베크만과 함께
스위스 출신 기업인 프리크(Henry Clay Frick)를 암살하려다 실패했다. 당시에도
체포되었으나 또다시 석방되었다. 1886년에도 경찰에 폭탄을 던져 7명을
죽였지만 석방되었다. 그의 배후는 로자 룩셈부르크 이상으로 비밀스러웠다.
러시아혁명 지원자들을 모집하러 다니던 레온 트로츠키에 자금을 대 주던
자콥 시프(Kuhn & Loeb, and Co)의 뉴욕 남동부에서 살았으며, 그곳의 유대인
대표단체(American Jewish Committee)와 교류했지만, 그가 금융계와 어떤 관계를
맺었는지는 알려지지 않았다. Goldman E.(2006), Living My Life(1933), USA:
Penguin Classics.

252) 영미 공동제국주의의 진행 과정에 관해서는 Quigley C.(1981), The Anglo-
American Establishment, USA: Book in Focus

253) Kitson A.(1933), The Bankers' Conspiracy, UK: Eliott Stock, p. 12

254) Ries A. & Trout J. (1986), Marketing Warfare, USA: Plume Book, pp.
24-25

255) Alan Greenspan, "Gold and Economic Freedom," Rand, A.(1967). Capitalism:
The Unknown Ideal (paperback 2nd ed). New York: Signet. p. 96

256) Durant W. (1930), The Case for India(PDF), USA: Simon & Schuster. pp.
16-17

257) 미 제국주의의 독자적인 움직임에 관해서는 Quigley C.(1966), Tragedy and Hope: A History of the world in our time, USA: Macmillan. 영국과 미국의 외교적 차이와 그 결과에 관해서는 Kissinger H.(1982), 'Reflections on a Partnership: British and American Attitudes To Postwar Foreign Policy', Executive Intelligence Review, Vol. 29, n 1, 2002, pp. 49-59

258) Tooze, A.(2014), The Deluge. The Great War and the Remaking of Global Order, 1916-1931, USA: Penguin, pp. 353-373

259) Quigley C.(1981), The Anglo-American Establishment, USA: Book in Focus, pp. 168-169

260) Rinke, S.(2017), Latin America and the First World War, UK: Cambridge University Press, p. 70.

261) 프리메이슨이 가장 광범위한 활동을 한 곳이 남미였다. 프리메이슨 단체가 무수하게 만들어졌으며 결국 프리메이슨 시몬 볼리바르에 의해 남미의 독립운동이 진행되었다. 스페인과 포르투갈의 지배를 미국의 지배로 변화시킨 것이다. 프리메이슨의 지역단체를 로지(Lodge)라 하는데, 지역마다 번호를 붙여 움직인다. 아시아의 경우, 필리핀 마닐라에 1912년 그랜드 로지가 만들어졌다. 1957년에는 일본에 그랜드 로지가 세워졌다. 한국은 1908년 한양 스코틀랜드 로지가 일찍 들어와 있었다. 상업, 광업, 종교적인 이유로 아시아에 정착한 미국인들이 이곳에서 주로 활동했다. 본토인은 가입이 금지되었다. 아시아의 프리메이슨 로지는 필리핀을 중심으로 퍼져나갔다. 한국의 예로써 이화여자대학교(이화학당)를 만든 메리 스크랜튼의 아들 윌리엄이 지부장이던 스코틀랜드 한양로지 No. 1048, 전후에는 맥아더 로지 No. 138, 1973년에는 부산로지 No. 1675, 1979년에는 트루먼 로지 No. 1727 등이 만들어졌다. 하지만 조선의 경우 기독교가 강세였던 이유로 YMCA나 교회 같은 미션 단체를 통하여 프리메이슨의 영향력을 행사했다.

262) Kitson A.(1933), The Bankers' Conspiracy, UK: Eliott Stock, p. 92

263) Kitson A.(1933), The Bankers' Conspiracy, UK: Eliott Stock, p. 16

264) Kitson A.(1933), The Bankers' Conspiracy, UK: Eliott Stock, p. 48

265) Kitson A.(1933), The Bankers' Conspiracy, UK: Eliott Stock, p. 35. 바이마르 공화국의 인플레이션은 정부 조직 내부에 스며든 국제자본의 투기로 인해 영향받은 바 크다. 예를 들어, 독일 인플레이션(1922-1923) 당시 총리는 국제은행 Berenberg Bank의 간첩 쿠노(Wilhelm Cuno)였다.

266) 금융에 관한 한 국가에 어떤 자리도 마련하지 않는 유대-네덜란드-앵글로색슨 전통이 굳어져 버린 것이 실은 BIS의 세계사적인 의미이기도 하다. 1930년 이후 미국에서는 존 F. 케네디가 유일하게 이 문제를 다시 제기했으며 1999년 이래 유럽중앙은행의 민영화를 공개적으로 비판한 유럽의회 의원은 2-3명 정도였다.

267) Roosevelt E.(1946), As He Saw It, USA:Duell: Sloan and Pearce.

268) Latouche S.(2012), L'age des limites, France: Mille et une nuit, p. 37

269) Kissinger H.(1982), 'Reflections on a Partnership: British and American Attitudes To Postwar Foreign Policy', Executive Intelligence Review, 29(1), 2002, pp. 49-59

270) 1920년까지 토의된 배상금 명세와 내용은 맨델 하우스 대령이 "대통령 빼고 그만큼 사정을 아는 자가 없다."고 서문까지 써준 앙드레 타르디유의 Tardieu A.(1921), The truth about the Treaty, USA: Bobbs-Merrill(Htm), ch. 9. https://net.lib.byu.edu/

271) 독일은 배상금을 2010년에 모두 갚았지만, 당시로서는 결코 갚을 수 없는 금액이었다. Grossman R. S. (2013), WRONG: Nine Economic Policy Disasters and What We Can Learn from Them, UK: Oxford University Press, p. 73. 나폴레옹 전쟁 후 독일이 프랑스에 청구한 배상금은 프랑스 GDP의 20%였고, 보불전쟁 후 비스마르크가 청구한 금액은 프랑스 GDP의 25%였다.

272) 2007년 미국의 은행들이 갚을 수 없는 주택 대출금을 미국 서민들에 강제했던 이유가 바로 그 주택을 법적으로 빼앗아 경매로 넘기기 위한 목적이었다. 갚을 수 없는 금액을 갚으라는 것은 실은, 보증 자산을 빼앗겠다는 것이다. 적은 돈으로 힘을 행사하는 디플레이션 시대거나 1970년대 서구의 은행이 제3세계에 꾸어 준 돈의 110배를 받던 정도의 장사가 아니라면, 어떤 은행도 대출금의 원금과 이자를 받기를 원치 않는다. 보증 자산에만 관심이 있을 뿐이다. 14세기 베니스 상인의 수법이었다. Toussaint E. & Millet D. (2011), Debt, The IMF, and The World Bank, USA: Monthly Review Press,

273) Tardieu A.(1921), The truth about the Treaty, USA: Bobbs—Merrill(Htm), ch. 19. https://net.lib.byu.edu/

274) Manfred Reifer, Czernowitzer Allegemeine Zeitung, Sep. 1933

275) Boemeke, M. F et al (1998. eds). Versailles: A Reassessment after 75 Years. UK: Cambridge University Press. p. 425. 독일 인플레이션 문제에 대한 영미 학자들의 논쟁은 보상 문제에 대한 논쟁만큼 치열하다. 인플레이션이 배상이 시작되기 전부터 벌어졌느니, 독일 정부의 정책에 문제가 있느니, 내야 할 배상금보다 해외융자를 더 많이 받았다느니, 형식적 배상금액과 실제 상환액에 차이가 있느니 하는 것들이다. 하지만, 이런 논쟁은 결과를 무시한 채 말싸움만 벌이는 진실에 물을 타기다. 돈을 못 갚으니 자산을 빼앗겼고, 인플레이션이 일어났으며, 외국자본은 자산 탈취에 매진했으며, 독일 국민은 이를 막을 지도자를 원했으며 히틀러가 등장한 것이다. 누구나 이해할 수 있는 상식적인 연쇄 사건을 두고 디데일한 논쟁을 일삼는다는 것은 다른 의도가 있어서라고 볼 수밖에 없다.

276) Boemeke, M. F et al (1998. eds). ibid., p. 401

277) 1997년 한국의 금융위기 때에도 위기의 주범인 IMF와 세계은행 이사인 임창열이 한국의 경제부총리로 들어섰다. 대문을 열기 전에 곳간의 열쇠를 먼저 준 것이다. 전쟁 아닌 방법으로 주권을 찬탈하는 거의 유일한 방법이 수장을 자기

사람으로 만드는 것이다. 전후 독일도 같은 절차를 밟았다. 이에 대응하는 해당 정부와 국민에 걸린 문제는 금융위기를 자연스러운 현상으로 보느냐 아니면, 의도된 것으로 보느냐에 있었다. 한국 정부와 국민은 IMF 금융위기를 자연스러운 위기로 보았던 반면, 말레이시아 정부와 국민은 IMF의 의도된 모략으로 보았다. 그 결과, 전자는 35% 전후로 국가의 자산을 탈취당했고 후자는 자산을 지켰다. 독일의 바이마르 정부는 금융위기가 의도된 것임을 알고 있었지만 무기력하여 국가자산 탈취과정을 바라볼 수밖에 없었다.

278) Sutton A.(1975), Wall Street and FDR, USA: Arlington House Publishers (PDF), ch. 3.

279) 2005년 미국의 CBS는 '전설적인 범죄 도시' 시리즈를 만들면서 당시의 베를린을 '악의 도시'(Metropolis of Vice)라 불렀다.

280) Ron Chernow. R.(1993), The Warburgs: The Twentieth-Century Odyssey of a Remarkable Jewish Family. USA: Vintage Books, p. 377.

281) Sutton A.(1975), Wall Street and FDR, USA: Arlington House Publishers (PDF), ch. 3.

282) Williams T. H.(1981), Huey Long, USA: Vintage Books, p. 761

283) Higham, Ch.(1983), Trading with the enemy: the Nazi-American money plot, 1933-1949. USA: Barnes & Noble Books; (1985), American swastika: the shocking story of Nazi collaborators in our midst from 1933 to the present day. USA: Doubledays; Kolko, G.(1962), 'American business and Germany, 1930-1941'. Western Political Quarterly 15/4, pp. 713-728

284) Sutton A. C.(1976), Wall Street and the Rise of Hitler, USA: Bloomfield Books, p. 35. IG Farben의 이사는 뉴욕 FRB 이사인 와버그(Paul Warburg)였다. FRB 이사들은 각기 포드(Ford Motor Company), 스탠더드 오일(Standard Oil)의 이사들이기도 했다. 또한 전후 유엔헌장의 초안을 작성했고 미국 국무부

장관(1953-1959)이 되는 덜레스(John Foster Dulles)는 FRB의 독일 나치 지원의
선두에서 활동한 설리번 & 크롬웰 법무법인(Sullivan and Cromwell LLP)의
전무이사였다. 1937년 리차드 닉슨은 대학 3학년 시절 이 로펌에 서류를 냈고
덜레스가 그를 면접 보았고 낙방시켰다.

285) Campbelle P. W.(2010), Britain Was Responsible for WWI, WWII & the
Holocaust, London: Dorrance Publishing, p. 47 IG Farben은 Zyklon-B를
만들었고 그것으로 유대인을 학살했다고 알려져 있다. 그렇다면 미국 정부도
기업도 모두 이 학살에 동참한 것이다.

286) Yeadon G. & Hawkins J. (2008), The Nazi Hydra in America: Suppressed
History of a Century, USA: Progressive Press, p. 602.; http://www.
bankofengland.co.uk/CalmView/

287) Sutton A. C.(1976), Wall Street and the Rise of Hitler, USA: Bloomfield
Books; Pool J.(1978), Who Financed Hitler: The Secret Funding of Hitler's
Rise to Power, 1919-1933, USA: Dial Press

288) Yeadon G. & Hawkins J.(2008), The Nazi Hydra in America: Suppressed
History of a Century, CA: Progressive-Lulu.com, pp. 183-184

289) 'Who paid for World War II?', The Oriental Review, Oct. 6 2010.; 'Ford
and GM scrutinized for alleged Nazi collaboration: firms deny researchers'
claims on aiding German war effort". Washington Post, Nov. 30, 1998

290) Kitson A.(1933), The Bankers' Conspiracy, UK: Eliott Stock, p. 90

291) Von Muralt A. (1934), 'The Woergl Experiment With Depreciating Money',
Annals of Collective Economy 1934, Geneva, Switzerland; Schwarz F.
(1983), Das Experiment von Wörgl, Germany: Genossenschaft Verlag

292) 겉으로 보면 링컨의 재무부가 발행한 그린 백과 닮아 보이지만, 그린 백은
돈으로 쓸 수 있는 기간의 한도가 없었고 생산량에 맞추어 한도를 정하지

않았다. 은행은 그린 백을 경화와 할인해 주지도, 바꾸어 주지도 않았다. 정부가 쓰라 한 종이쪽지였을 뿐이다. 링컨 시대에는 금화, 금 보증서와 그린 백이 구분 없이 유통되었다. 전투에서 승리하면 금화와 비교해 가치가 올랐고, 위기 때는 가치가 떨어지는 주식과 같았다. 'Greenback (1860s money)', https://en.wikipedia.org/

293) 미국의 월가는 플라자 합의 이후 1986년부터, 일본 창구를 통해 엔화의 양적 완화를 관리했다. 달러 대비 환율이 오르자, 주식과 부동산 버블을 일으켜 일본의 복지 자본주의를 붕괴시켰다. 국내 금리보다 낮은 달러를 급속하게 들여왔던 1990년대 태국, 인도네시아, 한국도 같은 길을 걸었다. Werner R.(2003), Princes of the Yen: Japan's central bankers and the transformation of the economy, USA: M.E. Sharpe

294) Schweitzer A.(1946), 'Big Business and Private Property Under the Nazis', The Journal of Business of the University of Chicago, Vol. 19, No. 2 (Apr. 1946), USA: The University of Chicago Press, p. 113

295) Schweitzer A.(1946), ibid., p. 100

296) Schoenberg D.(1980), Hitler's Social Revolution, USA: Norton, p. 134.

297) Schweitzer A.(1946), ibid., p. 105

298) Grunberger R.(1971), The Twelve-Year Reich: A Social History of Nazi Germany, 1933-1945, USA: Holt, Rinehart and Winston. Schoenbaum D.(1980), Hitler's Social Revolution, USA: Norton

299) Garvy, G.(1975), "Keynes and the Economic Activists of Pre-Hitler Germany," The Journal of Political Economy, V. 83, Issue 2, April 1975, pp. 391-405; Hitler's Economics (10/27/2018), Mises Institute. https://mises.org/library/

300) Galbraith J. K.(1977), ‘The Age of Uncertainty’, The New York Times Book Review, Apr 22, 1973. 경제를 급성장시키기 위해 경제의 원칙을 지킨 독일의 사례를 거꾸로 적용해보면, 오늘날 유럽이나 미국 등 저성장 국가들은 경제원칙을 지키지 않았다는 진실을 드러낸다.

301) H. W. Koch, (1985), Aspects of the Third Reich, USA: St. Martin's Press, pp. 360-370.

302) Guerin D.(1973), Fascism and Big Business, New York: Pathfinder, p. 61, pp. 41-62

303) Lasswell H. (1927), Propaganda technique in the world war (PDF, 1938), USA: Peter Smith,

304) ‘ Story of Wholes Sales Massacre Neext Weekend’, ‘Nazi waiting to fall in the Jews’, Daily Herald, Mar. 1, 3 1933

305) ‘The Jewish Declaration of War on Nazi Germany’, Daily Express, 24 Mar. 1933; The Barnes Review, Jan./Feb. 2001, pp. 41-45. 이 신문은 반유대주의 분위기를 잡기 위한 설레발이었다. 미국의 유대 기업은 실제로 독일제품을 거부할 생각이 없었다. 영국과 뉴욕에서만 반향이 있었을 뿐이다.

306) Vancouver Sun, Apr. 23, 1940.

307) Central Blad Voor Nederland, 13 Sep. 1939

308) Kaufman T. N.(1941), Germany Must Perish!, USA: Argyle Press of Newark, p. 93

309) Nizer L.(1944), What to do with Germany, USA: Ziff Davis Company, pp. 3-11

310) 이름도 몰라서 그를 프란츠 카우프만이라 불렀던 조제프 괴벨스는 영리하게도 카우프만의 책을 '독일 민족에 대한 악마적인 학살 계획'(Diabolical Plan for the Extermination of the German People)이라는 타이틀로 공개했다. Der Angriff, July 23, 1941. 그의 이름을 Nathan으로 착각했던 미국기자 하워드 스미스는 카우프만의 책을 어느 정신병자의 고민으로 취급하면서 "조국에 해가 되는 무책임한 짓을 카우프만이라는 작자가 싸움이고 고민이라고 하는데 …. 지금 나치가 그의 책을 병기처럼 휴대하고 다니지 않는가."라고 했다. Smith H. K.(1942), Last Train from Berlin. UK: Phoenix, p. 134

311) Herzl Th.(1960), The complete diaries of Theodor Herzl, USA: Herzl Press and Thomas. Yoseloff, pp. 83–84

312) The Sentinel, The American Jewish Weekly, 8 Oct. 1940. Chicago

313) Goebbels J, 'Aus Churchills Lügenfabrik' (1941/01/12) , Die Zeit ohne Beispiel. Germany: Zentralverlag der NSDAP. 1941, p. 364; https://research. calvin.edu/german-propaganda-archive/goeb29.htm

314) Haynes S. R.(2007), 'Bonhoeffer, the Jewish People and Post-Holocaust Theology: Eight Perspectives; Eight Theses', Studies in Jewish-Christian Relations, 2/1 (2007), p. 50

315)Bonhoeffer D.(2005), Dietrich Bonhoeffer Works: Ethics, Volume 6, USA: Minneapolis: Fortress

316) Matthew D. H,(2004), A Church Divided: German Protestants Confront the Nazi Past, USA: Indiana University Press, Appendix 8.

317) Smele, J. (1994). White Gold: The Imperial Russian Gold Reserve in the Anti-Bolshevik East, 1918-? Europe-Asia Studies, 46/8, pp. 1317-1347.

318) Kitson A.(1933), The Bankers' Conspiracy, UK: Eliott Stock, p. 44. 키츤은 1933년 루스벨트를 칭송했다. 그는 1937년이 사망했기 때문에 루스벨트의 정책이 어떤 목적을 지녔으며, 어떤 결과를 내었는가를 알지 못했다,

319) 'McCormack–Dickstein_Committee', https://en.wikisource.org/wiki/; Denton, S. (2012). The Plots Against the President: FDR, A Nation in Crisis, and the Rise of the American Right. USA: Bloomsbury Press

320) 'Gen. Butler Bares 'Fascist Plot' To Seize Government by Force', New York Times, Nov. 21, 1934

321) 나중에 그의 아들과 손자가 미국의 대통령이 된다. Yeadon G.(2008), The Nazi Hydra in America, USA: Lulu.com, pp. 127–133. United States Congress House(1954), Hearings vol. 3. U. S. Government Printing Office, p. 44; https://cdn.muckrock.com/foia_files/2017/06/07/File_1_Section_1_Serial__1.pdf; New Masses Magazine(1935), Wall Street's Fascist Conspiracy: Testimony that the Dickstein MacCormack Committee Suppressed; Wall Street's Fascist Conspiracy, Morgan Pulls the Strings(ed. digital) http://archive.org/stream/

322) 루스벨트의 행동을 월가에 대한 애국적인 저항이라고 보는 순진한 의견이 민주당 쪽에서 지배적이다. Wolfe L.(1994), 'FDR vs. Wall Street : Morgan's Fascist Plot Against the United States, And How It Was Defeated', New Federalist, The American Almanac, Jul. 1994

323) 'The scariest moment of a presidential transition: Six gunshots fired at FDR', Washington Post, Nov. 13, 2020; 'Giuseppe Zangara', https://en.wikipedia.org/wiki/

324) 'Kermit Roosevelt'. Harvard Magazine. 16 December 2010. 그는 이란의

주권을 무너뜨린 공로로 아이젠하워 대통령으로부터 국가 보위 훈장을 받았다.

325) Goldstein P.(1978), 'The Rothschild roots', Executive Intelligence Review, vol 5/39, p. 54

326) Sutton A.(1975), Wall Street and FDR, USA: Arlington House Publishers (PDF), ch. 1. Recit.

327) Kidwell, D. S. et al.(1993), Financial Institutions, Markets, and Money, p. 54 미국 각주를 통일하려는 연방주의자 알렉산더 해밀턴은 민간이 참여하는 영국식 중앙은행을 지지했다. 중앙은행은 근본에 있어 2차 산업처럼 몸집이 큰 기업을 키우는 데 역할을 하지만, 자영 농업이나 자영업에는 치명적인 해를 줄 수 있었다. 더 나아가 중앙은행은 경화가 아닌 지폐를 쓰게 만듦으로써 인플레이션을 유발하는 기구이다. 몸집이 커서 세금으로 은행을 운영할 수가 없으니 대주주들을 모아야 하는데, 이리되면 국가 대사에 민간의 이익 관계가 걸쳐진다. 해밀턴은 의회가 이를 잘 통제하면 된다고 주장했지만 토머스 제퍼슨과 제임스 매디슨 그리고 후일의 앤드루 잭슨은 민간은행의 폐해를 깊게 경험했기 때문에 이에 적극적으로 반대했다. 정치적으로 알렉산더 해밀턴은 귀족 과두제를 모델로 삼았으며 연방정부에 힘을 싣지만 토머스 제퍼슨은 미국 각 주가 자치권을 가진 공화제를 지지했으며 외교를 제외한 연방정부의 독재를 거부했다. 이 두 사람의 정치적 차이는 도시와 농촌, 귀족 부르주아와 서민, 대기업과 자영업, 공격성과 수동성, 질서와 자유, 볼셰비즘과 아나키즘 등과 유사한 차이를 보인다. 이런 이유로 해밀턴을 대변하는 미국 민주당과 제퍼슨을 대변하는 공화당의 차이는 유럽과 반대 현상으로 나타나는 것이다. 즉 미국의 민주당이 우파적이고, 공화당이 좌파적이다. 당의 색깔도 그렇게 반대로 사용했다. 유럽의 공화당은 청색, 사회당은 붉은색인데 미국에서는 민주당이 청색, 공화당이 붉은색이다. 이것이 지금은 별 의미 없는 미국의 우파, 좌파의 본 모습이었다.

328) Courtney, K & P.(1962), America's Unelected Rulers, USA: Conservative Society of America Publication, p. 27

329) Filene, E. A. (1931), Successful living in this machine age, USA: Simon and Schuster, p. 114.

330) Sutton A.(1975), Wall Street and FDR, USA: Arlington House Publishers (PDF), ch. 9, ch. 12

331) Rufin J-C.(1994), La dictature liberale, France: J. C. Latte; Sternhell Z.(1978), La droite revolutionnaire, 1885-1914: Les origines francaises du fascisme, France: Seuil; Lasch Ch.(1996), The Revolt of the Elites and the Betrayal of Democracy, USA: W. W. Norton & Company; (2007), La revolte des elites, France: Flammarion, pp. 37-60

332) Courtney, K & P.(1962), America's Unelected Rulers, USA: Conservative Society of America Publication, p. 2

333) 1930년대 프랑스의 레옹 블룸도 뉴딜과 유사한 국가 주도 정책을 펼치려 했으나 금에 묶어 놓은 화폐를 풀어내지 못해 결국 실패했다. 1931년 영국 또한 기업들이 국가를 장악하는 PEP 프로그램을 시행했으나 은행의 독자적인 힘을 견디지 못해 1945년 이후를 기다려야 했다. Carpenter, L. (1976). 'Corporatism in Britain, 1930-45'. Journal of Contemporary History, 11(1), p. 24

334) Sutton A.(1975), Ibid., ch. 12

335) Pecora F.(2014), Wall Street Under Oath: The Story of Our Modern Money Changers(1939), USA: Graymalkin Media

336) Sutton A.(1975), Wall Street and FDR, USA: Arlington House Publishers (PDF), ch. 9, ch. 12

337) Pecora F.(2014), Wall Street Under Oath: The Story of Our Modern Money Changers(1939), USA: Graymalkin Media; 'Pecora Commission', https:// en.wikipedia.org/wiki/

338) Park W. W.(1980), 'Le nouveau statut des banques étrangères aux Etats-Unis', Revue internationale de droit comparé, 31(1), p. 79

339) Park W. W.(1980), ibid., p. 77

340) Sutton A.(1975), Wall Street and FDR, USA: Arlington House Publishers (PDF), ch. 9, ch. 12

341) Sutton A.(1975), Wall Street and FDR, USA: Arlington House Publishers (PDF), ch. 5.

342) Schivelbusch W.(2007), Three New Deals: Reflections on Roosevelt's America, Mussolini's Italy, and Hitler's Germany, 1933–1939, USA: Metropolitan Books

343) 그는 뉴딜정책의 콜럼버스라는 별명으로 불렸다. Tugwell R. G.(1959), 'The Resettlement Idea', Agricultural History 33, no. 4 (Oct., 1959), p. 159

344) Leuchtenburg W. E.(1963), Franklin Roosevelt and the New Deal, USA: Harper &Row, pp. 346-347.

345) Schivelbusch W.(2006), Three New Deals: Reflections on Roosevelt's America, Mussolini's Italy, and Hitler's Germany, 1933-1939. New York: Metropolitan Books, p. 190

346)R. Skidelsky R.(1994), John Maynard Keynes : The Economist as Savior 1920-1937, USA: Viking Adult, p. 581

347) 20세기 초 로스차일드의 금융 활동을 받쳐주는 영국의 대표 기업인 428명 중 유대인은 2%에 불과했다. Jeremy D.(1988 ed), Business and Religion in Britain. UK: Gower, pp. 16-18

348) 'Une vieille rivalité entre banque protestante et banque juive', Le Monde, 07 Oct. 2008

349) Beckert, S.(2001). The Monied Metropolis: New York City and the Consolidation of the American Bourgeoisie, 1850–1896. USA: Cambridge University Press, pp. 265-266

350) Tedlow, R. et al. (2003). The American CEO in the Twentieth Century: Demography and Career Path. USA: Harvard Business School, Research Paper 03/21, p. 56

351) Dulles F. R. & Ridinger G. E.(1955), 'The Anti-Colonial Policies of Franklin D. Roosevelt', Political Science Quarterly, 70 (1): pp. 1-8; Nwaubani E.(2003), 'The United States and the Liquidation of European Colonial Rule in Tropical Africa, 1941-1963', Cahiers d' Études africaines, XLIII (3), 171, 2003, p. 512

352) Yeadon G. & Hawkins J.(2008), Nazi Hydra in America: Suppressed History of America. USA: Progressive Press, pp. 602-603.

353) Tugwell P,(1957), The Democratic Roosevelt, USA: Doubleday, p 477.

354) Roosevelt E.(1946), As He Saw It, USA:Duell: Sloan and Pearce, p. 24

355) Bills, S. L.(1990), Empire and Cold War, USA: St. Martin' s Press, p. 204

356) 'Franklin D. Roosevelt Makes Statement of Neutrality' (Audio), https://www.history.com/speeches/

357) 'Records of the Reconstruction Finance Corporation [RFC]', Guide to Federal Records, US National Archive. https://www.archives.gov/

358) 'The Atlantic Conference & Charter 1941', Office of the Historian, Foreign Service Institute, United States Department of State. https://history.state.gov/; 'Atlantic Charter', https://en.wikipedia.org/wiki/. 원문은 "양국은 국민이 영위할 정부형태를 선택할 권리를 존중한다. 또 양국은 강압적으로 빼앗겼던 주권과 자치 정부를 인민들이 다시 찾기를 원한다."

359) 'British have invaded nine out of ten countries - so look out Luxembourg', The Telegraph, Nov. 4, 2012

360) Louis R.(2006), The Ends of British Imperialism, USA: I.B.Tauris, p. 639

361) Roosevelt E.(1946), As He Saw It, USA:Duell: Sloan and Pearce, p. 35.

362) Lacroix-Riz A.(2003), 'Quand les Américains voulaient gouverner la France', Le Monde diplomatique, n. 590, May 2003, p. 19

363) 'AM-Franc', https://en.wikipedia.org/wiki/

364) Peyrefitte A.(1997), C'était de Gaulle, T2, Fayard, pp. 84-87

365) Matin J. S.(1950), All Honorable Men, USA: Little Brown & Company, p. 296

366) Schivelbusch W.(2006), Three New Deals: Reflections on Roosevelt's America, Mussolini's Italy, and Hitler's Germany, 1933-1939. New York: Metropolitan Books, pp. 19-31; Whitman J. Q.(2017), Hitler's American Model: The United States and the Making of Nazi Race Law, MT: Princeton University Press

367) ‘Economic history of the United Kingdom’, https://en.wikipedia.org/wiki/

368) Brezinski, Z.(1997), The Grand Chessboard : American Primacy and Its Geostrategic Imperatives, éd. New York, pp. 211-215.

369) Daily Telegraph, Sep. 19 2000.

370) Historia, 675, Mar. 2003

371) 실로 연합국과 함께 조국 해방전쟁에 직간접적으로 참여했음에도 불구하고 여러 이유로 종전 식에 참여하지 않거나 못하는 바람에 주권을 잃은 한국과 같은 나라들이 있었다. 주권은 주장해야만 얻는 것이지 누구도 주권을 거저 가져다주지 않는다. 참고로 일본항복문서에는 미국 이외에 중국, 영국, 캐나다, 네덜란드, 호주, 뉴질랜드 그리고 프랑스가 서명했다. 한국의 임시정부가 무리해서라도 달려가서 사인했다면 전후에 더욱더 많은 권리를 주장했을 것이다.

372) ‘Slogans of 68’, libcom.org, https://libcom.org/article/

373) Peyreffite A.(2000), C’etait De Gaulle, t.3, France: Fayard, p. 520

374) Jauvert, V.(2000), L’Amérique contre de Gaulle, France: Seuil

375) 미국 중고등학교와 대학에서 가르쳐지는 현대사에서 프랑스의 레지스탕스나 유럽의 반독일 항거는, 내용이 없거나 지엽적인 것으로 치부된다. 이런 내용은 미국이 유럽을 해방했다는 역사 왜곡에 방해가 되는 역사이기 때문이다.

376) Debray R.(1978), Modeste contribution aux ceremonies officielles du dixieme aniverssaire, France: Maspero, pp. 15-26

377) Castoriadis C.(1986), Les movements des annees soixants, Pouvoirs, n. 39, France, pp. 114-115

378) See H.(1926), Les origine du Capitalisme Moderne, France: Armand Colin, p. 26

379) 스탈린은 대숙청(1935-1938) 당시, 3만 명 정도의 정적을 소탕하는 줄 알았다. 비밀경찰(NKVD)이 20만 명을 소탕했다는 보고를 받고는 업무를 정지시켰다. 대장을 해임하고 그중 50% 전후의 인사를 복귀시켰다. 그런데도 스탈린은 전후 소련공산당 내부의 월가 네트워크를 끝장내기 위해 공산당을 국가행정으로부터 밀어내는 반공산당 계획을 펼쳤다. 마치 미국의 매카시즘이 소련에서 벌어진 것과 같았다. 매우 위험한 계획이었기 때문에, 스탈린은 부드럽게 움직였다. 공산당을 비판했을 뿐, 마르크스주의를 비판하지 않았다. 1952년 제19차 전당 대회에서 스탈린은, "노동자 독재의 나라에서, 그러니까 다른 당과 권력을 나누지 않고 공산당이 단독으로 통치하는 나라에서 공산당의 실수는 오로지 공산주의자들만이 알 수 있습니다. 따라서 비판은 소련 사회의 원동력이 되는 것입니다."라면서 공산당 수뇌부에 대한 비판의 포문을 열었고 스스로 공산당 사무총장(서기장) 자리를 내놓는 솔선수범을 했다. 전당 대회의 결의안은 무시되었다. 하지만 이는 공산당 독재 수뇌부들의 권력을 빼앗아 소비에트로 넘기는 계기가 되었다. Carantino B. & Shiray A.(1952), 'Le XIXe congrès du Parti communiste de l'Union soviétique', Politique étrangère, 17/5, p. 380

380) 'Crisis for Europe as trust hits record low', The Guardian, 24 Apr. 2013 https://www.theguardian.com/. 스페인은 72%, 영국은 69%, 독일은 59%, 프랑스는 56%, 이탈리아는 53%의 국민이 유럽연합에 대한 불신을 나타냈다.

381) 'Public support for European Integration', Clingendael Report Feb. 2018, https://www.clingendael.org/

382) Spiegel, 27. Dec. 1999

383) https://www.youtube.com/watch?v=HegduXj9wLk

384) Odom W. E,(1995), NATO's Expansion: Why the Critics Are Wrong, The National Interest, N. 39, Spring: 1995, pp. 40-41

385) 'Lord Ismay'(Nato leaders), https://www.nato.int/cps/en/natohq/declassified_137930.htm

386) Courtney, K & P.(1962), America's Unelected Rulers, USA: Conservative Society of America Publication, p. 48

387) Lecture, Oct. 26 2015, Rome, Italy

388) 아프리카와 아시아에서도 여성들이 국방부를 책임지는 경우가 있지만 그들의 전공은 대다수 법학과 정치학이다. 최소한 국회에서 국방의 기본개념을 익히고 나온 이들이다. 유럽의 경우 국방과 무관한 업무를 하다가 장관을 하는 여성들이 많다. 독일과 스웨덴은 의학, 노르웨이는 산업공학, 이탈리아는 현대문학, 스위스는 라틴어, 체코는 경제학, 프랑스는 재무, 보스니아는 전기공학 전공 출신의 여성들이 국방부 장관 자리에 앉았다. 플라스하르트 (Jeanine Hennis-Plasschaert) 네덜란드 국방부 장관(2012-2017) 전공은 비서학이다.

389) 이 문제에 대해서는 레지날드 호스맨의 저서 참고, Horsman R.(1986), Race and Manifest Destiny: The Origins of American Racial Anglo-Saxonism, USA: Harvard University Press

390) 미국 상원의 사법위원회는 IPR을 "국제 공산주의의 이익을 위해 일하는 기관"으로 정의했다. Courtney, K & P.(1962), America's Unelected Rulers, USA: Conservative Society of America Publication, p. 149, pp. 155-159, p. 165

391) Lattimore O.(1949), 'South Korea, another China', The Daily Compass, Jul. 17, 1949. http://www.dcdave.com/article5/110602.htm.

392) McCarthy J.(1952), The Fight for America, NY: Devin-Adair Co. p. 128

393) 'Operation Paperclip', https://en.wikipedia.org/wiki/

394) '북위 38도', https://ko.wikipedia.org/wiki/

395) Johnson M.(2008), God's Perfect Scar, USA: AuthorHouse, p. 101. 이는 미국 행정부가 이승만이 한국의 대통령이 되리라는 것을 해방 전에 이미 알고 있었다는 증거이기도 하다.

396) 'Stalin had direct impact on Korea in 1945-53 period', The Korea Times, Apr. 2019

397) 소수민족에 대한 스탈린의 불량한 태도는 조지아 출신인 그의 피해의식에 근거한 것이기도 하다. 그는 1920년대부터 일찍이 극동의 고려인을 이주시킬 생각을 하고 있었다. 극동의 고려인들은 소련의 사회주의 정책과 조직을 잘 이해하고 있었고, 소비에트 정권이 탄탄해지는 데 많은 공헌도 했다. 1937년 스탈린은 간첩 활동을 할지 모른다면서 고려인을 중앙아시아로 대거 이동시켜 버렸다. 만주에서 소련을 위협하던 일본이 고려인들을 간첩으로 이용한 예외적인 사실만 강조했다. 고려인의 독립 의지와 현지 적응 능력을 전혀 이해하지 못했다. 고려인을 카자흐스탄과 우즈베키스탄의 벌판으로 이주를 시키면, 연해주가 텅 비기 때문에 일본침략의 빌미를 줄 뿐만 아니라 이주에 돈도 많이 들었다. 그런데도 그는 일을 거꾸로 처리했다. 스탈린이 고려인의 항일의지와 노동능력을 인정하여, 연해주 자치를 고려인에 맡기고 일본과 투쟁을 지원했더라면, 연해주는 발전했을 것이다. 더 나아가 전후 일본 처리 과정에서 대미 외교적 우위에도 설 수도 있었다. 계급투쟁을 말하면서 뒤로는 인종주의 정책을 밀어붙였던 공산주의의 한결같은 인종주의와 파시즘 습관이 고려인 이주 정책이기도 했다. 이원용(2011), 1937년 고려인 강제 이주의 원인 및 과정, 유럽 사회문화, 7, pp. 159-194 참고. 물론 이주 정책에 의해 고려인들이 어떤 이익, 불이익을 받았는가에 대한 평가는 여기서 다룰 문제가 아니다.

398) 서구 역사가들은 이를 비밀회담이라 거짓말을 했다. 하지만 모스크바역에 환영인파가 있었고 김일성은 대중과 언론 앞에서 방문의 목적을 연설했다. 억지로 숨길 만남도 아니었다. 당시까지 중국 공산당과 연락을 취하고 있던 미국 정보부도 이 만남을 몰랐을 리 없다. 미국으로서는, 이를 비밀 만남이라고 불러야만 전쟁의 책임을 소련에 뒤집어씌울 수 있었다.

399) 'Speech on the Far East', Jan. 12, 1950. https://www.cia.gov/library/readingroom/docs/. 애치슨은 스컬 & 본즈와 CFR 회원이었다. 드와이트 D. 아이젠하워를 포함, 이 두 비밀모임은 CFR 월터 베델 스미스(1950-1953) CIA 국장이 해외정보국을 편성하기 전, 해외 정보활동의 실전을 담당했다. CIA는 앨런 W. 덜레스 (1953-1961) 국장 이후 제대로 된 정보국의 모양새를 갖추었다.

400) 'Telegram Shtykov to Vyshinsky on a luncheon at the Minstry of Foreign Affairs of the DPRK', Wilson Center, https://digitalarchive.wilsoncenter.org/document/112135

401) 한반도와 대만 문제 이외에, 이 조약의 주된 내용은 소련의 대 중공 3억 달러 원조와 중국동부철도, 대련과 여순항의 중국반환 그리고 신장성(위구르), 만주에 대한 소련의 관리권을 정하는 것이었다.

402) Milne D.(2008), America's Rasputin: Walt Rostow and the Vietnam War, USA: Farrar, Straus and Giroux, p. 222

403) Trachtenberg M. & Gehrz(2000), 'America, Europe and German Rearmament, August—September 1950', Journal of European integration history, 2000, p. 24. http://www.sscnet.ucla.edu/. ; "독일은 본(Bonn)에 종속되는 것이 아니라 유럽군 내에 배치되어야 합니다. 나토의 진행 과정에 맞추어 결정되는 대로 따라야 합니다.", Department of State(1976), 'Memorandum by the Secretary of State on a Meeting With the President' (Jul. 31, 1950), Foreign Relations

of the United States 1950, Volume III Western Europe, p. 168

404) Thies W. J.(2009), Why NATO Endures, UK: Cambridge University Press, pp.112-113

405) Odom W. E,(1995), NATO's Expansion: Why the Critics Are Wrong, The National Interest, N. 39, Spring: 1995, p. 40

406) Lafeber W.(1989), 'NATO and the Korean War: A Context', Diplomatic History, Vol. 13, No. 4, Fall, UK: Oxford University Press, p. 461

407) LaFeber, W. (1976), America, Russia, and the Cold War. USA: John Wiley, p. 100; Cummings B.(1990), The Origins of the Korean War, Vol. 2: The Roaring of the Cataract, 1947-1950, USA: Princeton University Press, p. 761

408) McCarthy J.(1952), The Fight for America, NY: Devin-Adair Co. pp. 127-128

409) Hopkins M. F.(2017), Dean Acheson and the Obligations of Power, USA: Rowman & Littlefield, p. 145

410) 'Bombing of Pyongyang', https://en.wikipedia.org/wiki/

411) Crane, C. (2001). 'Chemical and biological warfare during The Korean war', Asian Perspective, 25(3), pp. 61-83; Leitenberg M.(1998), 'New Russian Evidence on the Korean War Biological Warfare Allegations: Background and Analysis', Cold War International History Project, Bulletin 11, 1998

412) LeMay C. (1965), Mission with LeMay: My Story, USA: Doubleday & Company, p. 88: Kohn R. H. & Harahan J. P.(1988), Strategic Air Warfare, USA: Office of Air Force History, p. 100. https://media.defense.gov/2010/Sep/29/2001329790/-1/-1/0/AFD-100929-052.pdf

413) 'John D. Hickerson Oral History Interview' (1972), Harry S. Truman Library, Sep. 1976. https://www.trumanlibrary.gov/library/oral-histories/hickrson

414) Courtney, K & P.(1962), America's Unelected Rulers, USA: Conservative Society of America Publication, pp. 119-127

415) 'The Growing Entente between India and Japan', The National Interest, Feb. 14, 2019

416) Kugler R.L.(1994), U.S. Military Strategy and Force Posture for the 21st Century, USA: National Defense Research Institute, RAND. p. xxvii

417) 'John D. Hickerson Oral History Interview' (1972), Harry S. Truman Library, Sep. 1976; Hopkins M. F.(2017), Dean Acheson and the Obligations of Power, USA: Rowman & Littlefield, pp. 144-145; Milne D.(2008), America's Rasputin: Walt Rostow and the Vietnam War, USA: Farrar, Straus and Giroux, p. 222

418) Courtney, K & P.(1962), America's Unelected Rulers, USA: Conservative Society of America Publication, p. 13. 이를테면 미국의 USAID는 인도네시아의 개방을 위해 3억 달러를 주었다.

419) 'Viewpoint: Could one man have shortened the Vietnam War?', BBC News Magazine, Jul. 9 2013. https://www.bbc.com/news/magazine

420) Russo A.(1972), 'Inside the RAND Corporation and Out: My Story', Ramparts, Apr. 1972, p. 51 (PDF). https://isgp-studies.com/ 이 거짓을 폭로한 랜드사 직원, 앤서니 루소는 미 법원으로부터 150년 징역형을 받았다.

421) BBC News Magazine, Jul. 9 2013. ibid.; Russo A(1972), ibid., pp. 52-53

422) Graham A. C. (2006), The Joint Command in the Years of Withdrawal,

1968–1973, United States Army in Vietnam, USA: Center of Military History, p. 124

423) Sutton C. A.(1973), National Suicide, USA: Arlington House

424) Trento J. J.(2005), Prelude to Terror, USA: Basic Books, pp. 25–26; 'Air American's civilian facades gives it latitude in East Asia', The New York Times, Apr. 5 1970; 'Guns, Drugs, and the CIA', Frontline May 17, 1988. PBS Archive #613

425) Gregory H.(2017), 'McNamara's Boys', The Quarterly Journal of Military History, Vol. 29, No. 3. Spring

426) Appy C. G.(1993), WorkingClass War, USA: University of North Carolina Press(PDF), pp. 32–33

427) Cawthorne N.(2003), Vietnam: A War Lost and Won. UK: Arcturus Publishing; Ponchaud, F.(1978), Year Zero, USA: Henry Holt & Co.; https://apjjf.org/–Taylor–Owen/2420/article.html

428) 'Report: Weight of Bombs 5 Times Greater', The Cambodia Daily, Sep. 25, 2006

429) Leary W. M.(2006), Perilous Missions: Civil Air Transport and CIA Covert Operations in Asia, USA: University of Alabama Press

430) Kamputsea–tutkimuskmissio (1982), Kampuchea in the Seventies: Report of a Finnish Inquiry Commission, Finland: Kampuchean Inquiry Commission. 이 폭격을 미군은 '공중지원'(air support)이라며 변명을 했지만, 폭격을 당한 지상에 미 육군은 없었다. 미국 공군 대변인은 1974년 미국 국어 교사협회에서 수여하는 제1회 헛소리 상(Doublespeak Award)을 받았다.

431) ‘Operation Freedom Deal’, ‘Madman theory’. https://en.wikipedia.org/wiki/

432) ‘Weapons of the Vietnam War’, https://en.wikipedia.org/wiki/; Nalty, B. C. er al(1981), An illustrated guide to the air war over Vietnam : aircraft of the Southeast Asia conflict. USA: Salamander Books

433) Вечер с Владимиром Соловьёвым, Nov. 2016. https://www.youtube.com/channel/UCPkDvaKV6u6FgM650A0pdCA

434) Chandler D. P. & Kiernan B. (1983, eds), Revolution and Its Aftermath in Kampuchea: Eight Essays, USA: Yale University Press, p. 55

435) Chandler D. P. & Kiernan B. (1983, eds), Revolution and Its Aftermath in Kampuchea: Eight Essays, USA: Yale University Press, p. 37

436) Frings, K. V. (1997). ‘Rewriting Cambodian History to ‘Adapt’ It to a New Political Context: The Kampuchean People’s Revolutionary Party’s Historiography(1979-1991)’. Modern Asian Studies. 31 (4), pp. 807–846

437) Margaret Slocomb M.(2004), The Peoples’ Republic of Kampuchea: the Revolution after Pol Pot, Thailand: Silkworm Books, p. 139

438) Vickery M(1984), Cambodia: 1975–1982. USA: South End Press.; Chandler D. P. & Kiernan B., Revolution and Its Aftermath in Kampuchea: Eight Essays, USA: Yale University Southeast Asia Studies, pp 27–45

439) 이는 2017년 필자가 프놈펜을 방문하여 노동캠프 생존자의 증언을 기술한 것이다.

440) ‘U.S. to Support Pol Pot Regime For U.N. Seat’, The Washington Post, Sep. 16, 1980

441) 'Butcher of Cambodia set to expose Thatcher's role', The Guardian, Jan. 18
     2000; 'How Thatcher gave Pol Pot a hand', New Statesman, Apr. 17 2000

442) Chomsky, N. & Herman E. S.(1977), Distortions at Fourth Hand, The Nation,
     Jun. 6, 1977, USA Manufacturing Consent, chapter 6; Vickery M.(1984),
     Cambodia 1975-1982 USA: SILKWORM BOOK

443) 'American mutilation of Japanese war dead', https://en.wikipedia.org/wiki/

444) Rummel R. J. (1994), 'Power, Genocide and Mass Murder'. Journal of
     Peace Research, 31(1), pp. 1-10

445) 'Demographics of Cambodia'. https://en.wikipedia.org/wiki/

446) 라쿠투르(Jean Lacouture)가 퐁쇼(Francois Ponchaud)의 Cambodia Year Zero,
     USA: New York Review of Books.를 서평 하면서 부풀린 숫자가 2
     백만이었다. 그는 나중에 이를 수정하고 사과했다.

447) 미 정부는 캄보디아의 야당 소카(Kem Sohka)를 이용해 공개적으로 정부 전복을
     제안했다. 2017년 12월 13일, The Phnom Penh Post에 따르면 훈센 총리는
     미국이 지원하는 캄보디아의 컬러 혁명에 대비하여 간첩을 육성하는 학교를
     세웠다고 밝히고 있다. 이에 친미 NGO Human Rights Watch는 "있지도 않을
     혁명을 구실로 캄보디아인의 인권을 탄압한다며 훈센 총리를 비난했다. 그러나
     소카는 이미 자신은 미국의 사주를 받았으며 유고의 밀로셰비치를 밀어내듯이
     대중을 이용해 정권을 무너뜨리는 방법을 소개받았다고 증언했다. 증거자료인
     소카와 미국 상원의원 로이스(Ed Royce) 사이의 녹취록은 배포금지 되었다.

448) 순환출자의 네트워크를 어떻게 판단하느냐에 따라 초대 초국적 기업의 순위가
     약간 달라진다. 위의 연구가 제시하는 상위는 1. Barclays plc, 2. Capital Group
     Companies Inc, 3. FMR Corporation, 4. AXA, 5. State Street Corporation, 6.
     JP Morgan Chase & Co, 7. Legal & General Group plc, 8. Vanguard Group

Inc, 9. UBS AG, 10. Merrill Lynch & Co Inc., Vitali, S. et al(2011), The network of global corporate control, Swiss Federal Institute of Technology, http://arxiv.org/PS_cache/arxiv/pdf/1107/1107.5728v2.pdf. 영역별로 보면, 은행은 Goldman Sacks 등 10개 기업이 장악했고, 미디어는 Time Warner 등 5개 기업이, 식음료는 Pepsi 등 5개 기업이, 석유는 Exxon Mobile 등 5개 기업이 동종 시장을 장악하고 있다. Global Research News, Feb. 21 2014.

449) 'Worldbeater Inc.', The Economist, Nov. 20 1997.

450) http://beta.fortune.com/global500/

451) Herman E. & Chomsky N.(1988), Manufacturing Consent, USA: Pantheon Books, p. xv, p.xviii. "세계 권력은 이미 상업시스템으로 넘어갔다 …. 정치의 공적영역이 비정치적 소비문화로 전환되었다." 이 상업시스템의 세계화는 유럽 마셜 플랜의 연장선에서 구축되었다. 그 기구가 OECD(1961)이다.

452) Sunkara B.(2016 ed), The ABCs of Socialism, UK: Verso, p. 42. 사회주의자들의 실제 행동이 주장과 달라서 문제일 뿐이다. 임금상승 투쟁은 인플레이션이 존재하는 한, 순간의 성취만 느끼게 할 뿐이다. 장기적으로 가치 없는 노동운동이다. 또한 이들이 기대하는 세금을 통한 사회보장은 국가의 재정을 끝없이 금융의 손아귀에 떨 굴 뿐이다. 사회주의자들의 고질병은 국가가 아니면 되는 일이 없다고 믿는 것이다.

453) 항공 분야에서만 경쟁의 개념을 지니고 있다. Bremmer, I.(2014), The New Rules of Globalization, Harvard Business Review, 92(12), pp. 103-107

454) Lessig L.(2011), Republic Lost, USA. http://lesterland.lessig.org/pdf/republic-lost.pdf: Grand Central Publishing; Congress Hits a New Low in Approval; Obama Opens Election Year Under 50%, ABC News, January 16, 2012.

455) 1954년 첫 모임 이래 현재 회원들은 David Rockefeller, Henry Kissinger, Bill Clinton, Gordon Brown, Angela Merkel, Alan Greenspan, Ben Bernanke, Larry Summers, Tim Geithner, Lloyd Blankfein, George Soros, Donald Rumsfeld, Rupert Murdoch 등 서구 경제, 정치계 수장들과 각료들, 주요 의원, 나토 멤버, 유럽 귀족들이다.

456) Bolton K.(2011), Revolution from above, UK: Arktos, pp. 263-267. 다니엘 에스튤린에 따르면, 이들의 기획은 1) 보편가치 추구 2) 세계 공공의견 통합 3) 중산층 파괴. 첨탑형 계급구조 성립 4) 제로성장 5) 지역분쟁 6) 교육 통제 7) 지역 외교 중지 8) 유엔의 활용 9) FTA 10), 나토 중심의 군사 세계화 11) 법규의 일원화 등이다. Estulin D.(2009), The True Story of the Bilderberg Group, USA: Trine Day

457) 키신저와 브레진스키는 록펠러 기업의 대변인이다. 가장 최근의 주장은 Brzezinski Z.(2000), 거대한 체스판: 21세기 미국의 세계전략과 유라시아, 김명섭 역, 한국: 삼인

458) Brisard J-Ch & Dasquie G. (2002), Forbidden Truth: U.S. Taliban Secret Oil Diplomacy and the Failed Hunt for bin Laden, USA: Thunder's Mouth/ Nation Books. http://newwrh.com/WRHARTICLES/oil.html;

459) La liberation, Nov. 14 2001

460) "처음에는 거품으로, 다음은 긴축으로 국민의 자산을 탈취하는" 금융계에 대한 1802년 토머스 제퍼슨 미국 대통령의 혜안을 상기할 수 있다. 'Patman Argues for Payment in Money,'. Morning News (Dallas, TX), Jan. 16, 1933

461) Yeadon G.(2008), ibid., p. 129

462) Thinkerview: http://bit.ly/2vC2fBC, 2017.

463) 'The Euro Area adjustment: about half there', Europe Economy Research, 28 May 2013, http://wsws.org/en/articles/2013/06/17/morg-j17.html

464) 'Multilateral Agreement on Investment', http://www1.oecd.org/daf/mai/htm/2.htm; https://en.wikipedia.org/

465) 그는 백신을 통해 유영아 사망률을 낮추면 인구를 축소할 수 있다고 줄곧 주장해왔다. 아이들이 병으로 죽지 않으면 부모의 출산 의욕도 줄어들 것이라는 것이 그의 의견이다. 그러나 인도와 아프리카에서는 백신으로 인하여 오히려 유아사망률이 높아졌다. 게이츠 스스로 백신 투자를 통해 돈을 버는 입장인 만큼, 그의 주장은 처음부터 엉터리였다. 그의 최근 행보는 National Tracking System과 Digital Certificate for Vaccin 마지막으로 Digital currency with ID로 향하고 있다. 백신 사업과 바이오 공학을 통한 디지털 사회통제의 목적이 드러나는 지점이다.

466) A. Zinoviev's interview with Victor Loupan, Jun. 1999; (1999), La grande rupture, France: Âge d'Homme. http://www.toupie.org/Textes/Zinoviev_2.htm. 1922년에 태어나 2006년 사망한 그는 문학의 솔제니친, 원폭의 사하로프와 더불어 현대 러시아의 위대한 지성인으로 꼽히고 있다. 솔제니친과 사하로프는 냉전에 의해 이용당했고 그로 인해 알렉산드르 두긴 같은 이들의 비판을 받았다. 하지만 지노비예프는 독자성을 유지했다.

467) Mussolini B.(1932), 'The Doctrine of Fascism', http://www.worldfuturefund.org/. 특히 각주 16번에서 Corporative를 논하고 있다. 그는 과거 길드나 동업조합의 단결성과 효율성을 말하는 동시에 산업과 기술도 말하고 있다. 산업이 이전보다 복잡하게 발달해서 과거의 경제조직을 독립적으로 놓아둘 수는 없으니 국가가 통치하는 체제로 파시즘을 이해하고 있다. 이리 본다면 그가 생각하는 Corporative는 현대의 기업이자 과거 조합의 형태를 아울러 지닌 것이라 볼 수 있다.

468) Lasch Ch. & Castoriadis C.(2012), La culture de l'egoisme, France: Flammarion, p. 85

469) Time Magazine, Jul. 20 1992

470) How fascism works, Vox, Jason Stanley Book interview, Sep 19, 2018. https://www.vox.com/2018/9/19/17847110/how-fascism-works-donald-trump-jason-stanley.

471) 프랑스혁명을 기술하는 프랑스의 역사가들은 1789년부터 1794년까지 특정 연도를 붙잡아 자신의 판단을 정하는 희한한 정신상태를 보여준다. 이를테면 François Guizot, Adophe Thiers 같은 자유주의자들은 1789년의 혁명은 좋았으나 1793년 공포정치는 우연히 만들어진 불행이라면서 시대의 선을 끊는다. Louis Blanc, Albert Soboul 같은 사회주의자는 1789년 초반부는 부르주아 혁명이라 싫어하고 공포정치를 긍정적으로 보면서 같은 방식으로 선을 잘라 버린다. Jules Michelet, Edgar Quinet 등도 객관성을 유지하는 듯하지만 결국 혁명의 시작과 뒤가 다르다는 듯이 이념적, 상황적, 정치적으로 선을 끊어 놓는다. 이는 신뢰 없는 역사기술이다. 십자군 전쟁이 종교적 헌신으로부터 출발했다가 약탈로 끝이 났다고 해서 전쟁의 시작과 끝이 다른 것인가?

472) Sédillot R.(1986), Le cout de la Revolution francaise, France: Perrin, p. 173; LeGoff, T. J. A. & Sutherland, D. M. G.(1999), 'La Révolution française et l'économie rurale', Histoire & Mesure, 1/2, pp. 79–120.

473) Michels R.(2015), Sociologie du Parti dans la democratie moderne(1925), Spain: Folios, p. 519; (2002), 정당 사회학, 김학이 역, 서울: 한길사. 미헬스는 베버(Max Weber)와 절친한 친구였으며 그와 함께 당대 독일 사회학의 양대 거두였다. 역사는 베버를 선택했고, 그는 학계와 출판계에서 잊혔다.

474) Soboul A.(1990), 상뀔로트, 이세희 역, 한국: 일월서각, p. 93

475) Soboul A.(1990), 상뀔로트, 이세희 역, 한국: 일월서각, p. 294, p. 295

476) 예를 들면, 프랑스 혁명가들이 고대와 그리스의 이미지를 선전 선동의 수단으로 삼았듯이, 나폴레옹 또한 제국 통치를 위해 고대 철학가와 정치체제를 이용했다. Special Edition, 'Napoleon and Antiquite', Souvenir Napoleonien, 47(333), 1984. 칼 마르크스의 사적유물론은 말할 것도 없다.

477) Girard R.(2007), 희생양, 김진석 역, 한국: 민음사 참고

478) de Saussure F.(2012), 일반언어학강의, 김현권 역, 한국: 지식을만드는지식, pp. 203-204

479) Benveniste E.(1939), 'Nature du signe linguistique,' Acta linguistica 1, p. 25

480) Barthes R.(1954), Degree zero de l'ecriture, France: Gonthier. 1950년대는 좌우 이데올로기가 유럽과 미국을 강타하던 시절이었다. 미국에서는 매카시즘 열풍이 불었고, 유럽에서는 공산당과 우파정당이 극도로 충돌하던 때였다. 좌파나 우파 모두 각종 수사학을 동원하여 미디어를 물들이던 시절이었다. 이 와중에 롤랑 바르트는 비교적 좌파였지만, 이쪽저쪽 모두 문제가 있으니 문학인들은 중도를 취하면서 문제를 담백하게 만들자고 했다. 시제, 인칭이 고정적인 문장표현을 영도의 글쓰기라 불렀다. 자기 일을 남의 일처럼 말하는 것이다. 그는 카뮈의 '이방인'을 예로 들었다. 사람을 죽였는데 햇볕이 따가워서 죽인 것 같다는 주인공처럼, 아무런 의미 없는 말을 의미 없는 시제와 인칭으로 도배한 유사 정보언어이다.

481) 'Gloria Steinem Shuts Down 'Politically Correct' Critique of Comedy in One Quote', Animal, Jun. 16, 2015. USA

482) "미국에서 정치적 정당성이 가장 큰 문제라고 보느냐"는 질문에 68%의

미국인이 그렇다고 응답했다. 유럽에서도 비슷한 결과를 보여주었다. 국가와 시민단체 그리고 미디어는 이를 정책화하여 밀어붙였고 시민 또한 부지불식간에 따라가고 있다. Fairleigh Dickinson University's PublicMind's Pol (Oct. 30 2015). http://publicmind.fdu.edu/2015/151030/final.pdf

483) "작금의 사람들이 말에 지나치게 민감한가?"(말조심이 지나치지 않은가)라는 질문에 59%의 미국인이 '그렇다'고 응답했다. 오로지 민주당 지지자들만이 '아니다'(61% vs 37%)에 과반수 이상의 표를 주었다. 공화당원 지지자(21% vs 78%)나 중도(32% vs 68%)와 비교하면 이 의제가 좌파적 뿌리를 가졌다는 사실을 알 수 있다. In 'political correctness' debate, most Americans think too many people are easily offended, PEW Research Center (Jul. 20 2016), https://www.pewresearch.org/

484) Weil S.(1978), Lectures on Philosophy, UK: Cambridge Unibversity Press, p. 78

신항식 글쓴이

파리 대학 서양근대문명사 연구소와제3세계 연구소에서 서양사와 기호학으로 두 개의 DEA(Ph. D Candidate) 학위를 받았다. 국제회의 통역사로서 한국외국어대학교 통번역 대학원 책임 연구원과 홍익대학교 미술대학 및 영상대학원 교수를 익임했다.

정우현 편집인

미국 Loyola Marymount University에서 젠더철학을 전공하고, Columbia University에서 포스트모던 철학을, 연세대학교에서 사회학을 공부하였다. 동국대학교에서 인도철학 석사학위를 취득하였으며, 현재 서양철학과 종교학 관련 박사과정 준비중이다. 동서양을 넘나드는 학문적 여정을 통해 현대 자본주의 사회의 구조적 문제에 천착해 왔으며, 이 책의 편집 작업에 참여하게 되었다.